普通高等教育经济管理类精品教材

财 务 管 理

主 编 邓金娥 石 娟 谢小文
副主编 周莞阳 金 鑫
　　　　仲凤霞 彭娣娣

电子工业出版社
Publishing House of Electronics Industry
北京·BEIJING

内 容 简 介

本书根据高职财会类专业人才培养目标的要求,以全国会计师专业技术资格标准为参照,以企业财务管理活动为主线,以财务管理相关业务操作为主体,突出财务管理岗位的职业能力与职业素质培养。本书首先介绍财务管理基础知识,包括财务管理认知、树立财务管理价值观念;其次介绍财务管理的核心内容,包括筹资管理、项目投资管理、证券投资管理、营运资金管理、收益分配管理;最后介绍财务管理的专题内容,包括财务预算、财务控制和财务分析。

本书内容精练、案例结合实际,各项目内容安排既通俗易懂,又具有理论深度;既可以作为经管类高职学生的教学用书,也可作为各类考试的辅助用书。

未经许可,不得以任何方式复制或抄袭本书之部分或全部内容。
版权所有,侵权必究。

图书在版编目(CIP)数据

财务管理 / 邓金娥,石娟,谢小文主编. ——北京:电子工业出版社,2021.1
普通高等教育经济管理类精品教材
ISBN 978-7-121-40024-7

Ⅰ. ①财… Ⅱ. ①邓… ②石… ③谢… Ⅲ. ①财务管理-高等职业教育-教材 Ⅳ. ①F275

中国版本图书馆 CIP 数据核字(2020)第 233707 号

责任编辑:祁玉芹
文字编辑:罗克强
印　　刷:中国电影出版社印刷厂
装　　订:中国电影出版社印刷厂
出版发行:电子工业出版社
　　　　　北京市海淀区万寿路 173 信箱　邮编:100036
开　　本:787×1092　1/16　印张:18.75　字数:480 千字
版　　次:2021 年 1 月第 1 版
印　　次:2022 年 10 月第 2 次印刷
定　　价:49.00 元

凡所购买电子工业出版社图书有缺损问题,请向购买书店调换。若书店售缺,请与本社发行部联系,联系及邮购电话:(010)88254888,88258888。
质量投诉请发邮件至 zlts@phei.com.cn,盗版侵权举报请发邮件至 dbqq@phei.com.cn。
本书咨询联系方式:qiyuqin@phei.com.cn。

前言 Preface

企业管理以财务管理为核心，财务管理以资金管理为中心。对于高职院校财会类专业的学生，"财务管理"课程的内容组织与选取尤其重要，既要考虑到高职学生的认知特点，又要考虑到财务管理课程内容的通用性以及学生的可持续发展。本书根据高职院校财会类专业人才培养目标的要求，以全国会计师专业技术资格标准为参照，以企业财务管理活动为主线，以财务管理相关业务操作为主体，突出财务管理岗位职业能力与职业素质培养。本书首先介绍财务管理基础知识，包括财务管理认知、树立财务管理价值观念；其次介绍财务管理的核心内容，包括筹资管理、项目投资管理、证券投资管理、营运资金管理、收益分配管理；最后介绍财务管理的专题内容，包括财务预算、财务控制和财务分析。

本书充分体现"做中学、学中做"的基本宗旨，以及"易学、易教、易用"的基本要求，力求融"教、学、做"于一体，以形成全新的符合职业教育规律和培养目标的项目化教材，每个项目按照职业能力目标、典型工作任务、知识点、技能点、导入案例、相关知识、技能训练、本项目小结、项目综合实训的体例编写，力争做到理论与实践相结合，"教、学、做"一体化，以有效培养学生的职业能力。

本书内容精练、案例结合实际，各项目内容安排既通俗易懂，又具有理论深度；既可以作为经管类高职学生的教学用书，也可以作为各类考试的辅助教材。本书配有供老师使用的习题答案、教学课件等教学辅助资料，以方便教学。

本书由长期从事一线教学并有企业工作经历的教师合作编写而成，广东水利电力职业技术学院邓金娥、菏泽职业学院石娟、广西理工职业技术学校谢小文任主编，广东水利电力职业技术学院周尧阳、河南林业职业学院金鑫和彭娣娣、江海职业技术学院仲凤霞任副主编。具体编写分工如下：项目一至项目三由邓金娥编写；项目四由石娟编写；项目五由谢小文编写；项目六由金鑫编写；项目七和项目九由周莞阳编写；项目八由仲凤霞编写；项目十和附表由金鑫、彭娣娣共同编写。邓金娥负责全书的整体结构设计、大纲编写及定稿工作。

本书在编写过程中，参考了多位专家的研究成果和文献资料，在此向他们深表谢意。

因受限于编者水平和教材篇幅，书中难免有错漏之处，敬请各位读者不吝赐教，以便不断完善。

编 者

目录 Contents

项目一　财务管理认知 ··· 1

任务 1.1　分析财务管理的内容 ·· 2
任务 1.2　确立财务管理目标 ·· 7
任务 1.3　设计企业财务管理体制 ··· 10
任务 1.4　分析财务管理环境 ·· 13
本项目小结 ··· 18
项目综合实训 ··· 18

项目二　树立财务管理价值观念 ··· 19

任务 2.1　资金时间价值计算与应用 ··· 20
任务 2.2　风险与收益分析 ··· 31
任务 2.3　成本性态分析 ·· 43
本项目小结 ··· 48
项目综合实训 ··· 48

项目三　筹资管理 ··· 49

任务 3.1　筹资管理认知 ·· 51
任务 3.2　资金需要量预测 ··· 56
任务 3.3　权益资金的筹集 ··· 63

  任务 3.4 负债资金的筹集 ·· 72

  任务 3.5 计算资金成本 ·· 86

  任务 3.6 分析筹资风险 ·· 95

  任务 3.7 分析最佳资金结构 ·· 102

  本项目小结 ·· 106

  项目综合实训 ·· 106

项目四 项目投资管理 ··· 107

  任务 4.1 估算项目投资的现金流量 ·· 108

  任务 4.2 计算与分析项目投资评价指标 ·· 117

  任务 4.3 项目投资决策方法应用 ·· 125

  本项目小结 ·· 137

  项目综合实训 ·· 137

项目五 证券投资管理 ··· 138

  任务 5.1 股票投资 ·· 139

  任务 5.2 债券投资 ·· 144

  任务 5.3 基金投资 ·· 149

  任务 5.4 证券投资组合 ·· 153

  本项目小结 ·· 156

  项目综合实训 ·· 156

项目六 营运资金管理 ··· 157

  任务 6.1 营运资金管理认知 ·· 158

  任务 6.2 现金管理 ·· 161

  任务 6.3 应收账款管理 ·· 168

  任务 6.4 存货管理 ·· 179

  任务 6.5 流动负债管理 ·· 186

  本项目小结 ·· 191

  项目综合实训 ·· 191

项目七　收益分配管理 192

任务 7.1　熟知利润分配的基本规范 194
任务 7.2　制定股利分配政策 197
任务 7.3　制定利润分配方案 203
任务 7.4　股票分割与股票回购 209
本项目小结 211
项目综合实训 211

项目八　财务预算 213

任务 8.1　熟知预算的内容及编制方法 215
任务 8.2　编制业务预算 225
任务 8.3　编制现金预算 232
任务 8.4　编制预计财务报表 234
本项目小结 237
项目综合实训 237

项目九　财务控制 238

任务 9.1　熟悉财务控制的内容和方法 239
任务 9.2　责任中心的考核与评价 243
任务 9.3　制定内部转移价格 251
本项目小结 254
项目综合实训 254

项目十　财务分析 255

任务 10.1　熟知财务分析的内容与方法 256
任务 10.2　基本的财务报表分析 263
任务 10.3　财务综合分析 279
任务 10.4　撰写财务分析报告 285

本项目小结 ·· 286
项目综合实训 ·· 286

附表 ·· 287

附表 A：复利终值系数表（$F/P, i, n$）·· 287
附表 B：复利现值系数表（$P/F, i, n$）·· 288
附表 C：年金终值系数表（$F/A, i, n$）·· 289
附表 D：年金现值系数表（$P/A, i, n$）·· 290

参考文献 ·· 291

项目一　财务管理认知

职业能力目标

1. 掌握财务管理的内容、对象，能够正确分析企业财务活动与财务关系。
2. 掌握财务管理的目标理论，能够合理确定企业财务管理目标。
3. 掌握财务管理体制的概念、模式，能够恰当选择、设计企业管理体制。
4. 熟悉财务管理的技术、经济、金融和法律环境，能够准确分析企业财务管理环境。
5. 了解财务管理的环节，能够确定各个工作环节的工作任务。

典型工作任务

分析财务活动、处理财务关系、选择财务管理目标、设计财务管理体制、分析财务管理环境

知识点

财务管理、财务活动、财务关系、财务管理环节、财务管理目标、利润最大化、股东财务最大化、企业价值最大化、利益相关者利益最大化、财务管理体制的一般模式、集权与分权的选择、集权与分权相结合型财务管理体制的一般内容、技术环境、经济环境、金融环境、法律环境

技能点

组织财务活动、处理财务关系、确立财务管理目标、设计财务管理体制、分析财务管理环境

◎导入案例

新学期的第一天,财务管理班的同学们看到课表上的《财务管理》课程,你一言我一语地讨论起来。王平说:"财务不就是会计吗,我们已经学过基础会计、财务会计,怎么还要学习财务管理呢?"张英说:"这叫继续学习,虽然财务就是会计,上个学期学的是如何做账,这个学期就学习如何管账呗。"相邻的同学曹芹笑了,说:"你们都说错了,我听爸爸说财务是管钱的,会计是管账的,所以我们不仅要学会做账,还要学会管钱,《财务管理》课程就是教我们如何管钱的。"前排的同学浩天回过头来说:"你们真老土,你们没有听说过 CFO 吗?CFO 可厉害了,年薪上百万,他们可都是财务精英啊。"同学们问:"什么是CFO 啊?他们是做什么的?与《财务管理》课程有什么关系?"浩天说:"这我也不太清楚,还是问老师吧。"

请思考:

对上面同学的讨论,你赞同谁的说法?你认为什么是财务管理?财务管理的内容是什么?财务管理与会计是一回事吗?谈谈你的想法。

任务 1.1 分析财务管理的内容

◎任务描述

了解财务管理的对象,分析财务管理的内容。

◎相关知识

一、企业财务管理的基本概念

(一)企业财务管理

企业财务管理就是企业对财务的管理,它是基于企业再生产过程中客观存在的财务活动和财务关系而产生的,是企业利用价值形式对企业再生产过程进行的管理,是企业组织财务活动、处理财务关系的一项综合性经济管理工作。

(二)企业财务活动

企业财务活动是以现金收支为主的企业资金收支活动的总称。具体而言,企业财务活动可分为以下四个方面。

1. 企业筹资引起的财务活动(筹资活动)

企业要想从事经营,首先必须筹集一定数量的资金。在筹资过程中,企业通过发行股票、发行债券、吸收直接投资等方式筹集资金,表现为企业资金的收入;而企业偿还借款,支付利息、股利以及付出各种筹资费用等,则表现为企业资金的支出。这种因为资金筹集而产生的资金收支,便是由企业筹资而引起的财务活动。

2. 企业投资引起的财务活动（投资活动）

企业把筹集到的资金投资于企业内部用于购置固定资产、无形资产等，便形成企业的对内投资；企业把筹集到的资金投资于购买其他企业的股票、债券或与其他企业联营进行投资，便形成企业的对外投资。无论是企业购买内部所需各种资产，还是购买各种证券，都需要支出资金。而当企业变卖其对内投资的各种资产或收回其对外投资时，则会产生资金的收入。这种因企业投资而产生的资金的收支，便是由投资而引起的财务活动。

3. 企业运营引起的财务活动（运营活动）

企业在日常的运营过程中，会发生一系列的资金收支。首先，企业要采购材料或商品，以从事生产和销售活动，同时还要支付工资和其他营业费用；其次，企业把产品或商品售出后，可取得收入，收回资金；再次，如果企业现有资金不能满足企业经营的需要，还要采取短期借款方式筹集所需资金。这些由企业日常的运营活动所产生的企业资金的收支活动就是由企业运营而引起的财务活动。

4. 企业利润分配引起的财务活动（利润分配活动）

企业在经营过程中会产生利润，也可能会因对外投资而分得利润，这表明企业有了资金的增值或取得了投资报酬。企业的利润要按规定的程序进行分配，首先要依法纳税；其次要用来弥补亏损，提取公积金；最后要向投资者分配利润。这种因利润分配而产生的资金收支，便属于由利润分配而引起的财务活动。

综上所述的四种财务活动是相互联系、相互依存的。资金的筹集是资金运动的起点和条件；资金的投放是资金筹集的目的和运用；资金的运营表明资金运用的日常控制；资金的分配则反映了企业资金运动的状况和其最终成果。正是上述互相联系又有一定区别的四个方面，构成了完整的企业财务活动。

（三）企业财务关系

企业财务关系是指，企业在组织财务活动过程中与各有关方面发生的经济利益关系。企业财务关系主要概括为以下 7 个方面。

1. 企业与政府之间的财务关系

这种关系体现一种强制和无偿的分配关系。企业与政府之间的财务关系主要是指，企业要按照税法的规定依法纳税而与国家机关所形成的经济关系。国家以社会管理者的身份向企业征收有关税金。企业及时足额地纳税，是生产者对国家应尽的义务。企业与税务机关的财务关系反映的是依法纳税和依法征税的权利义务关系。

2. 企业与投资者之间的财务关系

这种关系体现的是企业的投资人向企业投入资金，而企业向其支付投资报酬所形成的经济关系。企业的所有者包括国家、法人单位、个人或国外投资者。企业所有者按投资合同、协议、章程的约定履行其出资义务，以便及时形成企业的资本金。企业运用其资本金进行经营，实现利润后，按出资比例或合同章程的规定向所有者分配利润。企业与所有者之间的财务关系体现着所有权的性质，反映着经营权与所有权的关系。

3. 企业与债权人之间的财务关系

这种关系体现的是企业向债权人借入资金，并按照借款合同的规定按期支付利息或归还本金从而形成的债权与债务的关系。企业的债权人包括向企业贷款的银行、非银行金融机构、企业债券的持有者、商业信用的提供者以及其他向企业拆借资金的单位和个人。

4. 企业与受资者之间的财务关系

这种关系主要是指，企业利用闲置资金以购买股票或直接投资的形式向其他单位投资所形成的经济利益关系。这种关系体现的是企业与受资者之间的所有权性质的投资与受资的关系。

5. 企业与债务人之间的财务关系

这种关系体现的是企业与其债务人之间的债权与债务的关系。这种财务关系主要是指，企业将其资金以购买债券、提供借款或商业信用等形式出借给其他单位所形成的经济利益关系。企业将资金借出后，有权要求其债务人按约定的条件支付利息和归还本金。

6. 企业内部各单位之间的财务关系

这种关系体现的是企业内部各单位之间在生产、经营各环节中相互提供产品或劳务所形成的资金结算关系，体现了企业内部各单位之间的利益关系。

7. 企业与职工之间的财务关系

这种关系体现的是企业在向职工支付劳动报酬的过程中所形成的企业与职工之间的结算关系，体现了职工个人和集体在劳动成果上的分配关系。

二、企业财务管理的对象

企业财务管理的对象是指，企业财务管理工作的客体，即企业的资金及其周转，统称为资金运动。企业资金运动从货币资金形态开始，依次经过储备资金、生产资金、成品资金、结算资金形态，最终回到货币资金形态。这一运动过程称为资金的循环。具体地说，企业资金的循环过程为：第一，企业筹建，通过各种渠道，采取恰当的方式取得货币资金；第二，支付货币资金，购建厂房、设备和原材料，形成生产能力或换取生产对象，货币资金转化为固定资金和储备资金；第三，通过生产，材料依次形成在产品、产成品，储备资金转变为生产资金和成品资金。第四，销售产成品，形成结算性债权，收回货币资金；第五，以部分货币资金缴纳税金和分配利润。企业再生产过程不断进行，资金的循环如此周而复始，称为资金的周转。

企业资金运动具有特殊的规律。从总体上考察主要有以下两方面：第一，资金运动具有空间上的并存性和时间上的继起性，即在空间上同时并存于货币资金和采购、存储、生产、销售、分配阶段的各种资金，在时间上各阶段的资金相继向下阶段转换。如果资金过多地集中于某一阶段，而其他阶段资金短缺，循环过程就会发生障碍。因此，要求进行资金的合理配置，保证资金周转的畅通无阻。第二，资金运动同物资运动存在既相一致又相背离的关系。一方面，物资运动是资金运动的基础，资金运动反映着物资运动，两者具有相互一致的关系，体现了再生产过程的实物形态和价值形态本质上的必然联系；另一方面，资金运动又可能背离物资运动，呈现一定的独立性，比如，赊购、赊销商品等结算原因造成的实物和货币资金在流量上的不一致。因此，从事企业财务管理既要着眼于物资运动，保证供产销活动的顺利进行，又要充分利用实物和货币的背离性，合理组织资金运动，以较少的价值投入获取较多的使用价值，提高企业经济效益。

三、企业财务管理的内容

企业财务管理的内容反映了企业资金运动的全过程，企业的财务活动决定了企业财务管理的内容。

（一）筹资管理

筹资是指，企业为了满足投资和用资的需要，筹措和集中所需资金的过程。在筹资过程中，企业一方面要确定筹资的总规模，以保证投资所需要的资金；另一方面要选择合理的筹资方式，降低筹资的代价和筹资风险。因此，筹资决策的一个重要内容就是确定企业最佳的资金结构。筹资决策的目的主要是，理清和权衡不同筹资渠道所体现的不同权益关系入手，采取适当的筹资方式，进行筹资决策，以尽可能低的资金成本和财务风险，筹集企业正常经营和投资所需要的资金。

（二）投资管理

投资是指，企业对资金的运用，是为了获得收益或避免风险而进行的资金投放活动，投资的含义有广义和狭义之分。广义的投资包括对外投资、对内投资；狭义的投资仅指对外投资，主要是股票投资和债券投资等。对内投资是指，对企业内部资产所需资金的投资，比如固定资产投资、流动资产投资。在投资中，企业必须考虑投资规模，同时，企业还必须通过对投资方向和投资方式的选择，确定合理的投资结构，以提高投资效益、降低投资风险。投资管理的目的是，以投资风险与收益对称原则，正确选择投资方向和投资项目，合理配置资金，优化资产结构并有效运用资产，以获得最大投资收益。

（三）营运资金管理

营运资金是指，流动资产与流动负债的差额，是企业用以维持正常经营所需要的资金，即企业在生产经营中可用流动资产的净额。营运资金的管理就是对企业流动资产和流动负债的管理。它既要保证有足够的资金满足生产经营的需要，又要保证能按时按量偿还各种到期债务。要搞好营运资金管理，必须解决好流动资产和流动负债两个方面的问题。第一，企业应该投资多少在流动资产上，合理确定并控制流动资金的需要量。主要包括现金管理、应收账款管理和存货管理。第二，企业应该怎样进行流动资产的融资，合理确定流动资金的来源构成，即流动资产和流动负债的比例关系。营运资金管理的目的是加强对企业日常营运资金预算、筹划和控制，促进企业日常生产经营正常运行，同时使日常资金周转速度加快，提高资金使用效率和效果。

（四）利润分配管理

利润分配是作为投资的结果而出现的，它是对投资成果进行的分配。投资成果表现为取得各种收入，并在扣除各种成本费用后获得利润，所以，广义地说，利润分配是指，对投资收入和利润进行分割和分派的过程，而狭义的分配仅指对利润的分配。利润分配管理就是要解决在所得税缴纳后的企业获得的税后利润中，有多少分配给投资者，有多少留在企业作为再投资之用。如果利润发放过多，会影响企业再投资能力，不利于企业长期发展；如果利润分配过少，可能引起投资者不满。因此，利润分配决策的关键是确定利润的支付率。影响企业利润分配决策的因素很多，企业必须根据实际情况制定出企业最佳的利润分配政策。

四、企业财务管理的环节

企业财务管理的环节是指，企业财务管理的工作步骤与一般程序。一般来讲，企业财务管理主要包括财务预测、财务决策、财务预算、财务控制和财务分析等五个环节。

财务预测是企业根据财务活动的历史资料，考虑现实的要求和条件，对企业未来的活动和财务成果做出科学的预计和测算。这个环节的主要任务包括：第一，测算各项生产经营方案的经济效益，为决策提供可靠的依据；第二，预计财务收支的发展变化情况，以确定经营目标；第三，测定各项定额和标准，为编制计划、分解计划指标服务。财务预测环节主要包括明确预测目标；搜集相关资料；建立预测模型；确定财务预测结果等步骤。

财务决策是企业财务人员按照财务目标的总体要求，利用专门方法对各种备选方案进行对比分析，并从中选出最佳方案的过程。财务决策是企业财务管理的核心。财务决策环节主要包括：确定决策目标；提出备选方案；选择最佳方案等步骤。

财务预算是财务人员运用科学的技术手段和数量方法，对未来财务活动的内容及指标所进行的具体规划。财务预算是以财务决策确立的方案和财务预测提供的信息为基础编制的，是财务预测和财务决策的具体化，是控制财务活动的依据。财务预算环节主要包括：分析财务环境，确定财务指标；协调财务能力，组织综合平衡；选择预算方法，编制财务预算等步骤。

财务控制是企业在财务管理的过程中，利用有关信息和特定手段，对企业财务活动所施加的影响或进行的调节。实行财务控制是落实预算任务、保证预算实现的有效措施。财务控制环节主要包括：制定控制标准，分解落实责任；实施追踪控制，及时调整误差；分析执行情况，搞好考核奖惩等步骤。

财务分析是根据核算资料，运用特定方法，对企业财务活动过程及其结果进行分析和评价的一项工作。通过财务分析，可以掌握各项财务预算计划的完成情况，评价财务状况，研究和掌握企业财务活动的规律性，改善财务预测、决策、预算和控制，改善企业管理水平，提高企业的经济效益。财务分析环节主要包括：搜集资料，掌握信息；指标对比，揭露矛盾；分析原因，明确责任；提出措施，改进工作等步骤。

企业财务管理工作环节之间相互影响，存在以下关系，如图1-1所示。

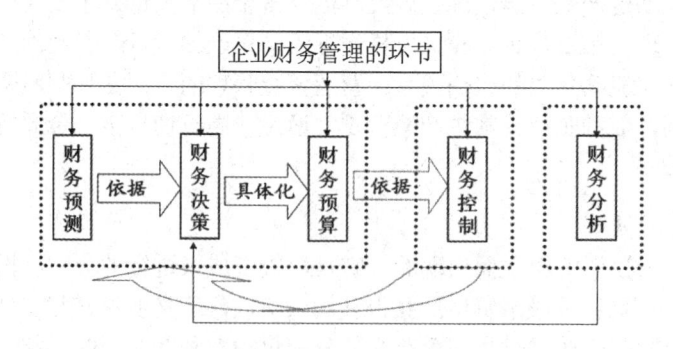

图1-1 企业财务管理工作环节之间的关系

◎技能训练

【实训项目】分析财务管理的内容

【实训目标】掌握财务管理的内容

【实训任务】

1. 将班级学生分成若干小组（5~8人为一组），以小组为单位，在网上搜索一个上市公司的财务管理制度，讨论、分析该企业是如何进行财务管理的，每位同学都要参与。

2. 每个小组推荐一位代表汇报本组讨论情况，并说明该企业财务管理的内容与方法。班级同学对其汇报情况进行评分。

3. 每个小组将汇报情况形成文字资料，并上交授课老师评阅。

任务 1.2　确立财务管理目标

◎任务描述

熟悉企业财务管理目标的主要理论观点，对其企业财务管理目标进行选择。

◎相关知识

一、企业财务管理目标

（一）企业财务管理的总体目标

企业财务管理的总体目标是指，在特定的理财环境中，通过组织财务活动、处理财务关系所要达到的目的。财务管理的总体目标取决于企业的总目标，并受财务管理自身特点的制约。企业财务管理目标有以下四种具有代表性的理论。

1. 利润最大化目标

利润最大化目标就是企业财务管理以实现利润最大化为目标，这里的利润是指，企业一定时期实现的税后净利润。利润最大化的优点与缺点如表1-1所示。

表1-1　利润最大化的优点与缺点

优　点	缺　点
1. 利润可以直接反映企业创造的剩余产品的数量 2. 有利于企业资源的合理配置，有利于企业整体经济效益的提高	1. 没有考虑利润实现时间和资金的时间价值 2. 没有考虑风险问题 3. 没有反映创造的利润与投入资本之间的关系 4. 可能导致企业短期财务决策倾向，影响企业长远发展

【提示】利润最大化的另一种表现方式是每股收益最大化。每股收益除了反映所创造的利润与投入资本之间的关系外，每股收益最大化与利润最大化目标的缺陷基本相同。

2. 股东财富最大化目标

股东财富最大化目标是指，企业财务管理以实现股东财富最大为目标。上市公司中，股东财富是由其所拥有的股票数量和股票市场价格两方面所决定的。在股票数量一定时，股票价格最高，股东财富也就最大。股东财富最大化目标的优点与缺点如表1-2所示。

表 1-2　股东财富最大化目标的优点与缺点

优　点	缺　点
1. 考虑了风险因素 2. 在一定程度上能避免企业短期行为 3. 对上市公司而言，股东财富最大化目标比较容易量化，便于考核和奖惩	1. 非上市公司难于应用 2. 股价受众多因素的影响，股价不能完全准确反映企业财务管理状况 3. 它强调得更多的是股东利益，而对其他相关者的利益重视不够

3. 企业价值最大化目标

企业价值最大化目标是指，企业的财务管理以企业价值最大化为目标。企业价值不是账面资产的总价值，企业价值可以理解为企业所有者权益和债权人权益的综合市场价值，是企业所能创造的预计未来现金流量的现值，可以反映企业潜在或预期的获利能力和成长能力。未来现金流量的现值这一概念，包含了资金的时间价值和风险价值两个方面的因素。因为未来现金流量的预测包含了不确定性和风险因素，而现金流量的现值是以资金的时间价值为基础对现金流量进行计算得出的，企业价值最大化考虑了风险因素和货币的时间价值，企业价值最大化的优点与缺点如表 1-3 所示。

表 1-3　企业价值最大化的优点与缺点

优　点	缺　点
1. 考虑了取得报酬的时间，并用时间价值的原理进行了计量 2. 考虑了风险与报酬的关系 3. 能克服企业在追求利润上的短期行为 4. 用价值代替价格，避免了过多受外界市场因素的干扰，有效地规避了企业的短期行为	过于理论化，不易操作。对于非上市公司企业价值评估受其评估标准和评估方式影响

4. 相关者利益最大化目标

相关者利益最大化目标即追求与企业利益相关的各方利益最大化。企业的利益相关者不仅包括股东，还包括债权人、企业经营者、客户、供应商、员工、政府等。

相关者利益最大化的具体内容包括：① 强调风险与报酬的均衡，将风险限制在企业可以承受的范围内。② 强调股东的首要地位，并强调企业与股东之间的协调关系。③ 强调对代理人即企业经营者的监督和控制，建立有效的激励机制以便企业战略目标的顺利实施。④ 关心本企业普通职工的利益，创造和谐的工作环境并提供合理恰当的福利待遇，鼓励职工长期努力地为企业工作。⑤ 加强与债权人的关系，培养可靠的资金供应者。⑥ 关心客户的长期利益，以便保持销售收入长期稳定的增长。⑦ 加强与供应商的协作，共同面对市场竞争，并注重企业形象的宣传，遵守承诺，讲究信誉。⑧ 保持与政府部门的良好关系。

相关者利益最大化目标的优点：① 有利于企业长期稳定发展。② 体现了合作共赢的价值理念，有利于实现企业经济效益和社会效益的统一。③ 这一目标本身是一个多元化、多层次的目标体系，较好地兼顾了各利益主体的利益。④ 体现了前瞻性和现实性的统一。

利润最大化、股东财富最大化、企业价值最大化以及相关者利益最大化等各种财务管理目标，都以股东财富最大化为基础。当然，以股东财富最大化为核心和基础，还应该考虑利益相关者的利益。各国公司法都规定，股东权益是剩余权益，只有满足了其他方面的利益之后才会有股东的利益。

（二）企业财务管理的具体目标

企业财务管理的具体目标是指，在总体目标下，企业专项财务管理活动所要达到的目的。企业专项财务管理活动主要包括筹资活动、投资活动、运营活动和分配活动。因此，企业财务管理的具体目标可以分为筹资管理目标、投资管理目标、运营管理目标和分配管理目标。

筹资管理目标是指，在满足企业生产经营需要的前提下，尽可能降低筹资成本和筹资风险，即以最小的筹资成本和最低的筹资风险获得最多的资金。最小的筹资成本是指，在筹资中，尽可能降低筹资过程中的各种费用，也就是尽可能使利息、股利等降为最低。筹资风险主要是指，企业因借入资金而产生丧失偿债能力的可能性以及企业利润（股东权益）的可变性。

投资管理目标是指，在认真研究投资项目可行性的基础上，正确选择投资方向和投资项目，力求提高投资报酬率，降低投资风险，以较小的投资额和较低的投资风险获得较高的投资收益，从而使企业价值相对增加。

运营管理目标是指，通过加强对企业日常营运资金预算、筹划和控制，促进企业日常生产经营正常运行，同时使日常资金周转速度加快，提高资金使用效率和效果。企业运营资金的周期与企业生产经营周期是一致的。在一定时期内，投入等量的资金进行生产，资金周转速度越快，则生产出的产品越多，销售产品获得的收入就越高。因此，加速资金周转可以有效地提高资金利用效率，增加企业收益，提升企业价值。

分配管理目标是指，从有效组织收入和控制费用入手，正确处理和落实企业与国家、投资者、债权人以及职工之间的经济利益关系，执行正确的股利政策和其他利益分配原则，合理进行收益与利润的分配。

二、企业主要关系人财务管理目标的矛盾与协调

协调相关者的利益冲突，要把握的原则是：尽可能使企业相关者的利益分配在数量上和时间上达到动态的协调平衡。而在所有的利益冲突协调中，所有者与经营者、所有者与债权人的利益冲突与协调至关重要。

（一）所有者和经营者的利益冲突与协调

在现代企业中，经营者一般不拥有占支配地位的股权，他们只是所有者的代理人。所有者期望经营者代表他们的利益进行工作，实现所有者财富最大化，而经营者则有其自身的利益考虑，二者的目标经常会不一致。所有者和经营者的主要利益冲突是经营者希望在创造财富的同时，能够获取更多的报酬、更多的享受，并避免各种风险；而所有者则希望以较小的代价（支付较少报酬）实现更多的财富。为了协调这一利益冲突，通常可采取对经营者解聘、接收和激励的方式解决。

解聘是一种通过所有者约束经营者的办法。所有者对经营者予以监督，如果经营者绩效不佳，就解聘经营者；经营者为了不被解聘就需要更加努力地工作，为实现财务管理目标服务。

接收是一种通过市场约束经营者的办法。如果经营者决策失误，经营不当，绩效不佳，该企业就可能被其他企业强行接收或吞并，相应的经营者也将被解聘。经营者为了避免这种接收，就必须努力实现财务管理目标。

激励就是将经营者的报酬与其绩效直接挂钩，以使经营者自觉地采取能提高所有者财富的措施。激励通常包括以下两种方式：① 股票期权。股票期权是指允许经营者以约定的价格

购买一定数量的本企业股票，股票的购买和出售均有明确的时间限定，股票的市场价格高于约定价格的部分就是经营者所得的报酬。②绩效股。绩效股是指企业运用每股收益、资产收益率等指标来评价经营者绩效，并视其绩效大小给予经营者数量不等的股票作为报酬。

（二）所有者和债权人的利益冲突与协调

所有者的目标可能与债权人期望实现的目标发生矛盾。首先，所有者可能会经营者改变举债资金的原定用途，将其用于风险更高的项目，这会增大偿债风险，债权人的负债价值也必然会降低，造成债权人风险与收益的不对称。其次，所有者可能在未征得现有债权人同意的情况下，要求经营者举借新债，因为偿债风险相应增大，从而致使原有债权的价值降低。

所有者与债权人的上述利益冲突，可以通过限制性借债和收回借款或停止借款等方式解决。限制性借债是指，债权人通过事先规定借债用途限制、借债担保条款和借债信用条件，使所有者不能通过以上两种方式削弱债权人的债权价值。收回借款或停止借款是指，当债权人发现企业有侵蚀其债权价值的意图时，采取收回债权或不再给予新的借款的措施，从而保护债权人的权益。

◎技能训练

【实训项目】财务管理目标案例分析
【实训目标】掌握财务管理的目标
【实训任务】

1. 将班级学生分成若干小组（5～8人为一组），以小组为单位，搜集、讨论、分析一个上市公司的财务管理目标案例。每位同学都要参与。

2. 每个小组推荐一位代表汇报本组讨论情况，并说明该企业是如何实现财务管理目标。班级同学对其汇报情况进行评分。

3. 每个小组将汇报情况形成文字资料，并上交授课老师评阅。

任务 1.3　设计企业财务管理体制

◎任务描述

了解财务管理体制的概念、一般模式，选择、设计企业的财务管理体制。

◎相关知识

企业财务管理体制是明确企业各财务层级财务权限、责任和利益的制度，其核心问题是如何配置财务管理权限，企业财务管理体制决定着企业财务管理的运行机制和实施模式。

一、企业财务管理体制的一般模式

企业财务管理体制的一般模式有集权型、分权型、集权与分权相结合型三种模式。

集权型财务管理体制，是指企业对各所属单位的所有财务管理决策都进行集中统一管理，各所属单位没有财务决策权，企业总部财务部门不但制定决策而且执行决策，在特定情况下还直接参与所属单位的执行过程。

分权型财务管理体制是指，企业将财务决策权与管理权完全下放到各所属单位，各所属单位只需对一些决策结果报请企业总部备案即可。

集权与分权相结合型财务管理体制其实质就是集权下的分权，企业对各所属单位在所有重大问题的决策与处理上实行集权，各所属单位则对日常经营活动具有较大的自主权。集权与分权相结合型财务管理体制的核心内容是，企业总部应做到账务制度统一、资金管理集中、信息汇总与发布、并负责财务人员委派。具体集权内容主要有：集中制度制定权，集中筹资、融资权，集中投资权，集中用资、担保权，集中固定资产购置权，集中财务机构设置权，集中收益分配权；具体分权内容主要有：分散经营自主权，分散人员管理权，分散业务定价权，分散费用开支审批权。企业财务管理体制不同模式的权限特征如表1-4所示。

表1-4 企业财务管理体制不同模式的权限特征

种 类	权限特征
集权型	企业内部的主要管理权限集中于企业总部，各所属单位执行企业总部的各项指令
分权型	企业内部的管理权限分散于各所属单位，各所属单位在人、财、物、供、产、销等方面有决定权
集权和分权相结合型	企业对各所属单位在所有重大问题的决策和处理上实行集权，各所属单位则对日常经营活动具有较大的自主权

二、集权与分权的选择

企业的财务特征决定了分权的必然性，而企业的规模效益、风险防范又要求集权。集权和分权各有特点，各有利弊。对集权与分权的选择、分权程度的把握历来是企业管理的一个难点。集权与分权的选择应考虑的因素如表1-5所示。

表1-5 集权与分权的选择应考虑的因素

考虑的因素		集 权	分 权
企业与各所属单位之间的业务关系的具体特征		各所属单位之间的业务联系越密切，就越有必要采用相对集中的财务管理体制 【提示】实施纵向一体化战略的企业，宜采用相对集中的财务管理体制	各所属单位之间的业务联系不密切
企业与各所属单位之间的资本关系的具体特征		只有当企业掌握了各所属单位一定比例有表决权的股份（如50%以上）之后，各所属单位的财务决策才有可能相对"集中"于企业总部	企业掌握的各所属单位有表决权的股份比例较少
集中与分散的"成本"和"利益"差异	所属单位积极性	较低	较高
	财务决策效率	较低	较高
	企业财务目标协调	较高	较低
	财务资源的利用效率	较高	较低
环境、规模和管理者的管理水平		较高的管理水平，有助于企业更多地集中财权	较低的管理水平，适合分权

三、企业财务管理体制的设计原则

从企业的角度出发，其财务管理体制的设定或变更应当遵循如下四项原则。

（一）与现代企业制度的要求相适应的原则

按照现代企业制度的要求，企业财务管理体制必须以产权管理为核心，以财务管理为主线，以财务制度为依据，体现现代企业制度特别是现代企业产权管理制度的思想。

（二）明确企业对各所属单位管理中的决策权、执行权与监督权"三权分立"原则

现代企业要做到管理科学，必须首先要求从决策与管理程序上做到科学、民主，因此决策权、执行权与监督权"三权分立"原则的制度必不可少。

（三）明确财务综合管理和分层管理思想的原则

现代企业制度要求管理是一种综合管理、战略管理。这种管理要求：①从企业整体角度对企业的财务战略进行定位。②对企业的财务管理行为进行统一规范，做到高层的决策结果能被下属战略经营单位完全执行。③以制度管理代替个人的管理行为，从而保证企业管理的连续性。④以现代企业财务分层管理思想指导具体的管理实践（股东大会、董事会、经理人员、财务经理及财务部门各自的管理内容与管理体系）。

（四）与企业组织体制相对应的原则

企业组织体制主要有 U 型组织、H 型组织和 M 型组织三种组织形式。U 型组织直接从事各所属单位的日常管理，即实行管理层级的集中控制；H 型组织实质上是企业集团的组织形式，子公司或分公司具有法人资格或是相对独立的利润中心；M 型组织集权程度较高，突出整体优化，具有较强的战略研究、实施功能和内部交易协调能力。它是目前国际上大的企业管理体制的主流形式。M 型组织的具体形式有事业部制、矩阵制、多维结构等。企业组织形式及特征如表 1-6 所示。

表 1-6　企业组织形式及特征

组织形式	特　　征
U 型组织	多存在于产品简单、规模较小的企业，实行管理层级的集中控制，特点是高度集权
H 型组织	子公司具有法人资格，子公司则是相对独立的利润中心，特点是高度分权，实质上是企业集团的组织形式 【提示】现代意义的 H 型组织既可以分权管理也可以集权管理
M 型组织	比 H 型组织的集权度高 【提示】M 型组织常见的事业部体制，在企业统一领导下，可以拥有一定的经营自主权，甚至某些重大事项决策权

四、企业内部财务管理体制的主要内容

企业内部财务管理体制的主要内容是，在特定经济环境下正确处理企业同内外各方面的经济利益关系，主要包括五个方面的具体内容。

（一）确定与企业内部经营组织形式相关的财务管理体制类型

企业的生产技术特点和经营规模的大小不尽相同，因而，各企业内部的经营组织形式也有所不同，不同的企业内部经营组织形式决定了不同的内部财务管理体制。

（二）确定与企业内部各财务管理单位的经济责任相适应的财务责任

企业内部各财务管理单位所承担的经济责任不同，其财务责任也应有所区别。因而，对于完全独立生产经营的成员企业，在财务上应该承担自负盈亏的责任；而相对独立生产经营的内部单位，应根据其是否具有相对独立的生产经营能力分别确定财务责任，并以指标分解的形式落实。

（三）确定与企业内部财务管理单位财务责任大小相一致的财务权限

由于部分内部成员企业必须承担自负盈亏的责任，因而，可以给予独立进行筹资、投资、

成本费用开支与收益分配的财权；对于相对独立的企业内部各部门则分别给予投资决策权、内部利润取得与分配权以及成本费用的开支与控制权。

（四）根据内部结算价格计价结算，确认各单位履行职责的好坏

企业内部的材料和半成品的领用、劳务费用、半成品和成品的转移等都要按照实际数量和内部转移价格进行结算，并且采用一定的结算凭证办理相关手续，以划清各自的收支，分清经济责任。因而，要求企业制定完善的内部定价机制以及内部结算办法并建立内部结算中心。

（五）根据承担的财务责任的大小以及履行情况来确定物质利益的多少

对承担自负盈亏的内部成员企业，其工资总额应由该成员企业控制使用，税后利润除向企业集团缴纳一定管理费用外，应由成员企业按国家规定自主分配；而相对独立的内部单位，其工资总额由企业总部控制，与各单位完成责任指标挂钩的工资，可分别交由这些单位掌握使用，企业税后利润分配应统一由企业总部进行。

◎技能训练

【实训项目】 财务管理体制设计练习
【实训目标】 掌握财务管理体制
【实训任务】

1. 将班级学生分成若干小组（5～8人为一组），以小组为单位，搜集、讨论、分析一个上市公司财务管理体制实施案例。每位同学都要参与。
2. 每个小组推荐一位代表汇报本组讨论情况，并说明该公司财务管理体制设计的思路和方法、优缺点。班级同学对其汇报情况进行评分。
3. 每个小组将汇报情况形成文字资料，并上交授课老师评阅。

任务1.4　分析财务管理环境

◎任务描述

了解财务管理环境的内容，对企业财务管理面临的经济环境、技术环境、法律环境和金融环境进行分析，并形成分析报告。

◎相关知识

财务管理环境又称理财环境是指，对企业财务活动和财务管理产生影响作用的企业内外各种条件的统称。财务管理环境主要包括技术环境、经济环境、金融环境、法律环境。

一、技术环境

技术环境是指，财务管理得以实现的技术手段和技术条件，它决定着财务管理的效率和效果。目前，我国进行财务管理所依据的会计信息是通过会计系统所提供的，占企业经济信

息总量的 60%～70%。随着我国会计信息化的全面推进，必将促使财务管理的技术环境进一步完善和优化。

二、经济环境

在影响财务管理的各种外部环境中，经济环境是最为重要的。经济环境内容十分广泛，包括经济体制、经济周期、经济发展水平、宏观经济政策及通货膨胀水平。

（一）经济体制

经济体制是制约企业财务管理的重要环境因素之一。经济体制决定了企业财务管理活动的内容。在计划经济体制下，国家统筹企业资本、统一投资、统负盈亏，企业利润统一上缴，亏损全部由国家补贴，企业作为一个独立的核算单位但无独立的理财权利。财务管理活动内容比较单一，财务管理方法比较简单。在市场经济体制下，企业成为"自主经营、自负盈亏"的经济实体，有独立的经营权，同时也有独立的理财权。因此，财务管理活动的内容比较丰富，方法也复杂多样。

（二）经济周期

市场经济条件下，经济运行大体上经历复苏、繁荣、衰退和萧条几个阶段的循环，这种循环称为经济周期。在经济周期的不同阶段，企业应采用不同的财务管理战略，如表 1-7 所示。

表 1-7　不同经济周期下的财务管理策略

	复苏	繁荣	衰退	萧条
设备投资	增加厂房设备 实行长期租赁	扩充厂房设备	停止扩张 出售多余设备	建立投资标准 放弃次要利益
存货储备	建立存货	持续建立存货	削减存货，停止长期采购	削减存货
人力资源	增加劳动力	增加劳动力	停止扩招雇员	裁减雇员
产品策略	开发新产品	提高产品价格 开展营销规划	停产不利产品	保持市场份额 压缩管理费用

（三）经济发展水平

财务管理的发展水平是和经济发展水平密切相关的，经济发展水平越高，财务管理水平也越高。财务管理水平的提高，也有利于经济发展水平的进一步提高。因此，企业财务管理工作者必须积极探索与经济发展水平相适应的财务管理模式。财务管理应当以经济发展水平为基础，以宏观经济发展目标为导向，从业务工作角度保证经营战略和企业经营目标的实现。

（四）宏观经济政策

宏观经济政策影响着企业的发展和财务活动的运行。不同的宏观经济政策对企业财务管理影响不同。金融政策中的货币发行量、信贷规模会影响企业投资的资金来源和投资的预期收益；财税政策会影响企业的资金结构和投资项目的选择等；价格政策会影响资金的投向和投资的回收期及预期收益；会计制度的改革会影响会计要素的确认和计量，进而对企业财务活动的事前预测、决策及事后的评价产生影响等。

（五）通货膨胀水平

通货膨胀水平对企业财务活动的影响是多方面的。主要表现在：① 引起资金占用的大量增加，从而增加企业的资金需求。② 引起企业利润虚增，造成企业资金由于利润分配而流失。③ 引起利润上升，增加企业的筹资成本。④ 引起有价证券价格下降，增加企业的筹资难度。⑤ 引起资金供应紧张，增加企业的筹资难度。

为了减轻通货膨胀对企业造成的不利影响，企业应当采取措施予以防范。通货膨胀所处阶段不同，采取的应对措施也不同，如表1-8所示。

表1-8 通货膨胀的应对措施

所处阶段	措　施
通货膨胀初期	① 进行投资可以避免货币贬值风险，实现资本保值 ② 签订长期购货合同，以减少物价上涨造成的损失，锁定价格 ③ 取得长期负债，以保持资金成本的稳定
通货膨胀持续期	① 采用比较严格的信用条件，减少企业债权 ② 调整财务政策，防止和减少企业资本流失等

三、金融环境

财务管理的主要金融环境，包括金融机构、金融工具、金融市场和利率四个方面。

（一）金融机构

金融机构主要是指，银行和非银行金融机构。银行业金融机构是指，经营存款、放款、汇兑、储蓄等金融业务，承担信用中介的金融机构。银行的主要职能是充当社会中介、充当企业之间的支付中介、提供信用工具、充当投资手段和充当国民经济的宏观调控手段。非银行金融机构包括金融资产管理公司、信托投资公司、财务公司和金融租赁公司等。

（二）金融工具

金融工具是金融市场上进行资金交易、转让的工具。

金融工具分为基本金融工具和衍生金融工具两大类。常见的基本金融工具有货币、票据、债券、股票等；衍生金融工具又称派生金融工具，是在基本金融工具的基础上通过特定技术设计形成新的融资工具，如各种远期合约、互换、掉期、资产支持证券等，具有高风险、高杠杆效应的特点。

一般认为，金融工具具有流动性、风险性、收益性的特征。流动性是指，金融工具在必要时迅速转变为现金的能力。风险性是指，购买金融工具的本金和预定的收益遭受损失的可能性。风险主要有信用风险和市场风险。前者是指由于债务人不履行债务的风险；后者是指由于投资于某种金融资产的市场价格发生波动而产生的投资风险。收益性是指金融工具能定期或不定期给持有人带来收益。

（三）金融市场

金融市场是指，资金供应者和资金需求者双方通过一定的金融工具进行交易而融通资金的场所。金融市场不仅为企业融资和投资提供了场所，而且还可以帮助企业实现长短期资金转换、引导资本流动，提高资金转移效率。金融市场的构成要素包括资金供应者和资金需求者、金融工具、交易价格、组织方式等。金融市场可以按照不同的标准进行分类，如表1-9所示。

表1-9 金融市场的分类

分类标准	分类结果	内　容
期限	货币市场 （短期金融市场）	含义：是指以期限在1年以内的金融工具为媒介，进行短期资金融通的市场 种类：同业拆借市场、票据市场、大额定期存单市场和短期债券市场 特点：① 期限短。② 交易目的是解决短期资金周转。③ 金融工具有较强的"货币性"，具有流动性强、价格平稳、风险较小等特性
	资本市场 （长期金融市场）	含义：是指以期限在1年以上的金融工具为媒介，进行长期资金交易活动的市场 种类：包括债券市场、股票市场和融资租赁市场等 特点：① 融资期限长。② 融资目的是解决长期投资性资本的需要。③ 资本借贷量大。④ 收益较高但风险也较大
功能	发行市场	又称一级市场，处理金融工具发行与最初购买者之间的交易
	流通市场	又称为二级市场，主要处理现有金融工具转让和变现的交易
融资对象	资本市场	以货币和资本为交易对象
	外汇市场	以各种外汇金融工具为交易对象
	黄金市场	集中进行黄金买卖和金币兑换的交易市场
金融工具属性	基础性金融市场	是指以基础性金融产品为交易对象的金融市场，如商业票据、企业债券、企业股票的交易市场
	金融衍生品市场	是指以金融衍生产品为交易对象的金融市场，如远期、期货、掉期（互换）、期权的交易市场，以及具有远期、期货、掉期（互换）、期权中一种或多种特征的结构化金融工具的交易市场

（四）利率

1. 利率的类型

利率也称利息率，是利息占本金的百分比。从资金的借贷关系来看，利率是一定时期内运用资金资源的交易价格。利率按照不同的标准可分为不同的种类。

按利率之间的变动关系，分为基准利率和套算利率。基准利率是指，在整个利率体系中起主导作用的基础利率。它的水平和变化决定其他各种利率的水平和变化。市场经济体制下一般以中央银行的再贴现率为基准利率；计划经济体制下，由中央银行制定。在中国，中国人民银行将为国有商业银行和其他金融机构确定的存贷款利率作为基准利率。套算利率是指各金融机构根据基准利率和借贷款项的特点而换算出的利率。

按利率与市场资金供求情况的关系，分为固定利率和浮动利率。固定利率是指在借贷期内不作调整的利率。受通货膨胀的影响，实行固定利率会使债权人利益受到损害。浮动利率是一种在借贷期内可定期调整的利率。在通货膨胀条件下采用浮动利率，可使债权人减少损失。

按利率形成机制不同，分为市场利率和法定利率。市场利率是指根据资金市场的供求关系而自由变动的利率。法定利率是指由政府金融管理部门或者中央银行确定的利率。

2. 利率的一般计算公式

一般来说，金融市场上资金的购买价格，可用下式表示：

$$利率=纯利率+通货膨胀补偿率+风险收益率$$

纯利率是指无通货膨胀、无风险情况下的平均利率。例如，在没有通货膨胀时，国库券的利率可以视为纯利率。纯利率的高低，受平均利润率、资金供求关系和国家调节的影响。

通货膨胀补偿率是指通货膨胀使货币贬值，投资者的真实报酬下降，投资者在把资金交给借款人时，会在纯利率的水平上再加上通货膨胀附加率，以弥补通货膨胀造成的购买力损失。

风险收益率是指投资者要求的除纯利率和通货膨胀之外的风险补偿。风险收益率包括违约风险附加率、流动性风险附加率、期限风险附加率。违约风险附加率是指为了弥补因债务人无法按时还本付息而带来的风险，由债权人要求附加的利率。流动性风险附加率是指为了弥补因债务人资产流动性不好而带来的风险，由债权人要求附加的利率。期限风险附加率是指为了弥补因偿债期限长而带来的风险，由债权人要求附加的利率。

四、法律环境

财务管理的法律环境是指企业和外部发生经济关系时所应遵守的各种法律、法规和条例。法律既约束企业的非法经济行为，也为企业从事各种合法经济活动提供保护。法律环境对企业的影响是多方面的，影响范围包括企业组织形式、公司治理结构、投融资活动、日常经营、收益分配等。法律环境对财务管理的影响如表1-10所示。

表1-10 法律环境对财务管理的影响

法规内容	影响企业财务活动的范围
公司法、证券交易法、证券法、金融法、合同法等	企业筹资
公司法、证券交易法、企业财务通则等	企业投资
公司法、企业财务通则、税法等	企业收益分配

（一）企业组织法律规范

企业组织必须依法成立。组建不同的企业，要依照不同的法律规范。它们包括《中华人民共和国公司法》《中华人民共和国外资企业法》《中华人民共和国中外合资经营企业法》《中华人民共和国中外合作经营企业法》《中华人民共和国个人独资企业法》《中华人民共和国合伙企业法》等。这些法律规范既是企业的组织法，又是企业的行为法。

从财务管理来看，非公司企业与公司企业有很大不同。非公司企业的所有者，包括独资企业的业主和合伙企业的普通合伙人，要承担无限责任。他们享有企业的盈利（或承担损失），一旦经营失败必须抵押其个人的财产，以满足债权人的要求。公司企业的股东承担有限责任，经营失败时其经济责任以出资额为限，无论股份有限公司还是有限责任公司都是如此。

（二）税收法律规范

税收是国家为了实现其职能，按照法律预先规定的标准，凭借政治权力，通过税收工具强制地、无偿地参与国民收入和社会产品的分配和再分配取得财政收入的一种形式。税收具有强制性、无偿性和固定性三个显著特征。任何企业都有法定的纳税义务。财务人员应当熟悉国家税收法律的规定，不仅要了解各种税收的计征范围、计征依据和税率，而且要了解差别税率的制定精神，以及减税、免税的原则和规定，自觉遵守税收政策进行经营活动和财务活动。

除上述法律规范外，与企业财务管理有关的其他经济法律规范还有许多，包括各种证券法律规范、结算法律规范、合同法律规范等。财务人员要熟悉这些法律规范，在守法的前提下完成财务管理的职能，实现企业的财务目标。

◎技能训练

【实训项目】财务管理环境调查与分析

【实训目标】掌握财务管理环境

【实训任务】

1. 将班级学生分成若干小组（5～8人为一组），以小组为单位，分析一个上市公司面临的财务环境并形成书面分析报告。每位同学都要参与。

2. 每个小组推荐一位代表汇报本组讨论情况，并说明分析企业财务管理环境的思路和方法。班级同学对其汇报情况进行评分。

3. 每个小组将汇报情况形成文字资料，并上交授课老师评阅。

本项目小结

1. **本项目的重点**：财务管理的内容、财务管理的目标、财务管理体制。
2. **本项目的难点**：财务管理目标的确定、财务管理体制的选择。
3. **关键概念**：财务管理、财务活动、财务关系、财务管理目标、财务管理环节、财务管理体制、财务管理环境。

项目综合实训

【**实训项目**】实际企业的财务管理调研

【**实训目标**】掌握财务管理的内容、目标、体制、环境

【**实训任务**】

实际企业的财务管理调研

学生按5～8人分为一组，选定正副组长负责组内工作，每组学生联系一家企业，对企业的财务管理情况进行调研。调研的内容包括企业名称、性质、规模，法人代表，企业生产经营范围，企业机构设置，财务管理人员的配备，财务岗位及岗位职责，财务管理体制，当前的理财环境对该企业财务管理的影响。

任务要求：完成企业财务管理情况调研报告，不少于500字。

调研报告格式如下：

××企业财务管理情况调研报告

一、企业概况介绍（包括企业名称、性质、规模，法人代表，企业生产经营范围，企业机构设置）

二、企业财务管理人员的配备

三、企业财务岗位及岗位职责

四、企业财务管理体制

五、当前的理财环境对该企业财务管理的影响

六、企业财务管理存在的问题

七、完善企业财务管理的对策

扫码做习题

项目二 树立财务管理价值观念

职业能力目标

1. 掌握资金时间价值的含义及其计算,能够准确计算资金时间价值并应用其进行相关决策。

2. 掌握单项资产、组合资产风险及收益的衡量方法,能够准确计算风险衡量指标并了解风险控制决策过程。

3. 了解成本性态模型及混合成本分解的方法,能够正确进行成本性态分析。

典型工作任务

计算货币时间价值、风险与收益分析、成本性态分析

知识点

资金时间价值、单利、复利、终值、现值、普通年金、预付年金、递延年金、永续年金、资产收益的类型、风险的分类、投资风险报酬、风险报酬的衡量指标、组合资产的风险、资本资产定价模型、成本性态、变动成本、固定成本、混合成本、高低点法、回归分析法

技能点

资金时间价值的计算、单一投资风险与收益的分析、组合投资风险与收益的分析、建立成本性态模型、混合成本分解

◎ **导入案例**

拿破仑的"玫瑰花承诺"

拿破仑 1797 年 3 月在卢森堡第一国立小学演讲时说了这样一番话:"为了答谢贵校对我,尤其是对我夫人约瑟芬的盛情款待,我不仅今天呈上一束玫瑰花,并且在未来的日子里,只要我们法兰西存在一天,每年的今天我将亲自派人送给贵校一束价值相等的玫瑰花,作为法兰西与卢森堡友谊的象征。"时过境迁,拿破仑穷于应付连绵的战争和多发的政治事件,最终惨败而流放到圣赫勒拿岛,把卢森堡的诺言忘得一干二净。

1984 年底,卢森堡旧事重提,向法国提出违背"赠送玫瑰花"诺言的索赔:要么从 1797 年起,用 3 路易作为一束玫瑰花的本金,以 5 厘复利(即利滚利)计息全部清偿这笔"玫瑰花"债;要么法国政府在法国政府各大报刊上公开承认拿破仑是个言而无信的小人。

起初,法国政府准备不惜重金赎回拿破仑的声誉,但却被电脑算出的数字惊呆了。原本 3 路易的许诺,本息竟高达 1375596 法郎。

经苦思冥想,法国政府斟词酌句的答复是:"以后,无论在精神上还是在物质上,法国将始终不渝地对卢森堡大公国的中小学教育事业予以支持与赞助,来兑现我们的拿破仑将军那一诺千金的玫瑰花信誉。"这一方案最终得到了卢森堡人民的谅解。

请思考:

(1)什么是资金时间价值?资金时间价值有什么表现形式?

(2)为何每年赠送价值 3 路易的玫瑰花相当于在 187 年后一次性支付 1375596 法郎?

任务 2.1　资金时间价值计算与应用

◎ **任务描述**

掌握一次性支付款项、多次支付款项的现值和终值的计算,并运用计算结果进行财务决策。

◎ **相关知识**

一、资金时间价值的概念

资金时间价值又称货币时间价值,是指一定数量的货币资本在不同时点上的价值量差额,有终值和现值两种表现形式。终值又称将来值,是现在一定量的资金折算到未来某一时点所对应的金额,通常记作 F。现值又称本金,是指未来某一时点上一定数量的资金折算到现在所对应的金额,通常记作 P。

根据马克思的资本积累理论的观点,资金时间价值是没有风险和通货膨胀状态下的社会平均资本报酬率。这是因为,在完全竞争市场经济条件下,资本是完全流动的,这使得各类资本家的投资报酬率达到完全相同,银行资本家也得到产业资本家一样的报酬(不考虑风险和通货膨胀）。

资金时间价值的计量有绝对数和相对数两种形式。由于绝对数的计算结果在不同货币规模下不可比，因此资金时间价值的衡量大多采用相对数形式，即资金价值的增长幅度，在生活中大多数以利率或投资报酬率来表示。在现实生活中，由于风险和通货膨胀不可能完全不存在，因此资金时间价值近似地等于短期国库券的利息率。

二、资金时间价值的计算

（一）一次性收付款项终值与现值的计算

一次性收付款项是指在某一特定时点上一次性支出或收入，经过一段时间后再一次性收回或支出的款项。资金时间价值的计算，涉及两个重要的概念，即终值和现值。由于终值和现值的计算同利息的计算方法有关，而利息的计算又有复利和单利两种，因此，终值与现值的计算也有复利和单利之分。

1. 单利终值与现值的计算

单利是指每期都按原始本金计算利息，当期利息即使不取出也不计入下期本金，计息基础不变的一种计息方法。通常，用 P 表示现值，F 表示终值，i 表示利率，n 表示计息的期数。无特殊说明，给出的利率均为年利率。

单利终值的计算公式：$F=P+P\times i\times n=P\times(1+i\times n)$

单利现值的计算公式：$P=F/(1+n\times i)$

【例2-1】张先生存入银行150000元，若银行存款利率为5%，求5年后的本利和是多少？（采用单利计息）

解：$F = 150000\times(1+5\%\times 5)$
　　　$= 187500$（元）

【例2-2】某人存入银行一笔钱，希望5年后得到200000元，如果银行存款的年利率为5%，要求计算此人现在需存入银行多少元？

解：$P = 200000 / (1+5\%\times 5)$
　　　$= 160000$（元）

2. 复利的终值与现值的计算

复利是指每经过一个计息期，要将该期所派生的利息加入本金再计算利息，逐期滚动计算利息的一种计息方法，俗称"利滚利"。这里所说的计息期，是相邻两次计息的间隔，如年、月、日等。除非特别说明，计息期一般为1年。

（1）复利终值的计算。

复利终值是指一定量的本金按复利计算在若干期以后的本利和。

设现有一笔资金，共计金额为 P，存期为 n 年，年利率为 i，则 n 年后的终值 F 为：

第一年年末的本利和为：$P\times(1+i)$

第二年年末的本利和为：$P\times(1+i) + P\times(1+i)\times i = P\times(1+i)^2$

第三年年末的本利和为：$P\times(1+i)^2 + P\times(1+i)^2\times i = P\times(1+i)^3$

……

第 n 年年末的本利和为：$P\times(1+i)^n$

因此，复利终值的计算公式为：

$$F=P\times(1+i)^n$$

式中，$(1+i)^n$ 在财务管理学中称为复利终值系数，用符号（$F/P, i, n$）表示，它是计算复利终值的主要参数，其数值可查阅"复利终值系数表"（附表A）。上述复利终值的计算公式也可写作：

$$F=P\times(F/P, i, n)$$

【例2-3】王先生买彩票中奖100000元，他想将这笔钱存入银行，以便将来退休时使用，假设张先生还有10年退休，年存款利率2%，如果按复利计算10年后王先生退休时能获得多少元钱？

解：F=100000×(1+2%)^{10}
　　　=100000×(F/P, 2%, 10)
　　　=100000×1.2190
　　　=121900（元）

上式中（F/P, 2%, 10）表示利率为2%，期限为10年的复利终值系数。在复利终值系数表上，我们可以从横行中找到利率2%，纵列中找到期数10，纵横相交处，可查到（F/P, 2%, 10）=1.2190。该系数表明，在年利率为2%的条件下，现在的1元相当于10年后的1.2190元。

（2）复利现值的计算。

复利现值是指未来某期的一定量的货币，按复利计算的现在的价值。

由复利终值的计算公式可推出复利现值的计算公式为：

$$P=\frac{F}{(1+i)^n}=F\times\frac{1}{(1+i)^n}=F\times(1+i)^{-n}$$

式中，$(1+i)^{-n}$ 称为复利现值系数。我们用符号（$P/F, i, n$）表示，它是计算复利现值的主要参数，其数值可查阅"复利现值系数表"（附表B）。上述复利现值的计算公式也可写为：

$$P=F\times(P/F, i, n)$$

【例2-4】银行年利率为8%，吴女士想在3年后得到100000元，请问吴女士现在应存入银行多少元？

解：P=100000×(P/F, 8%, 3)
　　　=100000×0.7938
　　　=79380（元）

上式中的(P/F, 8%, 3)表示利率为8%，期限为3年的复利现值系数。同样，我们在复利现值系数表上，从横行中找到利率8%，纵列中找到期限3，纵横相交处，可查到(P/F, 8%, 3)=0.7938。该系数表明，在年利率为8%的条件下，3年后的1元相当于现在的0.7938元。

（二）年金终值和现值的计算

年金是指定期等额的系列收付款项。例如，按直线法计提的固定资产折旧、定期支付的保险费、养老金等。年金具有连续性和等额性的特点。连续性要求在一定时期内间隔相等时间就要发生一次收付业务，中间不得中断；等额性要求每期收、付款项的金额必须相等。年金根据每次收付款项发生的时点不同分为普通年金、预付年金、递延年金和永续年金四种。

1. 普通年金终值与现值的计算

普通年金是指从第一期开始，在一定时期内每期期末发生的等额收付的系列款项，又称后付年金。普通年金资金时间价值的计算包括两个方面：普通年金的终值和现值。

（1）普通年金终值的计算。

普通年金终值就是每期期末收入或支出"等额款项"的复利终值之和。设每年的等额款项为 A，利率为 i，期数为 n，其计算方法如图 2-1 所示。

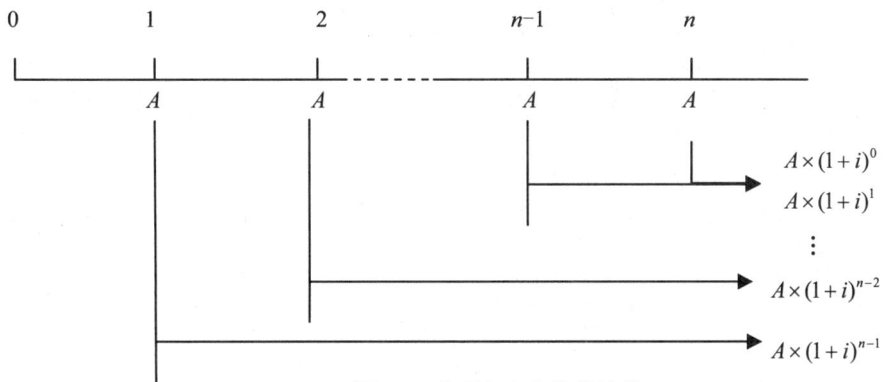

图 2-1 普通年金终值的计算

由图 2-1 可知，普通年金终值（F）的计算公式如下：

$$F = A \times (1+i)^0 + A \times (1+i)^1 + A \times (1+i)^2 + \cdots + A \times (1+i)^{n-1}$$

先将上式两边同时乘上（1+i）得：

$$(1+i)F = A \times (1+i)^1 + A \times (1+i)^2 + A \times (1+i)^3 + \cdots + A \times (1+i)^n$$

上述两式相减得：

$$(1+i)F - F = A \times (1+i)^n - A$$

$$F = A \times \frac{[(1+i)^n - 1]}{i}$$

式中的 $\frac{[(1+i)^n - 1]}{i}$ 是普通年金为 1 元、利率为 i、经过 n 期的年金终值系数，可记作（$F/A, i, n$），可查阅"年金终值系数表"（附表 C）。上述年金终值的计算公式也可写作：

$$F = A \times (F/A, i, n)$$

【例 2-5】小王自 2015 年 12 月底开始，每年都要向一位失学儿童捐款 1000 元，帮助这位失学儿童从小学 1 年级读完九年义务教育。假设每年定期存款利率都是 2%，则小王 9 年的捐款总额在 2023 年年底相当于多少钱？

解：$F = 1000 \times [(1+2\%)^9 - 1]/2\% = 9754.6$（元）

或：$F = 1000 \times (F/A, 2\%, 9) = 1000 \times 9.7546 = 9754.6$（元）

（2）年偿债基金的计算。

计算年金终值是已知年金求终值，有时还会碰到已知年金终值，反过来求每年支付的年金数额，即其逆运算，所求的年金称作年偿债基金。根据年金终值的计算公式可推导出年偿债基金的计算公式如下：

$$A = F \times \frac{i}{(1+i)^n - 1}$$

式中：$\frac{i}{(1+i)^n - 1}$ 称作"偿债基金系数"。我们用符号（A/F, i, n）表示，它是年金终值系数的倒数。上述偿债基金的计算公式也可写为：

$$A = F \times (A/F, i, n) \quad 或 \quad A = F \times \frac{1}{(F/A, i, n)}$$

【例2-6】某企业有一笔4年后到期的借款，到期值为1000万元。若存款年利率为10%，则为偿还该项借款应建立的偿债基金为多少？

解：这是已知年金终值求年金，也就是求年偿债基金。

$$A = 1000/(F/A, 10\%, 4) = 1000/4.6410 = 215.5（万元）$$

（3）普通年金现值的计算。

普通年金现值是指一定时期内每期期末收付款项的复利现值之和。其计算方法如图2-2所示。

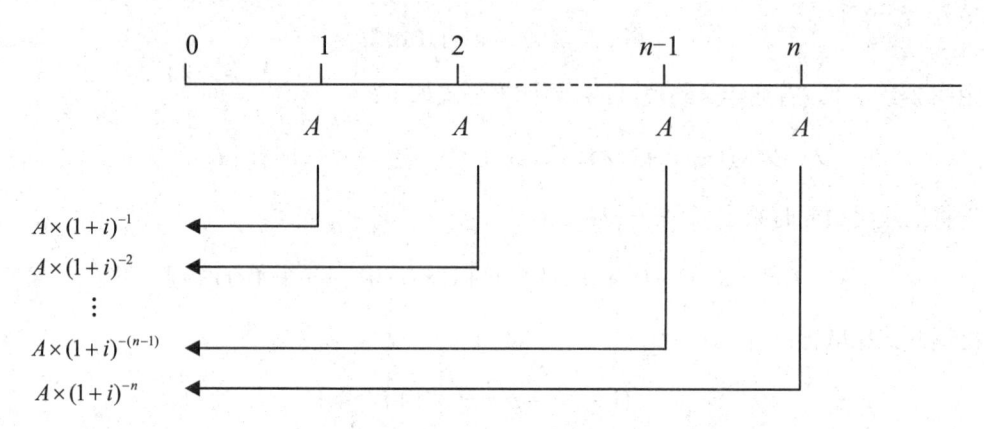

图2-2 普通年金现值的计算

由图2-2可知，普通年金现值（P）的计算公式为：

$$P = A \times (1+i)^{-1} + A \times (1+i)^{-2} + A \times (1+i)^{-3} + \cdots + A \times (1+i)^{-n}$$

等式两边同乘（1+i）得：

$$(1+i)P = A \times (1+i)^0 + A \times (1+i)^{-1} + A \times (1+i)^{-2} + \cdots + A \times (1+i)^{-(n-1)}$$

上述两式相减得：

$$iP = A \times [1 - (1+i)^{-n}]$$

$$P = A \times \frac{[1 - (1+i)^{-n}]}{i}$$

式中 $\frac{1-(1+i)^{-n}}{i}$ 是普通年金为 1 元，利率为 i，经过 n 期的年金现值系数，可记作（P/A, i, n），可查阅"年金现值系数表"（附表 D）。上述年金现值的计算公式也可写作：

$$P=A\times(P/A, i, n)$$

【例 2-7】某投资项目于 2000 年年初动工，当年投产，从投产之日起每年可得收益 40000 元。按年利率 6%计算，计算预期 10 年收益的现值。

解：$P=40000\times(P/A, 6\%, 10)=40000\times7.3601=294404$（元）

（4）年资本回收额的计算。

如果已知年金现值，反过来求年金，这就是年金现值的逆运算，所求的年金称作年资本回收额。根据年金现值的计算公式可推导出年资本回收额的计算公式如下：

$$A = P \times \frac{i}{1-(1+i)^{-n}}$$

式中：$\frac{i}{1-(1+i)^{-n}}$ 称作资本回收系数，也可记为（A/P, i, n），它是年金现值系数的倒数，上述年资本回收额的计算公式也可写为：

$$A=P\times(A/P, i, n) \quad \text{或} \quad A = P \times \frac{1}{(P/A, i, n)}$$

【例 2-8】甲公司现在借得 1000 万元的贷款，在 10 年内以利率 12%偿还，则该公司每年应付的金额为多少？

解：$A= P/(P/A, 12\%, 10)=1000/5.650=177$（万元）

2. 预付年金终值与现值的计算

预付年金是指从第一期开始，在一定时期内每期期初发生的等额收付款项，也称先付年金或即付年金。预付年金的资金时间价值的计算包括两个方面：预付年金的终值和现值。

（1）预付年金终值的计算。

预付年金终值和普通年金终值的计算思路相似，都是将每次收付款项折算到某一时点的复利终值，然后再将这些复利终值求和。但由于预付年金和普通年金的收付款项时间不同，因此，两者的计算也有所区别。普通年金和预付年金的资金收付时间示意图如图 2-3 所示。

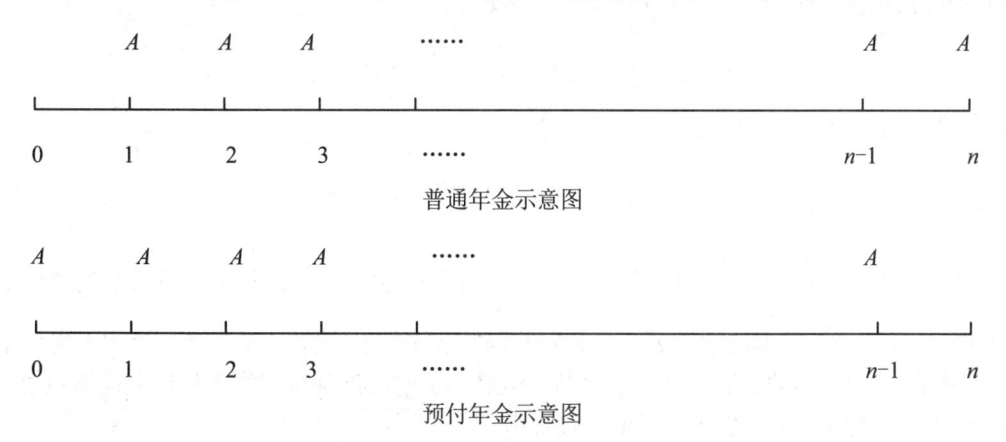

图 2-3 普通年金和预付年金的资金收付时间示意图

由图 2-3 我们可以看出，预付年金和普通年金相比，相当于整个现金收付款项时间向前提前了 1 年，如果计算终值，预付年金的终值要比普通年金终值多计算一期的利息。因此，在 n 期普通年金终值的基础上乘以（1+i）就是 n 期预付年金的终值。我们现在推导出预付年金的终值计算公式如下：

$$F = A \times \frac{(1+i)^n - 1}{i} \times (1+i)$$

经整理得到预付年金终值的计算公式为：

$$F = A \times \left[\frac{(1+i)^{n+1} - 1}{i} - 1\right]$$

式中：$\left[\frac{(1+i)^{n+1}-1}{i}-1\right]$ 称作预付年金终值系数，它是在普通年金终值系数的基础上，期数加 1，系数减 1 所得的结果，也可记为[(F/A, i, n+1)-1]。这样，通过查阅"年金终值系数表"可得到（n+1）期的普通年金终值系数，然后减 1 便可得到对应的预付年金终值系数。因此，预付年金终值的计算公式也可用下式表示：

$$F = A \times [(F/A, i, n+1) - 1]$$

【例 2-9】为给儿子上大学准备资金，王先生连续 6 年于每年年初存入银行 3000 元。若银行存款利率为 5%，则王先生在第 6 年年末能一次取出本利和多少钱？

解：F=3000×[(F/A, 5%, 7)-1]
　　　=3000×(8.1420-1)
　　　=21426（元）

或：F=A×(F/A, i, n)(1+i)
　　　=3000×6.8019×(1+5%)
　　　=21426（元）

（2）预付年金现值的计算。

预付年金现值和普通年金现值的计算思路相似，都是将每期期初的收付款项折算到现在的现值，然后再将这些现值求和。但由于预付年金和普通年金的收付款项时间不同，n 期预付年金现值比 n 期普通年金现值少折现一期。因此，在 n 期普通年金现值的基础上乘以（1+i），便可求出 n 期预付年金现值。其计算公式推导如下：

$$P = A \times \frac{1-(1+i)^{-n}}{i} \times (1+i)$$

经整理得到预付年金现值的计算公式为：

$$P = A \times \left[\frac{1-(1+i)^{-(n-1)}}{i} + 1\right]$$

式中：$\left[\frac{1-(1+i)^{-(n-1)}}{i}+1\right]$ 称作预付年金现值系数，它是在普通年金现值系数的基础上，期数减 1，系数加 1 所得的结果，也可记为[(P/A, i, n-1)+1]。这样，通过查阅"年金现值系数表"可得到（n-1）期的普通年金现值系数，然后加 1 便可得到对应的预付年金现值系数。因此，预付年金现值的计算公式也可用下式表示：

$$P = A \times [(P/A, i, n-1) + 1]$$

【例2-10】 张女士采用分期付款方式购入商品房一套,每年年初付款15000元,分10年付清。若银行利率为6%,该项分期付款相当于一次现金支付的购买价是多少元?

解: P=15000×[(P/A, 6%, 10-1)+1]
　　　=15000×(6.8017+1)
　　　=15000×7.8017
　　　=117025.5(元)

3. 递延年金终值与现值的计算

递延年金是指第一次收付款发生的时间不是从第一期开始,而是隔若干期(设为 m 期,$m≥1$)后才开始发生的系列等额收付款项,如图2-4所示。

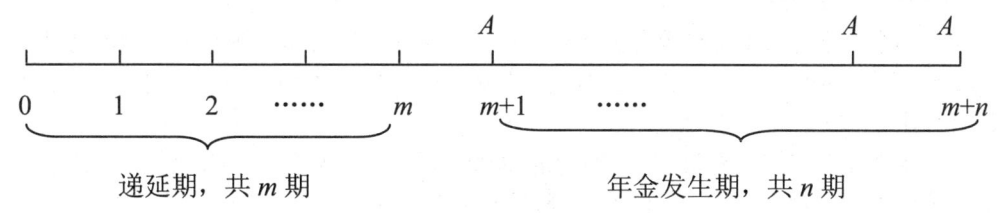

```
         A              A   A
0  1  2 ······ m  m+1 ······ m+n
└─────────────┘ └─────────────┘
  递延期,共 m 期    年金发生期,共 n 期
```

图2-4　递延年金的收付形式

(1) 递延年金的终值。

图2-4清晰地显示,递延年金在终值计算上与递延期累计不相关,只与期后特定时间区间相关。没有特殊要求时,可以按照普通年金计算终值。

【例2-11】 某企业年初投资一项目,估计从第五年开始至第十年,每年年末可得收益10万元,假定年利率为5%,请计算该项目到第十年年末可得到多少收益?

解: F=10 × (F/A, 5%, 6)
　　　=10 × 6.8019
　　　=68.019(万元)

(2) 递延年金的现值。

递延年金在现值的计算上,因为递延期的存在,与普通年金现值的计算有所不同。递延年金现值可以用如下三种方法来计算:

方法一:"二阶段计算"方式

所谓"二阶段计算"方式是指,先把递延年金视为 n 期普通年金,求出递延期末的现值,然后再将此现值调整到第一期期初,即第0期期价值。即:

$$P = A \times (P/A, i, n) \times (P/F, i, m)$$

式中,m 为递延期,n 为连续收支期数,即年金期。

方法二:"假设计算"方式

所谓"假设计算"方式是指,假设递延期内也发生年金,即变成一个 $(m+n)$ 期的普通年金,求出 $(m+n)$ 的普通年金现值;然后扣除虚构的递延期内 m 期的年金现值,即可求得递延年金现值。即:

$$P = A \times [(P/A, i, m+n) - (P/A, i, m)]$$

方法三:先求递延年金终值再折现为现值。即:

$$P = A \times (F/A, i, n) \times (P/F, i, m+n)$$

【例 2-12】 吴女士向银行借入一笔款项，银行贷款的年利率为 8%，银行规定前 10 年不用还本付息，但从第 11 年至第 20 年每年年末偿还本息 1000 万元，请问这笔款项的现值应为多少？

解：$P = 1000 \times (P/A, 8\%, 10) \times (P/F, 8\%, 10)$
　　　$= 1000 \times 6.7101 \times 0.4632$
　　　$= 3108$（万元）

或：$P = 1000 \times [(P/A, 8\%, 20) - (P/A, 8\%, 10)]$
　　　$= 1000 \times (9.8181 - 6.7101)$
　　　$= 3108$（万元）

4. 永续年金现值的计算

永续年金是指无限期等额收付的年金，也称永久年金。它可视为普通年金的特殊形式，即期限趋于无穷的普通年金。绝大多数优先股因为有固定的股利而又无到期日，因而其股利可以视为永续年金。

由于永续年金持续期无限，没有终止的时间，因此没有终值，只有现值。通过普通年金现值公式可推导出永续年金现值的计算公式为：

$$P = A \times \frac{1-(1+i)^{-n}}{i}$$

当 $n \to \infty$ 时，$(1+i)^{-n} \to 0$

故上述公式可写成：
$$P = \frac{A}{i}$$

【例 2-13】 某高校拟建立一项永久性的奖学金，每年计划颁发 10000 元奖金。若利率为 10%，则现在应存入银行多少钱？

解：由于每年都要拿出 10000 元，因此奖学金的性质是一项永续年金，其现值应为：
$$10000 \div 10\% = 100000 \text{（元）}$$

也就是说，吴先生要存入 100000 元作为基金，才能保证这一奖学金的成功运行。

三、利率的计算

（一）插值法

在复利计息方式下，利率与现值（或者终值）系数之间存在一定的数量关系。已知现值（或者终值）系数，则可以通过插值法计算对应的利率。

$$i = i_1 + \frac{B - B_1}{B_2 - B_1} \times (i_2 - i_1)$$

式中，所求利率为 i，i 对应的现值（或者终值）系数为 B，B_1、B_2 为现值（或者终值）系数表中 B 相邻的系数，i_1、i_2 为 B_1、B_2 对应的利率。

（1）若已知复利现值（或者终值）系数 B 以及期数 n，可以查阅"复利现值（或者终值）系数表"，找出与已知复利现值（或者终值）系数最接近的两个系数及其对应的利率，按插值法公式计算利率。

（2）若已知年金现值（或者终值）系数 B 以及期数 n，可以查阅"年金现值（或者终值系数表"，找出与已知年金现值（或者终值）系数最接近的两个系数及其对应的利率，按插值法公式计算利率。

内插法的口诀可以概括为：利率差之比等于系数差之比。

【例 2-14】现存款 1000 元，期限 5 年，银行存款利率为多高，到期才能得到 1500 元。

解：该题属于普通复利问题：

1500=1000×(F/P, i, 5)，复利终值系数(F/P, i, 5)=1.5。查"复利终值系数表"不能查到 1.5 对应的利率，则有：

$$\begin{cases} 8\% & 1.4693 \\ i & 1.5 \\ 9\% & 1.5386 \end{cases}$$

$$(i-8\%)/(9\%-8\%)=(1.5-1.4693)/(1.5386-1.4693)$$

求得：i=8.44%。

【例 2-15】吴先生存入 100 万元，奖励每年高考的文科及理科状元各 1 万元，奖学金每年发放一次。请问银行存款年利率为多少时才可以设定成永久性奖励基金？

解：i=2/100=2%

（二）名义利率与实际利率

名义利率是指票面利率。实际利率是指投资者得到利息回报的真实利率。

1. 1 年多次计息时的名义利率与实际利率

（1）名义利率与实际利率的换算公式。

如果以"年"作为基本计息期，每年计算一次复利，这种情况下的实际利率等于名义利率。如果按照短于 1 年的计息期计算复利，这种情况下的实际利率高于名义利率。名义利率与实际利率的换算关系如下：

$$i = (1+\frac{r}{m})^m - 1$$

式中，i 为实际利率，r 为名义利率，m 为 1 年内复利计息次数。

【例 2-16】A 公司平价发行一种 1 年期，票面利率为 6%，每年付息一次，到期还本的债券；B 公司平价发行一种 1 年期，票面利率为 6%，每半年付息一次，到期还本的债券。计算两种债券的实际利率。

解：A 公司的实际利率 = 6%

B 公司的实际利率 = (1+6%/2)² − 1 = 6.09%

当每年计息一次时，实际利率=名义利率；当每年计息多次时，实际利率>名义利率。

（2）1 年多次计息的终值或现值的计算。

其基本公式不变，只要将年利率调整为计息期利率(r/m)，将年数调整为期数即可。

【例 2-17】某企业于年初存入银行 10000 元，假定年利率为 12%，每年计复利两次。已知(F/P, 6%, 5) = 1.3382，(F/P, 6%, 10) = 1.7908，(F/P, 12%, 5) = 1.7623，(F/P, 12%, 10) = 3.1058，则第 5 年年末的本利和为多少元？

解：第 5 年末的本利和=10000 × (F/P, 6%, 10) = 17908（元）

2. 通货膨胀情况下的名义利率与实际利率

名义利率是央行或其他提供资金借贷的机构所公布的未调整通货膨胀因素的利率，即利息（报酬）的货币额与本金的货币额的比率，即指包括补偿通货膨胀（通货紧缩）风险的利率。

实际利率是指剔除通货膨胀率后储户或投资者得到利息回报的真实利率。

名义利率与实际利率之间的关系为：

$$1+名义利率 =（1+实际利率）\times（1+通货膨胀率）$$

所以实际利率的计算公式为：

$$实际利率 =（1+名义利率）/（1+通货膨胀率）-1$$

【例2-18】 2017年我国商业银行1年期存款年利率为3%，假设通货膨胀率为2%，则实际利率为多少？

解： 实际利率 $=(1+3\%)/(1+2\%)-1=0.98\%$

◎技能训练

技能训练1

【实训项目】 货币时间价值的计算与应用

【实训目标】 掌握复利、年金的终值和现值的计算与应用

【实训任务】

1. 现金1000元存入银行，若年利率为7%，1年计复利一次，8年后的复利终值是多少？若年利率为10%，1年计复利一次，10年后的1000元其复利现值是多少？

2. 某人准备存入银行一笔钱，以便在以后的10年中每年年底得到2000元，银行存款利率为5%，计算该人目前应存入银行多少钱？

3. 某公司需用一台设备，买价为15000元，使用寿命为10年。如果租赁设备，则每年年末需支付租金2200元，除此以外，其他情况相同，假设利率为8%，试说明该公司是应该购买设备还是租赁设备？

4. 某公司有一项付款业务，有甲乙两种付款方式可供选择。甲方案：现在支付10万元，一次性结清。乙方案：分3年付款，第一年至第3年各年年初的付款额分别为3万元、4万元、4万元，假设利率为6%，按现值计算，从甲乙两个方案中选择最优方案。

5. 某人拟购置一处房产，房主提出两种付款方案：（1）从现在起，每年年初支付20万元，连续支付10次，共200万元。（2）从第5年开始，每年年末支付25万元，连续支付10次，共250万元。若利率为6%，你认为此人应该选择哪个方案？

6. 张三为了感谢母校和老师对自己的培养，帮助家庭贫困的学生顺利完成学业，决定在母校设立一项永久性励志奖学金，每年从基金中支付100000元用于品学兼优的贫困学生。若利率为8%，则张三现在应该一次性投入多少钱来设立该项奖学金？

技能训练 2

【**实训项目**】利率计算
【**实训目标**】掌握利率的计算与应用
【**实训任务**】
1. 甲银行复利率为 8%，每季度计复利一次，则其实际利率是多少？
2. 某企业于年初存入银行 20000 元，假定年利率为 12%，每年计复利两次。则第 5 年年末的本利和为多少元？
3. 甲公司投资一项证券资产，每年年末都能按照 6% 的名义利率获取相应的现金收益。假设通货膨胀率为 2%，则该证券资产的实际利率为多少？

任务 2.2 风险与收益分析

◎任务描述

掌握单项资产和组合资产的风险与收益衡量方法，确认单项资产的风险与收益以及组合资产的风险与收益。

◎相关知识

一、资产的收益与收益率

（一）资产收益率的计算

资产的收益是指资产的价值在一定时期的增值。一般情况下，有两种表述资产收益的方式：一是以金额表示的，称为资产的收益额，通常以资产价值在一定期限内的增值量来表示，该增值量来源于两部分：① 期限内的现金净收入。② 期末资产的价值（或市场价格）相对于期初价值（价格）的升值。前者多为利息、红利或股息收益，后者称为资本利得。二是以百分比表示的，称为资产的收益率或报酬率，是资产增值量与期初资产价值（价格）的比值，该收益率也包括两部分：① 利息（股息）的收益率。② 资本利得的收益率。通常情况下，以收益率的方式来表示资产的收益，因为以百分数表示的收益是一个相对指标，便于不同规模下资产收益的比较和分析。在计算收益率时一般要将不同期限的收益率转化成年收益率。

资产收益率的计算方法如下：
资产的收益率=资产价值（价格）的增值 ÷ 期初资产价值（价格）
     =[利息（股息）收益+资本利得] ÷ 期初资产价值（价格）
     =利息（股息）收益率 + 资本利得收益率

【**例 2-19**】某股票 1 年前的价格为 10 元，1 年中的税后股息为 0.25 元，现在的市价为 12 元。在不考虑交易费用的情况下，1 年内该股票的收益率是多少？

解：1年中资产的收益为：

$$0.25+(12-10)=2.25（元）$$

其中，股息收益为 0.25 元，资本利得为 2 元。

$$股票的收益率=(0.25+12-10) \div 10 =2.5\%+20\%=22.5\%$$

其中，股利收益率为 2.5%，资本利得收益率为 20%。

（二）资产收益率的类型

在实际的财务工作中，由于工作角度和出发点不同，收益率有实际收益率、预期收益率、无风险收益率、风险收益率、必要收益率五种类型。

实际收益率表示已经实现的或确定能够实现的资产收益率，包括已实现的或确定能够实现的利息（股息）率与资本利得收益率之和。

预期收益率也称期望收益率，是指在不确定的条件下，预测的某资产未来可能实现的收益率。

无风险收益率也称无风险利率，是指可以确定可知的无风险资产的收益率，它的大小由纯粹利率（资金的时间价值）和通货膨胀补贴率两部分组成。一般情况下，为了方便起见，通常用短期国库券的利率近似地代替无风险收益率。

风险收益率是指，某资产持有者因承担该资产的风险而要求的超过无风险利率的额外收益，它等于必要收益率与无风险收益率之差。风险收益率衡量了投资者将资金从无风险资产转移到风险资产而要求得到的"额外补偿"，它的大小取决于以下两个因素：一是风险的大小；二是投资者对风险的偏好。

必要收益率也称"最低必要报酬率"或"最低要求的收益率"，表示投资者对某资产合理要求的最低收益率。

必要收益率=无风险收益率+风险收益率=纯粹利率+通货膨胀补贴率+风险收益率

预期收益率大于等于投资人要求的必要报酬率，投资可行。相反，预期收益率小于投资人要求的必要报酬率，投资不可行。

二、单项资产的风险与收益衡量

（一）风险的类别

从财务管理的角度看，风险就是企业在各项财务活动过程中，由于各种难以预料或无法控制的因素共同作用，使企业的实际收益与预计收益发生背离，从而蒙受经济损失的可能性。

1. 按投资主体的不同划分

按投资主体的不同划分，风险可分为市场风险和特有风险两类。

市场风险又称系统风险或不可分散风险，是指那些影响所有公司的因素引起的风险，如通货膨胀、经济衰退、高利率等。这类风险涉及所有的投资对象，不能通过组合投资来分散。

特有风险又称非系统风险或可分散风险，是指发生于个别公司的特有事件造成的风险，如新产品开发失败、诉讼失败等。这类事件是非预期的、随机发生的，可通过组合投资来分散风险。

2. 按形成原因的不同划分

按形成原因的不同划分，风险可分为经营风险和财务风险两类。

经营风险又称商业风险，是指因生产经营方面的原因给企业盈利带来的不确定性。比如，市场销售量、生产成本、经济状况等发生变化，使企业的收益变得不确定，从而给企业带来风险。

财务风险又称筹资风险，是指由于举债而给企业财务成果带来的不确定性。举债不仅可以解决企业资金短缺的困难，还可提高企业自有资金的盈利能力。但借入资金需还本付息，它加大了企业的风险，若企业经营不善，会使企业财务陷入困境甚至导致破产。

（二）风险衡量

资产的风险是资产收益率的不确定性，其大小可用资产收益率的离散程度来衡量。离散程度是指资产收益率的各种可能结果与预期收益率的偏差。

衡量风险大小的指标主要有方差、标准差和标准离差率等。

1. 概率分析

在相同的条件下，可能发生也可能不发生的某一事件，称为随机事件。概率就是表示随机事件发生可能性大小的数值，通常把必然发生的事件的概率定为 1，把不可能发生的事件的概率定为 0，而一般随机事件的概率是介于 0 与 1 之间的一个数。概率越接近 1，表示该事件发生的可能性就越大。如果用 X 表示随机事件，X_i 表示随机事件的第 i 种结果，P_i 为出现该种结果的相应概率，那么，概率必须符合下列两个要求：

$$0 \leqslant P_i \leqslant 1$$

$$\sum_{i=1}^{n} P_i = 1$$

如果把某一事件可能的结果 X_i 都列示出来（在横坐标上表示），对每一结果给予一定的概率 P_i（在纵坐标上表示），便可构成某一事件概率的分布。

在实际应用中，概率分布为两种类型：一种是不连续的概率分布，其特点是概率分布在各个特定的点上（见图 2-5）；另一种是连续的概率分布，其特点是概率分布在连续图像（正态分布曲线）上的两个点的区间上（见图 2-6）。

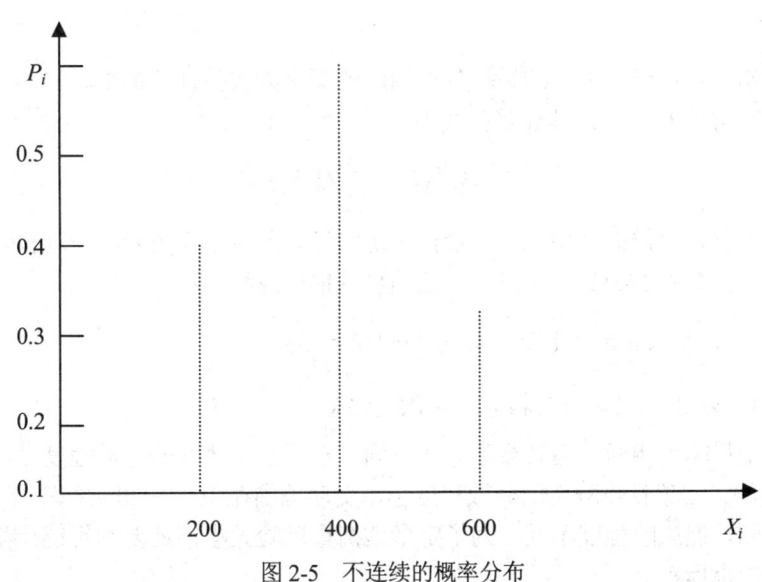

图 2-5 不连续的概率分布

图 2-6 连续的概率分布

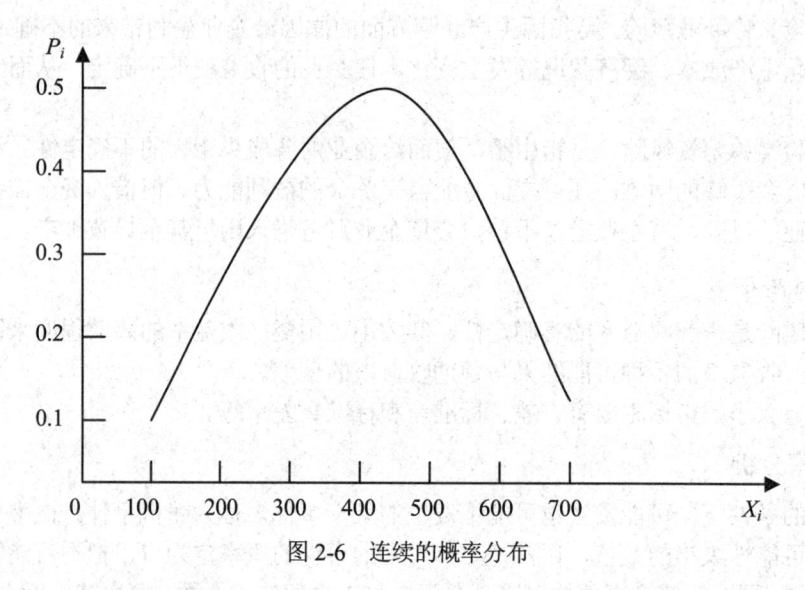

【例 2-20】ABC 公司有甲、乙两个投资项目,假设未来的经济情况有三种:繁荣、正常与衰退,ABC 公司项目投资未来收益状态分布表如表 2-1 所示。

表 2-1　ABC 公司项目投资未来收益状态分布表

经济状况	发生概率 P_i	甲项目预期报酬率 X_i	乙项目预期报酬率 X_i
繁荣	0.3	90%	20%
正常	0.4	15%	15%
衰退	0.3	−60%	10%

这里,概率表示每一种经济状况出现的可能性,同时也就是各种不同预期报酬率出现的可能性。例如,未来经济状况出现繁荣的可能性为 0.3,假如这种情况真的出现,甲项目可获得高达 90% 的报酬率,乙项目可获得 20% 的报酬率。

2. 期望值

期望值是指各种可能发生的结果按各自相应的概率为权数计算的加权平均值,又称为预期值或均值,通常用 $\bar{E}$ 表示,其计算公式为:

$$期望值(\bar{E}) = \sum_{i=1}^{n}(P_i X_i)$$

期望值反映预计收益的平均化,表示在一定的风险条件下投资者的合理预期。

【例 2-21】承【例 2-20】,计算甲、乙项目的期望报酬率:

解:$\bar{E}_{甲} = 0.3 \times 90\% + 0.4 \times 15\% + 0.3 \times (-60\%) = 15\%$

$\bar{E}_{乙} = 0.3 \times 20\% + 0.4 \times 15\% + 0.3 \times 10\% = 15\%$

两者的期望报酬率相同,但其概率分布不同。甲项目报酬率的分散程度大,变动范围在 −60%～90% 之间;乙项目报酬率的分散程度小,变动范围在 10%～20% 之间。这说明两个项目的报酬率相同,但风险程度不同。为了定量地衡量风险大小,还要利用统计学中衡量概率分布离散程度的指标。

3. 离散程度

常用的表示随机变量离散程度的指标包括方差、标准差、标准离差率等指标。

（1）方差和标准差。

方差是用来表示随机变量与期望值之间的离散程度的一个数值，其计算公式为：

$$\text{方差}(\sigma^2) = \sum_{i=1}^{n}(X_i - \overline{E})^2 P_i$$

标准差又称均方差，是方差的平方根，其计算公式为：

$$\text{标准差}(\sigma) = \sqrt{\sum_{i=1}^{n}(X_i - \overline{E})^2 P_i}$$

【例2-22】承【例2-20】，计算甲、乙项目的方差、标准差。

解：

甲项目方差 = $(90\% - 15\%)^2 \times 0.3 + (15\% - 15\%)^2 \times 0.4 + (-60\% - 15\%)^2 \times 0.3 = 0.3375$

甲项目标准差 = $\sqrt{0.3375} = 0.5809$

乙项目方差 = $(20\% - 15\%)^2 \times 0.3 + (15\% - 15\%)^2 \times 0.4 + (10\% - 15\%)^2 \times 0.3 = 0.0015$

乙项目标准差 = $\sqrt{0.0015} = 0.0387$

甲项目的标准差是58.09%，乙项目的标准差是3.87%，说明甲项目的风险比乙项目的风险大。

标准差以绝对数衡量决策方案的风险，在期望值相同的情况下，标准差越大，风险越大；反之，标准差越小，风险越小。

（2）标准离差率。

若投资项目的规模不同，在比较它们的风险或不确定性时，用标准差作为风险的衡量标准可能会产生误差。此时可以用标准离差率来反映随机变量离散的程度，也称变异系数。标准离差率的计算公式为：

$$q = \frac{\sigma}{\overline{E}}$$

标准离差率是一个相对数。方差和标准差作为绝对数，只适用于期望值相同的决策方案风险程度的比较。对于期望值不同的决策方案，评价和比较其各自的风险程度只能借助于标准离差率。在期望值不同的情况下，标准离差率越大，风险越大；反之，标准离差率越小，风险越小。

【例2-23】承【例2-20】和【例2-22】，计算甲、乙项目的标准离差率。

解： 甲项目 $q = \sigma / \overline{E} = 0.5809/0.15 = 3.87$

乙项目 $q = \sigma / \overline{E} = 0.0387/0.15 = 0.258$

很明显，甲项目的风险比乙项目的风险要大。

（三）风险与报酬的关系

虽然标准离差率能正确地评价投资项目的风险程度，但人们更关心的是风险报酬。风险报酬率、风险报酬系数和标准差系数之间的关系表示如下：

$$风险报酬率=风险报酬系数\times 标准差系数$$

设：风险报酬率为 R_r，风险报酬系数为 b，标准差系数为 p，则：

$$R_r = b \times p$$

如果不考虑通货膨胀因素，投资者冒风险进行投资所希望得到的投资报酬率就是无风险报酬率与风险报酬率之和。即：

$$期望报酬率=无风险报酬率+风险报酬率$$

设：期望报酬率为 R，无风险报酬率为 R_f，风险报酬率为 R_r，则：

$$R = R_f + R_r$$

【例2-24】 无风险报酬率为4%，假设某项投资的风险报酬率为10%，计算该项投资的报酬率。

解： 期望报酬率=无风险报酬率+风险报酬率
=4%+10%
=14%

【例2-25】 假定宏大公司正试制A和B两种新产品，并作为两个项目进行开发。根据对市场的预测，每种产品都可能出现"好""中""差"三种情况，三种可能出现的总资产报酬率和概率如表2-2所示。

表2-2 预计新产品总资产报酬率和概率分布表

市场预测可能出现的经营情况	发生概率	预计总资产报酬率 A产品	预计总资产报酬率 B产品
好	0.3	30%	40%
中	0.5	15%	15%
差	0.2	0	-15%

假设A、B两种产品的风险报酬系数分别为0.3和0.2，无风险报酬率为6%，请测算两种产品的风险价值及预计报酬率，并予以评价。

（1）计算期望值。

$\overline{E}_A = 0.3\times 30\% + 0.5\times 15\% + 0.2\times 0 = 16.5\%$

$\overline{E}_B = 0.3\times 40\% + 0.5\times 15\% + 0.2\times (-15\%) = 16.5\%$

（2）计算标准差。

$\sigma_A = \sqrt{(30\%-16.5\%)^2\times 0.3 + (15\%-16.5\%)^2\times 0.5 + (0-16.5\%)^2\times 0.2} = 10.5\%$

$\sigma_B = \sqrt{(40\%-16.5\%)^2\times 0.3 + (15\%-16.5\%)^2\times 0.5 + (-15\%-16.5\%)^2\times 0.2} = 19.11\%$

上述两种新产品的总资产报酬率期望值都是16.5%，但它们三种经营情况的总资产报酬率与期望值的离散程度却不同，即经营风险不同；A产品的标准差比B产品的小，这就说明开发A产品在获得与开发B产品相同收益率的情况下，经营风险较低。因此，如果在这两种产品中只选择一种进行开发,则应当选择 A 产品。

(3) 计算标准差系数。

p_A=10.5%/16.5%=0.636

p_B=19.11%/16.5%=1.158

由于 A 产品与 B 产品得到的期望值相同,因此可直接利用标准差来比较风险大小,也可利用标准差系数来比较风险大小。利用标准差系数来比较的话,开发 A 产品在获得与开发 B 产品相同收益率的情况下,经营风险较低,与利用标准差分析的结论一致。

(4) 计算风险报酬率。

由于 A、B 两种产品的风险报酬系数分别为 0.3 和 0.2,则两种产品的风险报酬率分别为:

A 产品:$R_r=b×p$=0.3×0.636=19.08%

B 产品:$R_r=b×p$=0.2×1.158=23.16%

由于无风险报酬率为 6%,故两种产品的预计报酬率分别为:

A 产品:$R=R_f+R_r$=6%+19.08%=25.08%

B 产品:$R=R_f+R_r$=6%+23.16%=29.16%

由此可见,B 产品的预计报酬率之所以高于 A 产品,是因为 B 产品的风险报酬率较高;B 产品风险报酬率高的原因在于风险程度较高,而风险报酬系数并不高。这就是提醒人们在追求高收益率的同时,一定要权衡风险。稳健的经营者一般不会选择 B 产品项目;而敢于冒风险的经营者可能选择 B 产品。

(四) 风险控制的对策

风险控制的对策主要有:规避风险、减少风险、转移风险、接受风险等,如表 2-3 所示。

表 2-3 风险控制对策

风险对策	含 义	方法举例
规避风险	当资产风险所造成的损失不能由该资产可能获得的收益予以抵消时,应当放弃该资产,以规避风险	拒绝与不守信用的厂商业务往来;放弃可能明显导致亏损的投资项目;新产品在试制阶段发现诸多问题要果断停止试制
减少风险	包括:(1) 控制风险因素,减少风险的发生;(2) 控制风险发生的频率和降低风险损害程度	进行准确的预测;对决策进行多方案优选和替代;及时与政府部门沟通获取政策信息;在开发新产品前,充分进行市场调研;采用多领域、多地域、多项目、多品种的经营或投资以分散风险
转移风险	对可能给企业带来灾难性损失的资产,企业应以一定代价,采取某种方式转移风险	向保险公司投保;采取合资、联营、联合开发等措施实现风险共担;通过技术转让、租赁经营和业务外包等实现风险转移
接受风险	包括风险自担和风险自保两种	风险自担是指,风险损失发生时,直接将损失摊入成本或费用,或冲减利润;风险自保是指,企业预留一笔风险金或随着生产经营的进行,有计划地计提资产减值准备等

三、组合资产的风险与收益衡量

由两个或两个以上资产所构成的集合,称为资产组合。如果资产组合中的资产均为有价证券,则该资产组合也称为证券资产组合或证券组合。

(一) 资产组合的预期收益率

资产组合的预期收益率是组成证券资产组合的各种资产收益率的加权平均数,其权数为

各种资产在组合中的价值比例,其计算公式为:

$$资产组合的预期收益率\ E(R_P)=\sum_{i=1}^{n}W_i\times E(R_i)$$

【例 2-26】某投资公司的一项投资组合中包含 A、B 和 C 三种股票,权重分别为 30%、40%和 30%,三种股票的预期收益率分别为 15%、12%、10%。要求:计算该投资组合的预期收益率。

解:该投资组合的预期收益率 $E(R_P)$=30%×15%+40%×12%+30%×10%=12.3%

小组讨论:影响组合资产收益率的因素有哪些?

结论:影响组合资产收益率的因素有个别资产收益率、投资比重。

(二)资产组合风险及其衡量

1. 组合风险的衡量指标

组合收益率的方差:

$$\sigma_p^2 = w_1^2\sigma_1^2 + w_2^2\sigma_2^2 + 2w_1w_2\rho_{1,2}\sigma_1\sigma_2$$

组合收益率的标准差:

$$\sigma_p = \sqrt{w_1^2\sigma_1^2 + w_2^2\sigma_2^2 + 2w_1w_2\rho_{1,2}\sigma_1\sigma_2}$$

式中,σ_p 表示证券资产组合的标准差;σ_1 和 σ_2 分别表示组合中两项资产的标准差;w_1 和 w_2 分别表示组合中两项资产分别所占的价值比例;$\rho_{1,2}$ 是两项资产收益率的相关系数。理论上,相关系数介于(-1,+1)内。

2. 相关系数与组合风险之间的关系

相关系数与组合风险之间的关系,如表 2-4 所示。

表 2-4 相关系数与组合风险之间的关系

相关系数	两项资产收益率的相关程度	组合风险	风险分散的结论
$\rho=1$	完全正相关 (即它们的收益率变化方向和变化幅度完全相同)	组合风险最大: σ 组=$w_1\sigma_1+w_2\sigma_2$ =加权平均标准差	组合不能降低任何风险
$\rho=-1$	完全负相关 (即它们的收益率变化方向和变化幅度完全相反)	组合风险最小: σ 组=$w_1\sigma_1-w_2\sigma_2$	两者之间的风险可以充分地相互抵消
在实际中: $-1<\rho<1$ 多数情况下 $0<\rho<1$	不完全的相关关系	σ 组<加权平均标准差	资产组合可以分散风险,但不能完全分散风险

【例 2-27】假设 A 证券的预期报酬率为 10%,标准差是 12%。B 证券的预期报酬率是 18%,标准差是 20%。假设 80%投资于 A 证券,20%投资 B 证券,A、B 证券的相关信息如表 2-5 所示。

要求:若 A 和 B 的相关系数为 0.2,计算投资于 A 和 B 的组合报酬率以及组合标准差。

表 2-5 A、B 证券的相关信息

项　　目	A	B
报酬率	10%	18%
标准差	12%	20%
投资比例	0.8	0.2
A 和 B 的相关系数	0.2	

解：

组合收益率 = 10%×0.8+18%×0.2 = 11.6%

组合标准差 = $\sqrt{(0.8\times12\%)^2+(0.2\times20\%)^2+2\times(0.8\times12\%)\times(0.2\times20\%)\times0.2}$ = 11.11%

3. 组合资产的风险

组合资产的风险包括系统风险和非系统风险，如表 2-6 所示。

表 2-6 系统风险与非系统风险

种类	含义	特点	致险因素	与组合资产数量之间的关系
非系统风险	指由于某种特定原因对某特定资产收益率造成影响的可能性，它是可以通过有效的资产组合来消除掉的风险	风险可分散 分散方式：多样化投资	它是特定企业或特定行业所特有的	充分组合：完全抵消（多样化投资可以分散） 不充分组合，能否分散取决于证券的相关系数。完全正相关，不分散；相关系数小于 1，分散
系统风险	是影响所有资产的，不能通过资产组合来消除的风险	不可分散风险	影响整个市场的风险因素所引起的。	不能随着组合中资产数目的增加而消失，它是始终存在的（多样化投资不可以分散） 衡量指标：β 系数

4. 系统风险及其衡量

（1）单项资产的系统风险系数（β系数）。

单项资产的 β 系数是指，可以反映单项资产收益率与市场平均收益率之间变动关系的一个量化指标，它表示单项资产收益率的变动受市场平均收益率变动的影响程度。

β 系数体现了特定资产的价格对整体经济波动的敏感性，即市场组合价值变动 1 个百分点，该资产的价值变动了几个百分点——或者用更通俗的说法：大盘上涨 1 个百分点，该股票的价格变动了几个百分点。

当 β=1 时，表示该资产的收益率与市场平均收益率呈相同比例的变化，其风险情况与市场组合的风险情况一致；

如果 β>1，说明该资产收益率的变动幅度大于市场组合收益率的变动幅度，该资产的风险大于整个市场组合的风险；

如果 β<1，说明该资产收益率的变动幅度小于市场组合收益率的变动幅度，该资产的风险程度小于整个市场投资组合的风险。

计算公式：

$$\beta_a = \frac{Cov(r_a, r_m)}{\sigma_m^2} = \frac{\rho_{a,m}\sigma_a\sigma_m}{\sigma_m^2} = \rho_{a,m} \times \frac{\sigma_a}{\sigma_m}$$

$Cov(r_a, r_m)$ 是证券 a 的收益与市场收益的协方差。

$\rho_{a,m}\sigma_a\sigma_m$ 表示该项资产收益率与市场组合收益率的协方差。

$\rho_{a,m}$ 表示证券 a 与市场的相关系数。

σ_a 表示证券 a 的标准差。

σ_m 表示市场的标准差。

（2）证券资产组合的系统风险系数。

市场组合是指由市场上所有资产组成的组合。市场组合的收益率就是市场平均收益率，市场组合的风险就是市场风险或系统风险。

证券资产组合的 β 系数是所有单项资产 β 系数的加权平均数，权数为各种资产在证券资产组合中所占的价值比例。

计算公式为：

$$\beta_p = \sum_{i=1}^{n} W_i \beta_i$$

式中，β_p 是证券资产组合的风险系数；W_i 为第 i 项资产在组合中所占的价值比例；β_i 表示第 i 项资产的 β 系数。

由于单项资产的 β 系数不尽相同，因此通过替换资产组合中的资产或者改变不同资产在组合中的价值比例，可以改变组合的风险特性。

【例 2-28】某资产组合中有三种股票，有关的信息如表 2-7 所示，要求计算证券资产组合的 β 系数。

表 2-7 某资产组合的相关信息

股　票	β 系数	股票的每股市价（元）	股票的数量（股）
A	0.7	4	200
B	1.1	2	100
C	1.7	10	100

解：
首先计算 A、B、C 三种股票所占的价值比例：
A 股票比例：(4×200)÷(4×200+2×100+10×100)=40%
B 股票比例：(2×100)÷(4×200+2×100+10×100)=10%
C 股票比例：(10×100)÷(4×200+2×100+10×100)=50%
然后，计算加权平均 β 系数，即为所求：

$$\beta_p = 40\% \times 0.7 + 10\% \times 1.1 + 50\% \times 1.7 = 1.24$$

四、资本资产定价模型

（一）资本资产定价模型（CAPM）的基本原理

资本资产定价模型中，所谓资本资产主要指的是股票资产，而定价则试图解释资本市场如何决定股票收益率，进而决定股票价格。

根据风险与收益的一般关系，某资产的必要收益率是由无风险收益率和资产的风险收益率决定的。即：

$$必要收益率=无风险收益率+风险收益率$$

资本资产定价模型的一个主要贡献就是解释了风险收益率的决定因素和度量方法，并且给出了下面的一个简单易用的表达形式：

$$R_i=R_f+\beta_i\times(R_m-R_f)$$

这是资本资产定价模型的核心关系式。式中，R_i 表示某资产的必要收益率；β 表示该资产的系统风险系数；R_f 表示无风险收益率，通常以短期国债的利率来近似替代；R_m 表示市场组合收益率，通常用股票价格指数收益率的平均值或所有股票的平均收益率来代替。

（二）证券市场线（SML）

如果把资本资产定价模型公式中的 β 看做自变量（横坐标），必要收益率 R 作为因变量（纵坐标），无风险收益率（R_f）和市场风险溢酬（R_m-R_f）作为已知系数，那么这个关系式在数学上就是一个直线方程，叫作证券市场线，简称 SML，即以下关系式所代表的直线（如图 2-7）。

$$R_i=R_f+\beta_i\times(R_m-R_f)$$

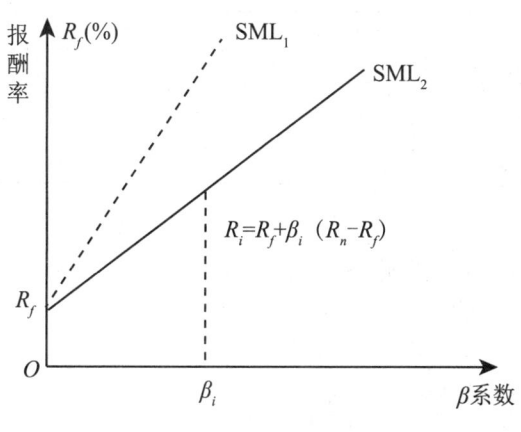

图 2-7　证券市场线

（三）证券资产组合的必要收益率

证券资产组合的必要收益率也可以通过证券市场线来描述：

$$证券资产组合的必要收益率=R_f+\beta_p\times(R_m-R_f)$$

【例 2-29】当前国债的利率为 4%，整个股票市场的平均收益率为 9%，甲股票的 β 系数为 2。请问：甲股票投资人要求的必要收益率是多少？

解：甲股票投资人要求的必要收益率=4%+2×(9%-4%)=14%

（四）资本资产定价模型的有效性和局限性

资本资产定价模型和证券市场线最大的贡献在于它提供了对风险和收益之间的一种实质性的表述，CAPM 和 SML 首次将"高收益伴随着高风险"这样一种直观认识，用这样简单的关系式表达出来。

CAPM 在实际运用中也存在着一些局限，主要表现在：

（1）某些资产或企业的 β 值难以估计，特别是对一些缺乏历史数据的新兴行业。

（2）由于经济环境的不确定性和不断变化，使得依据历史数据估算的 β 值对未来的指导作用必然要大打折扣。

（3）CAPM 和 SML 是建立在一系列假设之上的，其中一些假设与实际情况有较大的偏差，使得 CAPM 的有效性受到质疑。这些假设包括：①市场是均衡的并不存在摩擦。②市场参与者都是理性的。③不存在交易费用。④税收不影响资产的选择和交易等。

◎技能训练

技能训练 1

【实训项目】单项资产风险与收益分析

【实训目标】掌握单项资产风险与收益的衡量指标

【实训任务】某企业有 A、B 两个投资项目，A 项目和 B 项目投资收益率的概率分布如表 2-8 所示。

表 2-8　A 项目和 B 项目投资收益率的概率分布

项目实施情况	该种情况出现的概率 项目 A	该种情况出现的概率 项目 B	投资收益率 项目 A	投资收益率 项目 B
好	0.2	0.3	15%	20%
一般	0.6	0.4	10%	15%
差	0.2	0.3	0	−15%

要求：

（1）估算两个投资项目的预期收益率。

（2）估算两个投资项目的方差。

（3）估算两个投资项目的标准差。

（4）估算两个投资项目的标准离差率。

技能训练 2

【实训项目】组合资产风险与收益分析

【实训目标】掌握组合资产风险与收益的衡量指标

【实训任务】某公司拟进行股票投资，计划购买 A、B、C 三种股票，并分别设计了甲、乙两种投资组合。已知三种股票的 β 系数分别为 1.5、1.0 和 0.5，它们在甲种投资组合下的投资比重为 50%、30% 和 20%；乙种投资组合的风险收益率为 3.4%，目前无风险利率是 8%，市场组合收益率是 12%。

要求：

（1）根据 A、B、C 股票的 β 系数，分别评价这三种股票相对于市场投资组合而言的投资风险大小。

（2）按照资本资产定价模型计算 A 股票的必要收益率。

（3）计算甲种投资组合的 β 系数和风险收益率。
（4）计算乙种投资组合的 β 系数和必要收益率。
（5）比较甲、乙两种投资组合的 β 系数，评价它们的投资风险大小。

任务 2.3　成本性态分析

◎**任务描述**

掌握成本性态分析模型，利用成本性态模型进行成本分析。

◎**相关知识**

一、成本性态及其分类

成本性态又称成本习性，是成本的变动与业务量之间的依存关系。按照成本性态，通常可以把成本分为固定成本、变动成本和混合成本三类。

（一）固定成本

固定成本是指，其总额在一定时期及一定业务量范围内，不直接受业务量变动的影响而保持固定不变的成本。其基本特征是：固定成本总额不因业务量的变动而变动，但其单位固定成本（单位业务量负担的固定成本）与业务量的增减变动呈反比例变动。

固定成本按其支出额是否可以在一定期间内改变而分为约束性固定成本和酌量性固定成本。

约束性固定成本是指，管理当局的短期（经营）决策行动不能改变其具体数额的固定成本。例如，保险费、房屋租金、设备折旧、管理人员的基本工资等。这些固定成本是企业的生产能力一经形成就必然要发生的最低支出，即使生产中断也仍然要发生。由于约束性固定成本一般是由既定的生产能力所决定的，是维护企业正常生产经营必不可少的成本，所以也称为"经营能力成本"，它最能反映固定成本的特性。降低约束性固定成本的基本途径，只能是合理利用企业现有的生产能力，提高生产效率，以取得更大的经济效益。

酌量性固定成本是指，管理当局的短期（经营）决策行动能改变其数额的固定成本。例如，广告费、职工培训费、新产品研究开发费用等。这些费用发生额的大小取决于管理当局的决策行动。一般是由管理当局在会计年度开始前，根据企业的具体情况和财务负担能力，对酌量性固定成本项目的开支情况做出决策。酌量性成本并非可有可无，它关系到企业的竞争能力，因此，要想降低酌量性固定成本，只有厉行节约、精打细算，编制出积极可行的费用预算并严格执行，防止浪费或过度投资等。

（二）变动成本

变动成本是指在特定的业务量范围内,其总额会随业务量的变动而成正比例变动的成本。例如，直接材料、直接人工、按销售量支付的推销员佣金、装运费、包装费，以及按产量计提的固定设备折旧等成本都是和单位产品的生产直接联系的，其总额会随着产量的增减成正比例的增减。其基本特征是，变动成本总额因业务量的变动而成正比例变动，但单位变动成本（单位业务量负担的变动成本）不变。

变动成本也可以分为两类，即技术性变动成本和酌量性变动成本。技术性变动成本是指与产量有明确的技术或实物关系的变动成本。例如，生产一台汽车需要耗用一台发动机、一个底盘和若干轮胎等，这种成本只要生产就必然会发生，若不生产，其技术性变动成本便为零。酌量性变动成本是指通过管理当局的决策行动可以改变的变动成本。例如，按销售收入的一定百分比支付的销售佣金、技术转让费等。这类成本的特点是，其单位变动成本的发生额可由企业管理当局决定。

（三）混合成本

从成本习性来看，固定成本和变动成本只是两种极端的类型。在现实经济生活中，大多数成本与业务量之间的关系处于两者之间，即混合成本。顾名思义，混合成本就是"混合"了固定成本和变动成本两种不同性质的成本。一方面，它们要随业务量的变化而变化；另一方面，它们的变化又不能与业务量的变化保持着纯粹的正比例关系。

混合成本兼有固定与变动两种性质，可进一步将其细分为半变动成本、半固定成本、延期变动成本和曲线变动成本。

（1）半变动成本。半变动成本是指在有一定初始量基础上，随着产量的变化而呈正比例变动的成本。这些成本的特点是：它通常有一个初始的固定基数，在此基数内与业务量的变化无关，这部分成本类似于固定成本；在此基数之上的其余部分，则随着业务量的增加成正比例增加。例如，固定电话座机费、水费、煤气费等均属于半变动成本。

（2）半固定成本。半固定成本也称阶梯式变动成本，这类成本在一定业务量范围内的发生额是固定的，但当业务量增长到一定限度，其发生额就突然跳跃到一个新的水平，然后在业务量增长的一定限度内，发生额又保持不变，直到另一个新的跳跃。例如，企业的管理员、运货员、检验员的工资等成本项目就属于这一类。

（3）延期变动成本。延期变动成本在一定的业务量范围内有一个固定不变的基数，当业务量增长超出了这个范围，它就与业务量的增长成正比例变动。例如，职工的基本工资，在正常工作时间情况下是不变的；但当工作时间超出正常标准，则需按加班时间的长短成比例地支付加班薪金。

（4）曲线变动成本。曲线变动成本通常有一个不变的初始量，相当于固定成本，在这个初始量的基础上，随着业务量的增加，成本也逐步变化，但它与业务量的关系是非线性的。这种曲线成本又可以分为以下两种类型：一是递增曲线成本，如累进计件工资、违约金等，随着业务量的增加，成本逐步增加，并且增加幅度是递增的；二是递减曲线成本，如有价格折扣或优惠条件下的水、电消费成本、"费用封顶"的通信服务费等，其曲线达到高峰后就会持平或下降。

二、成本性态模型

混合成本按照一定的方法可区分为固定成本和变动成本。根据成本性态，企业的总成本公式就可以表示为：

总成本=固定成本总额+变动成本总额
=固定成本总额+单位变动成本×业务量

三、混合成本的分解

在实际经济生活中，企业大量的费用项目属于混合成本，为了经营管理的需要，必须把混合成本分为固定与变动两个部分。混合成本的分解主要有以下几种方法。

（一）高低点法

高低点法是以过去某一会计期间的总成本和业务量资料为依据，从中选取业务量最高点和业务量最低点，将总成本进行分解，得出成本性态的模型，其计算公式为：

$$单位变动成本=\frac{最高点业务量成本-最低点业务量成本}{最高点业务量-最低点业务量}$$

$$固定成本总额=最高点业务量成本-单位变动成本\times最高点业务量$$
$$=最低点业务量成本-单位变动成本\times最低点业务量$$

采用高低点法计算比较简单，但它只采用了历史成本资料中的高点和低点两组数据，故代表性较差。

【例2-30】甲企业2017年上半年各月的A产品的产量与制造费用资料如表2-9所示。

表2-9 A产品的产量与制造费用资料

月 份	产量（件）	制造费用（元）
1	400	100000
2	500	110000
3	600	125000
4	625	130000
5	800	150000
6	750	150000

要求：用高低点法进行混合成本分解，并建立相应的制造费用性态模型。

解：根据上述资料可断定，高点坐标为（800,150000）；低点坐标为（400,100000）。

$$b=\frac{y_{高}-y_{低}}{x_{高}-x_{低}}=\frac{150000-100000}{800-400}=125（元/件）$$

$$a=100000-125\times 4=50000（元）$$

据此建立的制造费用性态模型为：

$$y=50000+125x$$

其中：固定部分为50000元，变动部分为$125x$。

注意：选择高低点坐标应按指标业务量的高低为标准，而不是按因变量成本的高低来选择。

（二）回归分析法

根据过去一定期间的业务量和混合成本的历史资料，应用最小二乘法原理，算出最能代表业务量与混合成本关系的回归直线，借以确定混合成本中固定成本和变动成本的方法。这种方法假设混合成本符合总成本的线性模型，即：

$$y=a+bx$$

式中：a 为固定成本部分，b 为单位变动成本。

可见，只要求出 a 和 b，就可以将混合成本分解成变动成本和固定成本两部分。在回归分析法下，a 和 b 可用回归直线方程求出，计算公式如下：

$$b = \frac{n\sum xy - \sum x \sum y}{n\sum x^2 - (\sum x)^2}$$

$$a = \frac{\sum y - b\sum x}{n}$$

【例 2-31】承【例 2-30】。

要求：用回归分析法进行混合成本分解，并建立相应的制造费用性态模型。

解：回归分析计算表如表 2-10 所示。

表 2-10　回归分析计算表

月　份	产量 x（件）	制造费用 y（元）	xy	x^2	y^2
1	400	100000	40000000	160000	10000000000
2	500	110000	55000000	250000	12100000000
3	600	125000	75000000	360000	15625000000
4	625	130000	81250000	390625	16900000000
5	800	150000	120000000	640000	22500000000
6	750	150000	112500000	562500	22500000000
合计	3675	765000	483750000	2363125	99625000000

$$b = \frac{6 \times 483750000 - 3675 \times 765000}{6 \times 2363125 - 3675^2} = 135.4$$

$$a = \frac{765000 - 135.4 \times 3675}{6} = 44582.17$$

制造费用性态模型：$y = 44582.17 + 135.4x$

（三）技术测定法

技术测定法又称工业工程法，是根据生产过程中各种材料和人工成本消耗量的技术测定来划分固定成本和变动成本的方法。该方法通常只适用于投入成本与产出数量之间有规律性联系的成本分解。

（四）账户分析法

账户分析法又称会计分析法，是根据有关成本类账户及其明细账的内容，结合其与产量的依存关系，判断其比较接近哪一类成本，就视其为哪一类成本。这种方法简便易行，但比较粗糙且带有主观判断。

【例 2-32】某企业的某一生产车间某月份的成本数据如表 2-11 所示。

表 2-11　企业成本数据

成本类账户科目	产量为 5000 件时的成本
	总成本（元）
原材料	10000
直接人工	12000
燃料、动力	4000
维修费	2000
间接人工	2000
折旧	8000
行政管理费	2000
合计	40000

要求：采用账户分析法对其成本进行分解。

解：

（1）分析账户成本特性。

账户成本特性如表 2-12 所示。

表 2-12　账户成本特性

成本类账户科目	产量为 5000 件的成本		
	总成本（元）	固定成本（元）	变动成本（元）
原材料	10000	—	10000
直接人工	12000	—	12000
燃料、动力	4000	—	4000
维修费	2000	—	2000
间接人工	2000	—	2000
折旧	8000	8000	—
行政管理费	2000	2000	—
合计	40000	10000	30000

（2）建立成本性态模型。

根据表 2-12，如果该车间只生产单一产品，那么本月发生的 40000 元费用将全部构成该产品的成本。

如果生产多种产品，假定上述属于共同费用性质的数据，可将该车间的总成本分解为固定成本和变动成本两个部分，并符合直线方程：$y=a+bx$

根据表，该车间的总成本被分解为固定成本和变动成本两部分，其中：

$$a = 10000 \text{ 元}$$

该车间当月产量为 5000 件，那么：

$$b = 30000/5000 = 6 \text{（元/件）}$$

以成本性态来描述该车间的总成本，即：

$$y = 10000 + 6x$$

（五）合同确认法

合同确认法是根据企业订立的经济合同或协议中关于支付费用的规定，来确认并估算哪些项目属于变动成本，哪些项目属于固定成本的方法。合同确认法要配合账户分析法使用。

◎技能训练

【实训项目】混合成本分解
【实训目标】运用高低点法、回归分析法进行混合成本分解
【实训任务】武陵机械厂1~5月份机器工作小时和维修成本的变动情况如表2-13所示。

表2-13　武陵机械厂1~5月份机器工作小时和维修成本的变动情况

月　份	1	2	3	4	5
业务量X（千机器小时）	6	8	5	6	9
维修费Y（元）	120	130	100	125	140

要求：1. 采用高低点法计算 a、b 值，建立成本性态模型。
　　　2. 采用回归分析法计算 a、b 值，建立成本性态模型。

本项目小结

1. 本项目的重点：资金时间价值的计算、风险价值的衡量、成本性态分析。
2. 本项目的难点：资金时间价值的计算与应用、风险价值的衡量指标与应用、混合成本分解及总成本模型。
3. 关键概念：资金时间价值、单利、复利、年金、终值、现值、普通年金、预付年金、递延年金、永续年金、风险、风险价值、风险报酬、资本资产定价模型、变动成本、固定成本、混合成本。

项目综合实训

【实训项目】还款额计算
【实训目的】熟悉年金计算的特点、风险与收益分析的方法
【实训组织】将同学们分成若干小组，每组5~7人，以小组为单位，拟借款30万创业，调查银行贷款利率、还款方式等，计算年还款额、利息支付，并对贷款风险做出分析。
【实训成果】
1. 年还款计划表。对调查的资料进行整理、计算，编制年还款额计算表。
2. 贷款风险分析报告。分析贷款风险、收益率，做出风险与收益决策。

扫码做习题

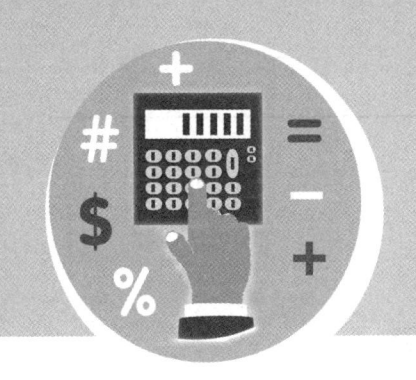

项目三 筹资管理

职业能力目标

1. 掌握权益资金筹资、负债资金筹资的方式及特点，能够根据企业的实际情况，结合权益筹资、负债筹资的利弊，选择适合该企业的筹资方式，并撰写筹资方案。
2. 掌握资金需要量预测的方法，能运用销售百分比法、回归分析法等专门方法预测筹资规模。
3. 掌握杠杆原理、杠杆风险与计量方法，能运用杠杆原理进行财务风险分析。
4. 掌握资金成本的概念及计算，能够计算个别资金成本和综合资金成本。
5. 掌握资金结构的含义、资金结构的决策方法，能够运用比较资金成本法、EBIT-EPS分析法进行最佳资金结构决策，能系统清晰又重点突出地撰写筹资决策分析报告。

典型工作任务

资金需求量预测、筹资方式选择、资金成本计算、筹资风险分析、资金结构优化

知识点

筹资方式、筹资渠道、筹资原则、销售百分比法、因素分析法、资金习性预测法、负债筹资、权益筹资、资金成本、个别资金成本、加权平均资金成本、边际资金成本、经营杠杆、财务杠杆、总杠杆、资金结构、每股收益分析法、公司价值分析法、比较资金成本分析法

技能点

资金需求量预测、权益筹资、负债筹资、混合筹资、个别资金成本的计算、加权平均资金成本的计算、经营杠杆系数计算、财务杠杆系数计算、总杠杆系数计算、资金结构优化、比较资金成本法确定最优资金结构、每股收益分析法确定最优资金结构

◎ 导入案例

粤华汽车新技术改造项目筹资

粤华汽车制造公司现急需1亿元的资金用于轿车技术改造项目。为此，总经理王涛召集各部门经理、专家学者讨论该公司筹资问题。下面是他们的发言和相关资料。

生产副总说："目前要筹集的1亿元资金，主要适用于投资少、效益高的技改项目，这些项目在两年内均能完成建设并正式投产，到时将大大提高公司的生产能力和产品质量，估计这笔投资在改造投产后3年内可完全收回，所以应发行5年期的债券筹集资金。"

财务副总不同意该意见，他说："目前公司资金总额为10亿元，其中自有资金4亿元，借入资金6亿元，资产负债率为60%。如果再利用债券筹集1亿元，负债率将达到64%，显然负债比率过高，财务风险太大。所以，不能利用债券筹资，只能靠发行普通股或优先股筹集资金。"

金融专家周华认为："在目前条件下要发行1亿元普通股是困难的。发行优先股还可以考虑，根据目前的利率水平，发行时年股息不能低于16.5%，否则也无法发行。如果发行债券，因为定期付息还本，投资者的风险较小，估计以12%的利率便可顺利发行债券。"

财务副总补充说："准备上马的这项技术改造项目，由于采用了先进设备，投产后预计的税后资金利润率将达到18%左右。"

财务学者郑教授听了大家的发言后指出："以16.5%的股息率发行优先股不可行，因为发行优先股所花费的筹资费用较多，把筹资费用加上以后，预计利用优先股筹集资金的资金成本将达到19%，这已高于公司税后资金利润率18%，所以不可行。而以12%的利率发行债券，其实际成本大约在9%左右。"他还认为："目前利率比较高，所以不宜发行较长时期固定利率的债券或优先股股票。"因此，他建议，应首先向银行筹措1亿元的技术改造贷款，期限1年，1年以后，再以较低的股息率发行优先股来替换该贷款。

财务副总听了郑教授的分析后，也认为目前按16.5%的股息率发行优先股不合适，但他也不同意郑教授后面的建议，并认为，在目前条件下，向银行贷款1亿元几乎不可能；另外利率1年内不会显著下降，要想让利率有所下降，至少需要两年的时间，金融专家周华也同意这个观点。

请思考：

（1）这次筹资讨论会上提出哪几种筹资方案？并进行比较评价。

（2）根据上述情况，你认为总经理最后应选择何种筹资方式？

任务 3.1 筹资管理认知

◎ **任务描述**

了解筹资的动机，学习筹资管理的主要内容和原则。

◎ **相关知识**

一、企业筹资的目的与分类

（一）企业筹资的目的

企业筹资是指企业为了满足经营活动、投资活动、资金结构管理和其他需要，运用一定的筹资方式，通过一定的筹资渠道，筹措和获取所需资金的一种财务行为。企业筹资要遵循筹措合法、规模适当、取得及时、来源经济、结构合理等基本原则。

企业筹资最基本的目的，是为了企业经营的维持和发展，为企业的经营活动提供资金保障。归纳起来表现为四类筹资动机：创立性筹资动机、支付性筹资动机、扩张性筹资动机和调整性筹资动机。

1. 创立性筹资动机

创立性筹资动机是指企业设立时，为取得资本金并形成开展经营活动的基本条件而产生的筹资动机。

2. 支付性筹资动机

支付性筹资动机是指为了满足经营业务活动的正常开展所形成的支付需要而产生的筹资动机。

3. 扩张性筹资动机

扩张性筹资动机是指企业因扩大经营规模或对外投资需要而产生的筹资动机。具有良好发展前景、处于成长期的企业，往往会产生扩张性的筹资动机。

4. 调整性筹资动机

调整性筹资动机是指企业因调整资金结构而产生的筹资动机。企业产生调整性筹资动机的具体原因大致有二：一是优化资金结构，合理利用财务杠杆效应；二是偿还到期债务，债务结构内部调整。

（二）企业筹资的分类

按企业所取得资金的权益特性不同，企业筹资分为股权筹资、负债筹资及衍生工具筹资三类，这是企业筹资方式最常见的分类方法。股权筹资是指企业通过吸收直接投资、发行股票、内部积累等方式取得的股权资本，是企业依法长期拥有、能够自主调配运用的资本。股权资本在企业持续经营期间内，投资者不得抽回资金，因而也称为企业的自有资本、主权资本或股东权益资本。负债筹资是企业通过借款、发行债券、融资租赁以及赊销商品或服务等方式取得的在规定期限内需要清偿的债务。衍生工具筹资包括兼具股权与负债筹资性质的混合融资和其他衍生工具融资。我国上市公司目前最常见的混合融资是可转换债券融资，最常见的其他衍生工具融资是认股权证融资。

按是否借助于金融机构为媒介来获取社会资金，企业筹资分为直接筹资、间接筹资两类。直接筹资是不需要通过金融机构来筹措资金，是企业直接与资金供应者协商融通资本的一种筹资形式。直接筹资方式主要有吸收直接投资、发行股票、发行债券等。间接筹资是企业借助银行以及非银行金融机构融通资金的筹资活动。间接筹资的基本方式是向银行借款，此外还有融资租赁等方式，间接筹资形成的主要是债务资金。

按资金的来源范围不同，企业筹资分为内部筹资和外部筹资两种类型。内部筹资是指企业通过利润留存而形成的筹资来源。外部筹资是指企业向外部筹措资金而形成的筹资来源。因此，企业筹资时首先应利用内部筹资，然后再考虑外部筹资。

按所筹集资金的使用期限不同，企业筹资分为长期筹资和短期筹资两种类型。长期筹资是指企业筹集使用期限在 1 年以上的资金筹集活动。长期筹资通常采取吸收直接投资、发行股票、发行债券、长期借款、融资租赁等方式，所形成的长期资金主要用于购建固定资产、形成无形资产、进行对外长期投资、垫支流动资金或进行产品生产和技术研发等。从资金权益性质来看，长期资金可以是股权资金，也可以是负债资金。短期筹资是指企业筹集使用期限在 1 年以内的资金筹集活动。短期资金主要用于企业的流动资产和日常资金周转，一般在短期内需要偿还。短期筹资经常利用商业信用、短期借款、保理业务等方式来筹集。

二、企业筹资渠道与方式

（一）企业筹资渠道

企业筹资渠道是指企业筹措资金来源的方向与通道。目前，我国企业筹集资金的渠道主要有以下几种。

（1）国家财政资金：指企业按照其隶属关系报批立项的基本建设可取得的财政拨款。

（2）银行信贷资金：指企业通过向专业银行报批立项的基本建设投资贷款、流动资金贷款以及其他形式贷款取得的资金。

（3）非银行金融机构资金：指通过向各种信用机构、投资公司、租赁公司、保险公司等取得的短期贷款或借款。

（4）其他企业或单位资金：指与其他企业联合经营、联合投资获得的资金。

（5）职工和民间资金：指企业向内部职工或向社会投资者直接集资的融资行为。

（6）企业自有资金：指企业留用利润建立的生产发展资金、新产品试制基金和设备基金等。

（7）国外资金：指企业通过各种途径从国外取得的资金。

（二）企业筹资方式

企业筹资方式是指企业筹集资金所采取的具体形式。一般来说，企业最基本的筹资方式有两种：股权筹资和负债筹资。我国企业目前的筹资方式主要有下列几种。

（1）吸收直接投资：指企业以协议方式吸收国家、其他企业、个人和外商等直接投入资金，形成企业资本金的筹资方式。

(2) 发行股票：指企业通过金融机构批准，发行各种股票从社会获得资金的筹资方式。

(3) 利用企业留存收益：指将企业自身的留用利润获得的收益作为发展资金。

(4) 向银行借款：指企业根据借款合同从有关银行或非银行金融机构借入所需的还本付息的款项。

(5) 利用商业信用：指企业在商品交易活动中通过延期付款或预收货款获得的借贷资金。

(6) 发行公司债券：指公司发行用以记载和反映债权债务关系的有价证券。

(7) 融资租赁：指公司向出租人按期支付租金作为报酬的融资经济行为。

(8) 杠杆收购：指某一企业拟收购其他企业进行结构调整和资产重组时，以被收购企业资产和将来的盈利能力做抵押，从银行筹集部分资金用于收购行为的一种筹资活动。

筹资渠道解决的是资金的来源问题，筹资方式则解决通过何种方式取得资金的问题。一定的筹资方式可能只适用于某一特定的渠道，但是同一渠道的资金往往可采用不同的方式取得。在上述的 8 种筹资方式中，前三种方式筹集的资金为权益资金；后五种方式筹集的资金为负债资金。企业若要筹得足够的资金满足生产经营活动的需要，就必须结合自身的实际情况和各种方式的特点，选择合适的筹资方式。部分筹资渠道和筹资方式之间的对应关系如表 3-1 所示。

表 3-1　部分筹资渠道和筹资方式之间的对应关系表

筹资方式＼筹资渠道	国家财政资金	银行信贷资金	非银行金融机构资金	其他企业或单位资金	企业自留资金	职工和民间资金	国外资金
吸收直接投资	√		√	√	√	√	√
发行股票	√		√	√	√	√	√
向银行借款		√					
发行公司债券			√	√		√	
利用商业信用				√			
融资租赁			√	√			√

三、企业资本金制度

（一）资本金的本质特征

资本金制度是国家就企业资本金的筹集、管理以及所有者的责、权、利等方面所作的法律规范。资本金是指企业在工商行政管理部门登记的注册资金，是投资者用以进行企业生产经营、承担民事责任而投入的资金。设立企业必须有法定的资本金。资本金在不同类型的企业中表现形式有所不同，股份有限公司的资本金被称为股本，股份有限公司以外的一般企业的资本金被称为实收资本。

从性质上来看，资本金是投资者创建企业所投入的资本，属于原始启动资金；从功能上来看，资本金是投资者用以享有权益和承担责任而投入的资金，有限责任公司和股份有限公司以其资本金为限对所负债务承担有限责任。从法律地位来看，资本金要在工商行政管理部门办理注册登记，投资者只能按所投入的资本金而不是所投入的实际资本数额享有权益和承担责任，已注册的资本金如果追加或减少，必须办理变更登记；从时效性来看，除了企业清算、减资、转让回购股权等特殊情形外，投资者不得随意从企业收回资本金，企业可以无限期地占用投资者的出资。

（二）资本金的筹集

1. 资本金的最低限额

有关法规制度规定了各类企业资本金的最低限额，《中华人民共和国公司法》（以下简称《公司法》）规定，股份有限公司注册资本的最低限额为人民币500万元，上市的股份有限公司股本总额不少于人民币3000万元；有限责任公司注册资本的最低限额为人民币3万元，一人有限责任公司的注册资本最低限额为人民币10万元。

如果需要高于这些最低限额的，可以由法律、行政法规另行规定。比如，《中华人民共和国注册会计师法》和《资产评估机构审批管理办法》均规定，设立公司制的会计师事务所或资产评估机构，注册资本应当不少于人民币30万元；《中华人民共和国保险法》规定，采取股份有限公司形式设立的保险公司，其注册资本的最低限额为人民币2亿元；《中华人民共和国证券法》规定，可以采取股份有限公司形式设立证券公司，在证券公司中属于经纪类的，最低注册资本为人民币5000万元；属于综合类的，公司注册资本最低限额为人民币5亿元。

2. 资本金的出资方式

根据《公司法》等法律法规的规定，投资者可以采取货币资产和非货币资产两种形式出资。全体投资者的货币出资金额不得低于公司注册资本的30%；投资者可以用实物、知识产权、土地使用权等可以依法转让的非货币财产作价出资；法律、行政法规规定不得作为出资的财产除外。

3. 资本金的缴纳期限

资本金缴纳通常有三种办法：一是实收资本制，企业成立时一次筹足资本金总额，实收资本与注册资本数额一致，否则企业不能成立；二是授权资本制，企业成立时不一定一次筹足资本金总额，只要筹集了第一期资本，企业即可成立，其余部分由董事会在企业成立后进行筹集，企业成立时的实收资本与注册资本可能不相一致；三是折衷资本制，企业成立时不一定一次筹足资本金总额，类似于授权资本制，但规定了首期出资的数额或比例以及最后一期缴清资本的期限。

根据《公司法》规定，资本金的缴纳采用折衷资本制，资本金可以分期缴纳，但首次出资额不得低于法定的注册资本最低限额。股份有限公司和有限责任公司的股东首次出资额不得低于注册资本的20%，其余部分由股东自公司成立之日起两年内缴足，投资公司可以在5年内缴足。而对于一人有限责任公司，股东应当一次足额缴纳公司章程规定的注册资本额。

4. 资本金的评估

吸收实物、无形资产等非货币资产筹集资本金的，应按照评估确认的金额或者按照合同、协议约定的金额计价。其中，国有及国有控股企业以非货币资产出资或者接受其他企业的非货币资产出资，需要委托有资格的资产评估机构进行资产评估，并以资产评估机构评估确认的资产价值作为投资作价的基础。经国务院、省级行政机构批准实施的重大经济事项涉及的资产评估项目，分别由本级政府国有资产监管部门或者财政部门负责核准，其余资产评估项目一律实施备案制度。严格来说，其他企业的资本金评估时，并不一定要求必须聘请专业评估机构评估，相关当事人或者聘请的第三方专业中介机构评估后认可的价格也可成为作价依据。不过，聘请第三方专业中介机构来评估相关的非货币资产，能够更好地保证评估作价的真实性和准确性，有效地保护公司及其债权人的利益。

（三）资本金的管理原则

企业资本金的管理，应当遵循"资本保全"这一基本原则。实现资本保全的具体要求，可分为资本确定原则、资本充实原则和资本维持原则三部分内容。

1. **资本确定原则**

资本确定是指企业设立时资本金数额的约定。企业设立时，必须明确规定企业的资本总额以及各投资者认缴的数额。如果投资者没有足额认缴资本限额，企业就不能成立。为了强化资本确定的原则，法律规定由工商行政管理机构进行企业注册资本的登记管理。这是保护债权人利益、明确企业产权的根本需要。根据《公司法》等法律法规的规定，一方面，投资者以认缴的资本为限对公司承担责任；另一方面，投资者以实际缴纳的资本为依据行使表决权和分取红利。

《企业财务通则》规定，企业获准工商登记（即正式成立）后30日内，应依据验资报告向投资者出具出资证明书等凭证，以此为依据确定投资者的合法权益，界定其应承担的责任。特别是占有国有资本的企业需要按照国家有关规定申请国有资产产权登记，取得企业国有资产产权登记证，但这并不免除企业向投资者出具出资证明书的义务，因为前者仅是国有资产管理的行政手段。

2. **资本充实原则**

资本充实是指资本金的筹集应当及时、足额。企业筹集资本金的数额、方式、期限均要在投资合同或协议中约定，并在企业章程中加以规定，以确保企业能够及时、足额筹得资本金。

对企业登记注册的资本金，投资者应在法律法规和财务制度规定的期限内缴足。如果投资者未按规定出资，即为投资者违约，企业和其他投资者可以依法追究其责任，国家有关部门还将按照有关规定对违约者进行处罚。投资者在出资中的违约处理有两种情况：一是个别投资者单方违约，企业和其他投资者可以按企业章程的规定，要求违约方支付延迟出资的利息、赔偿经济损失；二是投资各方均违约或外资企业不按规定出资，则由工商行政管理部门进行处罚。

企业筹集的注册资本，必须进行验资，以保证出资的真实可信。对验资的要求：一是依法委托法定的验资机构；二是验资机构要按照规定出具验资报告；三是验资机构依法承担提供验资虚假或重大遗漏报告的法律责任，因出具的验资证明不实给公司债权人造成损失的，除能够证明自己没有过错的外，在其证明不实的金额范围内承担赔偿责任。

3. **资本维持原则**

资本维持是指企业在持续经营期间有义务保持资本金的完整性。企业除由股东大会或投资者会议做出增减资本金决议并按法定程序办理者外，不得任意增减资本金总额。

企业筹集的实收资本，在持续经营期间可以由投资者依照相关法律法规以及企业章程的规定转让或者减少，投资者不得抽逃或者变相抽回出资。除《公司法》等有关法律法规另有规定外，企业不得回购本企业发行的股份。在下列四种情况下，股份公司可以回购本公司股份：①减少公司注册资本。②与持有本公司股份的其他公司合并。③将股份奖励给本公司职工。④股东因对股东大会做出的公司合并、分立决议持有异议而要求公司收购其股份。

股份公司依法回购股份，应当符合法定要求和条件，并经股东大会决议。用于将股份奖励给本公司职工而回购本公司股份的，不得超过本公司已发行股份总额的 5%；用于收购的资金应当从公司的税后利润中支出；所收购的股份应当在 1 年内转让给公司职工。

◎ 技能训练

【实训项目】 公司筹资方案实训
【实训目标】 掌握筹资方案的基本内容
【实训任务】

1. 以小组的形式随机或按照自由组合方式将班级学生分成若干小组（5~7 人为一组），以小组为单位，在网上搜索一家企业筹资方案，分析筹资方案的内容、写作要求。

2. 每个小组推荐一位代表汇报本组讨论情况，并说明思路和方法。班级全体同学对其汇报情况进行评分。

3. 每个小组将汇报情况形成文字资料，并上交授课老师评阅。

任务 3.2　资金需要量预测

◎ 任务描述

掌握因素分析法、销售百分比法、资金习性预测法的基本原理，准确预测资金需要量。

◎ 相关知识

一、资金需要量的一般步骤

资金需要量预测是指企业根据生产经营的需求对未来所需资金的估计和推测。企业筹集资金，首先要对资金需要量进行预测，即对企业未来组织生产经营活动的资金需要量进行估计、分析和判断，它是企业制定融资计划的基础。

资金需要量预测一般按以下几个步骤进行。

（1）销售预测。

销售预测是企业财务预测的起点。销售预测本身不是财务管理的职能，但它是财务预测的基础，销售预测完成后才能开始财务预测。因此，企业资金需要量的预测也应当以销售预测为基础。

（2）估计需要的资产。

资产通常是销售量的函数，根据历史数据可以分析出该函数关系。根据预计销售量和资产销售函数,可以预测所需资产的总量。某些流动负债也是销售量的函数,相应的也可以预测负债的自发增长率,这种增长可以减少企业外部融资的数额。

(3)估计收入、费用和留存收益。

收入和费用与销售额之间也存在函数关系,因此,可以根据销售额估计收入和费用,并确定净利润。净利润和股利支付率,共同决定了留存收益所能提供的资金数额。

(4)估计所需要的追加资金需要量,确定外部融资数额。

根据预计资产总量,减去已有的资金来源、负债的自发增长和内部提供的留存收益,得出需追加的资金需要量,以此为基础进一步确定所需的外部融资数额。

二、资金需要量预测的方法

常用的资金预测方法有因素分析法、销售百分比法和资本习性预测法。

(一)因素分析法

因素分析法又称分析调整法,是以有关项目基期年度的平均资金需要量为基础,根据预测年度的生产经营任务和资金周转变动的要求,进行分析调整,来预测资金需要量的一种方法。

因素分析法的计算公式如下:

资金需要量=(基期资金平均占用额-不合理资金占用额)×(1±预测期销售增减率)×(1±预测期资金周转速度变动率)

因素分析法是假设销售增长与资金需用量同向变动;资金周转速度与资金需用量反向变动。因素分析法计算简便,容易掌握,但预测结果不太精确。因素分析法适用于品种繁多、规格复杂、资金用量较小的项目。

【例3-1】甲企业上年度资金平均占用额为2200万元,经分析,其中不合理部分200万元,预计本年度销售增长5%,资金周转加速2%。

要求:确定本年度资金需要量。

解:

预测年度资金需要量=(2200-200)×(1+5%)×(1-2%)=2058(万元)

(二)销售百分比法

1. 基本原理

销售百分比法是一种在分析报告年度资产负债表有关项目与销售额关系的基础上,根据市场调查和销售预测取得的资料,确定资产、负债和所有者权益的有关项目占销售额的百分比,然后依据计划期销售额及假定不变的百分比关系预测计划期资金需要量的一种方法。

销售百分比法首先假设某些资产与销售额存在稳定的百分比关系,根据销售与资产的比例关系预计资产额,根据资产额预计相应的负债和所有者权益,进而确定筹资需求量。销售百分比法的基本步骤如下:

(1)确定随销售额而变动的资产和负债项目。

随着销售额的变化,经营性资产项目将占用更多的资金。同时,随着经营性资产的增加,相应的经营性短期债务也会增加。

(2)确定需要增加的筹资数量。

外部融资需求量=资产的增加-敏感性负债的增加-预计的收益留存
　　　　　　　=敏感性资产的增加+非敏感性资产的增加-敏感性负债的增加-预计的收益留存

敏感项目是指资产负债表中预计随销售变动而变动的项目，包括货币资金、存货、应收账款、预付账款、应收票据、应付账款、应付票据、预收账款等。非流动资产、短期借款、非流动负债、实收资本（股本）、资本公积等项目，一般不随着销售的增加而增加，故将其称为非敏感项目。企业的利润如果不全部分配给股东，留存收益也会有适当增加，这与企业的利润分配政策密切相关。

2. 资金需求量预测

可用销售百分比法预测资金需求量，具体有两种方法：一种是余额预测法，另一种是增量预测法。

（1）余额预测法。

余额预测法是指利用资产、负债与所有者权益余额之间的平衡关系预测资金需求量的一种方法。基本依据为：资产余额=负债余额+所有者权益余额。

具体步骤如下：

第一，根据基期的资产负债表计算出敏感资产、敏感负债占销售收入的比例。

　　　　敏感资产占销售收入的比例=基期敏感资产/基期销售收入
　　　　敏感负债占销售收入的比例=基期敏感负债/基期销售收入

第二，根据预计的销售收入以及销售收入与敏感资产、敏感负债的比例关系计算预计年度的敏感资产和敏感负债。

　　　　预计年度的敏感资产=预计年度的销售收入×敏感资产占销售收入的比例
　　　　预计年度的敏感负债=预计年度的销售收入×敏感负债占销售收入的比例

第三，计算预计年度的累计折旧或累计摊销。

第四，计算预计年度的留存收益。

第五，利用资产、负债及所有者权益之间的平衡关系，倒扣计算出预计年度需要对外筹资的金额，即外部融资额。

【例3-2】 某企业2017年的资产负债表（简表）如表3-2所示，表中流动资产和应付账款是敏感项目，其他属非敏感项目。且已知2017年的销售额为1000万元，2018年销售额预计增长至1500万元，预计销售净利率为10%，股利支付率为80%，计提折旧20万元。

要求：采用销售百分比法的余额预测法预测2018年资金需求量。

表3-2 资产负债表（简表）

资产项目	2017年（万元）	占收入比例	2018年（万元）	负债项目	2017年（万元）	占收入比例	2018年（万元）
流动资产	300	30%	450	短期借款	50	—	50
固定资产	100	—	100	应付账款	100	10%	150
累计折旧	20	—	40	长期借款	130	—	130
其他资产	200	—	200	股本	100	—	100
				留存收益	200	—	230
				外部融资额	—	—	50
合计	580	—	710	合计	580	—	710

① 根据2017年的资产负债表计算出敏感资产与敏感负债项目占销售收入的比例：
流动资产占销售收入的比例为：300÷1000=30%
应付账款占销售收入的比例为：100÷1000=10%
② 计算2018年敏感资产与敏感负债项目的预计金额：
2018年流动资产为：1500×30%=450（万元）
2018年应付账款为：1500×10%=150（万元）
③ 计算2018年的累计折旧额：20+20=40（万元）
④ 计算2018年的留存收益额：200+1500×10%×(1-80%)=230（万元）
⑤ 倒扣计算出2018年需要对外筹资的金额，即外部融资额如下：
2018年资产项目合计为：450+100-40+200=710（万元）
2018年外部融资额为：710-(50+150+130+100+230)=50（万元）

（2）增量预测法。

增量预测法是指利用资产、负债和所有者权益的变化额之间的平衡关系预测资金需求量的一种方法。销售百分比法的增量预测法预测资金需求量的计算公式为：

需要追加的外部筹资额=敏感性资产的增加额-敏感性负债的增加额-预计留存收益的增加额-折旧增加额+非敏感资产的增加额

敏感性资产的增加额=预计销售增长额×基期敏感性资产占销售额的比重

敏感性负债的增加额=预计销售增长额×基期敏感性负债占销售额的比重

预计留存收益的增加额=预计的净利润×（1-预计股利支付率）

【例3-3】 A公司因扩大生产经营规模需要进行筹资，但要筹资首先得确定资金的需求量。现已知公司现金、应收账款、存货和固定资产等资产与企业销售收入成比例变化，即为敏感性资产，占销售收入的比重为60%，应付账款、应付票据等负债与企业销售收入也成比例变化，即为敏感性负债，占销售收入的比重为15%。公司本年销售收入为1000万元，预计下1年销售收入增长率为20%，销售净利率为8%，需支付现金股利50万元。另外，公司预计长期投资将增长80万元，长期投资不与销售收入成比例增长，为非敏感性资产。公司年折旧额为20万元。试运用销售百分比法的增量预测法预测A公司对外需筹集多少资金才能满足预计销售增长的需要。

根据销售百分比法，公司外部筹资需求量如下：

外部筹资额=1000×20%×60%-1000×20%×15%-(1000×120%×8%-50)-20+80=104（万元）

可见，A公司需对外筹集104万元才能满足预计销售增长的需要。

（三）资金习性预测法

1. 资金习性预测法的含义

资金习性预测法是指根据资金习性预测未来资金需求量的方法。所谓资金习性是指资金的变动与产销量（或业务量）变动之间的依存关系。按照资金习性同产销量之间的依存关系，可以把资金区分为不变资金、变动资金和半变动资金。

不变资金是指在一定的产销量范围内，不受产销量变动的影响而保持固定不变的那部分资金，如为维持营业而占用的最低数额的现金，厂房、机器设备等固定资产占有的资金。

变动资金是指随产量变动而同比例变动的那部分资金。它一般包括直接构成产品实体的原材料、外购件等占用的资金。

半变动资金是指虽受产量变化的影响，但不成同比例变动的资金，如一些辅助材料所占用的资金。半变动资金一般可划分为不变资金和变动资金两部分。

2. 资金习性预测法的基本步骤

（1）根据资金占用总额与产销量的关系预测。

这种方式是根据历史上企业资金占用总额与产销量之间的关系，把资金分为不变和变动两部分，然后结合预计的销售量来预测资金需要量。

（2）采用逐项分析法预测。

这种方式是根据各资金占用项目和资金来源项目同产销量之间的关系，把各项目的资金都分成变动和不变两部分，然后汇总在一起，求出企业变动资金总额和不变资金总额，进而预测资金需求量。

3. 资金习性预测法的种类

资金习性预测法具体有两种：高低点法和回归直线法。

（1）高低点法。

设销售收入为 x，单位销售收入占用某项资金为 b，该项资金的不变量为 a，即最低需求量为 a，该项资金需求量为 y，则：

$$y = a + bx$$

根据两点决定一条直线的原理，用高点和低点代入直线方程就可以求出 a 和 b。这里的高点是指销售收入最高点及其对应的资金占用量，低点是指销售收入最低点及其对应的资金占用量。将高点和低点代入直线方程：

$$y_{高} = a + bx_{高}$$
$$y_{低} = a + bx_{低}$$

两式相减得：

$$y_{高} - y_{低} = b(x_{高} - x_{低})$$
$$b = (y_{高} - y_{低}) / (x_{高} - x_{低})$$
$$a = y_{高} - bx_{高} \quad 或 \quad a = y_{低} - bx_{低}$$

高低点法简单易行，在企业资金变动趋势比较稳定的情况下，较为适宜。

【例 3-4】大华公司历史上现金占用与销售收入变化情况如表 3-3 所示。

表 3-3　现金占用与销售收入变化情况表　　　　　　　　　　单位：万元

年　度	销售收入（x）	现金占用（y）
2012	200	11
2013	240	13
2015	260	14
2016	280	15
2017	300	16

大华公司 2018 年的预计销售收入为 350 万元，试用高低点法预测大华公司 2018 年的现金需求量。

设大华公司预计销售收入为 x，单位销售收入占用现金为 b，不变现金为 a，现金总需求

量为 y，则：$y = a + bx$

根据采用高低点法有：

$$b = (y_高 - y_低) / (x_高 - x_低)$$
$$= (16-11) / (300 - 200)$$
$$= 0.05$$
$$a = y_高 - bx_高$$
$$= 16 - 0.05 \times 300$$
$$= 1（万元）$$

或者

$$a = y_低 - bx_低$$
$$= 11 - 0.05 \times 200$$
$$= 1（万元）$$

因此，该公司现金需求总量与销售收入的关系可表达为：

$$y = 1 + 0.05x$$

根据大华公司 2018 年的预计销售收入 350 万元，可预测 2018 年的现金总需求量为：

$$y = 1 + 0.05 \times 350 = 18.5（万元）$$

（2）回归直线法。

回归直线法是根据若干期产销量和资金占用的历史资料，运用"最小平方法"原理计算不变资金和单位产销量变动资金的一种资金习性分析方法。

设产销量为自变量 x，资金占用量为 y，它们之间的关系可用下式表示：

$$y = a + bx$$

式中，a 为不变资金，b 为单位产销量所需变动资金，可用回归直线法求解 a 和 b。

根据历史各期的 x 和 y 值有：

第 1 期：$y_1 = a + bx_1$

第 2 期：$y_2 = a + bx_2$

$\vdots$

第 n 期：$y_n = a + bx_n$

各式相加可得：

$$\sum y = na + b\sum x \qquad ①$$

将第 i 期的关系式两边同时乘以 xi（$i = 1, 2, \cdots, n$），则各期的关系式变为：

第 1 期：$x_1 y_1 = ax_1 + bx_1^2$

第 2 期：$x_2 y_2 = ax_2 + bx_2^2$

$\vdots$

第 n 期：$x_n y_n = ax_n + bx_n^2$

各式两边分别相加得：

$$\sum xy = a\sum x + b\sum x_2 \qquad ②$$

解①和②组成的方程组可得：

$$a = \frac{\sum y - b\sum x}{n}$$

$$b = \frac{n\sum xy - \sum x \sum y}{n\sum x^2 - (\sum x)^2}$$

从理论上讲，回归直线法是一种计算结果最为精确的方法。

【例 3-5】腾飞公司产销量和资金变化情况如表 3-4 所示。2018 年预计产销量为 150 万件，试采用回归直线法计算 2018 年的资金需求量。

表 3-4　产销量和资金变化情况表

年　　度	产销量（x）（万件）	资金占用（y）（万元）
2012	120	100
2013	110	95
2014	100	90
2015	120	100
2016	130	105
2017	140	110

根据回归直线法，预测腾飞公司资金需求量的过程如下：

（1）设资金占用量为 y，产销量为 x，a 为不变资金，b 为单位产销量所需变动资金，则：$y = a + bx$。

（2）下面用回归直线法求解式中的 a 和 b。

根据表 3-4 计算可得表 3-5。

表 3-5　资金需要量预测表（按总额预测）

年　　度	产销量（x）（万件）	资金占用（y）（万元）	xy	x²
2012	120	100	12000	14400
2013	110	95	10450	12100
2014	100	90	9000	10000
2015	120	100	12000	14400
2016	130	105	13650	16900
2017	140	110	15400	19600
合计（n=6）	∑x=720	∑y=600	∑xy=72500	∑x²=87400

把表 3-5 的相关数据代入公式，得：

$$b = \frac{n\sum xy - \sum x \sum y}{n\sum x^2 - (\sum x)^2} = \frac{6 \times 72500 - 720 \times 600}{6 \times 87400 - 720 \times 720} = 0.5$$

$$a = \frac{\sum y - b\sum x}{n} = \frac{600 \times 0.5 \times 720}{6} = 40$$

（3）把 a=40，b=0.5 代入 y=a+bx，得：

$$y = 40 + 0.5x$$

（4）把 2018 年的预计销售量 150 万件代入上式，得：

$$y = 40 + 0.5 \times 150 = 115（万元）$$

◎ 技能训练

【实训项目】 资金需求量预测
【实训目标】 掌握运用因素分析法、销售百分比法、资金需求量预测预测资金需求量
【实训任务】

1. 甲公司 2018 年销售收入为 20000 万元，销售净利润率为 12%，净利润的 60% 分配给投资者。2018 年 12 月 31 日的资产负债表（简表）如表 3-6 所示。

表 3-6　资产负债表（简表）　　　　　　　　　　　　　　　单位：万元

资产	期末余额	负债及所有者权益	期末余额
货币资金	1000	应付账款	1000
应收账款净额	3000	应付票据	2000
存货	6000	长期借款	9000
固定资产净值	7000	实收资本	4000
无形资产	1000	留存收益	2000
资产总计	18000	负债与所有者权益总计	18000

该公司 2019 年计划销售收入比上年增长 30%，为实现这一目标，公司需新增设备一台，价值 148 万元。据历年财务数据分析，公司流动资产与流动负债随销售额同比率增减。假定该公司 2019 年的销售净利率和利润分配政策与上年保持一致。

要求：预测 2019 年需要对外筹集资金量。

2. 甲企业本年度资金平均占用额为 3500 万元，经分析，其中不合理部分为 500 万元。预计下年度销售增长 5%，资金周转加速 2%，采用因素分析法则下年度资金需要量预计为多少万元。

3. 甲企业 2014—2018 年现金占用与销售收入变化情况如表 3-7 所示。

表 3-7　现金占用与销售收入变化情况表　　　　　　　　　　单位：万元

年度	销售收入	现金占用
2014	9750	700
2015	9000	750
2016	10750	875
2017	11500	813
2018	10250	1125

要求：根据甲企业的相关资料，运用高低点法测算 2019 年资金需要量。

任务 3.3　权益资金的筹集

◎ 任务描述

了解权益资金筹集的主要方式及特点，根据企业实际确定权益资金筹集数量。

◎相关知识

股权筹资形成企业的股权资金，也称权益资本，是企业最基本的筹资方式。吸收直接投资筹资、发行股票（普通股筹资、优先股筹资）和利用留存收益，是股权筹资的三种基本形式。

一、吸收直接投资筹资

（一）吸收直接投资的概念

吸收直接投资，是指企业按照"共同投资、共同经营、共担风险、共享收益"的原则，直接吸收国家、法人、个人和外商资金的一种筹资方式。出资者是企业的所有者，对企业具有经营决策权，并按出资额的比例分享利润，分担损失。采用吸收直接投资的企业，资本不分为等额股份、无须公开发行股票。吸收直接投资的实际出资额中，注册资本部分，形成实收资本；超过注册资本的部分，属于资本溢价，形成资本公积。

（二）吸收直接投资的种类

1. 国家投资

有权代表国家投资的政府部门或机构，以国有资产投入公司，这种情况下形成的资本称为国有资本。根据《公司国有资本与公司财务暂行办法》的规定，在公司持续经营期间，公司以盈余公积、资本公积转增实收资本的，国有公司和国有独资公司由公司董事会或经理办公会决定，并报主管财政机关备案；股份有限公司和有限责任公司由董事会决定，并经股东大会审议通过。吸收国家投资一般具有以下特点：① 产权归属国家。② 资金的运用和处置受国家约束较大。③ 在国有公司中采用比较广泛。

2. 法人投资

法人单位以其依法可支配的资产投入公司，这种情况下形成的资本称为法人资本。吸收法人投资一般具有以下特点：① 发生在法人单位之间。② 以参与公司利润分配或控制为目的。③ 出资方式灵活多样。

3. 合资经营

合资经营是指两个或者两个以上的不同国家的投资者共同投资，创办企业，并且共同经营、共担风险、共负盈亏、共享利益的一种直接投资方式。在我国，中外合资企业亦称股权式合资企业，它是外国公司、企业和其他经济组织或个人同中国的公司、企业或其他经济组织在中国境内共同投资举办的企业。中外合资经营一般具有如下特点：① 合资企业在中国境内，按中国法律规定取得法人资格，为中国法人。② 合资企业为有限责任公司。③ 注册资本中，外方投资者的出资比例一般不低于25%。④ 合资经营期限依据《合资企业法》规定，分情形有无限期、约定限期或特殊限定期限三类；⑤ 合资经营企业的注册资本与投资总额之间应依法保持适当比例关系。投资总额是指按照合营企业合同和章程规定的生产规模需要投入的基本建设资金和生产流动资金的总和。

中外合资经营企业和中外合作经营企业都是中外双方共同出资、共同经营、共担风险和共负盈亏的企业。两者的区别主要是：① 合作企业可以依法取得中国法人资格，也可以办成不具备法人条件的企业，而合资企业必须是法人。② 合作企业属于契约式的合营，它不以合营各方投入的资本数额、股权作为利润分配的依据，而是通过签订合同具体规定各方的权利和义务，而合资企业属于股权式企业，即以投资比例来作为确定合营各方权利和义务的依据。③ 合作企业在遵守国家法律的前提下，可以通过合作合同来约定收益或产品的分配，以及风险和亏损的分担，而合资企业则是根据各方注册资本的比例进行分配的。

4. 吸收社会公众投资

社会公众投资是指社会个人或本公司职工以个人合法财产投入公司，这种情况下形成的资本称为个人资本。吸收社会公众投资一般具有以下特点：① 参加投资的人员较多。② 每人投资的数额相对较少。③ 以参与公司利润分配为基本目的。

（三）吸收直接投资的出资方式

1. 以货币资产出资

以货币资产出资是吸收直接投资中最重要的出资方式。企业有了货币资产，便可以获取其他物质资源，支付各种费用，满足企业创建时的开支和随后的日常周转需要。根据《公司法》规定，公司全体股东或者发起人的货币出资金额不得低于公司注册资本的30%。

2. 以实物资产出资

以实物资产出资是指投资者以房屋、建筑物、设备等固定资产和材料、燃料、商品产品等流动资产所进行的投资。实物投资应符合以下条件：① 适合企业生产、经营、研发等活动的需要。② 技术性能良好。③ 作价公平合理。实物出资中实物的作价，可以由出资各方协商确定，也可以聘请专业资产评估机构评估确定。国有及国有控股企业接受其他企业的非货币资产出资，需要委托有资格的资产评估机构进行资产评估。

3. 以土地使用权出资

土地使用权是指土地经营者对依法取得的土地在一定期限内有进行建筑、生产经营或其他活动的权利。土地使用权具有相对的独立性，在土地使用权存续期间，包括土地所有者在内的其他任何人和单位，不能任意收回土地和非法干预使用权人的经营活动。企业吸收土地使用权投资应符合以下条件：① 适合企业科研、生产、经营、研发等活动的需要。② 地理、交通条件适宜。③ 作价公平合理。

4. 以工业产权出资

工业产权通常是指专有技术、商标权、专利权、非专利技术等无形资产。投资者以工业产权出资应符合以下条件：① 有助企业研究、开发和生产出新的高科技产品。② 有助于企业提高生产效率，改进产品质量。③ 有助于企业降低生产消耗、能源消耗等各种消耗。④ 作价公平合理。吸收工业产权等无形资产出资的风险较大。因为以工业产权投资，实际上是把技术转化为资本，使技术的价值固定化。而技术具有强烈的时效性，会因其不断老化落后而导致实际价值不断减少甚至完全丧失。此外，对无形资产出资方式的限制，《公司法》规定，股东或发起人不得以劳务、信用、自然人姓名、商誉、特许经营权或者设定担保的财产等作价出资。《公司法》对无形资产出资的比例要求没有明确限制，但《外企企业法实施细则》另有规定，外资企业的工业产权、专有技术的作价应与国际上通常的作价原则相一致，且作价金额不得超过注册资本的20%。

5. 以特定债权出资

特定债权是企业依法发行的可转换债券以及按照国家有关规定可以转作股权的债权。在实践中，企业可以将特定债权转为股权的情形主要有：① 上市公司依法发行的可转换债券。② 金融资产管理公司持有的国有及国有控股企业债权。③ 企业实行公司制改建时，经银行以外的其他债权人协商同意，可以按照有关协议和企业章程的规定，将其债权转为股权。④ 根据《利用外资改组国有企业暂行规定》，国有企业的境内债权人将持有的债权转给外国投资者，企业通过债转股改组为外商投资企业。⑤ 按照《企业公司制改建有关国有资本管理与财务处理的暂行规定》，国有企业改制时，账面原有应付工资余额中欠发职工工资部分，在符合国家政策、职工自愿的条件下，依法扣除个人所得税后可转为个人投资。⑥ 未退还职工的集资款也可转为个人投资。

（四）吸收直接投资的程序

1. 确定筹资数量

企业在新建或扩大经营时，首先要确定资金的需要量。资金的需要量应根据企业的生产经营规模和供销条件等来核定，确保筹资数量与资金需要量相适应。

2. 寻找投资单位

企业既要广泛了解有关投资者的资信、财力和投资意向，又要通过信息交流和宣传，使出资方了解企业的经营能力、财务状况以及未来预期，以便公司从中寻找最合适的合作伙伴。

3. 协商和签署投资协议

找到合适的投资伙伴后，双方进行具体协商，确定出资数额、出资方式和出资时间。当出资数额、资产作价确定后，双方须签署投资的协议或合同，以明确双方的权利和责任。

4. 取得所筹集的资金

签署投资协议后，企业应按规定或计划取得资金。如果采取现金投资方式，通常还要编制拨款计划，确定拨款期限、每期数额、划拨方式及拨款用途，如为实物、工业产权、非专利技术、土地使用权投资，一个重要的问题就是核实财产。财产数量是否准确，特别是价格有无高估低估的情况，关系到投资各方的经济利益，必须认真处理，必要时可聘请专业资产评估机构来评定，然后办理产权的转移手续取得资产。

（五）吸收直接投资的优缺点

吸收直接投资的优点：① 有利于增强企业信誉。吸收投资所筹集的资金属于自有资金，能增强企业的信誉和借款能力，对扩大企业经营规模、壮大企业实力具有重要作用。② 有利于尽快形成生产能力。吸收投资可以直接获取投资者的先进设备和技术，有利于尽快形成生产能力。③ 有利于降低财务风险。吸收投资可以根据企业的经营情况向投资者支付报酬，比较灵活，所以财务风险较小。

吸收直接投资的缺点：① 筹资成本较高。股权投资的风险往往高于债权投资的风险，因此投资者要求的报酬率一般高于银行利率和债券利率。而且，红利在税后支付，不具有抵税作用。因此，吸收直接投资的筹资成本一般高于银行借款和发行债券筹资的成本。② 企业控制权容易分散。企业通过吸收直接投资进行筹资后,原有股东的股权比例就会相应地降低,因此其控制权也会随之降低。

二、普通股筹资

(一)股票的种类

股票是股份有限公司为筹措股权资本而发行的有价证券,是公司签发的证明股东持有公司股份的凭证。股票作为一种所有权凭证,代表着对发行公司净资产的所有权。股东具有公司管理权、收益分享权、股份转让权、优先认股权、剩余财产要求权等权利。股票具有永久性、流通性、风险性、参与性等特征。

按股东权利和义务,分为普通股股票和优先股股票。普通股股票简称普通股,是公司发行的代表着股东享有平等的权利、义务,不加特别限制的,股利不固定的股票。普通股是最基本的股票,股份有限公司通常情况下只发行普通股。优先股股票简称优先股,是公司发行的相对于普通股具有一定优先权的股票。其优先权利主要表现在股利分配优先权和分取剩余财产优先权上。优先股股东在股东大会上无表决权,在参与公司经营管理上受到一定限制,仅对涉及优先股权利的问题有表决权。

按票面有无记名,分为记名股票和无记名股票。记名股票是在股票票面上记载有股东姓名或将名称记入公司股东名册的股票;无记名股票不登记股东名称,公司只记载股票数量、编号及发行日期。我国《公司法》规定,公司向发起人、国家授权投资机构、法人发行的股票,为记名股票;向社会公众发行的股票,可以为记名股票,也可以为无记名股票。

按发行对象和上市地点,分为A股、B股、H股、N股和S股。A股即人民币普通股票,由我国境内公司发行,境内上市交易,它以人民币标明面值,以人民币认购和交易。B股即人民币特种股票,由我国境内公司发行,境内上市交易,它以人民币标明面值,以外币认购和交易。H股是注册地在内地、上市在香港的股票。在纽约和新加坡上市的股票分别称为N股和S股。

(二)股份有限公司的设立、股票的发行与上市

1. 股份有限公司的设立

设立股份有限公司,应当有发起人(2人以上200人以下),其中须有半数以上的发起人在中国境内有住所。股份有限公司的设立,可以采取发起设立或者募集设立的方式。发起设立是指由发起人认购公司应发行的全部股份而设立公司。募集设立是指由发起人认购公司应发行股份的一部分,其余股份向社会公开募集或者向特定对象募集而设立公司。

以发起设立方式设立股份有限公司的,公司全体发起人的首次出资额不得低于注册资本的20%,其余部分由发起人自公司成立之日起2年内缴足(投资公司可以在5年内缴足)。

以募集设立方式设立股份有限公司的,发起人认购的股份不得少于公司股份总数的35%;法律、行政法规另有规定的,从其规定。

股份有限公司的发起人应当承担下列责任:① 公司不能成立时,发起人对设立行为所产生的债务和费用负连带责任。② 公司不能成立时,发起人对认股人已缴纳的股款,负返还股款并支付银行同期存款利息的连带责任。③ 在公司设立过程中,由于发起人的过失致使公司利益受到损害的,应当对公司承担赔偿责任。

2. 股票的发行

股份的发行实行公平、公正的原则，必须同股同权、同股同利。发行股票还应当接受国务院证券监督管理机构的管理和监督。股份有限公司首次发行股票的一般程序：① 发起人认足股份、缴付股资。发起方式设立的公司，发起人认购公司的全部股份；募集方式设立的公司，发起人认购的股份不得少于公司股份总数的35%。② 提出公开募集股份的申请。③ 公告招股说明书，签订承销协议。④ 招认股份，缴纳股款。⑤ 召开创立大会，选举董事会、监事会。⑥ 办理公司设立登记，交割股票。

3. 股票的发行方式

股票的发行方式包括公开间接发行、非公开直接发行两种。公开间接发行股票是指股份有限公司通过中介机构向社会公众公开发行股票。采用募集设立方式成立的股份有限公司，向社会公开发行股票时，必须由有资格的证券经营中介机构，如证券公司、信托投资公司等承销。这种发行方式的发行范围广，发行对象多，易于足额筹集资本。但公开发行方式审批手续复杂严格，发行成本高。非公开直接发行股票是指股份有限公司只向少数特定对象直接发行股票，不需要中介机构承销。用发起设立方式成立和向特定对象募集方式发行新股的股份有限公司，向发起人和特定对象发行股票，采用直接将股票销售给认购者的自销方式。这种发行方式弹性较大，企业能够控制股票的发行过程，节省发行费用。但发行范围小，不易及时足额筹集资本。

4. 股票的销售方式

股票的销售方式包括自销、承销两种。股票自销是指发行公司自己直接将股票销售给认购者。这种股票销售方式可以节约发行费用，但筹资时间较长，且发行公司要承担全部发行风险。股票承销是指发行公司委托证券经营机构代其销售股票。企业发行股票一般都采用承销方式。我国《公司法》规定，股份有限公司公开向社会发行股票，必须采用承销方式。股票承销具体又可分为包销和代销两种形式。所谓包销是根据承销协议商定的价格，证券经营机构一次性购进发行公司发行的全部股票，然后以较高的价格出售给社会上的认购者。包销可使发行公司免于承担发行风险，但以较低的价格出售给承销商会损失部分溢价。所谓代销是指证券经营机构代替发行公司销售股票，并由此获取一定的佣金，但不承担股款未募足的风险。

5. 股票的发行价格

（1）市盈率法。

股票发行价格的计算有多种方法，但较常见的是市盈率定价法。股票发行价格的计算公式如下：

$$发行价格=每股收益×发行市盈率$$

确定每股收益可使用完全摊薄法和加权平均法。加权平均法比较合理，其计算公式如下：

$$每股收益=发行当年预测属于普通股的净利润/[发行前普通股总股数+本次公开发行普通股股数×（12-发行月数）/12]$$

$$每股收益=净利润÷股票的加权平均股数$$

（2）资产净值法。

$$发行价格=每股净资产值×股价倍数$$

（3）现金流量折现法。

每股净现值=每个项目未来若干年内每年的净现金流量现值总和/股份数

这个公式计算出的并不是发行价格，发行价格通常要对每股净现值折让20%～30%。

【例3-6】甲公司今年年初普通股股数为1000万股，准备在4月30日增发300万股。假设发行当年预测属于普通股的净利润为600万，发行市盈率为12，按照加权平均法确定每股收益，那么按照市盈率法确定的发行价格应为多少元？

解：

每股收益=600/[1000+300×(12-4)/12]=0.5（元），股票发行价格=0.5×12=6（元）

6. 股票上市交易

（1）股票上市的目的。

股票上市的目的主要包括：① 便于筹措新资金。② 促进股权流通和转让。③ 促进股权分散化。④ 便于确定公司价值。但股票上市也有对公司不利的一面，主要包括以下几点：① 上市成本较高，手续复杂严格。② 公司将负担较高的信息披露成本。③ 信息公开的要求可能会暴露公司的商业机密。④ 股价有时会歪曲公司的实际情况，影响公司声誉。⑤ 可能会分散公司的控制权，造成管理上的困难。

（2）股票上市的条件。

我国《证券法》规定，股份有限公司申请股票上市，应当符合下列条件：① 股票经国务院证券监督管理机构核准已公开发行。② 公司股本总额不少于人民币3000万元。③ 公开发行的股份达到公司股份总数的25%以上；公司股本总额超过人民币4亿元的，公开发行股份的比例为10%以上。④ 公司最近3年无重违法行为，财务会计报告无虚假记载。

（3）股票上市的暂停、终止与特别处理。

当上市公司出现经营情况恶化、存在重大违法违规行为或其他原因导致不符合上市条件时，就可能被暂停或终止上市。

上市公司出现财务状况或其他状况异常的，其股票交易将被交易所"特别处理"（ST, Special Treatment）。财务状况异常是指以下几种情况：① 最近2个会计年度的审计结果显示的净利润为负值。② 最近1个会计年度的审计结果显示其股东权益低于注册资本。③ 最近1个会计年度经审计的股东权益扣除注册会计师和有关部门不予确认的部分后，低于注册资本。④ 注册会计师对最近1个会计年度的财产报告出具无法表示意见或否定意见的审计报告。⑤ 最近一份经审计的财务报告对上年度利润进行调整，导致连续2个会计年度亏损。⑥ 经交易所或中国证监会认定为财务状况异常的。其他状况异常是指自然灾害、重大事故等导致生产经营活动基本中止，公司涉及的可能赔偿金额超过公司净资产的诉讼等情况。

在上市公司的股票交易被实行特别处理期间，其股票交易遵循下列规则：① 股票报价日涨跌幅限制为5%。② 股票名称改为原股票名前加"ST"。③ 上市公司的中期报告必须经过审计。

（三）股权再融资

1. 配股

配股是指，向原普通股股东按其持股比例以低于市价的某一特定价格配售一定数量新发行股票的融资行为。

【例 3-7】 A 公司拟采用配股的方式进行融资。以该公司 2019 年 12 月 31 日总股数 3000 万股为基数，每 10 股配 3 股。配股说明书公布之前 20 个交易日平均股价为 15 元/股，配股价格为 10 元/股。假定在分析中不考虑新募集投资的净现值引起的企业价值的变化，则配股除权价格和配股权价值分别为多少？

解：

配股除权价格=(3000×15+3000/10×3×10)/(3000+3000/10×3)=13.85（元/股）

配股权价值=(13.85-10)/(10/3)=1.16（元）

配股相关内容如表 3-8 所示。

表 3-8　配股相关内容

项　目	应掌握的内容
配股权	配股权是普通股股东的优惠权，实际上是一种短期的看涨期权
配股价格	由主承销商和发行人协商确定
配股条件	上市公司向原股东配股的，除了要符合公开发行股票的一般规定外，还应当符合下列规定： (1) 拟配售股份数量不超过本次配售股份前股本总额的 30% (2) 控股股东应当在股东大会召开前公开承诺认配股份的数量 (3) 采用证券法规定的代销方式发行
配股除权价	配股除权价=（股权登记日收盘价×原总股本+本次配股价×配股股本）/（原总股本+配股股本） =（配股前每股价格+配股价格×股份变动比例）/（1+股份变动比例）
配股权价值	配股权价值=（配股后股票价格-配股价格）/ 购买一股新股所需的配股权数

2. 增发新股

增发新股的发行方式有公开增发、非公开增发两种，如表 3-9 所示。

表 3-9　增发新股的发行方式

发行方式	特别规定	发行定价	认购方式
公开增发	增发除了符合前述一般条件之外，还应当符合下列条件： (1) 最近 3 个会计年度加权平均净资产收益率平均不低于 6%。扣除非经常性损益后的净利润与扣除前的净利润相比，以低者作为加权平均净资产收益率的计算依据 (2) 除金融类企业外，最后一期期末不存在持有金额较大的交易性金融资产和可供出售金融资产、借予他人款项、委托理财等财务性投资的情形	发行价格应不低于公告招股意向书前 20 个交易日公司股票均价或前一个交易日的均价	通常为现金认购
非公开增发	上市公司非公开发行股票，应当符合下列规定： (1) 本次发行的股份自发行结束之日起，12 个月内不得转让；控股股东、实际控制人及其控制的企业认购的股份，36 个月内不得转让； (2) 募集资金使用符合有关规定 (3) 本次发行将导致上市公司控制权发生变化的，还应当符合中国证监会的其他规定	发行价格不低于定价基准日前 20 个交易日公司股票均价的 90%	不限于现金，还包括股权、债权、无形资产、固定资产等非现金资产

3. 股权再融资对企业的影响

股权再融资对企业的影响如表 3-10 所示。

表 3-10 股权再融资对企业的影响

影　　响		相关说明
对资金结构的影响		(1) 股权再融资会增加权益资本，提高权益资本的比例 (2) 由于影响资金结构，所以，也会影响加权资金成本，进一步影响企业价值
对财务状况的影响		在企业运营及盈利状况不变的情况下，采用股权融资的形式筹集资金会降低企业的财务杠杆水平，并降低资产收益率
对控制权的影响	配股	控股股东只要不放弃认购的权利，就不会削弱控制权
	公开增发	由于会引入新的股东，股东的控制权受到增发认购数量的影响
	非公开增发	(1) 若对财务投资者和战略投资者增发，一般不会对控股股东的控制权形成威胁 (2) 若面向控股股东的增发是为了收购其优质资产或实现集团整体上市，则会增强控股股东对上市公司的控制权

（四）普通股筹资的优缺点

普通股筹资的优点：① 没有固定的股利负担。② 没有固定的到期日，无须偿还。③ 筹资风险小。④ 能增强公司的信誉。⑤ 筹资限制少。

普通股筹资的缺点：① 资金成本较高。② 容易分散公司的控制权。③ 可能会降低普通股的每股净收益，从而引起股价下跌。

三、优先股筹资

优先股是股份公司发行的具有一定优先权的股票。它既具有普通股的某些特征，又与债券有相似之处。普通股股东一般把优先股看作是一种特殊的债券；从债券持有人来看优先股属于股票；从公司管理当局和财务人员来看优先股则具有双重性质；从法律上讲，企业对优先股不承担还本义务，因此它是企业自有资金的一部分。

优先股股东享有的权利：① 优先分配股利权。优先股股利的支付位于普通股之前。② 优先分配剩余资产权。当企业破产清算时，出售资产所得的收入，优先股的请求权位于债务人之后，但位于普通股之前。③ 部分管理权。优先股股东的管理权限是有严格限制的。通常在股东大会上优先股股东没有表决权，但涉及优先股的有关问题时有权参加表决。

优先股筹资的优点：① 没有固定到期日，不用偿还本金。② 股利支付既固定，又具有一定的弹性。③ 有利于增强公司信誉。

优先股筹资的缺点：① 筹资成本高。② 筹资限制多。③ 财务负担重。

四、留存收益筹资

留存收益是留存于企业内部、未对外分配的利润。留存收益的筹资途径包括提取盈余公积金、未分配利润。

留存收益筹资的优点：① 资金成本较普通股低。留存收益筹资无须像发行普通股筹资一样支付筹资费用，因此筹资成本较普通股低。② 维持公司的控制权分布。用留存收益筹资，不用对外发行股票，由此增加的权益资本不会改变企业的股权结构，不会稀释原有股东的控制权。③ 增强公司的信誉。留存收益筹资能够使企业保持较大的可支配的现金流，既可解决企业经营发展的需要，又能提高企业举债的能力。

留存收益筹资的缺点：① 筹资的数额有限制。留存收益筹资最大可能的数额是企业当前的税后利润和上年累计未分配利润之和。若企业要支付股利，则会使企业的留存收益减少，且股利支付率越高，留存收益就越少。② 资金使用受限制。留存收益中某些项目的使用，如法定盈余公积金等要受国家有关规定的制约。

五、股权筹资的优缺点

股权筹资的优缺点（与负债筹资比较）如表 3-11 所示。

表 3-11　股权筹资的优缺点（与负债筹资比较）

	内容	说明
优点	1. 是企业稳定的资本基础	股票资本没有固定的到期日，无须偿还，是企业的永久性资本，除非企业清算时才有可能予以偿还
	2. 是企业良好的信誉基础	股权资本作为企业最基本的资本，代表了公司的资本实力，是企业与其他单位组织开展经营业务，进行业务活动的信誉基础
	3. 财务风险较小	股权资本不用在企业正常营运期内偿还，不存在还本付息的财务风险
缺点	1. 资金成本负担较重	股权筹资的资金成本要高于负债筹资
	2. 容易分散公司的控制权	利用股权筹资，引进了新的投资者或者出售了新的股票，会导致公司控制权结构的改变，分散公司的控制权
	3. 信息沟通与披露成本较大	特别是上市公司，其股东数量众多而分布分散，只能通过公司的公开信息披露了解公司状态，这就需要公司花更多的精力，有些还需要设置专门的部门，用于公司的信息披露和投资者关系管理

◎技能训练

【实训项目】权益筹资

【实训目标】掌握配股除权价格和配股价值的计算

【实训任务】甲公司采用配股的方式进行融资。2018 年 3 月 25 日为配股除权登记日，以公司 2017 年 12 月 31 日总股本 1000000 股为基数，拟每 10 股配 1 股。配股价格为配股说明书公布前 20 个交易日公司股票收盘价平均值的 8 元/股的 85%，若除权后的股票交易市价为 7.8 元，所有股东均参与了配股，计算配股除权价格和配股价值。

任务 3.4　负债资金的筹集

◎任务描述

掌握负债资金筹集的方式，进行负债资金筹集决策。

◎相关知识

企业负债资金的筹集称为借入资金。银行借款、发行公司债券筹资、商业信用筹资以及融资租赁筹资，是负债筹资的四种基本形式。

一、银行借款

银行借款是指企业根据借款合同向银行或非银行金融机构借入的需要还本付息的款项，

又称银行借款筹资。包括偿还期限超过1年的长期借款和不足1年的短期借款,主要用于企业购置固定资产或满足流动资金周转的需要。

(一)银行借款的种类

1. 按借款的期限分类,分为短期借款和长期借款

银行借款按借款期限长短不同,可分为短期借款和长期借款。短期借款是指借款期限在1年以内的借款;长期借款是指借款期限在1年以上的借款。

2. 按机构对贷款有无担保要求,分为信用贷款和担保贷款

信用贷款是指以借款人的信誉或保证人的信用为依据而获得的贷款。对于这种贷款,由于风险较高,银行通常要收取较高的利息,往往还附加一定的限制条件。

担保贷款是指由借款人或第三方依法提供担保而获得的贷款。担保包括保证责任、财务抵押、财产质押,由此,担保贷款包括保证贷款、抵押贷款和质押贷款。

保证贷款是指按《中华人民共和国担保法》(以下简称《担保法》)规定的保证方式,以第三方作为保证人承诺在借款人不能偿还借款时,按约定承担一定保证责任或连带责任而取得的贷款。

抵押贷款是指按《担保法》规定的抵押方式,以借款人或第三方的财产作为抵押物而取得的贷款。抵押是指债务人或第三方不转移对财产的占有,只将该财产作为债权的担保,债务人不能履行债务时,债权人有权将该财产折价或者以拍卖、变卖的价款优先受偿。作为贷款担保的抵押品,可以是不动产、机器设备、交通运输工具等实物资产,可以是依法有权处分的土地使用权,也可以是股票、债券等有价证券等,它们必须是能够变现的资产。如果贷款到期借款企业不能或不愿偿还贷款,银行可取消企业对抵押品的赎回权。抵押贷款有利于降低银行贷款的风险,提高贷款的安全性。

质押贷款是指按《担保法》规定的质押方式,以借款人或第三人的动产或财产权利作为质押物而取得的贷款。质押是指债务人或第三方将其动产或财产权利移交给债权人占有,将该动产或财务权利作为债权的担保,债务人不履行债务时,债权人有权以该动产或财产权利折价或者以拍卖、变卖的价款优先受偿。作为贷款担保的质押品,可以是汇票、支票、债券、存款单、提单等信用凭证,可以是依法可以转让的股份、股票等有价证券,也可以是依法可以转让的商标专用权、专利权、著作权中的财产权等。

3. 按提供贷款的机构分类,分为政策性银行贷款、商业银行贷款和其他金融机构贷款

政策性银行贷款是指执行国家政策性贷款业务的银行向企业发放的贷款,通常为长期贷款。例如,国家开发银行贷款,主要满足企业承建国家重点建设项目的资金需要;中国进出口信贷银行贷款,主要为大型设备的进出口提供的买方信贷或卖方信贷;中国农业发展银行贷款,主要用于确保国家对粮、棉、油等政策性收购资金的供应。

商业性银行贷款是指由各商业银行,如中国工商银行、中国建设银行、中国农业银行、中国银行等,向企业提供的贷款,用以满足企业生产经营的资金需要,包括短期贷款和长期贷款。

其他金融机构贷款,如从信托投资公司取得实物或货币形式的信托投资贷款,从财务公司取得的各种中长期贷款,从保险公司取得的贷款等。其他金融机构的贷款一般较商业银行贷款的期限要长,要求的利率较高,对借款企业的信用要求和担保的选择比较严格。

4. 按企业取得贷款的用途分类，分为基本建设贷款、专项贷款和流动资金贷款

基本建设贷款是指企业因从事新建、改建、扩建等基本建设项目需要资金而向银行申请借入的款项。

专项贷款是指企业因为专门用途而向银行申请借入的款项，包括更新改造技改贷款、大修理贷款、研发和新产品研制贷款、小型技术措施贷款、出口专项贷款、引进技术转让费周转金贷款、进口设备外汇贷款、进口设备人民币贷款及国内配套设备贷款等。

流动资金贷款是指企业为满足流动资金的需求而向银行申请借入的款项，包括流动资金借款、生产周转借款、临时借款、结算借款和卖方信贷。

（二）银行借款的程序

1. 企业提出借款申请

企业要向银行借入资金，必须向银行提出借款申请，填写包括借款金额、借款用途、偿还能力、还款方式等内容的《借款申请书》，并提供有关资料。

2. 银行审查借款申请

银行对企业的借款申请要从企业的信用等级、基本财务情况、投资项目的经济效益、偿债能力等多方面做必要的审查，以决定是否通过借款申请提供贷款。

3. 银企签订借款合同

企业向银行借入资金时，双方必须签订借款合同。借款合同是规定借款企业和银行双方的权利、义务和经济责任的法律文件。借款合同包括基本条款、保证条款、违约条款及其他附属条款等内容。

4. 企业取得借款

双方签订借款合同后，银行按合同规定向企业发放贷款。

5. 企业还本付息

企业按借款合同规定按时足额归还借款本息。如因故不能按期归还，应在借款到期之前，向银行提出展期申请，由贷款银行审定是否给予展期。

（三）长期借款的保护性条款

由于银行等金融机构提供的长期贷款具有金额高、期限长、风险大的特点，因此，除借款合同的基本条款外，债权人通常还在借款合同中附加各种保护性条款，以确保企业按要求使用借款和按时足额偿还借款。保护性条款一般有例行性保护条款、一般性保护条款和特殊性保护条款3类。

例行性保护条款作为例行常规，在大多数借款合同中都会出现。主要包括：① 企业定期向提供贷款的金融机构提交公司财务报表，以使债权人随时掌握公司的财务状况和经营成果。② 不准在正常情况下出售较多的非产成品存货，以保持企业正常生产经营能力。③ 如期清偿应缴纳税金和其他到期债务，以防被罚款而造成不必要的现金流失。④ 不准以资产作为其他承诺的担保或抵押。⑤ 不准贴现应收票据或出售应收账款，以避免或有负债等。

一般性保护条款是对企业资产的流动性及偿债能力等方面的要求条款，这类条款应用于大多数借款合同，主要包括：① 保持企业的资产流动性。② 限制企业非经营性支出。③ 限制企业资本支出的规模。④ 限制公司再举债规模。⑤ 限制公司的长期投资。

特殊性保护条款是针对某些特殊情况而出现在部分借款合同中的条款，只有在特殊情况下才能生效。主要包括：要求公司的主要领导人购买人身保险；借款的用途不得改变；违约惩罚条款，等等。

（四）银行借款涉及的信用条件

1. 信贷额度

信贷额度是指借款企业与银行在协议中规定的借款最高限额。在信贷额度内，企业可以随时按需要支用借款。但如协议是非正式的，则银行无须按最高借款限额保证贷款的法律义务。

2. 周转信贷协定

周转信贷协定是指银行从法律上承诺向企业提供不超过某一最高限额的贷款协定。企业享用周转信贷协议，通常要对贷款限额中的未使用部分付给银行一笔承诺费。

【例3-8】 某企业与银行商定的周转信贷额度为1000万元，承诺费率为1%，该企业年度实际借款额为600万元，计算该企业应向银行支付的承诺费。

解： 应付承诺费 = (1000−600) × 1% = 4（万元）

3. 补偿性余额

补偿性余额是指银行要求借款企业在银行中保留一定数额的存款余额，一般为借款额的10%～20%，其目的是降低银行贷款风险，但对借款企业来说，却加重了利息负担。

补偿性余额实际借款利率=名义利率÷（1-补偿性余额比率）

【例3-9】 某企业按年利率9%向银行借款100万元，银行要求保留10%的补偿性余额，计算企业实际借款利率。

解： 企业实际借款利率=9%÷(1-10%)=10%

4. 贴现法计息

银行借款利息的支付方式一般为"利随本清"法，又称收款法，即在借款到期时向银行支付利息，但有时银行要求采用贴现法，即银行向企业发放贷款时，先从本金中扣除利息，到期时借款企业再偿还全部本金。采用这种支付方式，企业可利用的贷款额只有本金扣除利息后的差额部分，从而提高了贷款的实际利率。

【例3-10】 某企业从银行取得借款200万元，期限1年，利率6%，利息12万元，按照贴现法计息，企业实际可动用的贷款为188万元，则该借款的实际利率为：

解：借款实际利率=200×6%/188=6%/(1-6%)=6.38%

5. 借款抵押

借款抵押是指企业以抵押品作为担保向银行取得一定借款的信用条件。通常抵押品是借款企业的应收账款、存货、股票、债券以及房屋等。银行发放贷款的数额一般为抵押品的30%～50%，这一比例的高低取决于抵押品的变现能力和银行的风险偏好。一般抵押借款的资金成本高于非抵押借款。

6. 以实际交易为贷款条件

当企业发生经营性临时资金需求，向银行申请贷款以求解决时，银行则以企业将要进行的实际交易为贷款条件，单独立项，单独审批，最后做出决定并确定贷款的相应条件和信用保证。对这种一次性借款，银行要对借款人的信用状况、经营情况进行个别评价，才能确定贷款的利息率、期限和数量。

（五）银行借款的优缺点

银行借款的优点包括：① 筹资速度快。② 筹资成本低。与发行债券相比，银行借款利率较低，且不需支付发行费用。③ 借款弹性大。企业与银行可以直接接触，商谈借款金额、期限和利率等具体条款。

银行借款的缺点包括：① 财务风险较大。企业经营不利时，可能产生不能偿付的风险。② 限制条款较多。如定期报送有关报表、不准改变借款用途等。③ 筹资数额有限。银行借款筹资都有一定的上限。

二、发行公司债券筹资

（一）公司债券的种类

公司债券又称企业债券，是企业依照法定程序发行的、约定在一定期限内还本付息的有价证券。

债券按其发行主体不同，可分为政府债券、金融债券和企业债券。政府债券是由中央政府或地方政府发行的债券。政府债券风险小、流动性强。金融债券是银行或其他金融结构发行的债券。金融债券风险不大、流动性较强、利率较高。企业债券是由各类企业发行的债券。企业债券风险较大、流动性差别较大、利率较高。

债券按有无抵押担保，可分为信用债券、政府债券、抵押债券和担保债券。信用债券又称无抵押担保债券，是以债券发行者自身信誉而发行的债券。政府债券属于信用债券，信誉良好的企业也可发行信用债券。抵押债券是指以一定抵押品作抵押而发行的债券。当企业不能偿还债券时，债权人可将抵押品拍卖以获取债券本息。担保债券是指由一定保证人作担保而发行的债券。当企业没有足够资金偿还债券时，债权人可以要求保证人偿还。

债券按是否记名，可分为记名债券和无记名债券。记名债券，应当在公司债券存根簿上载明债券持有人的姓名及住所、债券持有人取得债券的日期及债券的编号等债券持有人信息。记名债券，由债券持有人以背书方式或者法律、行政法规规定的其他方式转让；转让后由公司将受让人的姓名或者名称及住所记载于公司债券存根簿。无记名债券，应当在公司债券存根簿上载明债券总额、利率、偿还期限和方式、发行日期及债券的编号。无记名债券的转让，由债券持有人将该债券交付给受让人后即发生转让的效力。

债券按利率不同，可分为固定利率债券和浮动利率债券。固定利率债券指在发行时规定利率在整个偿还期内不变的债券。固定利率债券不考虑市场变化因素，因而其筹资成本和投资收益可以事先预计，不确定性较小。但债券发行人和投资者仍然必须承担市场利率波动的风险。浮动利率债券是发行时规定债券利率随市场利率定期浮动的债券，也就是说，债券利率在偿还期内可以进行变动和调整。浮动利率债券往往是中长期债券。浮动利率债券的利率通常根据市场基准利率加上一定的利差来确定。

债券按偿还期限不同，可分为短期债券和长期债券。短期债券是指偿还期在1年以内的债券。长期债券是指偿还期在1年以上的债券。

债券按是否标明利息率，可分为有息债券和贴现债券。有息债券是指按照面值和既定的票面利息率计算并支付利息的债券。贴现债券又称贴水债券，是以低于面值发行，发行价与票面金额之差额相当于预先支付的利息，债券期满时按面值偿付的债券。

债券按是否可转换成普通股，可分为可转换债券和不可转换债券。可转换债券是指债券持有者可以在规定的时间内按规定的价格转换为发债公司股票的一种债券。这种债券在发行时，对债券转换为股票的价格和比率等都作了详细规定。根据《公司法》规定，可转换债券的发行主体是股份有限公司中的上市公司。不可转换债券是指不能转换为发债公司股票的债券。大多数公司债券属于这种类型的债券。

（二）企业债券的发行

1. 企业债券的发行资格与条件

根据《公司法》的规定，股份有限公司、国有独资公司和两个以上的国有企业或者其他两个以上的国有投资主体投资设立的有限责任公司，有资格发行公司债券，但必须具备以下几个条件：

（1）股份有限公司的净资产额不低于人民币3000万元，有限责任公司的净资产额不低于人民币6000万元；

（2）累计债券总额不超过公司净资产额的40%；

（3）最近3年平均可分配利润足以支付公司债券1年的利息；

（4）所筹集资金的投向符合国家产业政策；

（5）债券的利率不得超过国务院限定的水平；

（6）国务院规定的其他条件。

另外，发行公司债券所筹集的资金使用，必须符合审批机关审批的用途，不得用于弥补亏损和非生产性支出，否则会损害债权人的利益。

发行公司凡有下列情形之一的，不得再次发行公司债券：

（1）前一次发行的公司债券尚未募足的；

（2）对已发行的公司债券或者其债务有违约或延迟支付本息的事实，且仍处于持续状态的。

2. 企业债券的发行价格

企业债券的发行价格是指投资者购买企业债券时所支付的价格。企业债券的发行价格通常有三种：平价、溢价和折价。平价是指以债券的票面金额（面值）为发行价格；溢价是指以高于债券票面金额的价格为发行价格；折价是指以低于债券票面金额的价格为发行价格。债券的票面金额、票面利率在债券发行前即已参照市场利率（投资者要求的平均利率水平）和发行公司的具体情况确定下来，并载明于债券之上。但在发行债券时已确定的票面利率不一定与当时的市场利率一致。为了协调债券购销双方在债券利息上的利益，就要调整发行价格，即：当票面利率高于市场利率时，以溢价发行债券；当票面利率低于市场利率时，以折价发行债券；当票面利率与市场利率一致时，以平价发行债券。溢价可理解为债券发行企业因为日后要多支付利息（票面利率高于市场利率）而预先得到的补偿；折价可理解为债券发行企业因为日后可少支付利息（票面利率低于市场利率）而预先付出的代价。

债券发行价格一般采用贴现现金流量模型予以确定，债券发行价格等于未来现金流量的现值，包括未来要支付的利息的现值和要偿还本金的现值。

若债券是分期付息，到期还本，则：

$$债券发行价格\ P = \frac{票面金额}{(1+市场利率)^n} + \sum_{t=1}^{n} \frac{票面金额 \times 票面利率}{(1+市场利率)^t}$$

其中，n 为债券期限；t 为付息期数。

若债券是分期付息，到期还本，且每期利息相等，则：

$$债券发行价格\ P = I \times (P/A, i, n) + M \times (P/F, i, n)$$

其中，I 为每期等额的利息（等于"票面金额×票面利率"）；i 为市场利率；n 为付息期数；M 为票面金额。

【例3-11】华泰股份有限公司是一家大型家电生产公司。公司当前的总资产为60000万元，净资产为40000万元，公司未曾发行债券。最近3年的效益都一直居于行业前列。由于公司当前正处于高速成长期，很多新项目需要开发和投产，急需大量资金。故拟面向社会公众募集资金。试问公司能否发行公司债券？最多可发行多少万元？如果发行10年期债券，每年年末付息一次，到期还本。债券的票面金额为1000元，票面利率为10%。当市场利率分别为8%、10%、15%时，债券发行应如何定价呢？如果市场利率为10%，但每半年付息一次，债券又该如何定价呢？

华泰公司为股份有限公司，净资产为40000万元，最近3年的效益都一直居于行业前列，如果最近3年平均可分配利润足以支付公司债券1年的利息，所筹资金投向符合国家的产业政策，债券利率也不超过国务院限定的水平，则公司可以发行债券筹资。由于，公司未曾发行过债券，此次可发行债券额度为：

$$40000 \times 40\% = 16000（万元）$$

债券的发行定价要视具体情况而定：

（1）若每年年末付息一次，市场利率为8%，发行价格为：

$$1000 \times (P/F, 8\%, 10) + 1000 \times 10\% \times (P/A, 8\%, 10) = 1134（元）$$

（2）若每年年末付息一次，市场利率为10%，发行价格为：

$$1000 \times (P/F, 10\%, 10) + 1000 \times 10\% \times (P/A, 10\%, 10) = 1000（元）$$

（3）若每年年末付息一次，市场利率为15%，发行价格为：

$$1000 \times (P/F, 15\%, 10) + 1000 \times 10\% \times (P/A, 15\%, 10) = 749（元）$$

（4）若每半年付息一次，市场利率为10%，发行价格为：

$$1000 \times (P/F, 5\%, 20) + 1000 \times 5\% \times (P/A, 5\%, 20) = 1000（元）$$

（三）公司债券发行的程序

公司债券发行的程序包括：做出发债决议，提出发债申请，公告募集办法，委托证券经营机构发售，交付债券，收缴债券款。

（四）企业债券的偿还

1. 本金的偿还

企业债券本金的偿还方式主要有：到期一次偿还、分批偿还和随时偿还。

到期一次偿还是指对同一批发行的债券均在期满时一次性还清本金。这是最常用的一种偿还方式。

分批偿还具体有两种做法：一种是在债券发行时就对同一批债券规定不同的期限，并规定不同的利率，按各债券的到期日分批偿还。另一种是对同一批发行的债券，分别规定各年的还本比例，但不预先规定具体偿还对象，而是到期由抽签决定。

随时偿还是指在债券的期限内，发行者可随时偿还一部分或全部债券本金。

2. 利息的支付

企业债券利息支付方式主要有以下3种：第一种是到期时一次性支付利息；第二种是在有效期内定期付息；第三种是发行债券时预先从发行价格中将利息扣除即贴现法计息。

（五）企业债券筹资的优缺点

债券筹资的优点包括：① 资金成本较低。债券筹资的成本较股票筹资的成本要低。这主要是因为债券的发行费用较低，而且利息在税前支付，可以抵税。② 可以发挥财务杠杆作用。③ 可以保障股东的控制权。④ 便于调整资金结构。股票一旦发行，很少会回购；但债券在到期后，可采用其他筹资方式筹资，来调整资金结构。

债券筹资的缺点包括：① 债券筹资风险高。债券按期支付利息、偿还本金，否则可能被债权人申请破产。相对股票而言，债券筹资风险较大。② 限制条件多。债券筹资比股票筹资、租赁筹资限制条件要多。③ 筹资额有限。公司发行债券筹资一般会受一定额度的限制。根据《公司法》规定，发行公司流通在外的债券累计余额不得超过公司净资产的40%。

三、商业信用筹资

商业信用筹资是指在商品交易中由于延期付款或预收货款所形成的企业间的借贷关系。商业信用筹资产生于商品交易之中，是一种自发性筹资方式。商业信用筹资的具体筹资方式有应付账款、应付票据、预收账款等。

（一）应付账款

应付账款是企业购买货物暂未付款而欠对方的账项，即卖方允许买方在购货后一定时间内支付货款的一种形式。卖方利用这种方式促销，而对买方来说延期付款则等于向卖方借用资金购进商品，可以满足短期的资金需要。

1. 应付账款的信用条件

商业应付账款的信用条件是指债权人对付款期限、现金折扣及其折扣期限所做的具体规定。其中，付款期限是指债务人使用商业信用资金的最长期限；现金折扣是指债务人在折扣期限内付款可享受的价格优惠；折扣期限是指可享受现金折扣的付款时间。例如，信用条件为"1/10，N/30"，表示10天内付款可享受1%的现金折扣，最长付款期限为30天。

2. 应付账款的信用成本

应付账款的信用形式一般包括3种：① 免费信用。免费信用是指买方企业在规定的折扣期内享受折扣而获得的信用。② 有代价信用。有代价信用是指买方企业放弃折扣期付出代价而获得的信用。③ 展期信用。展期信用是指买方企业超过规定的信用期推迟付款而强制获得的信用。

若买方在规定的折扣期内付款,便可享受免费信用,此时应付账款的信用成本为 0。若买方放弃现金折扣,在折扣期后付款,则应付账款有信用成本,其计算公式如下:

$$放弃现金折扣的成本 = \frac{现金折扣百分比}{1-现金折扣百分比} \times \frac{360}{信用期-折扣期}$$

上述公式表明,放弃现金折扣的成本与折扣百分比的大小、折扣期的长短同方向变化,与信用期的长短反方向变化。

【例 3-12】A 企业向 B 企业购入一批原材料,价款总数为 200 万元,付款约定为(2/10,N/30)。

$$放弃现金折扣的成本 = \frac{2\%}{1-2\%} \times \frac{360}{30-10} = 36.73\%$$

假定银行贷款利率为 10%,则 A 企业不应该放弃现金折扣,应选择向银行借款,在第 10 天付款 196 万元,享有现金折扣。因为借款 20 天的利息为 1.08(196×10%×20/360)万元,花 1.08 万元省下 4 万元是更合适的。

3. 应付账款信用决策

(1)企业缺乏资金需要筹资时,放弃现金折扣的成本低于银行借款成本,则应放弃折扣,即采用商业信用筹资;放弃现金折扣的成本高于银行借款成本,则不应放弃折扣,应从银行借入资金,在折扣期内付款,以享受折扣,即采用银行信用筹资。

(2)企业有充裕的资金时,放弃现金折扣的成本低于投资报酬率,则应放弃折扣,将资金用于投资;放弃现金折扣的成本高于投资报酬率,则不应放弃折扣,应在折扣期内付款,以享受折扣。

(3)企业享受展期信用,可以降低放弃现金折扣的成本,但可能会影响企业的信誉,因此需要在二者之间做出权衡。

【例 3-13】公司采购一批材料,供应商报价为 1 万元,付款条件为(3/10, 2.5/30, 1.8/50, N/90)。目前企业用于支付账款的资金需要在 90 天时才能周转回来,在 90 天内付款,只能通过银行借款解决,如果银行利率为 12%,确定公司材料采购款的付款时间和价格。

解:

根据放弃折扣的信用成本率计算公式,10 天付款方案,放弃折扣的信用成本率为:

$$\frac{3\%}{1-3\%} \times \frac{360}{90-10} = 13.92\%$$

30 天付款方案,放弃折扣的信用成本率为:

$$\frac{2.5\%}{1-2.5\%} \times \frac{360}{90-30} = 15.38\%$$

50 天付款方案,放弃折扣的信用成本为:

$$\frac{1.8\%}{1-1.8\%} \times \frac{360}{90-50} = 16.50\%$$

由于各种方案放弃折扣的信用成本率高于借款利息率,因此初步结论是要取得现金折扣,借入银行借款以偿还货款。

10 天付款方案,得折扣 300 元,用资 9700 元,借款 80 天,利息 258.67 元,净收益 41.33 元。

$$利息=9700×12\%/360×80=258.67（元）$$

30 天付款方案,得折扣 250 元,用资 9750 元,借款 60 天,利息 195 元,净收益 55 元。

$$利息=9750×12\%/360×60=195（元）$$

50 天付款方案,得折扣 180 元,用资 9820 元,借款 40 天,利息 130.93 元,净收益 49.07 元。

$$利息=9820×12\%/360×40=130.93$$

结论:第 30 天付款为最佳方案,其净收益最大。

(二)应付票据

应付票据是指企业进行延期付款商品交易时开具的反映债权债务关系的票据。根据承兑人的不同,应付票据可分为商业承兑汇票和银行承兑汇票两种,付款期限最长不超过六个月。应付票据可以带息,也可以不带息。不带息票据无商业信用成本,带息票据的商业信用成本就是票据的利息率。应付票据的利率一般比银行借款的利率低,且不用保持相应的补偿余额和支付协议费,所以应付票据的筹资成本低于银行借款成本。但是应付票据到期必须归还,如延期便要交付罚金,因而风险较大。

(三)预收账款

预收账款是卖方企业在交付货物之前向买方预先收取部分或全部货款的信用形式。对于卖方来讲,预收账款相当于向买方借用资金后用货物抵偿。预收账款一般用于生产周期长、资金需要量大而市场上供不应求的货物销售。

(四)商业信用筹资的优缺点

商业信用筹资是一种自发性筹资,其优点是无须额外办理筹资手续,而且限制条件少,若无现金折扣条件,或有现金折扣但不放弃现金折扣,或是无息票据,则无商业信用成本。其缺点是筹资数量有限,使用时间有限,在提供现金折扣条件的情况下,放弃现金折扣的成本往往很高。

四、融资租赁筹资

(一)租赁的概念与分类

租赁是指通过签订资产出让合同的方式,使用资产的一方（承租方）通过支付租金,向出让资产的一方（出租方）取得资产使用权的一种交易行为。在这项交易中,承租方通过得到所需资产的使用权,完成筹集资金的行为。租赁的基本特征:所有权与使用权相分离;融资与融物相结合;租金分期支付。

按租赁的性质不同,可分为经营租赁和融资租赁两大类。

经营租赁又称服务租赁或营业租赁,是由承租人向出租人交付租金,由出租人向承租人提供资产使用及相关的服务,并在租赁期满时由承租人把资产归还给出租人。经营租赁的目的通常是为了获得资产的短期使用权,而不是为了融资。经营租赁的特点主要包括:① 出租的设备一般由租赁公司根据市场需要选定,然后再寻找承租企业。② 租赁期较短,短于资产的有效使用期,在合理的限制条件内承租企业可以中途解约。③ 租赁设备的维修、保养由租赁公司负责。④ 租赁期满或合同中止后,出租资产由租赁公司收回。经营租赁比较适用于租用技术过时较快的生产设备。

融资租赁又称财务租赁,是承租人为融通资金而向出租人租用资产的一种长期租赁。由于它满足企业对资产的长期需要,故有时也称为资本租赁。融资租赁是现代租赁的主要形式,它是以融通资金为主要目的的租赁。融资租赁的主要特点包括:① 出租的设备由承租企业提出要求购买,或者由承租企业直接从制造商或销售商那里选定。② 租赁期较长,接近于资产的有效使用期,在租赁期间双方无权取消合同。③ 由承租企业负责设备的维修、保养。④ 租赁期满,按事先约定的方法处理设备,包括退还租赁公司,或继续租赁,或企业留购。通常采用企业留购办法,即以很少的"名义价格"(相当于设备残值)买下设备。

(二)融资租赁的方式

融资租赁有直接租赁、售后回租、杠杆租赁3种方式。

直接租赁是指承租人直接向出租人租入所需要的资产,并付出租金的方式。直接租赁的出租人主要是制造厂商、租赁公司。除制造厂商外,其他出租人都是先从制造厂商购买资产,再出租给承租人。直接租赁是融资租赁的主要形式。

售后回租是指承租人先把其拥有主权的资产出售给出租人,然后再将该项资产租回使用,并按期向出租人支付租金的方式,资产售价大致为时价。这种租赁方式即使承租人通过出售资产获得一笔资金,满足企业对资金的需要,同时又保留了企业对该项资产的使用权,但失去了财产的所有权。

杠杆租赁是指由资金出借人为出租人提供部分购买资产的资金,再由出租人购入资产租给承租人的方式。杠杆租赁涉及出租人、承租人和资金出借人三方当事人。从承租人的角度来看,它与其他融资租赁形式无多大区别;从出租人的角度来看,它只出购买资产的部分资金(如30%),作为自己的投资,其余部分(如70%)则以该项资产作为担保向资金出借人借入。在杠杆租赁方式下,出租人具有资产所有权人、出租人、债务人三重身份,出租人既向承租人收取租金,又向借款人偿还本息,既是出租人,又是债务人,同时拥有对资产的所有权。如果出租人不能按期偿还借款,那么资产的所有权就要转归资金出借人。出租人获得的租赁收益一般大于借款成本支出,其差额就是出租人的杠杆收益,故称为杠杆租赁。

(三)融资租赁的程序

1. 选择租赁公司

当企业决定采用融资租赁方式以获取某项设备时,需要了解各租赁公司,取得租赁公司的资信状况、融资条件、租赁费率等资料进行比较,择优选定。

2. 办理租赁委托

当企业选定租赁公司后,便可向其提出申请,办理委托。企业需填写《租赁申请书》,说明所需设备的具体要求,还要提供企业的财务状况文件,包括资产负债表、利润表、现金流量表等。

3. 签订购货协议

租赁公司受理租赁委托后,由租赁公司与承租企业的一方或双方选择设备的制造商或销售商,与其进行技术谈判与商务谈判,在此基础上与制造商或销售商签订购货协议。

4. 签订租赁合同

租赁合同由承租企业与租赁公司签订。租赁合同用以明确双方的权利与义务,它是租赁业务的重要法律文件。融资租赁合同的内容包括一般条款和特殊条款两部分。

5. 办理验货与投保

承租企业收到租赁设备,要进行验收。验收合格后签发交货及验收合格证并提交给租赁公司,租赁公司据以向制造商或销售商付款。同时,承租企业向保险公司办理投保事宜。

6. 支付租金

承租企业在租赁期内按合同规定的租金数额、支付日期、支付方式,向租赁公司支付租金。

7. 处理租赁期满的设备

融资租赁合同期满时,承租企业应按合同规定对租赁设备进行留购、继租或退还。一般来说,租赁公司在期满时会把租赁设备以低价卖给承租企业或无偿转让给承租企业。

(四)融资租赁租金的计算

融资租赁租金包括设备价款和租息两部分,其中租息又可分为租赁公司的融资成本、租赁手续费等。

(1)设备价款,包括设备的买价、运杂费及途中保险费等构成,它是租金的主要内容。

(2)融资成本,即租赁公司所垫资金在租赁期间的应计利息。

(3)租赁手续费,包括租赁公司承办租赁业务的营业费用及一定的利润。租赁手续费的高低由租赁公司与承租企业协商确定,一般按租赁资产价款的某一百分比收取。

租金的支付方式影响到租金的计算。租金通常采用分次支付的方式,具体又分为以下几种方式:

(1)按支付时期长短不同,可分为年付、半年付、季付、月付等方式。

(2)按支付时期的先后,可分为先付租金和后付租金。先付租金指在期初支付租金;后付租金指在期末支付租金。

(3)按每期支付金额不同,可分为等额支付和不等额支付。

在我国的融资租赁业务中,租金的计算方法一般采用等额年金法。因为租金有后付租金和先付租金两种支付方式。

(1)后付租金的计算。承租企业与租赁公司商定的租金支付方式,大多为等额后付租金,即普通年金。

根据普通年金现值的计算公式,每期期末支付租金数额的计算公式如下:

$$A = P \div (P/A, i, n)$$

式中:n 为租赁期限,i 为市场利率,P 为租金总额,A 为每期支付的租金。

【例3-14】某企业向租赁公司租入一套设备,设备原价100万元,租期10年,租赁期满后归企业所有。为保证租赁公司的利益,承租企业与租赁公司商定的折现率为16%,租金每年年末支付一次。要求:计算该企业每年年末应付等额租金的数额。

$$A=100\div(P/A, 16\%, 10)=100\div4.8332\approx20.6902（万元）$$

（2）先付租金的计算。承租企业有时与租赁公司商定，采取等额先付租金的支付方式支付租金。

根据即付年金现值的计算公式，每期期初支付租金数额的计算公式如下：

$$A=P\div[(P/A, i, n-1)+1]$$

式中符号含义与前述公式相同。

【例3-15】承【例3-14】，假如租金在每年年初支付，则每期期初支付租金数额的计算如下：

$$A=100\div[(P/A, 16\%, 10-1)+1]=100\div(4.6065+1)\approx17.8364（万元）$$

【例3-16】某企业于2017年1月1日从租赁公司租入一套设备，价值60万元，租期6年，租赁期满时预计残值5万元，归租赁公司。年利率10%。租金每年年末支付一次，则：

$$每年租金=[600000-50000\times(P/F, 10\%, 6)]/(P/A, 10\%, 6)=131283（元）$$

为了便于有计划地安排租金的支付，承租企业可编制租金摊销计划表。根据本例的有关资料编制租金摊销计划表如表3-12所示。

表3-12 租金摊销计划表　　　　　　　　　　　　　　单位：元

年 份	期初本金 （①）	支付租金 （②）	应计租费 （③＝①×10%）	本金偿还额 （④＝②－③）	本金余额 （⑤＝①－④）
2017年	600000	131283	60000	71283	528717
2018年	528717	131283	52872	78411	450306
2019年	450306	131283	45031	86252	364054
2020年	364054	131283	36405	94878	269176
2021年	269176	131283	26918	104365	164811
2022年	164811	131283	16481	114802	50009*
合 计	2377064	787698	237707	549991	1827073

注：50009即为到期残值，尾数9系中间计算过程四舍五入的误差导致。

（五）融资租赁的优缺点

融资租赁的优点：① 筹资速度快。融资租赁比借款更迅速、更灵活，有助于企业迅速形成生产能力。② 筹资限制少。与发行股票、债券、银行借款相比，融资租赁的限制条件较少。③ 设备陈旧风险小。融资租赁的期限一般为资产使用年限的75%，且多数租赁协议都规定由出租人承担设备陈旧过时的风险。④ 财务风险小。租金在整个租期内分摊，可适当减少不能偿付的风险。⑤ 税收负担轻。租金在所得税前扣除，具有抵减所得税的作用。

融资租赁的缺点：资金成本较高。一般来说，融资租赁的租金比银行借款或发行债券所负担的利息高很多，因此在企业财务困难时，固定的租金会给企业构成一项较重的财务负担。

五、负债筹资的优缺点

负债筹资的优缺点（与股权筹资比较）如表3-13所示。

表 3-13　负债筹资的优缺点（与股权筹资比较）

	内　容	说　明
优点	（1）筹资速度较快	与股权筹资比较，负债筹资不需要经过复杂的审批手续和证券发行程序，如银行借款、融资租赁等，可以迅速地获得资金
	（2）筹资弹性大	利用负债筹资，可以根据企业的经营情况和财务状况，灵活地筹集资金数量，商定债务条件，安排取得资金的时间
	（3）资金成本负担较轻	一般来说，负债筹资的资金成本要低于股权筹资。其一，是取得资金的手续费用等筹资费用较低；其二，是利息、租金等用资费用比股权资本要低；其三，是利息等资金成本可以在税前支付
	（4）可以利用财务杠杆	债权人从企业那里只能获得固定的利息或租金，不能参加公司剩余收益的分配。当企业的资本报酬率高于债务利率时，会增加普通股股东的每股收益，提高净资产报酬率，提升企业价值
	（5）稳定公司的控制权	债权人无权参加企业的经营管理，利用负债筹资不会改变和分散股东对公司的控制权
缺点	（1）不能形成企业稳定的资本基础	债务资本有固定的到期日，到期需要偿还
	（2）财务风险较大	债务资本有固定的到期日，有固定的债务利息负担，抵押、质押等担保方式取得的债务资本使用上可能会有特别的限制
	（3）筹资数额有限	负债筹资的数额往往受到贷款机构资本实力的制约，不可能像发行股票那样一次筹集到大笔资本，无法满足公司大规模筹资的需要

◎技能训练

【实训项目】负债筹资决策

【实训目标】能够熟练进行负债筹资

【实训任务】

1. 某公司发行 5 年期的债券，面值为 1000 元，票面利率为 6%，每年付息一次。请问：市场利率为 5%时的债券发行价格为多少？市场利率为 8%时的债券发行价格为多少？

2. 某公司采用融资租赁方式于 2017 年年初租入一台设备，价款为 200000 元，租期为 4 年，租期年利率为 10%。请问：如每年年末支付租金，应付租金为多少？如每年年初支付租金，应付租金为多少？

3. 某企业在与银行协商一笔 20000 元的 1 年期贷款时，银行提供了下列各种贷款条件供其选择：（1）年利率为 15%，没有补偿性余额规定，利息在年底支付。（2）年利率为 12%，补偿性余额等于贷款额的 15%，利息在年底支付。（3）年利率为 11%的贴现利率贷款，补偿性余额为贷款额的 10%。请问：应该选择哪种方式，并说明理由。

4. 某公司拟采购一批零件，价值 5400 元，供应商规定的付款条件如下：立即付款，付 5238 元；第 20 天付款，付 5292 元；第 40 天付款，付 5346 元；第 60 天付款，付全额。每年按 360 天计算。回答以下问题。

（1）假设银行短期贷款利率为 15%，计算放弃现金折扣的成本，并确定对该公司最有利的付款日期和价格；

（2）假设目前有一短期投资报酬率为 40%，确定对该公司最有利的付款日期和价格。

任务 3.5　计算资金成本

◎ **任务描述**

　　掌握个别资金成本、综合资金成本的计算，并根据计算结果进行筹资方式、资金结构的决策。

◎ **相关知识**

一、资金成本的含义与作用

（一）资金成本的含义

　　资金成本是指企业为筹集和使用资本而付出的代价，包括筹资费和占用费。

　　筹资费是指企业在资本筹措过程中为获得资本而付出的代价，如向银行支付的借款手续费，因发行股票、公司债券而支付的发行费等。筹资费用通常在资本筹集时一次性发生，在资本使用过程中不再发生，因此视为筹资数额的一项扣除。

　　占用费是指企业在资本使用过程中因占用资本而付出的代价，如向银行等债权人支付的利息，向股东支付的股利等。占用费用是因为占用了他人资金而必须支付的，是资金成本的主要内容。

　　资金成本可以用绝对数表示，也可以用相对数表示，但是因为绝对数不利于进行不同筹资规模的比较，所以在财务管理中一般采用相对数表示。

（二）资金成本的作用

1. 资金成本是比较筹资方式、选择筹资方案的依据

　　在评价各种筹资方式时，一般会考虑的因素包括对企业控制权的影响、对投资者吸引力的大小、融资的难易和风险、资金成本的高低等，而资金成本是其中的重要因素。在其他条件相同时，企业筹资应选择资金成本最低的方式。

2. 平均资金成本是衡量资金结构是否合理的依据

　　企业财务管理目标是实现企业价值最大化，企业价值是企业资产带来的未来现金流量的贴现值。计算现值时采用的贴现率通常会使用企业的平均资金成本，当平均资金成本率最小时，企业价值最大，此时的资金结构是企业理想的资金结构。

3. 资金成本是评价投资项目可行性的主要标准

　　资金成本通常用相对数表示，是企业对投入资本所要求的报酬率，即最低必要报酬率。任何投资项目，如果它预期的投资报酬率超过该项目使用资金的资金成本率，则该项目在经济上就是可行的。因此，资金成本率是企业用以确定项目要求达到的投资报酬率的最低标准。

（三）影响资金成本的因素

1. 总体经济环境

总体经济环境和状态决定着企业所处的国民经济发展状况和水平，以及预期的通货膨胀情况。总体经济环境变化的影响，反映在无风险报酬率上，如果国民经济保持健康、稳定、持续增长，整个社会经济的资金供给和需求相对均衡且通货膨胀水平低，资金所有者投资的风险小，预期报酬率低，筹资的资金成本相应就比较低。相反，如果国民经济不景气或者经济过热，通货膨胀持续居高不下，投资者投资风险大，预期报酬率高，筹资的资金成本就比较高。

2. 资本市场条件

资本市场效率表现为资本市场上的资本商品的市场流动性。资本商品的流动性高，表现为容易变现且变现时的价格波动较小。如果资本市场缺乏效率，证券的市场流动性低，投资者投资风险大，要求的预期报酬率高，那么通过资本市场筹集的资本其资金成本就比较高。

3. 企业经营状况和融资状况

企业内部经营风险是企业投资决策的结果，表现为资产报酬率的不确定性；企业融资状况导致的财务风险是企业筹资决策的结果，表现为股东权益资本报酬率的不确定性。两者共同构成企业总体风险，如果企业经营风险高，财务风险大，则企业总体风险水平高，投资者要求的预期报酬率高，企业筹资的资金成本相应就大。

4. 企业对筹资规模和时限的需求

在一定时期内，国民经济体系中资金供给总量是一定的，资本是一种稀缺资源。因此企业一次性需要筹集的资金规模越大、占用资金时限越长，资金成本就越高。当然，融资规模、时限与资金成本的正向相关性并非线性关系。一般来说，融资规模在一定限度内，并不会引起资金成本的明显变化，当融资规模突破一定限度时，才会引起资金成本的明显变化。

二、个别资金成本的计算

个别资金成本是指使用单一融资方式获得的资金成本，包括银行借款资金成本、公司债券资金成本、融资租赁资金成本、普通股资金成本和留存收益成本等，其中前三类是债务资金成本，后两类是权益资金成本。个别资金成本率可用于比较和分析各种筹资方式。

（一）资金成本率计算的基本模式

1. 一般模式。为了便于分析比较，资金成本通常用不考虑资金时间价值的一般通用模型计算。

$$资金成本率=年资金占用费/（筹资总额-筹资费用）$$

2. 贴现模式。对于金额大、时间超过 1 年的长期资本，更为准确一些的资金成本计算方式是采用贴现模式，即债务未来还本付息或股权未来股利分红的贴现值与目前筹资净额相等时的贴现率作为资金成本率。

由：筹资净额现值=未来资金清偿额现金流量现值

得：资金成本率=所采用的折现率

（二）长期借款资金成本

长期借款资金成本是指借款利息和筹资费用。借款利息（资本化利息除外）通常允许在企业所得税前支付，可以起到抵税的作用。因此，企业实际负担的利息为：利息×（1-所得税税率）。

1. 不考虑货币时间价值的情况

一次还本、分期付息方式借款的资金成本计算公式为：

$$K_1 = \frac{I_1(1-T)}{L(1-F_1)} \quad 或 \quad K_1 = \frac{R_1(1-T)}{1-F_1}$$

式中：l 表示长期；K_1 为长期借款资金成本；I_1 为长期借款年利息；R_1 为长期借款年利率；T 为所得税税率；L 为长期借款筹资额（借款本金）；F_1 为长期借款筹资费用率。

当长期借款的筹资费用主要是借款的手续费很小时，也可以忽略不计。这时，长期借款成本的计算公式简化为：

$$K_1 = R_1(1-T)$$

【例3-17】大华公司需要一次性投资100万元，其资金来源为银行借款，年借款利率为8%，公司适用的所得税税率为25%，借款手续费忽略不计。

要求：计算该公司银行借款的资金成本。

解：借款资金成本=8%×(1-25%)=6%

2. 考虑货币时间价值的情况

一次还本、分期付息方式借款的资金成本计算公式为：

$$L(1-F_1) = \sum_{t=1}^{n} \frac{I_1}{(1+K)^t} + \frac{P}{(1+K)^n}$$

$$K_1 = K(1-T)$$

式中：P 为第 n 年末应偿还的本金；K 为所得税前的长期借款资金成本；K_1 为所得税后的长期借款资金成本。

先通过第一个公式，采用内插法求解长期借款的税前资金成本，再通过第二个公式将长期借款的税前资金成本调整为税后的资金成本。

【例3-18】某企业取得5年期长期借款200万元，年利率为10%，每年付息一次，到期一次还本，借款费用率0.2%，企业所得税税率20%，要求按照贴现模式计算该借款的资金成本率。

解：200×(1-0.2%)=200×10%×(1-20%)×(PA, K, 5)+200×(P/F, K, 5)

按插值法计算，得：K=8.05%

（三）债券资金成本

发行债券的资金成本主要指债券利息和筹资费用。债券利息的处理与长期借款利息的处理相同，应以税后的债务成本为计算依据。债券的筹资费用一般比较高，不可在计算资金成本时省略。

债券利息按面值和票面利率来确定。债券的发行价格有平价、溢价和折价三种价格，但债券的筹资额应按实际发行价格计算，以便正确计算债券的成本。

1. **不考虑货币时间价值的情况**

一次还本、分期付息方式债券成本的计算公式为：

$$K_b = \frac{I_b(1-T)}{B(1-F_b)}$$

其中，K_b 为债券资金成本；I_b 为债券年利息；T 为所得税税率；B 为债券筹资总额；F_b 为债券筹资费用率。

若债券溢价或折价发行，为了更精确地计算债券成本，应以实际发行价格作为债券筹资额。

【例 3-19】大华公司发行一批面值 100 元，期限 3 年，票面利率为 10%的长期债券。债券票面总金额为 2000 万元，发行总价为 2200 万元，筹资费用率为 2%，企业所得税税率为 25%，要求计算该长期债券的资金成本。

$$债券资金成本 = \frac{2000 \times 10\% \times (1-25\%)}{2200 \times (1-2\%)} = 6.96\%$$

2. **考虑货币时间价值的情况**

一次还本、分期付息方式债券成本的计算公式为：

$$B(1-F_b) = \sum_{nt=1}^{n}\frac{I_b}{(1+K)^t} + \frac{P}{(1+K)^n}$$

$$K_b = K(1-T)$$

式中：P 为债券面值；n 为债券年限；K 为所得税前债券资金成本；K_b 为所得税后债券资金成本。

由于债券利息相等，则公式可以变形为：

发行价格×（1-发行费用率）=债券面值×票面利率×$(P/A, i, n)$+债券面值×$(P/F, i, n)$

在实际生活中，由于债券利率通常高于长期借款利率，且债券的发行费用较多，因此债券成本通常高于长期借款成本。

【例 3-20】某企业以 1100 元的价格，溢价发行面值为 1000 元、期限 5 年、票面年利率为 7%的公司债券一批。每年年末付息一次，到期一次还本，发行费用率 3%，所得税税率 25%，要求按照贴现模式计算该批债券的资金成本率。

解：1100×(1-3%)=1000×7%×(1-25%)×$(P/A, K_b, 5)$+1000×$(P/F, K_b, 5)$

1067=52.5×$(P/A, K_b, 5)$+1000×$(P/F, K_b, 5)$

当 K_b=4%时，52.5×$(P/A, 4\%, 5)$+1000×$(P/F, 4\%, 5)$=52.5×4.4518+1000×0.8219=1055.62

当 K_b=3%时，52.5×$(P/A, 3\%, 5)$+1000×$(P/F, 3\%, 5)$=52.5×4.5797+1000×0.8626=1103.03

$(K_b-4\%)/(3\%-4\%)=(1067-1055.62)/(1103.03-1055.62)$

得：资金成本率=3.76%

（四）优先股资金成本

优先股是介于普通股和债券的一种资本。其特点是：股息固定，且无到期日，具有永续年金的特征；股息在税后支付，无抵税作用。根据优先股的估价公式，优先股股价等于未来股息的现值，其中贴现率是优先股的资金成本，由此可推导得出优先股的资金成本为：

$$K_p = \frac{D_p}{P_p(1-f_p)} \times 100\%$$

式中：K_p 为优先股成本；P_p 为优先股的发行价；D_p 为优先股年股利；f_p 为优先股发行费用率。

当公司破产清算时，优先股持有人的求偿权在债券持有人之后，因此优先股股东的风险大于债权人的风险，所以优先股的股利率一般要高于负债的利息率。另外，由于优先股的股利由税后利润支付，不能抵税，故其成本通常也高于债券成本。

【例3-21】四方公司按面值发行优先股200万元，发行费用率为5%，规定每年股利为15万元，要求计算该优先股的资金成本。

$$优先股的资金成本 = \frac{15}{200 \times (1-5\%)} = 7.89\%$$

（五）普通股资金成本

1. 现金流量贴现法

根据普通股票估价公式，普通股票当前的价格等于未来股利的现值之和，贴现率为普通股的资金成本。

$$P_o = \sum_{t=1}^{n} \frac{D_t}{(1+K)^t}$$

若公司预期股利按某一固定的比率 g 增长，则可推导得出：

$$P_o = \frac{D_1}{K-g}$$

故：

$$K = \frac{D_1}{P_o} + g$$

对于新发行的普通股，发行费用率为 f，其资金成本为：

$$K = \frac{D_1}{P_o \times (1-f)} + g$$

式中：K 为普通股资金成本；D_1 为第一年股利；g 为股利增长率；P_o 为股票市价；f 为股票发行费用率。

2. 资本资产定价模型

根据资本资产定价模型，普通股股东对某种股票 S 的资金成本 K_S 可表示如下：

$$K_S = R_f + \beta(R_m - R_f)$$

式中：R_f 为市场无风险报酬率，一般采用国库券利率；$(R_m - R_f)$ 为对市场平均风险的补偿，β 为某股票相对于市场平均风险的波动倍数。

3. 债务成本加风险报酬法

对于非上市股份有限公司或非股份制企业，以上两种方法都不适用于计算权益资金成本。这时可采用债务成本加风险报酬率的办法。计算公式如下：

$$K_S = K_b + RP_c$$

式中：K_b 为债务成本，RP_c 为股东比债务人承担更大风险所要求的风险溢价。

【例 3-22】 粤华公司股票市场价格为 25 元，下一期股利预计为 1.75 元，预期未来股利将按 9% 的速率增长。此时市场平均股票报酬率为 18%，政府 3 年期国库券的利率为 11%。企业股票的 β 值为 0.95。企业债务成本为 13%。据统计，大部分股票投资者要求相对于公司债券，股票的风险报酬率大约在 2%～4%，本例取风险报酬率为 4%。

要求：计算该普通股的资金成本。

解：

（1）根据现金流量法贴现法计算：

$$K = \frac{D_1}{P_o} + g = \frac{1.75}{25} + 9\% = 16\%$$

（2）根据资本资产定价模型计算：

$$K = R_f + \beta(R_m - R_f)$$
$$= 11\% + 0.95 \times (18\% - 11\%) = 17.65\%$$

（3）根据债券成本加风险报酬率法计算：

$$K = 13\% + 4\% = 17\%$$

（五）留存收益资金成本

留存收益是不作为股利分配而留存在公司使用的税后利润。留存收益可理解为股东将分得的利润再投资于公司。因此，股东自然要求获得与直接投资于普通股股票一样的收益。所以，留存收益的资金成本与普通股的资金成本大体相同，只是计算留存收益的资金成本不必考虑发行费用。留存收益资金成本的计算公式如下：

$$K_r = \frac{D_1}{P_o} + g$$

式中：K_r 为留存收益资金成本，D_1 为第一年股利，g 为股利增长率，P_o 为留存收益额。

在企业各种资金来源中，普通股股东承担的风险最大，要求的报酬也高。因此，普通股和留存收益的成本较高。

（七）融资租赁的资金成本计算

融资租赁各期的租金中，包含有本金每期的偿还和各期手续费用（即租赁公司的各期利润），其资金成本率只能按贴现法计算。

设备价值＝年租金×年金现值系数＋残值现值

【例 3-23】 租赁设备原值 60 万元，租期 6 年，租赁期满预计残值 5 万元，归租赁公司。

每年租金131283元,要求计算融资租赁资金成本率。

$$600000=50000\times(P/F, K_b, 6)+131283\times(P/A, K_b, 6)$$

$$K_b=10\%$$

三、加权平均资金成本

从一个企业的全部资金来源看,不可能是采用单一的筹资方式取得的,而是通过各种筹资方式的组合获得的。因此,企业总的资金成本也就不能由单一资金成本决定,而是需要计算综合资金成本。计算综合资金成本的方法是根据不同资金所占的比重加权平均计算得出的。加权平均资金成本的计算公式为:

$$K_w = \sum_{j=1}^{n} W_j K_j$$

式中:K_w 为加权平均资金成本率,W_j 为第 j 种资金来源占全部资金来源的比例,K_j 为第 j 种资金来源的资金成本率,n 为筹资方式的种类。

平均资金成本的计算,存在着权数价值的选择问题,即各项个别资本按什么权数来确定资本比重。通常,可供选择的价值形式有账面价值、市场价值、目标价值等。

账面价值权数是指以各项个别资本的会计报表账面价值为基础来计算资本权数,确定各类资本占总资本的比重。其优点是资料容易取得,可以直接从资产负债表中得到,而且计算结果比较稳定。其缺点是当债券和股票的市价与账面价值差距较大时,导致按账面价值计算出来的资金成本,不能反映目前从资本市场上筹集资本的现时机会成本,不适合评价现时的资金结构。

市场价值权数是指以各项个别资本的现行市价为基础来计算资本权数,确定各类资本占总资本的比重。其优点是能够反映现时的资金成本水平,有利于进行资金结构决策。但现行市价处于经常变动之中,不容易取得,而且现行市价反映的只是现时的资金结构,不适用未来的筹资决策。

目标价值权数是指以各项个别资本预计的未来价值为基础来确定资本权数,确定各类资本占总资本的比重。目标价值是目标资金结构要求下的产物,是公司筹措和使用资金对资金结构的一种要求。适用于未来的筹资决策,但目标价值的确定难免具有主观性。目标价值权数的确定,可以选择未来的市场价值,也可以选择未来的账面价值。目标价值权数的确定一般以现时市场价值为依据。但市场价值波动频繁,可行方案是选用市场价值的历史平均值,如30日、60日、120日均价等。

【例3-24】万达公司2015年期末的长期资本账面总额为1000万元,其中,银行长期贷款400万元,占40%;长期债券150万元,占15%;普通股450万元,占45%。长期贷款、长期债券和普通股的个别资金成本分别为:5%、6%、9%。普通股市场价值为1600万元,债务市场价值等于账面价值。该公司的平均资金成本 K_w 为:

按账面价值计算:

$$K_w = 5\% \times 40\% + 6\% \times 15\% + 9\% \times 45\% = 6.95\%$$

按市场价值计算:

$$K_w = \frac{5\% \times 400 + 6\% \times 150 + 9\% \times 1600}{400 + 150 + 1\,600} = \frac{173}{2150} = 8.05\%$$

【例 3-25】四方集团现拟筹资 10000 万元，有两个方案供其选择：甲方案和乙方案资金来源及成本资料如表 3-14 和表 3-15 所示。

表 3-14　甲方案的资金来源及成本资料

资金来源	金额（账面价值）（万元）	权　　数	个别资金成本
长期债券	2000	20%	7%
银行借款	1500	15%	6%
优先股	1000	10%	11%
普通股	3000	30%	16%
留存收益	2500	25%	15%
合计	10000	100%	11.95%

则甲方案平均资金成本为：

$K_w = 20\% \times 7\% + 15\% \times 6\% + 10\% \times 11\% + 30\% \times 16\% + 25\% \times 15\% = 11.95\%$

表 3-15　乙方案资金来源及成本资料

资金来源	金额（账面价值）（万元）	权　　数	个别资金成本
长期债券	1000	10%	7%
银行借款	3500	35%	6%
优先股	1000	10%	11%
普通股	2000	20%	16%
留存收益	2500	25%	15%
合计	10000	100%	10.85%

则乙方案平均资金成本为：

$K_w = 10\% \times 7\% + 35\% \times 6\% + 10\% \times 11\% + 20\% \times 16\% + 25\% \times 15\% = 10.85\%$

因乙方案平均资金成本低于甲方案平均资金成本，故应选择乙方案。

四、边际资金成本

边际资金成本是指资金每增加一个单位而增加的成本。边际资金成本也是按加权平均法计算的，是追加筹资时所使用的加权平均成本。

计算确定资金边际成本可按如下步骤进行：

第一，确定最优资金结构。

第二，确定各种方式的资金成本。

第三，计算筹资总额突破点。

筹资总额突破点是指，在保持其资金成本的条件下，可以筹集到的资金总限度。在筹资总额突破点范围内筹资，原来的资金成本不会改变；一旦筹资额超过筹资总额突破点，即使维持现有的资金结构，其资金成本也会增加。

$$筹资总额突破点 = \frac{可用某一特点成本筹集到的某种资金额}{该种资金在资本结构中所占的比重}$$

第四，计算边际资本成本，并决策。

【例3-26】M公司目前拥有资本1000万元,其中长期负债400万元,普通股600万元。为了扩大生产经营规模,M公司准备筹资,试测算追加筹资的边际资金成本。

(1) 确定目标资金结构。经分析测算发现公司当前的资金结构较为理想。因此,可将当前的资金结构作为目标资金结构,即长期负债占40%,普通股票占60%。

(2) 测算个别资金成本,确定个别资金成本与筹资范围的对应关系。经测算,随着筹资规模的增加,各种资金的筹资成本将不断上升,测算结果如表3-16所示。

表3-16 M公司目标资金结构及分段筹集资金成本率情况表

资金种类	目标资金结构	筹资范围	资金成本
长期负债	40%	50万元以下	6%
		50万元至200万元	7%
		200万元以上	8%
普通股	60%	3000万元以下	12%
		3000万元以上	15%

(3) 计算筹资总额突破点,确定个别资金成本与筹资总额范围的对应关系,如表3-17所示。

表3-17 M公司筹资总额突破点计算表

资金种类	资金结构	资金成本	筹资范围	筹资总额成本突破点(万元)	筹资总额范围
长期负债	40%	6%	50万元以下	50÷40%=125	125万元以下
		7%	50万元至200万元	200÷40%=500	125万元至500万元
		8%	200万元以上		500万元以上
普通股	60%	12%	3000万元以下	3000÷60%=5000	5000万元以下
		15%	3000万元以上		5000万元以上

(4) 分区段计算边际资金成本,如表3-18所示。

表3-18 公司边际资金成本计算表

筹资总额范围	资金种类	资金结构	个别资金成本	边际资金成本
125万元以下	长期负债 普通股	40% 60%	6% 12%	6%×40%+12%×60%=9.6%
125万元至500万元	长期负债 普通股	40% 60%	7% 12%	7%×40%+12%×60%=10%
500万元至5000万元	长期负债 普通股	40% 60%	8% 12%	8%×40%+12%×60%=10.4%
5000万元以上	长期负债 普通股	40% 60%	8% 15%	8%×40%+15%×60%=12.2%

◎技能训练

【实训项目】计算个别资金成本、加权平均资金成本、边际资金成本

【实训目标】熟练计算企业个别资金成本、综合资金成本、边际资金成本,进行资金筹资决策

【实训任务】

1. A 公司拟筹资 5000 万元,其中按面值发行债券 2000 万元,票面利率为 10%,筹资费用率为 2%;发行优先股 800 万元,股息率为 12%,筹资费用率为 3%;发行普通股 2200 万元,筹资费用率为 5%,预计第一年股利率为 12%,以后每年按 4%递增,所得税税率为 25%。

要求:(1)计算债券资金成本。(2)计算优先股资金成本。(3)计算普通股资金成本。(4)计算加权平均资金成本。

2. 粤达公司拥有长期资金 400 万元,其中长期借款 100 万元,普通股 300 万元。该资金结构为公司理想的目标结构。公司拟筹集新的资金 200 万元,并维持目前的资金结构。随筹资额增加,各种资金成本的变化如表 3-19 所示。

表 3-19 粤达公司筹资资料

资金种类	目标资金结构	新筹资额(万元)	个别资金成本
长期借款	25%	40 及以下	4%
		40 以上	8%
普通股	75%	75 及以下	10%
		75 以上	12%

要求:计算各筹资总额突破点及相应各筹资范围的边际资金成本,并做出筹资决策。

任务 3.6 分析筹资风险

◎任务描述

掌握经营杠杆、财务杠杆、总杠杆的计算,进行筹资风险分析。

◎相关知识

财务管理中存在着类似于物理学中的杠杆效应,表现为:由于特定费用(如固定成本或固定财务费用)的存在,当某一财务变量以较小幅度变动时,另一相关变量会以较大幅度变动。合理运用账务管理杠杆原理,有助于企业合理规避风险,提高资金运营效率。企业的风险可划分成经营风险和财务风险。财务管理中的杠杆效应,包括经营杠杆、财务杠杆和复合杠杆三种效应形式。杠杆效应既可以产生杠杆利益,也可能带来杠杆风险。

一、经营杠杆和经营风险

(一)经营杠杆

经营杠杆是指由于固定性经营成本的存在,而使得企业的息税前利润变动率大于产销业务量变动率的现象。经营杠杆反映了息税前利润(EBIT)的波动性,用以评价企业的经营风险。其公式为:

$$EBIT = S - V - F = (P - V_c)Q - F = M - F$$

式中：EBIT 为息税前利润，S 为销售额，V 为变动性经营成本，F 为固定性经营成本，Q 为产销业务量，P 为销售单价，V_c 为单位变动成本，M 为边际贡献。

上式中，影响 EBIT 的因素包括产品售价、产品需求、产品成本等因素。当产品成本中存在固定成本时，如果其他条件不变，产销业务量的增加虽然不会改变固定成本总额，但会降低单位产品分摊的固定成本，从而提高单位产品利润，使息税前利润的增长率大于产销业务量的增长率，进而产生经营杠杆效应。当不存在固定性经营成本时，所有成本都是变动性经营成本，边际贡献等于息税前利润，此时息税前利润变动率与产销业务量的变动率完全一致。

只要企业存在固定性经营成本，就存在经营杠杆效应。测算经营杠杆效应程度，常用指标为经营杠杆系数。经营杠杆系数（DOL），是息税前利润变动率与产销业务量变动率的比，计算公式为：

$$DOL = \frac{息税前利润变动率}{产销业务量变动率} = \frac{\Delta EBIT}{EBIT} \bigg/ \frac{\Delta Q}{Q}$$

式中：DOL 为经营杠杆系数，$\Delta EBIT$ 为息税前利润变动额，ΔQ 为产销业务量变动值。上式经整理，经营杠杆系数的计算也可以简化为：

$$DOL = \frac{基期边际贡献}{基期息税前利润} = \frac{M}{M - F} = \frac{EBIT + F}{EBIT}$$

【例 3-27】 维华股份有限公司产销某种服装，固定成本 500 万元，变动成本率 70%。年产销额为 5000 万元时，变动成本为 3500 万元，固定成本为 500 万元，息税前利润为 1000 万元；年产销额为 7000 万元时，变动成本为 4900 万元，固定成本仍为 500 万元，息税前利润为 1600 万元。可以看出，该公司产销量增长了 40%，息税前利润增长了 60%，产生了 1.5 倍的经营杠杆效应。

$$DOL = \frac{\Delta EBIT}{EBIT} \bigg/ \frac{\Delta Q}{Q} = \frac{600}{1000} \bigg/ \frac{2000}{5000} = 1.5$$

$$DOL = \frac{M}{EBIT} = \frac{5000 \times 30\%}{1000} = 1.5$$

（二）经营风险

经营风险是指企业由于生产经营上的原因而导致的资产报酬波动的风险。引起企业经营风险的主要原因是市场需求和生产成本等因素的不确定性，经营杠杆本身并不是资产报酬不确定的根源，只是资产报酬波动的表现。但是，经营杠杆放大了市场和生产等因素变化对利润波动的影响。经营杠杆系数越高，表明息税前利润受产量变动的影响程度越大，经营风险也就越大。根据经营杠杆系数的计算公式，有：

$$DOL = \frac{EBIT + F}{EBIT} = 1 + \frac{F}{EBIT}$$

上式表明，在企业不发生经营性亏损且息税前利润为正的前提下，经营杠杆系数最低为 1，不会为负数。只要有固定性经营成本存在，经营杠杆系数总是大于 1。

从上式可知，影响经营杠杆的因素包括：企业成本结构中的固定成本比重和息税前利润水平。其中，息税前利润水平又受产品销售数量、销售价格、成本水平（单位变动成本和固定成本总额）高低的影响。固定成本比重越高、成本水平越高、产品销售数量和销售价格水平越低，经营杠杆效应越大，反之亦然。

【例 3-28】中远有限公司生产 A 产品，固定成本 100 万元，变动成本率 60%，当销售额分别为 1000 万元、500 万元、250 万元时，经营杠杆系数分别为：

$$\text{DOL}_{1000} = \frac{1000 - 1000 \times 60\%}{1000 - 1000 \times 60\% - 100} = 1.33$$

$$\text{DOL}_{500} = \frac{500 - 500 \times 60\%}{500 - 500 \times 60\% - 100} = 2$$

$$\text{DOL}_{250} = \frac{250 - 250 \times 60\%}{250 - 250 \times 60\% - 100} \to \infty$$

上例计算结果表明：在其他因素不变的情况下，销售额越小，经营杠杆系数越大，经营风险也就越大，反之亦然。如销售额为 1000 万元时，DOL 为 1.33；销售额为 500 万元时，DOL 为 2，显然后者的不稳定性大于前者，经营风险也大于前者。在销售额处于盈亏临界点 250 万元时，经营杠杆系数趋于无穷大，此时企业销售额稍有减少便会导致更大的亏损。

【例 3-29】假设单价为 50 元，单位变动成本为 25 元，固定成本总额为 100000 元。不同销售水平下的 EBIT 和 DOL 如表 3-20 所示。

表 3-20　不同销售水平下的 EBIT 和 DOL 系数

销售量（件）（Q）	息税前收益（元）（EBIT）	经营杠杆系数（DOL）
0	−100000	0.00
1000	−75000	−0.33
2000	−50000	−1.00
3000	−25000	−3.00
4000	0	无穷大
5000	25000	5.00
6000	50000	3.00
7000	75000	2.33
8000	100000	2.00
10000	150000	1.67

【例 3-30】宏基集团盈利情况资料如表 3-21 所示。

表 3-21　宏基集团盈利情况表　　　　　　　　　　　　单位：元

项　　目	第一年	第二年	第三年
单价	20	20	20
单位变动成本	12	12	12
单位边际贡献	8	8	8
销售量	10000	20000	30000
边际贡献	80000	160000	240000
固定成本	40000	40000	40000
息税前利润	40000	120000	200000

从上表可以看出：从第一年到第二年，销售量增加了 100%，息税前利润增加了 200%；从第二年到第三年，销售量增加了 50%，息税前利润增加了 66.67%。企业在可能的情况下适当增加产销量会取得更多的盈利，这就是经营杠杆利益。但也必须看到当企业遇上不利而销售量下降时，息税前利润会以更大的幅度下降，即经营杠杆效应也会带来经营风险。

一般在其他因素不变的情况下，固定成本越高，经营杠杆系数越大，经营风险越大。

在固定成本不变的情况下，经营杠杆系数说明了销售额增长（减少）所引起利润增长（减少）的幅度。

在固定成本不变的情况下，销售额越大，经营杠杆系数越小，经营风险也就越小；反之销售额越小，经营杠杆系数越大，经营风险也就越大。

当销售额达到盈亏临界点时，经营杠杆系数趋近于无穷大。此时企业经营只能保全，若销售额稍有增加，便会出现盈利；若销售额稍有减少，便会发生亏损。

企业一般可以通过增加销售金额、降低产品单位变动成本、降低固定成本比重等措施使经营杠杆系数下降，降低经营风险。

二、财务杠杆与财务风险

（一）财务杠杆

财务杠杆是指由于固定财务费用的存在，而使得企业的普通股收益（或每股收益）变动率大于息税前利润变动率的现象。财务杠杆反映了每股利润的波动性，用以评价企业的财务风险。

$$TE = (EBIT - I)(1 - T)$$

$$EPS = (EBIT - I)(1 - T)/N$$

式中：TE 为全部普通股净收益，EPS 为每股利润，I 为债务资本利息，T 为所得税税率，N 为普通股股数。

上式中，影响普通股收益的因素包括资产报酬、资金成本、所得税税率等因素。当有固定利息费用等财务费用存在时，如果其他条件不变，息税前利润的增加虽然不改变固定利息费用总额，但会降低每一元息税前利润分摊的利息费用，从而提高每股利润，使得每股利润的增长率大于息税前利润的增长率，进而产生财务杠杆效应。当不存在固定利息、股息等资金成本时，息税前利润就是利润总额，此时利润总额变动率与息税前利润变动率完全一致。

只要企业融资方式中存在固定财务费用，就存在财务杠杆效应。如固定利息、固定融资租赁费等的存在，都会产生财务杠杆效应。在同一固定的财务费用水平上，不同的息税前利润水平，对固定财务费用的承受负担是不一样的，其财务杠杆效应的大小程度也是不一致的。测算财务杠杆效应程度，常用指标为财务杠杆系数。财务杠杆系数（DFL），是每股利润变动率与息税前利润变动率的倍数，计算公式为：

$$DFL = \frac{每股利润变动率}{息税前利润变动率} = \frac{\triangle EPS/EPS}{\triangle EBIT/EBIT}$$

上式经整理，财务杠杆系数的计算也可以简化为：

$$DFL = \frac{息税前利润总额}{息税前利润总额 - 利息} = \frac{EBIT}{EBIT - I}$$

【例3-31】假设宏基集团年债务利息100000元，所得税40%，普通股100000股，连续3年普通股每股利润如表3-22所示。

表3-22 宏基集团普通股每股利润资料　　　　　　　　　　单位：元

项　目	第一年	第二年	第三年
息税前利润	200000	600000	1000000
债务利息	100000	100000	100000
税前利润	100000	500000	900000
所得税	40000	200000	360000
税后利润	60000	300000	540000
普通股每股利润	0.6	3	5.4

从表3-22中可以看出：从第一年到第二年，息税前利润增加了200%，普通股每股利润增加了400%；从第二年到第三年，息税前利润增加了66.67%，普通股每股利润增加了80%。企业适度负债经营，在盈利条件下可能给普通股股东带来更多的利益。但也应看到，当企业遇到不利发展而盈利下降时，普通股股东的利益会以更大幅度减少，即财务杠杆效应也会带来财务风险。

【例3-32】有A、B、C三个公司，资本总额均为1000万元，所得税税率均为30%，每股面值均为1元。A公司资本全部由普通股组成；B公司债务资本300万元（利率10%），普通股700万元；C公司债务资本500万元（利率10.8%），普通股500万元。三个公司2018年EBIT均为200万元，2019年EBIT均为300万元，EBIT增长了50%。有关财务指标如表3-23所示。

表3-23 普通股收益及财务杠杆的计算

利润项目		A公司	B公司	C公司
普通股股数		1000万股	700万股	500万股
利润总额	2018年（万元）	200	170	146
	2019年（万元）	300	270	246
	增长率（%）	50	58.82	68.49
净利润	2018年（万元）	140	119	102.2
	2019年（万元）	210	189	172.2
	增长率（%）	50	58.82	68.49
普通股利润	2018年（万元）	140	119	102.2
	2019年（万元）	210	189	172.2
	增长率（%）	50	58.82	68.49
每股利润	2018年（元）	0.14	0.17	0.20
	2019年（元）	0.21	0.27	0.34
	增长率（%）	50	58.82	68.49
财务杠杆系数		1.000	1.176	1.370

可见，资金成本固定型的资本所占比重越高，财务杠杆系数就越大。A公司由于不存在固定资金成本的资本，没有产生财务杠杆效应；B公司存在债务资本，其普通股利润增长幅度是息税前利润增长幅度的1.176倍；C公司不仅存在债务资本，而且债务资本的比重比B公司高，其普通股收益增长幅度是息税前利润增长幅度的1.370倍。

（二）财务风险

财务风险是指企业由于负债筹资原因产生的资金成本负担而导致的普通股收益波动的风险。由于财务杠杆的作用，当企业的息税前利润下降时，企业仍然需要支付固定的资金成本，导致普通股剩余收益以更快的速度下降。财务杠杆放大了资产报酬变化对普通股收益的影响，财务杠杆系数越高，表明每股收益的波动程度越大，财务风险也就越大。

在不存在优先股股息的情况下，根据财务杠杆系数的计算公式，有：

$$DFL=1+\frac{基期利息}{基期息税前利润-基期利息}$$

上式表明：在企业有正的税后利润的前提下，财务杠杆指数最低为 1，不会为负数；只要有固定财务费用存在，财务杠杆系数总是大于 1。

从上式可知，影响财务杠杆的因素包括企业资金结构中债务资本比重、息税前利润水平、所得税税率水平。债务成本比重越高，财务杠杆效应越大，反之亦然。

【例 3-33】在【例 3-32】中，三个公司 2018 年的财务杠杆系数分别为：A 公司 1.000；B 公司 1.176；C 公司 1.370。这意味着，如果 EBIT 下降时，A 公司的 EPS 与之同步下降，而 B 公司和 C 公司的 EPS 会以更大的幅度下降。导致各公司 EPS 不为负数的 EBIT 最大降幅如表 3-24 所示。

表 3-24　导致各公司 EPS 不为负数的 EBIT 最大降幅

公　司	DFL	EPS 降低（%）	EBIT 降低（%）
A	1.000	100	100
B	1.176	100	85.03
C	1.370	100	72.99

上述结果表明，2019 年在 2018 年的基础上，C 公司 EBIT 降低 72.99%，普通股收益会出现亏损；B 公司 EBIT 降低 85.03%，普通股收益会出现亏损；A 公司 EBIT 降低 100%，普通股收益会出现亏损。显然，C 公司不能支付利息、不能满足普通股股利要求的财务风险远高于其他公司。

财务杠杆系数表明息税前利润增长引起的每股利润的增长幅度。在资本总额、息前税前利润相同的情况下，负债比率越高，财务杠杆系数越高，财务风险越大，预期每股利润（投资者收益）也就越大。

负债比率是可以控制的。企业可以通过合理安排资金结构，适度举债，使财务杠杆利益抵消风险增大所带来的不利影响。

三、复合杠杆系数（总杠杆系数）

（一）复合杠杆

由于存在固定的生产经营成本，会产生经营杠杆效应，即销售量的增长会引起息税前利润以更大的幅度增长。由于存在固定的财务费用（债务利息和优先股股利），会产生财务杠杆效应，即息税前利润的增长会引起普通股每股利润以更大的幅度增长。一个企业会同时存在固定的生产经营成本和固定的财务费用，那么两种杠杆效应会共同发生，使得企业销售量微小的变动引起普通股每股利润以更大的幅度变动，这就是复合杠杆作用，可见复合杠杆效应就是经营杠杆和财务杠杆的综合效应。

复合杠杆是指，由于固定经营成本和固定资金成本的存在，导致普通股每股收益变动率大于产销业务量的变动率的现象。

只要企业同时存在固定性经营成本和固定性资金成本，就存在复合杠杆效应。产销量变动通过息税前利润的变动，传导至普通股收益，使得每股收益发生更大的变动。用总杠杆系数（DTL）表示复合杠杆效应程度，可见，复合杠杆系数是经营杠杆系数和财务杠杆系数的乘积，是普通股每股收益变动率相当于产销量变动率的倍数，计算公式为：

$$DTL = \frac{普通股每股收益变动率}{产销量变动率}$$

上式经整理，复合杠杆系数的计算也可以简化为：

$$DTL = DOL \times DFL = \frac{基期边际贡献}{基期利润总额} = \frac{M}{M-F-I}$$

【例 3-34】某企业有关资料如表 3-25 所示，可以分别计算其 2018 年经营杠杆系数、财务杠杆系数和复合杠杆系数。

表 3-25 杠杆效应计算表

项 目	2018 年（万元）	2019 年（万元）	变动率
销售收入（售价 10 元）	1000	1200	+20%
边际贡献（单位 4 元）	400	480	+20%
固定成本	200	200	—
息税前利润（EBIT）	200	280	+40%
利息	50	50	
利润总额	150	230	+53.33%
净利润（税率 20%）	120	184	+53.33%
每股收益（200 万股，元）	0.60	0.92	+53.33%
经营杠杆系数（DOL）	—	—	2.000
财务杠杆系数（DFL）	—	—	1.333
复合杠杆系数（DTL）	—	—	2.667

（二）公司风险

公司风险包括企业的经营风险和财务风险，反映了企业的整体风险。复合杠杆系数反映了经营杠杆和财务杠杆之间的关系，用以评价企业的整体风险水平。在复合杠杆系数一定的情况下，经营杠杆系数与财务杠杆系数此消彼长。复合杠杆效应的意义在于：第一，能够说明产销业务量变动对普通股收益的影响，据以预测未来的每股收益水平；第二，揭示了财务管理的风险管理策略，即要保持一定的风险状况水平，需要维持一定的复合杠杆系数，经营杠杆和财务杠杆可以有不同的组合。

一般来说，固定资产比较重大的资本密集型企业，经营杠杆系数高，经营风险大，企业筹资主要依靠权益资本，以保持较小的财务杠杆系数和财务风险；变动成本比重较大的劳动密集型企业，经营杠杆系数低，经营风险小，企业筹资主要依靠债务资本，保持较大的财务杠杆系数和财务风险。

一般来说，在企业初创阶段，产品市场占有率低，产销业务量小，经营杠杆系数大，此时企业筹资主要依靠权益资本，在较低程度上使用财务杠杆；在企业扩张成熟期，产品市场占有率高，产销业务量大，经营杠杆系数小，此时，企业资金结构中可扩大债务资本，在较高程度上利用财务杠杆。

◎技能训练

【**实训项目**】计算经营杠杆系数、财务杠杆系数、复合杠杆系数
【**实训目标**】熟练计算经营杠杆系数、财务杠杆系数、复合杠杆系数
【**实训任务**】某公司去年利润表的有关资料如表 3-26，要求：计算经营杠杆系数、财务杠杆系数和复合杠杆系数。

表 3-26　某公司去年利润表的有关资料

项　　目	金额（万元）	项　　目	金额（万元）
销售收入	4000	变动成本	2400
固定成本	1000	息税前利润	600
利息	200	所得税	200

任务 3.7　分析最佳资金结构

◎任务描述

掌握比较资金成本法、每股收益无差别法、公司价值法，进行最佳资金结构决策。

◎相关知识

一、资金结构的含义及影响因素

（一）资金结构的含义

资金结构是指企业各种资本的构成比例关系。在筹资管理中，资金结构有广义和狭义之分。广义的资金结构是指全部债务与股东权益的构成比率；狭义的资金结构则指长期负债与股东权益资本构成比率。狭义资金结构下，短期债务作为营运资金来管理。本书所指的资金结构是狭义的资金结构。不同的资金结构会给企业带来不同的后果，企业利用债务资本进行举债经营具有双重作用，既可以发挥财务杠杆效应，也可能带来财务风险。因此，企业必须权衡财务风险和资金成本的关系，确定最佳的资金结构。

（二）最佳资金结构的评价标准

所谓最佳资金结构是指在一定条件下使企业平均资金成本率最低、企业价值最大的资金结构。资金结构优化的目标是降低平均资金成本率或提高普通股每股收益。

评价企业资金结构最佳状态的标准应该是既能够提高股权收益或降低资金成本，又能控制财务风险，最终目的是提升企业价值。

从理论上讲，最佳资金结构是存在的，但由于企业内部条件和外部环境的经常性变化，动态地保持最佳资金结构十分困难。因此在实践中，目标资金结构通常是企业结合自身实际情况进行适度负债经营所确立的资金结构，是根据满意化的原则确定的资金结构。

（三）资金结构的影响因素

资金结构的影响因素如表 3-27 所示。

表 3-27 资金结构的影响因素

影响因素	说　明
企业经营状况的稳定性和成长率	如果产销业务稳定，企业可以较多地负担固定财务费用；如果产销业务量能够以较高的水平增长，企业可以采用高负债的资金结构
企业的财务状况和信用等级	企业财务状况良好，信用等级高，债权人愿意向企业提供信用，企业容易获得债务资本
企业资产结构	拥有大量固定资产的企业主要通过长期负债和发行股票融通资金；拥有较多流动资产的企业更多地依赖流动负债融通资金。资产适用于抵押贷款的企业负债较多；以技术研发为主的企业则负债较少
企业投资人和管理当局的态度	如果股东重视控制权问题，企业一般尽量避免普通股筹资；稳健的管理当局偏好于选择低负债比例的资金结构
行业特征和企业发展周期	产品市场稳定的成熟产业经营风险低，因此可提高债务资本比重，发挥财务杠杆作用。高新技术企业产品、技术、市场尚不成熟，经营风险高，因此可降低债务资本比重，控制财务风险 企业初创阶段，经营风险高，在资金结构安排上应控制负债比例；企业发展成熟阶段，产品产销业务量稳定和持续增长，经营风险低，可适度增加债务资本比重，发挥财务杠杆效应；企业收缩阶段，产品市场占有率下降，经营风险逐步加大，应逐步降低债务资本比重
经济环境的税务政策和货币政策	当所得税税率较高时，债务资本的抵税作用大，企业充分利用这种作用以提高企业价值；当国家执行了紧缩的货币政策时，市场利率较高，企业债务资金成本增大

二、最佳资金结构分析

（一）综合资金成本比较法

采用综合资金成本比较法进行资金结构决策是指计算比较各种筹资方案的综合资金成本，选择使综合资金成本最低的筹资方案。采用综合资金成本比较法应注意如下几点。

（1）采用该方法需要预先拟定若干个备选方案，由于所拟定的方案有限，故有可能把最优方案漏掉。

（2）筹资后，股票的每股市价、每股股息和股利增长率可能发生改变，股票的资金成本须重新计算，而且由于股票是"同股同权"，新老普通股的成本没有差别，即都应按新的股价、股息及股利增长率等计算。但新老债券或借款的资金成本应分别计算。

（3）综合资金成本比较法只是考虑资本的成本问题，未考虑筹资风险问题。

【例 3-35】某公司目前有资金 2000 万元，其中，长期借款 800 万元，年利率 10%；普通股 1200 万元，每股市价 20 元，上年每股股利为 2 元，预计股利增长率为 5%。企业所得税税率为 25%。试为公司在以下两种筹资方案中选择一种最优方案。

方案一：增加长期借款 1000 万元，利率 12%，预计普通股每股市价升为 25 元，每股股息增加至 3 元，股利增长率为 2%。

方案二：发行普通股 1000 万元，预计普通股每股市价跌为 18 元，每股股息为 2 元，股利增长率为 4%。

（1）若采用方案一：

原借款成本=10%×(1−25%)=7.5%

新借款成本=12%×(1-25%)=9%
普通股新成本=3/25+2%=14%
综合资金成本=7.5%×800/3000+9%×1000/3000+14%×1200/3000=10.6%
（2）若采用方案二：
原借款成本=10%×(1-25%)=7.5%
普通股新成本=2/18+4%=15.1%
综合资金成本=7.5%×800/3000+15.1%×2200/3000=13.1%
所以，如果不考虑财务风险，选择方案一较优。

（二）每股收益无差别点法

每股收益无差别点法又称 EBIT-EPS 分析法，是利用每股收益无差别点来进行资金结构决策的方法。每股收益的无差别点是指每股收益不受筹资方式影响的息税前利润点，代表了不同筹资方式下每股收益都相等时的息税前利润或业务量水平，也称为息税前利润平衡点。根据每股收益无差别点，可以帮助分析判断在什么样的息税前利润的情况下采用何种资金结构。每股收益无差别点法判断资金结构是否合理，是通过分析每股收益的变化来衡量的。能提高每股收益的资金结构是合理的，反之则不够合理。

每股收益无差别点的计算公式如下：

$$\frac{(EBIT-I_1)(1-T)-D_1}{N_1}=\frac{(EBIT-I_2)(1-T)-D_2}{N_2}$$

式中：EBIT 为每股收益无差别点，即息税前利润平衡点；I_1、I_2 为两种筹资方式下的年利息；D_1、D_2 为两种筹资方式下的年优先股股利；N_1、N_2 为两种筹资方式下的普通股股数；T 为所得税税率。

每股收益无差别点计算出来后，可与预期的息税前利润进行比较，当息税前利润大于每股收益无差别点时，运用负债筹资较为有利，可获得较高的每股收益；当息税前利润小于每股收益无差别点时，运用权益筹资较为有利，可获得较高的每股收益。

【例 3-36】丙企业现有资金结构全部为普通股 1000 万股，债券 200 万元，利率 10%。现拟增资 500 万元，有甲、乙两种筹资方案可供选择。甲方案：发行普通股 100 万股，每股 5 元。乙方案：发行债券 500 万元，债券年利率 12%。企业所得税税率为 25%。根据每股收益无差别点分析法，当企业的息税前利润分别为 500 万元和 800 万元时，丙企业采用哪个筹资方案将使企业的每股收益更高。

设丙企业的息税前利润为 EBIT 时，采用甲乙两方案的每股收益相等，即：

$$\frac{(EBIT-200\times10\%)\times(1-25\%)}{1000+100}=\frac{(EBIT-200\times10\%-500\times12\%)\times(1-25\%)}{1000}$$

解得：EBIT=680

所以，当丙企业息税前利润为 500 万元时，采用甲方案即发行股票筹资将使企业的每股收益更高，当丙企业息税前利润为 800 万元时，采用乙方案即发行债券筹资将使企业的每股收益更高。

（三）公司价值分析法

公司价值分析法是指在考虑市场风险基础上，以公司市场价值为标准，进行的资金结构优化。能够提升公司价值的资金结构，就是合理的资金结构。最佳资金结构亦即公司市场价值最大的资金结构。在公司价值最大的资金结构下,公司的平均资金成本率也是最低的。这种方法主要用于对现有资金结构进行调整,适用于资本规模较大的上市公司的资金结构优化分析。

公司市场总价值(V)=权益资本的市场价值(S)+债务资本的市场价值(B)

加权平均资金成本=税前债务资金成本×(1-T)×B/V+股权资金成本×S/V

【例3-37】某公司息税前利润为400万元,资本总额账面价值2000万元。假设无风险报酬率为6%,证券市场平均报酬率为10%,所得税税率为40%。经测算,不同债务水平下的债务资金成本率和权益资金成本率如表3-28所示。

表3-28 不同债务水平下的债务资金成本率和权益资金成本率

债务市场价值B(万元)	税前债务利息率(%)	股票系数	权益资金成本率(%)
0	—	1.50	12.0
200	8.0	1.55	12.2
400	8.5	1.65	12.6
600	9.0	1.80	13.2
800	10.0	2.00	14.0
1000	12.0	2.30	15.2
1200	15.0	2.70	16.8

要求:利用公司价值分析法进行资金结构决策。

解析:根据表3-29资料,可计算出不同资金结构下的企业总价值和平均资金成本。

表3-29 公司价值和平均资金成本率

债务市场价值(万元)	股票市场价值(万元)	公司总价值(万元)	债务税后资金成本(%)	普通股资金成本(%)	平均资金成本(%)
0	2000	2000	—	12.0	12.0
200	1888	2088	4.80	12.2	11.5
400	1743	2143	5.10	12.6	11.2
600	1573	2173	5.40	13.2	11.0
800	1371	2171	6.00	14.0	11.1
1000	1105	2105	7.20	15.2	11.4
1200	786	1986	9.00	16.8	12.1

结论:债务为600万元时的资金结构是该公司的最优资金结构。

◎技能训练

【实训项目】公司最佳资金结构决策实训

【实训目标】掌握比较资金成本法、EBIT-EPS分析方法在公司最佳资金结构决策中的应用

【实训任务】

1. H企业目前拥有资金2000万元,其中:长期借款800万元,年利率10%;普通股1200万元,每股面值1元,发行价格20元,目前价格也为20元,上年每股股利2元,预计年股

利增长率为 5%，所得税税率为 33%。

该公司计划筹资 100 万元，有两种筹资方案：（1）增加长期借款 100 万元，借款利率上升到 12%。（2）增发普通股 4 万股，普通股每股市价增加到 25 元。

要求：（1）计算该公司筹资前的加权平均资金成本。（2）采用比较资金成本法确定该公司的最佳的资金结构。

2. M 公司原有资本 800 万元，其中债务资本 400 万元（每年负担利息 40 万元），普通股资本 400 万元（发行普通股 40 万股，每股面值 10 元）。由于扩大业务，需要追加筹资 500 万元，其筹资方式有两种：（1）全部发行普通股，增发 50 万股，每股面值 10 元。（2）全部筹借长期债务，债务利率 10%。公司的变动成本率为 50%，固定成本总额为 200 万元，所得税税率为 40%。试进行每股收益的无差别点分析。

本项目小结

1. 本项目的重点：个别资金成本和综合资金成本的计算；经营杠杆系数、财务杠杆系数和复合杠杆系数的计算；资金结构的优化方法包括每股收益无差别点法、综合资金成本比较法和公司价值分析法。

2. 本项目的难点：资金的边际成本的计算；资金成本及经营杠杆、财务杠杆、综合杠杆的理解和计算；综合资金成本比较法的应用。

3. 关键概念：资金需求量、负债筹资、权益筹资、资金成本、加权平均资金成本、边际资金成本、杠杆原理、资金结构

项目综合实训

【实训项目】撰写筹资方案

【实训目的】掌握筹资方案的撰写内容

【实训形式】以 5～7 人为一小组，以小组为单位，创建虚拟公司，以虚拟公司为背景，撰写资金的筹资方案。

【实训成果】提交筹资方案，小组汇报，老师点评。

扫码做习题

项目四　项目投资管理

职业能力目标

1. 了解项目投资的特点、决策程序，能够确定项目投资计算期与投资金额。
2. 掌握现金流量的估算方法，能够对投资项目现金流量进行分析，准确计算现金净流量。
3. 掌握各种贴现指标和非贴现指标的计算及其评价标准，能够熟练计算和分析各种贴现指标和非贴现指标，并进行项目投资决策。
4. 熟悉项目投资决策方法的应用，能系统清晰又重点突出地撰写投资决策分析报告。

典型工作任务

项目现金流量的估算、项目投资评价指标的计算、项目可行性分析、撰写可行性分析报告

知识点

项目投资、项目决策程序、投资管理的原则、投资计算期、原始投资额、项目现金流量、投资报酬率、回收期、净现值、年金净流量、现值指数、内含报酬率、独立投资方案的决策、互斥投资方案的决策、差额投资内含报酬率、年等额净回收额、固定资产更新决策

技能点

投资计算期的确定、原始投资额的确定、项目现金流量计算、净现值的计算与分析、年金净流量的计算与分析、现值指数的计算与分析、内含报酬率的计算与分析、回收期的计算与分析、独立投资方案的可行性分析、互斥投资方案的可行性分析、固定资产更新决策

◎ 导入案例

捷美俱乐部跑步机更新投资项目

捷美俱乐部是一家深受青年男女青睐的健身俱乐部，每到周末就人满为患、生意兴隆，这要归功于总经理李强出色的管理才能。但目前，李强正在为一件事情烦恼，俱乐部中的健身器材——40台跑步机已经使用5年，到了该淘汰的时刻。现有两家健身器材生产商的推销员正盯着李强，推销自己公司的产品，使李强左右为难。

甲公司的推销员开价每台跑步机6400元，预计5年后残值为每台800元。乙公司的推销员则提出以每年租金1600元、年底付租金的租赁方式出租跑步机5年，5年结束后，跑步机归还乙公司，此项租约只要在90天前通知公司即可在年底取消。

被淘汰的跑步机已提取全部折旧，现可以600元出售。购置的新跑步机，不管是哪个公司的产品，每年每台均需要使用维护费用1200元，而每年预计产生的总收入为240000元。

李强虽未学过财务管理，但他知道在购置的情况下不到两年就可还本，同时，采用购置方式，可以得到利率为8%的贷款，因利息可以抵税，在公司所得税税率为25%的情况下，实际利率更低。若采取租赁方式，每台跑步机5年总租金为8000元，租金总额不仅超过购买价格，且无残值收入。因此，李强认为应该采取购置方式而不是租赁方式。

但李强将此方案提报给公司管理层讨论时，受到财务经理的坚决反对，财务经理认为，即使不考虑通货膨胀，现在就付出6400元不一定比5年间每年付出1600元有利，尽管利息有抵税作用，但租金支出也有抵税效果，故到底采用何种方式比较有利，应通过财务分析才能确定。

请思考：
1. 你认为财务经理的说法是否有道理？
2. 捷美俱乐部应该采取哪个方案（若采用购置方式，税法规定折旧采用年数总和法，预计寿命为5年，残值率为10%）？

任务 4.1　估算项目投资的现金流量

◎ 任务描述

了解现金流量的分类，准确分析、计算项目投资的现金流量。

◎ 相关知识

一、项目投资概述

（一）项目投资的程序

项目投资是一种以特定项目为对象，直接与新建项目或更新改造项目有关的长期投资行为，通常包括固定资产投资、无形资产投资、开办费投资和流动资金投资等。

与其他形式的投资相比，项目投资具有投资金额大、影响时间长、变现能力差、投资风险大等特点。项目投资的程序主要包括以下步骤。

1. 提出投资领域和投资对象

提出投资领域和投资对象是项目投资程序的第一步。根据企业长期发展战略、中长期投资计划和投资环境的变化，在把握良好投资机会的情况下提出投资领域和投资对象。

2. 评价投资方案的财务可行性

投资规模较大、所需金额较多的战略性项目，应由董事会提出，由各部门专家组成专家小组提出方案并进行可行性研究；投资规模较小、所需金额不大的战术性项目由主管部门提议，并由有关部门组织人员提出方案并进行可行性研究。

可行性研究主要包括环境可行性、技术可行性、市场可行性、财务可行性等方面。

财务可行性是指在相关的环境、技术、市场可行性完成的前提下，着重围绕技术可行性和市场可行性而开展的专门经济性评价。财务可行性分析的主要方面和内容包括：① 收入、费用和利润等经营成果指标的分析。② 资产、负债、所有者权益等财务状况指标的分析。③ 资金筹集和配置的分析。④ 资金流转和回收等资金运行过程的分析。⑤ 项目现金流量、净现值、内含报酬率等项目经济性效益指标的分析。⑥ 项目收益与风险关系的分析等。

3. 投资方案比较与选择

（1）估算出投资方案的预期现金流量。
（2）预计未来现金流量的风险，并确定预期现金流量的概率分布和期望值。
（3）确定资金成本的一般水平（即贴现率）。
（4）计算投资方案现金流入量和现金流出量的总现值。
（5）通过项目投资决策评价指标的计算，做出投资方案是否可行的决策。

4. 投资方案的执行

对已做出可行性决策方案的投资项目，企业管理部门要编制资金预算，并筹措所需要的资金。在投资项目实施过程中，要进行控制和监督，使之按期按质完工。

5. 投资方案的再评价

在投资项目执行的过程中，应注意原来做出的投资决策是否合理、正确。一旦出现新的情况，就要随时根据变化的情况做出新的评价。如果情况发生重大变化，原来投资决策变得不合理，就要进行是否终止投资或怎样终止投资的决策，以避免更大的损失。

（二）项目计算期和投资总额的确定

1. 项目计算期

项目计算期是指投资项目从投资建设开始到最终清理结束整个过程的全部时间，包括建设期和生产经营期。其中，建设期（记作 s）是指项目资金正式投入开始到项目建成投产为止所需要的时间。建设期的第一年年初（记作第 0 年）称为建设起点，建设期的最后 1 年年末（记作第 s 年）称为投产日。在实践中，通常应参照项目建设的合理工期或项目的建设进度计划合理确定建设期。项目计算期（记作 n）的最后一年年末称为终结点，假定项目最终报废或清理均发生在终结点（但更新改造除外）。从投产日到终结点之间的时间间隔称为生产经营期（记作 p），包括试产期和达产期两个阶段。试产期是指项目投入生产，但生产能力尚未完全达到设计能力时的过渡阶段。达产期是指生产经营达到设计预期水平后的时间。生产经营期一般应根据项目主要设备的经济使用寿命期确定。

项目计算期（n）=建设期（s）+生产经营期（p）

【例 4-1】某企业拟构建一项固定资产，预计使用寿命 10 年。

要求：就以下情况分别确定该项目的项目计算期。

（1）在建设起点投资并投产。

（2）建设期为 2 年。

解：（1）项目计算期=0+10=10（年）

（2）项目计算期=2+10=12（年）

2. 原始总投资和投资总额

原始总投资又称初始投资，是反映项目所需现实资金水平的价值指标。从项目投资的角度来看，原始总投资是企业为使该项目完全达到设计生产能力、开展正常经营而投入的全部现实资金，包括建设投资和流动资金投资两项内容。

建设投资是指在建设期内按一定生产经营规模和建设内容进行的投资，具体包括固定资产投资、无形资产投资和开办费投资三项内容。

固定资产投资是指项目用于购置或安装固定资产而发生的投资。固定资产原值与固定资产投资之间的关系如下：

固定资产原值=固定资产投资+建设期资本化借款利息

无形资产投资是指项目用于取得无形资产而发生的投资。

开办费投资是指为组织项目投资的企业在项目筹建期内发生的，不能计入固定资产和无形资产价值的那部分投资。

流动资金投资是指项目投产前后分次或一次投放于流动资产项目的投资增加额，又称垫支流动资金或营运资金投资，其计算公式为：

某年流动资金投资额=本年流动资金需用数−截至上年的流动资金投资额

本年流动资金需用数=该年流动资产需用数−该年流动负债可用数

项目总投资是反映项目投资总体规模的价值指标，等于原始投资与建设期资本化利息之和。

3. 项目投资资金的投入方式

项目投资的投入方式包括一次投入和分次投入两种形式。一次投入方式是指投资行为集中一次发生在项目计算期第一个年度的年初或年末；如果投资行为涉及两个或两个以上年度，或虽然只涉及一个年度但同时在该年的年初和年末发生，则属于分次投入方式。

【例 4-2】华凌公司拟建一条生产线，需要在建设起点一次性投资固定资产 100 万元，无形资产 20 万元。建设期为 1 年，建设期资本化利息为 5 万元。投产第一年预计流动资产需用额为 30 万元，流动负债可用额为 22 万元；投产第二年预计流动资产需用额为 45 万元，流动负债可用额为 30 万元。

要求：计算固定资产原值、建设投资额、原始总投资额和投资总额。

解：
（1）固定资产原值=100+5=105（万元）
（2）投产第一年的流动资金需用额=30-22=8（万元）
首次流动资金投资额=8-0=8（万元）
投产第二年的流动资金需用额=45-30=15（万元）
投产第二年的流动资金投资额=15-8=7（万元）
流动资金投资合计=8+7=15（万元）
（3）建设投资额=100+20=120（万元）
（4）原始总投资额=120+15=135（万元）
（5）投资总额=135+5=140（万元）

二、现金流量的构成

1. 现金流量的构成

现金流量是指投资项目在其计算期内因资本循环而可能或应该发生的各项现金流入量与现金流出量的统称。

投资决策中的现金流量，从时间特征上看包括以下三个组成部分。

（1）初始现金流量。初始现金流量是指开始投资时发生的现金流量，一般包括固定资产投资、无形资产投资、开办费投资、流动资金投资和原有固定资产的变价收入等。

（2）营业现金流量。营业现金流量是指投资项目投入使用后，在其寿命周期内由于生产经营所带来的现金流入和现金流出的数量。

（3）终结现金流量。终结现金流量是指投资项目完成时所发生的现金流量，主要包括固定资产的残值收入和变价收入，以及收回垫支的流动资金等。

2. 确定现金流量的假设

（1）投资项目的类型假设。假设投资项目只包括单纯固定资产投资项目、完整工业投资项目和更新改造投资项目三种类型，这些项目又可以进一步分为不考虑所得税因素和考虑所得税因素的项目。

（2）财务可行性分析假设。假设投资决策是从企业投资者的立场出发，投资决策者确定现金流量就是为了进行项目财务可行性研究，该项目已经具备国民经济可行性和技术可行性。

（3）全投资假设。假设在确定项目的现金流量时，只考虑全部投资的运行情况，而不具体区分自有资金和借入资金等具体形式的现金流量。也将实际存在的借入资金作为自有资金对待。

（4）建设期投入全部资金假设。不论项目的原始总投资是一次投入还是分次投入，除个别情况外，假设它们都是在建设期内投入的。

（5）经营期与折旧年限一致假设。假设项目主要固定资产的折旧年限或使用年限与经营期相同。

（6）时点指标假设。为了便于利用资金时间价值的形式，不论现金流量具体内容所涉及的价值指标实际上是时点指标还是时期指标，均假设按照年初或年末的时点指标处理。

（7）确定性假设。假设与项目现金流量有关的价格、产销量、成本水平、企业所得税税率等因素均为已知常数。

三、现金流量的内容

1. 单纯固定资产投资项目的现金流量

单纯固定资产投资项目是指只涉及固定资产投资而不涉及无形资产投资、其他资产投资和流动资金投资的建设项目。它以新增生产能力和提高生产效率为特征,其现金流入量包括增加的营业收入和回收固定资产余值等内容;其现金流出量包括固定资产投资、新增经营成本和增加的各项税款等内容。

2. 完整工业投资项目的现金流量

完整工业投资项目简称新建项目,是以新增工业生产能力为主的投资项目。其投资内容不仅包括固定资产投资,还包括流动资金投资的建设项目,其现金流入量包括营业收入、回收固定资产余值和回收流动资金;其现金流出量包括建设投资、流动资金投资、经营成本、税金及附加、维持运营投资和调整所得税。

3. 固定资产更新改造投资项目的现金流量

固定资产更新改造投资项目,可分为以恢复固定资产生产效率为目的的固定资产更新项目和以改善企业经营条件为目的的固定资产改造项目两种类型。

(1) 现金流入量的内容。

现金流入量的内容包括:因使用新固定资产而增加的营业收入、处置旧固定资产的变现净收入等。

(2) 现金流出量的内容。

现金流出量的内容包括:购置新固定资产的投资、因使用新固定资产而增加的经营成本、因使用新固定资产而增加的流动资金投资、增加的各项税款(指更新改造项目投入使用后,因收入的增加而增加的增值税、因应纳税所得额增加而增加的所得税等)。

四、现金流量的估算

1. 现金流入量的估算

营业收入是经营期最主要的现金流入量,应按项目在经营期内有关产品的各年预计单价和预测销售量(假定经营期每期均可以自动实现产销平衡)进行估算。

补贴收入是与经营收益有关的政府补贴,可根据按政策退还的增值税、按销量或按工作量分期计算的定额补贴和财政补贴等予以估算。

在终结点上一次回收的流动资金等于各年垫支的流动资金投资额的合计数。回收流动资金和回收固定资产余值统称为回收额,假定新建项目的回收额都发生在终结点。

2. 现金流出量的估算

(1) 建设投资的估算。

固定资产投资是所有类型的项目投资在建设期必然会发生的现金流出量,应按项目规模和投资计划所确定的各项建筑工程费用、设备购置费用、安装工程费用和其他费用来估算。

在估算构成固定资产原值的资本化利息时,可根据长期借款本金、建设期年数和借款利息率按复利计算，且假定建设期资本化利息只计入固定资产的原值。

（2）流动资金投资的估算

在项目投资决策中，流动资金是指在运营期内长期占用并周转使用的营运资金，其估算公式如下：

本年流动资金投资额（垫支数）=本年流动资金需用数-截至上年的流动资金投资额
　　　　　　　　　　　　　=本年流动资金需用数-上年流动资金需用数
　　　本年流动资金需用数=该年流动资产需用数-该年流动负债可用数

上式中的流动资产只考虑存货、现实货币资金、应收账款和预付账款等内容；流动负债只考虑应付账款和预收账款。

为了简化计算，我国有关建设项目评估制度假定流动资金投资可以从投产第一年开始安排。

（3）经营成本的估算

经营成本又称付现的营运成本（或简称付现成本），是指在经营期内为满足正常生产经营而动用现实货币资金支付的成本费用。经营成本是所有类型的项目投资在生产经营期都要发生的主要现金流出量，其估算公式如下：

某年经营成本=该年不包括财务费用的总成本费用-该年折旧额、无形资产和开办费的
　　　　　　摊销额
　　　　　=该年外购原材料、燃料和动力费+该年工资及福利费+该年修理费+该年
　　　　　　其他费用

经营成本的节约相当于本期现金流入的增加，但为统一现金流量的计算口径，在实务中仍按性质将节约的经营成本以负值计入现金流出量项目，而并非列入现金流入量项目。

（4）税金及附加的估算

在项目投资决策中，应按在运营期内应缴纳的消费税、土地增值税、资源税、城市维护建设税和教育费附加等估算。

（5）维持运营投资的估算

本项投资是指矿山、油田等行业为维持正常运营而需要在运营期投入的固定资产投资，应根据特定行业的实际需要估算。

（6）调整所得税的估算

为了简化计算，调整所得税等于息税前利润与适用的企业所得税税率的乘积。

（7）关于增值税因素的估算

增值税属于价外税，在估算项目投资的现金流量时，可分别采取以下两种方式处理：一是销项税额不作为现金流入项目，进项税额和应交增值税也不作为现金流出项目处理。这种方式的优点是比较简单，也不会影响净现金流量的计算，但不利于城市维护建设税和教育费附加的估算。二是将销项税额单独列作现金流入量，同时分别把进项税额和应交增值税分别列作现金流出量。这种方式的优点是有助于城市维护建设税和教育费附加的估算。

3. 估算现金流量时应注意的问题

估算现金流量时应注意的问题：① 必须考虑现金流量的增量。增量现金流量是指接受或拒绝某个投资方案后，企业总现金流因此发生的变动。② 尽量利用现有的会计利润数据。③ 不能考虑沉没成本因素。沉没成本是决策的无关成本，是过去的成本，或者称历史成本，是由于过去的决策行为引起的，与本次决策无任何关系。④ 充分关注机会成本。机会成本是

指在决策过程中选择某个方案而放弃其他方案所丧失的潜在收益。机会成本是未来成本，是决策的相关成本。⑤ 考虑项目对企业其他部门的影响。在公司采纳某个项目之后，很可能会对公司的其他部门产生有利或不利影响，在进行投资决策时也必须将这些影响视为项目的成本或收入。

五、净现金流量的简化计算方法

净现金流量又称现金净流量（NCF），是指在项目计算期内由每年现金流入量与同年现金流出量之间的差额。

$$某年净现金流量=该年现金流入量-该年现金流出量$$

1. 单纯固定资产投资项目净现金流量的简化计算方法

建设期某年的净现金流量= -该年发生的固定资产投资额

经营期某年所得税前净现金流量=该年因使用固定资产新增的息税前利润+该年因使用该固定资产新增的折旧+该年回收的固定资产净残值

经营期某年所得税后净现金流量=经营期某年所得税前净现金流量-该年因使用该固定新增的所得税

【例4-3】已知某企业拟购建一项固定资产，需在建设起点一次投入全部资金1000万元，按直线法计提折旧，使用寿命10年，期末有50万元净残值。建设期为1年，发生建设期资本化利息50万元，预计投产后每年可获税前利润100万元。

要求：计算该项目的所得税前净现金流量。

解：固定资产原值=固定资产投资+建设期资本化利息=1000+50=1050（万元）

$$年折旧=\frac{1050-50}{10}=100（万元）$$

项目计算期=1+10=11（年）

$NCF_0 = -1000$（万元）

$NCF_1 = 0$（万元）

$NCF_{2—10} = 100+100=200$（万元）

$NCF_{11} = 100+100+50=250$（万元）

【例4-4】某固定资产项目需要一次投入价款1000万元，建设期为1年，建设期资本化利息为50万元，该固定资产可使用10年，按直线法计提折旧，期满有残值50万元。投入使用后，可使运营期第1—10年每年产品销售收入（不含增值税）增加900万元，每年的经营成本增加500万元，税金及附加增加10万元，该企业适用的所得税税率为25%，不享受减免税待遇。

要求：计算该项目所得税前后的净现金流量。

解：

（1）项目计算期=1+10=11（年）

（2）固定资产原值=1000+50=1050（万元）

（3）$年折旧=\dfrac{1050-50}{10}=100（万元）$

(4) 经营期第1—10年每年不含财务费用的总成本费用增加额=500+10+100=610（万元）

(5) 经营期第1—10年每年息税前利润增加额=900-610=290（万元）

(6) 经营期第1—10年每年增加的调整所得税=290×25%=72.5（万元）

按简化公式计算的建设期净现金流量为：

$NCF_0 = -1000$（万元）

$NCF_1 = 0$（万元）

经营期所得税前净现金流量为：

$NCF_{2-10} = 290+100=390$（万元）

$NCF_{11} = 290+100+50=440$（万元）

经营期所得税后净现金流量为：

$NCF_{2-10} = 290×(1-25\%)+100=317.5$（万元）

$NCF_{11} = 290×(1-25\%)+100+50=367.5$（万元）

2. 完整工业投资项目净现金流量的简化计算方法

建设期某年净现金流量＝－该年原始投资额

运营期某年所得税前净现金流量=该年息税前利润+该年折旧+该年摊销+该年回收额-该年维持运营投资

运营期某年所得税后净现金流量=该年息税前利润×（1-所得税税率）+该年折旧+该年摊销+该年回收额-该年维持运营投资

3. 更新改造投资项目

建设期初的净现金流量＝－该年发生的新固定资产投资－旧固定资产变价净收入

建设期末的净现金流量＝因固定资产提前报废发生净损失而抵减的所得税

经营期第一年所得税后净现金流量 = 该年因更新改造而增加的息税前利润 ×（1-所得税税率）+该年更新改造而增加的折旧+因旧固定资产提前报废发生净损失而抵减的所得税额

经营期其他各年所得税后净现金流量 = 该年因更新改造而增加的息税前利润 ×（1-所得税税率）+该年更新改造而增加的折旧 + 该年回收新固定资产净残值超过继续使用旧固定资产净残值之差额

因旧固定资产提前报废发生净损失而抵减的所得税额=旧固定资产清理净损失×适用的企业所得税税率

【例4-5】 某企业打算变卖一套尚可使用5年的旧设备，另购置一套新设备来替换它。取得新设备的投资额为150000元，旧设备的折余价值为60151元，其变价净收入为50000元，到第5年年末新设备与继续使用旧设备届时的预计净残值相等。新旧设备的替换将在年内完成（即更新设备的建设期为0）。使用新设备可使企业在第一年增加营业收入60000元，增加经营成本35000元；从第2—5年每年增加营业收入70000元，增加经营成本40000元。设备采用直线法计提折旧。适用企业所得税税率25%。

要求：计算该更新改造投资项目的项目计算期内各年的差量净现金流量。

解：

(1) 建设期某年净现金流量= -(150000-50000)= -100000（元）

(2) 经营期第1—5年因更新改造而增加的折旧=100000÷5=20000（元）

（3）经营期第1年不包括财务费用的总成本费用变动额=35000+20000=55000（元）

（4）经营期第2—5年每年不包括财务费用的总成本费用变动额=40000+20000=60000（元）

（5）因旧固定资产提前报废发生净损失而抵减的所得税额=(60151-50000)×25%=2537.75（元）

（6）经营期第1年息税前利润的变动额=60000-55000=5000（元）

（7）经营期第2—5年每年息税前利润的变动额=70000-60000=10000（元）

按简化方式确定的建设期差量净现金流量为：

$\Delta NCF_0 = -(150000-50000) = -100000$（元）

$\Delta NCF_1 = 5000×(1-25\%)+20000+2537.75 = 26287.75$（元）

$\Delta NCF_{2-5} = 10000×(1-25\%)+20000 = 27500$（元）

【例4-6】 某企业进行某项投资方案，原始投资150万元，其中固定资产投资100万元，流动资金50万元，全部资金于建设起点一次性投入，经营期5年，到期残值收入5万元，预计投产后年营业收入90万元，年总成本（包括折旧）为60万元。固定资产按直线法计提折旧，全部流动资金于终结点收回。

要求：计算各年的净现金流量（不考虑所得税因素）。

解：

（1）建设期各年净现金流量

$NCF_0 = -150$（万元）

（2）经营期各年净现金流量

固定资产年折旧=(100-5)÷5=19（万元）

$NCF_{1-4} = 90-60+19 = 49$（万元）

（3）经营期终结净现金流量

$NCF_5 = 49+5+50 = 104$（万元）

◎技能训练

【实训项目】计算项目投资现金流量

【实训目标】熟练分析投资项目的现金流量构成情况，并进行准确计算

【实训任务】某企业准备购入一台设备以扩大生产能力。现有甲、乙两个方案可供选择。甲方案需投资20000元，使用寿命5年，采用直线法计提折旧，5年后无残值，5年中每年销售收入为15000元，每年付现成本为5000元。乙方案需投资30000元，采用直线法计提折旧，使用寿命也是5年，5年后有残值收入4000元，5年中每年销售收入为17000元，付现成本第一年为5000元，以后逐年增加修理费200元，另需垫支营运资金3000元。假设所得税税率为25%，资金成本为12%。

要求：分析并计算两个方案的营业现金流量。

任务 4.2　计算与分析项目投资评价指标

◎**任务描述**

了解项目投资评价指标的类别，准确计算各评价指标。

◎**相关知识**

一、项目投资评价指标

项目投资评价指标是由一系列综合反映投资效益、投入产出关系的量化指标构成的，常用于衡量和比较投资项目可行性，据以进行方案决策的定量化标准与尺度。

项目投资评价指标按其是否考虑资金时间价值，可分为静态评价指标和动态评价指标。静态评价指标是指在计算过程中不考虑资金时间价值因素的指标，包括静态投资回收期和投资收益率；动态评价指标是指在指标计算过程中充分考虑和利用资金时间价值的指标，主要包括净现值、净现值率、获利指数和内部收益率。

项目投资评价指标按其性质不同，可分为在一定范围内越大越好的正指标和越小越好的反指标两大类。投资收益率、净现值、净现值率、获利指数、内部收益率属于正指标，静态投资回收期属于反指标。

项目投资评价指标按其数量特征不同，可分为绝对量指标和相对量指标。前者包括静态投资回收期和净现值指标；后者包括获利指数、净现值率、内部收益率和投资收益率指标。

项目投资评价指标按其在决策中所处的地位，可分为主要指标、次要指标和辅助指标。净现值、净现值率、获利指数、内部收益率为主要指标；静态投资回收期为次要指标；投资收益率为辅助指标。

二、静态评价指标的含义、计算方法及特点

（一）静态投资回收期

静态投资回收期是指用经营净现金流量抵偿原始总投资所需要的全部时间，该指标以年为单位。静态投资回收期的种类包括建设期的回收期（记作 PP）和不包括建设期的回收期（记作 PP′）。

1. 静态投资回收期的计算

（1）满足特定条件下的公式法。

不包括建设期的回收期 =原始投资合计÷投产后前若干年每年相等的现金净流量

公式法所要求的特殊条件：投资均集中发生在建设期（m）内，而且投产后前若干年每年经营净现金流量相等，并且 m×投产后前 m 年每年相等的净现金流量（NCF）≥原始总投资。

【例4-7】有甲、乙两个投资方案。甲方案的项目计算期是 5 年，初始投资 100 万元于建设起点一次投入，前 3 年每年现金流量都是 40 万元，后两年每年都是 50 万元。乙方案的项目计算期也是 5 年，初始投资 100 万元于建设起点一次投入，假设前 3 年每年现金流量都是 30 万元，第四年现金流量是 10 万元，第五年现金流量是 60 万元。

要求：计算甲、乙两个投资方案的回收期。

解：

甲方案：初始投资 100 万元，现金流量的前 3 年是相等的，3×40=120>100

所以甲方案可以利用简化公式：

不包括建设期投资的回收期(PP′) =100÷40=2.5（年）

包括建设期的回收期(PP) =不包括建设期的回收期+建设期

若建设期为 2 年，则：

包括建设期的回收期(PP) =2+2.5=4.5（年）

乙方案：前 3 年现金流量也是相等的，但前 3 年现金流量总和小于原始总投资，30×3=90<100，所以不能用简化公式。

（2）一般情况下的计算方法。

列表法，包括建设期的投资回收期恰好是累计净现金流量为零的年限。

如上例中乙方案前 4 年的累计净现金流量为 0，故包括建设期的投资回收期为 4 年，否则用下列公式解决。

$$包括建设期的回收期 = m + \frac{|第m年累计净现金流量|}{第m+1年净现金流量}$$

式中的 m 是指累计净现金流量由负变正的前 1 年。

【例 4-8】某投资项目投资总额为 100 万元，建设期 2 年，投产后各年现金流量如表 4-1 所示。要求：计算累计净现金流量及投资回收期。

表 4-1 投产后各年现金流量

项目计算期	净现金流量（元）	累计净现金流量（元）
0	-1000000	-1000000
1	0	-1000000
2	0	-1000000
3	300000	-700000
4	340000	-360000
5	350000	-10000
6	420000	410000
7	460000	870000

解： 包括建设期的回收期=5+|-10000|÷420000=5.02（年）

2. 静态投资回收期的特点

优点：① 能够直观地反映原始投资的返本期限。② 便于理解，计算简单。③ 可以直观地利用回收期之前的净现金流量信息。

缺点：① 没有考虑资金时间价值因素。② 不能正确反映投资方式（一次投资或分次投资）的不同对项目的影响。③ 不考虑回收期满后继续发生的净现金流量的变化情况。

（二）投资收益率

1. 投资收益率的计算

投资收益率（ROI）又称投资报酬率，指达产期正常年份的年息税前利润或运营期正常年均息税前利润（不包括终结点的残值收入）占项目投资总额（含建设期的资本化利息）的百分比。

投资收益率（ROI）=年息税前利润或年均息税前利润÷投资总额×100%

【例 4-9】某企业有甲、乙两个投资方案，投资总额均为 10 万元，全部用于购置新的设备，采用直线法计提折旧，使用期均为 5 年，无残值，其他有关资料如表 4-2 所示。

表 4-2　甲方和乙方有关资料

项目计算期	甲方案 息税前利润（元）	甲方案 现金净流量（元）	乙方案 息税前利润（元）	乙方案 现金净流量（元）
0	—	-100000	—	-100000
1	15000	35000	10000	30000
2	15000	35000	14000	34000
3	15000	35000	18000	38000
4	15000	35000	22000	42000
5	15000	35000	26000	46000
合计	75000	75000	90000	90000

要求：计算甲、乙两方案的投资收益率。

解：甲方案的投资收益率=15000÷100000×100%=15%

乙方案的投资收益率=90000÷5÷100000×100%=18%

2. 投资收益率的特点

优点：计算过程比较简单，能够反映建设期资本化利息的有无对项目的影响。

缺点：① 没有考虑资金时间价值因素。② 不能正确反映建设期长短、投资方式的不同和回收额的有无等条件对项目的影响。③ 该指标的计算无法直接利用净现金流量信息。④ 该指标的分子（时期指标）、分母（时点指标）其时间特征不一致，没有可比性，只有投资收益率指标大于或等于无风险投资收益率的投资项目才具有财务可行性。

三、动态评价指标的含义、计算方法及特点

（一）净现值

1. 净现值的计算

净现值（NPV）是指在项目计算期内按行业的基准收益率或其他设定折现率计算的各年净现金流量现值的代数和。

净现值指标的基本公式为：

$$NPV=\sum_{t=0}^{n}\frac{NCF_t}{(1+i_c)^t}=\sum_{t=0}^{n}NCF_t \times (P/F, i_c, t)$$

式中折现率（i）的确定方法如下：

① 人为主观确定（逐步测试法）；
② 项目的资金成本；
③ 投资的机会成本（投资要求的最低投资报酬率）；
④ 以行业平均资金收益率作为项目折现率。

计算净现值指标可以通过一般方法、特殊方法两种方法来完成。

（1）净现值指标计算的一般方法。

具体包括公式法和列表法两种形式。

① 公式法。公式法是指根据净现值的定义，直接利用公式来完成该指标计算的方法。

② 列表法。列表法是指通过现金流量表计算净现值指标的方法，即在现金流量表上，根据已知的各年净现金流量，分别乘以各年的复利现值系数，从而计算出各年折现的净现金流量，最后求出项目计算期内折现的净现金流量的代数和，就是所求的净现值指标。

【例 4-10】 根据【例 4-6】，假设贴现率为 12%。

要求：分别用公式法和列表法计算项目的净现值。

解：依题意，按公式法的计算结果为：

NPV=−150+49×0.8929+49×0.7972+49×0.7118+49×0.6355+104×0.5674
   =57.84（万元）

用列表法计算该项目的净现值，如表 4-3 所示。

表 4-3 该项目的净现值   单位：万元

项目计算期	第 t 年						合计
	0	1	2	3	4	5	
各年净现金流量	−150	49	49	49	49	104	—
12%的复利现值系数	1	0.8929	0.7972	0.7118	0.6355	0.5674	—
折现的复利现值系数	−150	43.752	39.0628	34.878	31.1395	59.01	57.84

（2）净现值指标计算的特殊方法。

在特殊条件下，当项目投产后净现金流量表现为普通年金或递延年金时，可利用计算年金现值或递延年金现值的技巧直接计算出项目净现值的方法。

如【例 4-10】：NPV = −150+49×(P/A, 12%, 4)+104×(P/F, 12%, 5)
           = −150+49×3.0373+104×0.5674=57.84（万元）

2. 净现值法的特点

净现值指标的优点是综合考虑了资金时间价值、项目计算期内的全部净现金流量和投资风险；缺点是无法从动态的角度直接反映投资项目的实际收益率水平，而且计算比较烦琐。

决策原则：只有净现值指标大于或等于零的投资项目才具有财务可行性。

（二）净现值率

1. 净现值率的计算

净现值率（NPVR）是反映项目的净现值占原始投资现值的比率，亦可将其理解为单位原始投资的现值所创造的净现值。

$$\text{NPVR} = \frac{\text{项目的净现值}}{\text{原始投资的现值合计}}$$

$$\text{NPVR} = \frac{\text{NPV}}{\left|\sum_{t=0}^{s}\left[\text{NCF}_t \times (1+i_t)^{-t}\right]\right|}$$

如【例 4-10】：

NPV=57.84（万元）

原始投资的现值=｜-150｜=150（万元）

$$\text{NPVR} = \frac{57.84}{150} = 0.3856$$

2. 净现值率指标的特征

优点：可以从动态角度反映项目投资的资金投入与净产出之间的关系，比其他相对数指标更容易计算。

缺点：与净现值指标相似，同样无法直接反映投资项目的实际收益率，而且必须以已知净现值为前提。

决策原则：NPVR≥0，方案可行。

（三）获利指数

1. 获利指数的计算

获利指数（PI）是指投产后按行业基准收益率或设定折现率折算的各年净现金流量的现值合计与原始投资的现值合计之比。

$$\text{PI} = \frac{\text{投产后各年净现金流量的现值合计}}{\text{原始投资的现值合计}}$$

$$= \frac{\sum_{t=s+1}^{n}\left[\text{NCF}_t \times (P/F, i_c, t)\right]}{\left|\sum_{t=0}^{s}\left[\text{NCF}_t \times (P/F, i_c, t)\right]\right|}$$

NPVR=获利指数-1

所以：PI=1+净现值率

根据【例 4-10】中的净现金流量资料，该项目的行业基准折现率为12%。

要求：

（1）计算该方案的获利指数。

（2）验证获利指数与净现值率之间的关系。

投产后各年净现金流量的现值合计=49×0.8929+49×0.7972+49×0.7118+49×0.6355+104×0.5674

=207.8422（万元）

原始投资的现值合计=150（万元）

PI=207.8422÷150=1.3856

PI=1+0.3856=1+NPVR

2. 获利指数指标的特征与决策原则

优点：能够从动态的角度反映项目投资的资金投入与总产出之间的关系。

缺点：不能够直接反映投资项目的实际收益水平，其计算比净现值率麻烦，计算口径也不一致。

决策原则：PI≥1，方案可行。

（四）内部收益率

1. 内部收益率指标的计算

内部收益率（IRR）又称内含报酬率，指项目投资实际可望达到的收益率，亦可将其定义为能使投资项目的净现值等于零时的折现率。

根据内部收益率的定义，IRR 满足下列等式：

$$\sum_{t=0}^{n}[\text{NCF}_t \times (P/F, \text{IRR}, t)] = 0$$

找到能够使方案的净现值为零的折现率。

（1）内部收益率指标计算的特殊方法。

特殊条件：当全部投资均于建设起点一次投入，建设期为零。投产后每年净现金流量相等。

经营期每年相等的现金净流量（NCF）×年金现值系数（P/A, IRR, t）－投资总额=0

内部收益率的具体计算程序如下：

首先，计算年金现值系数。

$$年金现值系数 = \frac{投资总额}{经营期每年相等的现金净流量}$$

其次，根据计算出来的年金现值系数 C 与已知的年限 n，查年金现值系数表确定内含报酬率的范围。

最后，采用插值法确定内部收益率。

若在 n 年系数表上恰好找到等于上述数值 C 的年金现值系数（$P/A, r_m, n$），则该系数所对应的折现率 r_m 即为所求的内部收益率 IRR；若在 n 年系数表上找不到事先计算出来的系数数值 C，则需要找到系数表上同期略大及略小于该数值的两个临界值 C_m 和 C_{m+1} 相对应的两个折现率 r_m 和 r_{m+1}，然后应用内插法计算近似的内部收益率。即如果以下关系成立：

$$(P/A, r_m, n) = C_m > C$$
$$(P/A, r_{m+1}, n) = C_{m+1} < C$$

就可按下列具体公式计算内部收益率（IRR）：

$$\text{IRR} = r_m + \frac{C_m - C}{C_m - C_{m+1}} \times (r_{m+1} - r_m)$$

为缩小误差，按照有关规定，r_{m+1} 与 r_m 之间的差额不得大于 5%。

【例 4-11】S 公司一次投资 200 万元购置 12 辆小轿车用于出租经营，预计在未来 8 年中每年可获得现金净流入量 45 万元。

要求：请问该项投资的最高收益率是多少？

解：由于内部收益率是使投资项目净现值等于 0 时的折现率，因而：

$$NPV=45\times(P/A, i, 8) -200$$

令 NPV=0

则：$45\times(P/A, i, 8) -200=0$

$$(P/A, i, 8) =200\div 45=4.4444$$

查年金现值系数表，确定 4.4444 介于 4.4873（对应的折现率 i 为 15%）和 4.3436（对应的折现率 i 为 16%）之间，可见内部收益率介于 15% 和 16% 之间。

此时可采用插值法计算内部收益率：

$$IRR = 15\% + \frac{4.4873 - 4.4444}{4.4873 - 4.3436}\times(16\% - 15\%) = 15.30\%$$

（2）内部收益率指标计算的一般方法。

采用测试法及插值法确定内部收益率时，由于各年现金流量不等，则

① 首先应设定一个折现率 i_1，再按该折现率将项目计算期的现金流量折为现值，计算净现值 NPV_1。

② 如果 $NPV_1=0$，则内部收益率 $IRR=i_1$，计算结束；如果 $NPV_1>0$，说明设定的折现率 i_1 小于该项目的内部收益率，此时应提高折现率（设定为 i_2），并按 i_2 重新将项目计算期的现金流量折为现值，计算净现值 NPV_2，继续进行下一轮的判断；如果 $NPV_1<0$，说明设定的折现率 i_1 大于该项目的内部收益率，此时应降低折现率（设定为 i_2），并按 i_2 重新将项目计算期的现金流量折为现值，计算净现值 NPV_2，继续进行下一轮的判断。

③ 经过逐次测试判断，有可能找到内部收益率 IRR。每一轮判断的原则相同。如果此时 NPV_2 与 NPV_1 的计算结果相反，即出现净现值一正一负的情况，测试即告完成，因为零介于正负之间（能够使投资项目净现值等于零时的折现率才是内部收益率）；但如果此时 NPV_2 与 NPV_1 的计算结果相同，即没有出现净现值一正一负的情况，测试还将重复进行以上的工作，直至出现净现值一正一负的情况；若 r_j 为第 j 次测试的折现率，NPV_j 为按 r_j 计算的净现值，则有：

当 $NPV_j > 0$ 时，$IRR > r_j$，继续测试；

当 $NPV_j < 0$ 时，$IRR < r_j$，继续测试；

当 $NPV_j = 0$ 时，$IRR = r_j$，测试完成。

④ 若经过有限次测试，无法在货币时间价值系数表中直接查到内部收益率 IRR，则可利用最为接近 0 的两个净现值临界值 NPV_m 和 NPV_{m+1} 及相应的折现率 r_m 和 r_{m+1}，应用插值法确定近似的内部收益率，即如果以下关系成立：

$$NPV_m > 0$$
$$NPV_{m+1} < 0$$
$$r_m < r_{m+1}$$
$$r_{m+1} - r_m \leq d(2\% \leq d < 5\%)$$

就可按下列具体公式计算内部收益率 IRR：

$$\text{IRR} = r_m + \frac{\text{NPV}_m - 0}{\text{NPV}_m - \text{NPV}_{m+1}} \times (r_{m+1} - r_m)$$

【例 4-12】 风华公司于 2007 年 2 月 1 日以每股 3.2 元的价格购入 M 公司股票 500 万股，2008 年、2009 年、2010 年 M 公司分别分派现金股利每股 0.25 元、0.32 元、0.45 元，风华公司于 2010 年 4 月 2 日以每股 3.5 元的价格售出 M 公司股票。

要求：计算该项投资的收益率。

解：首先，采用测试法进行测试。

根据题意可知，各年净现金流量如下：

NCF_0=1600 万元，NCF_1=125 万元，NCF_2=160 万元，NCF_3=1975 万元。

经判断，该项目只能用一般方法计算内部收益率。

按照一般方法的要求，自行设定折现率并计算净现值，据此判断调整折现率，如表 4-4 所示。

表 4-4 折现率与净现值

测试次数 j	设定折现率 r	净现值 NPV
1	10%	129.679
2	12%	44.9695
3	14%	-34.105

然后，采用插值法计算投资收益率。由于折现率为 12%时净现值为 44.9695 万元，折现率为 14%时净现值为-34.105 万元，因此该股票投资收益率必然介于 12%与 14%之间。这时，可以采用插值法计算投资收益率，则

$$\text{投资收益率}=12\%+\frac{44.9695}{44.9695+34.105}\times(14\%-12\%)=13.14\%$$

利用内部收益率法进行项目选择。如果某方案的内部收益率 IRR≥i_c，则说明该方案为最优方案。但是，出现以下情况时应注意：在多个方案的选择过程中，如果这几个方案的内部收益率都大于其资金成本率 i_c，而且各方案的投资额相等，则内部收益率与资金成本率之间差异最大的方案最优；如果这几个方案的内部收益率都大于其资金成本率 i_c，而且各方案的投资额不等，则决策的标准是［投资额×（内部收益率-资金成本率）］最大的方案最优。

2. 内部收益率指标的优缺点与决策原则

优点：能从动态的角度直接反映投资项目的实际收益水平，计算过程不受行业基准收益率高低的影响，比较客观。

缺点：计算比较复杂。

决策原则：只有当该指标大于或等于行业基准折现率的投资项目才具有财务可行性。

◎ 技能训练

【实训项目】项目投资决策指标的计算与评价

【实训目标】熟练地计算项目投资的各种贴现法和非贴现法指标,并能根据指标的结果对项目投资做出正确的评价

【实训任务】某企业准备购入一台设备以扩大生产能力。现有甲、乙两个方案可供选择。甲方案需投资 20000 元,使用寿命 5 年,采用直线法计提折旧,5 年后无残值,5 年中每年销售收入为 15000 元,每年付现成本为 5000 元。乙方案需投资 30000 元,采用直线法计提折旧,使用寿命也是 5 年,5 年后有残值收入 4000 元,5 年中每年销售收入为 17000 元,付现成本第一年为 5000 元,以后逐年增加修理费 200 元,另需垫支营运资金 3000 元。假设所得税税率为 25%,资金成本为 12%。

要求:(1)计算两个方案的投资回收期,试判断应采用哪一个方案?
(2)计算两个方案的投资报酬率,试判断应采用哪一个方案?
(3)计算两个方案的净现值,试判断应采用哪一个方案?
(4)计算两个方案的现值指数,试判断应采用哪一个方案?
(5)计算两个方案的内含报酬率,试判断应采用哪一个方案?

任务 4.3 项目投资决策方法应用

◎任务描述

了解独立投资方案、互斥投资方案的特点,掌握独立投资方案、互斥投资方案的可行性分析方法、固定资产更新决策的方法。

◎相关知识

一、独立方案财务可行性评价及投资决策

(一)独立方案的含义

独立方案是指一组互相分离、互不排斥的方案。在独立方案中,选择某一方案并不排斥选择另一方案。就一组完全独立的方案而言,其存在的前提条件是:① 投资资金来源无限制。② 投资资金无优先使用的排列。③ 各投资方案所需的人力、物力均能得到满足。④ 不考虑地区、行业之间的相互关系及其影响。⑤ 每一投资方案是否可行,仅取决于本方案的经济效益,与其他方案无关。

(二)评价独立方案财务可行性的要点

1. 判断方案是否完全具备财务可行性的条件

如果某一投资方案的所有评价指标均处于可行区间,即同时满足以下条件时,则可以断定该投资方案无论从哪个方面看都具备财务可行性,或完全具备可行性。
(1)动态评价指标可行,即① 净现值 NPV≥0。② 净现值率 NPVR≥0。③ 获利指数 PI≥1。④ 内部收益率 IRR≥基准折现率 i_c。

（2）静态评价指标可行，即静态投资回收期和投资收益率可行。比如，某个投资方案的建设期是 2 年，运营期是 5 年，计算期就是 7 年。如果这个方案包括建设期的投资回收期要小于计算期的一半，即小于 3.5 年，不包括建设期的静态投资回收期要小于运营期的一半，即小于 2.5 年，那么，就意味着静态投资回收期评价指标是可行的。

投资收益率可行，ROI≥基准投资报酬率 i（事先给定）。

2. 判断方案是否基本具备财务可行性的条件

如果某一投资方案的动态评价指标可行，但静态评价指标不可行，即同时满足以下条件时，则可以断定该投资方案具备财务可行性。

① NPV≥0。② NPVR≥0。③ PI≥1。④ IRR≥i_c。⑤ PP>n/2。⑥ PP′>P/2。⑦ ROI<基准投资报酬率 i。

3. 判断方案是否完全不具备财务可行性的条件

如果某一投资方案的所有评价指标均处于不可行区间，即同时满足以下条件时，则可以断定该投资项目无论从哪个方面看都不具备财务可行性，或完全不具备可行性，应当彻底放弃该投资方案。

① 净现值 NPV<0。② 净现值率 NPVR<0。③ 获利指数 PI<1。④ 内部收益率 IRR<基准折现率 i_c。⑤ PP>n/2。⑥ PP′>P/2。⑦ ROI<基准投资报酬率 i。

4. 判断方案是否基本不具备财务可行性的条件

如果在评价过程中发现某项目出现净现值 NPV<0，净现值率 NPVR<0，获利指数 PI<1，内部收益率 IRR<基准折现率 i_c 的情况，即使有 PP≤n/2，PP′≤P/2 或 ROI≥基准投资报酬率 i 发生，也可断定该项目基本不具有财务可行性。

在决策过程中，当动态评价指标与静态评价指标得出的结论不一致时，以动态评价指标的结论为准。

利用动态指标对同一个投资项目进行评价和决策，会得出完全相同的结论。

【例 4-13】 某固定资产投资项目只有一个方案，其原始投资为 1000 万元，项目计算期为 11 年（其中生产经营期为 10 年），基准投资收益率为 9.8%，行业基准折现率为 10%。

有关投资决策评价指标如下：ROI=10%，PP=6 年，PP′=5 年，NPV=+152 万元，NPVR=12.05%，PI=1.1205，IRR=11.54%。

要求：判断该方案是否具备可行性。

解：ROI=10%>9.8%，PP′=5 年=10/2=5，NPV=+152 万元>0

NPVR=12.05%>0，PI=1.1205>1，IRR=11.54%>10%

所以，该方案基本上具备财务可行性（虽然 PP=6 年>11/2=5.5 年）

二、多个互斥方案的比较决策

互斥方案是指相互关联、互相排斥的方案，即一组方案中的各个方案彼此可以相互代替，采纳方案组中的某一方案，就会自动排斥这组方案中的其他方案。

多个互斥方案的比较决策是指在每一个入选方案已具备财务可行性的前提下，只有完全具备或基本具备财务可行性的方案，才能成为备选方案，才有资格进行下一步的讨论，对入选方案进行选择。

项目投资多方案比较决策的方法是指利用特定评价指标作为决策标准或依据的各种方法统称。主要包括净现值法、净现值率法、差额投资内部收益率法、年等额净回收额法和计算期统一法等具体方法。

(一)净现值法

净现值法是指通过比较所有已具备财务可行性投资方案的净现值指标的大小来选择最优方案的方法。该方法适用于原始投资相同且项目计算期相同的多个互斥方案的比较决策,在此方法下,净现值最大的方案为优。

【例4-14】有A、B、C、D四个互相排斥的项目可供选择,四个项目均需要原始投资100万元,各项目的净现值指标分别为32.14万元、18.94万元、23.65万元和21.78万元。

要求:请利用净现值法进行决策。

解:
因为:A、B、C、D四个备选方案的NPV均大于零。
所以:所有这些方案均具有财务可行性。
又因为:32.14>23.65>21.78>18.94
所以:A方案最优,其次为C方案,再次为D方案,最差为B方案。

(二)净现值率法

净现值率法是指通过比较所有已具备财务可行性投资方案的净现值率指标的大小来选择最优方案的方法。在此方法下,净现值率最大的方案为优。

在原始投资相同的互斥方案的比较决策中,采用净现值率法会与净现值法得到完全相同的结论;但投资额不相同时,情况就不同了。

【例4-15】A项目与B项目为互斥方案,它们的项目计算期相同。A项目原始投资的现值为150万元,净现值为30万元;B项目原始投资的现值为100万元,净现值为22万元。

要求:(1)分别计算两个项目的净现值率指标;
(2)讨论能否运用净现值法或净现值率法在A项目与B项目之间做出比较决策。

解:(1)计算净现值率。
A项目的净现值率=30÷150=0.2
B项目的净现值率=22÷100=0.22
(2)在净现值法下:因为30>22,所以A项目优于B项目。
在净现值率法下:因为0.22>0.2,所以B项目优于A项目。

(三)差额内部收益率法

差额内部收益率法是指在两个原始投资额不同方案的差额净现金流量(ΔNCF)的基础上,计算出差额内部收益率(ΔIRR),并据此与行业基准折现率进行比较,进而判断方案孰优孰劣的方法。

该方法适用于原始投资不相同,但项目计算期相同的多个互斥方案的比较决策。在此方法下,当差额内部收益率指标大于或等于基准折现率或设定折现率时,原始投资额大的方案较优;反之,则投资额小的方案较优。

该方法经常被用于更新改造项目的投资决策中,当该项目的差额内部收益率指标大于或等于基准折现率或设定折现率时,应当进行更新改造;反之,就不应当进行此项更新改造。

【例 4-16】已知某更新改造项目的差额净现金流量 $\Delta NCF_0 = -100000$ 元，$\Delta NCF_{1-5} = 26700$ 元。

要求：（1）计算该项目的差额内部收益率指标；
（2）分别就以下相关情况为企业做出是否更新设备的决策。
① 该企业的行业基准折现率 i_c 为 8%；
② 该企业的行业基准折现率 i_c 为 12%。

解：（1）计算该项目的差额内部收益率（ΔIRR）。

$$(P/A, \Delta IRR, 5) = \frac{100000}{26700} = 3.7453$$

查年金现值系数表可知：$i = 10\%$ 时对应的年金现值系数为 3.7908
$i = 12\%$ 时对应的年金现值系数为 3.6048

故所求差额内部收益率（ΔIRR）介于 10%～12% 之间，用内插法求得：

$$\Delta IRR = 10\% + \frac{3.7908 - 3.7453}{3.7908 - 3.6048} \times (12\% - 10\%) = 10.49\%$$

（2）做出是否更新设备的决策。
① 当该企业的行业基准折现率 i_c 为 8% 时，因为 10.49%>8%，所以应当更新设备；
② 当该企业的行业基准折现率 i_c 为 12% 时，因为 10.49%<12%，所以不应当更新设备。

（四）年等额净回收额法

年等额净回收额法是指通过比较所有投资方案的年等额净回收额（NA）指标的大小来选择最优方案的决策方法。该方法适用于原始投资不相同、项目计算期不同的多方案之间的比较。在此方法下，年等额净回收额最大的方案为优。

某方案年等额净回收额=该方案净现值÷年金现值系数

或   NA=NPV÷$(P/A, i_c, n)$

【例 4-17】某企业拟投资新建一条生产线。现有三个方案可供选择：甲方案的原始投资为 150 万元，项目计算期为 12 年，净现值为 128.82 万元；乙方案的原始投资为 130 万元，项目计算期为 11 年，净现值为 112.39 万元；丙方案的原始投资为 110 万元，项目计算期为 9 年，净现值为-3.75 万元。行业基准折现率为 9%。

要求：请按年等额净回收额法进行决策分析。
解：按年等额净回收额法进行决策分析如下：
因为：甲方案和乙方案的净现值均大于零。
所以：这两个方案具有财务可行性。
因为：丙方案的净现值小于零。
所以：该方案不具有财务可行性。
甲方案的年等额净回收额= $NPV_甲 / (P/A, 9\%, 12)$=128.82/7.1607=17.99（万元）
乙方案的年等额净回收额= $NPV_乙 / (P/A, 9\%, 11)$=112.39/6.8052=16.52（万元）
因为：17.99>16.52
所以：甲方案优于乙方案，应选择甲方案。

（五）计算期统一法

计算期统一法，是指通过对计算期不相等的多个互斥方案选定一个共同的计算分析期，以满足时间可比性的要求，进而根据调整后的评价指标来选择最优方案的方法。

计算期统一法包括方案重复法和最短计算期法两种具体处理方法。

1. **方案重复法**

方案重复法也称计算期最小公倍数法，是将各方案计算期的最小公倍数作为比较方案的计算期，进而调整有关指标，并据此进行多方案比较决策的一种方法。

2. **最短计算期法**

最短计算期法又称最短寿命期法，是在将所有方案的净现值均还原为等额年回收额的基础上，再按照最短的计算期计算出相应净现值，进而根据调整后的净现值指标进行多方案比较决策的一种方法。

三、多方案组合排队投资决策

如果各方案既不相互独立，又不相互排斥，而是可以实现任意组合或排队，则这些方案被称作组合或排队方案，其中又包括先决方案、互补方案和不完全互斥方案等形式。在这种决策方法中，除了要求首先评价所有方案的财务可行性，淘汰不具备财务可行性的方案，还需要衡量不同组合条件下的有关评价指标的大小，从而做出最终决策。

这类决策分两种情况：

（1）在资金总量不受限制的情况下，可按每一项目的净现值 NPV 大小排队，确定优先考虑的项目顺序。

（2）在资金总量受到限制时，则需按净现值率 NPVR 或获利指数 PI 的大小，结合净现值 NPV 进行各种组合排队，从中选出能使 $\sum$ NPV 最大的最优组合。

具体程序如下：

第一，以各方案的净现值率高低为序，逐项计算累计投资额，并与限定投资总额进行比较。

第二，当截止到某项投资项目（假定为第 j 项）的累计投资额恰好达到限定的投资总额时，则第 1 项至第 j 项的项目组合为最优的投资组合。

第三，若在排序过程中未能直接找到最优组合，则必须按下列方法进行必要的修正：

① 当排序中发现第 j 项的累计投资额首次超过限定投资总额，而删除该项后，按顺延的项目计算的累计投资额却小于或等于限定投资总额时，可将第 j 项与第 (j+1) 项交换位置，继续计算累计投资额，这种交换可连续进行。

② 当排序中发现第 j 项的累计投资额首次超过限定投资总额，又无法与下一项进行交换，且第 (j-1) 项的原始投资大于第 j 项原始投资时，可将第 j 项与第 (j-1) 项交换位置，继续计算累计投资额，这种交换亦可连续进行。

③ 若经过反复交换，已不能再进行交换，仍未找到能使累计投资额恰好等于限定投资总额的项目组合时，可把最后一次交换后的项目组合作为最优组合。

总之，多方案比较决策的主要依据就是能否获得尽可能多的净现值总量。

【例 4-18】某公司有 A、B、C、D、E 五个投资项目，该公司投资总额的最大限度为 40 万元，有关数据如表 4-5 所示。

表 4-5　数据表　　　　　　　　　　　　　　　　　　　单位：万元

项　目	原始投资	净现值
A	15.5	7.95
B	12.5	2.1
C	12	6.7
D	10	1.8
E	30	11.1

要求：运用多个投资方案组合的决策方法，做出最优组合决策。

解：

（1）计算各方案的净现值率。

　　A 方案的净现值率=7.95÷15.5=51.29%

　　B 方案的净现值率=2.1÷12.5=16.8%

　　C 方案的净现值率=6.7÷12=55.83%

　　D 方案的净现值率=1.8÷10=18%

　　E 方案的净现值率=11.1÷30=37%

（2）以各方案的净现值率的高低为序，相关数据如表 4-6 所示，逐项计算累计投资额。

表 4-6　累计投资额　　　　　　　　　　　　　　　　　单位：万元

顺　序	项　目	净现值率（%）	原始投资	累计原始投资	净　现　值
1	C	55.83	12	12	6.7
2	A	51.29	15.5	27.5	7.95
3	E	37	30	57.5	11.1
4	D	18	10	67.5	1.8
5	B	16.8	12.5	80	2.1

（3）计算限额内各投资组合的净现值。

　　C+A+D=6.7+7.95+1.8=16.45（万元）

　　C+A+B=6.7+7.95+2.1=16.75（万元）

　　C+A=6.7+7.95=14.65（万元）

　　C+D=6.7+1.8=8.5（万元）

　　C+B=6.7+2.1=8.8（万元）

　　A+D+B=7.95+1.8+2.1=11.85（万元）

　　A+D=7.95+1.8=9.75（万元）

　　A+B=7.95+2.1=10.05（万元）

　　E+D=11.1+1.8=12.9（万元）

　　D+B=1.8+2.1=3.9（万元）

（4）以上在限额内的各个组合净现值合计最大的是 C+A+B，净现值为 16.75 万元，故 C+A+B 组合为最优组合。

四、固定资产更新决策

固定资产反映了企业的生产经营能力，固定资产更新决策是项目投资决策的重要组成部分。从决策性质上看，固定资产更新决策属于互斥投资方案的决策类型。因此，固定资产更新决策所采用的决策方法是净现值法和年金净流量法，一般不采用内含报酬率法。

（一）寿命期相同的设备重置决策

一般来说，用新设备来替换旧设备如果不改变企业的生产能力，就不会增加企业的营业收入，即使有少量的残值变价收入，也不是实质性收入增加。因此，大部分以旧换新进行的设备重置都属于替换重置。在替换重置方案中，所发生的现金流量主要是现金流出量。如果购入的新设备性能提高，扩大了企业的生产能力，这种设备重置属于扩建重置。

【提示】确定旧设备相关现金流量应注意的问题。
（1）旧设备的初始投资额应以其变现价值考虑。
（2）设备的使用年限应按尚可使用年限考虑。

【例4-19】宏基公司现有一台旧机床是3年前购进的，目前准备用一台新机床替换。该公司所得税税率为40%，资金成本率为10%，其余资料如表4-7所示。

表4-7 新旧设备资料　　　　　　　　　　　　　　　　　单位：元

项　目	旧设备	新设备
原价	84000	76500
税法残值	4000	4500
税法使用年限（年）	8	6
已使用年限（年）	3	0
尚可使用年限（年）	6	6
垫支营运资金	10000	11000
大修理支出	18000（第2年）	9000（第4年）
每年折旧费（直线法）	10000	12000
每年营运成本	13000	7000
目前变现价值	40000	76500
最终报废残值	5500	6000

【解析】
（1）设备投资期现金流量分析。
① 保留旧设备投资期现金流量分析。
出售设备的现金流量=40000+14000×40%=45600（元）
继续使用旧设备丧失的现金流量=-[40000+14000×40%]=-45600（元）
保留旧设备初始现金流量分析：
初始丧失的变现固定资产的现金流量=-[变现价值+变现净损失抵税（或-变现净收入纳税）]
　　　　　　　　　　　　　　　　=-[40000+14000×40%]
　　　　　　　　　　　　　　　　=-45600（元）

变现净损失（或净收入）是指变现值与账面净值之间的差额。变现值40000元，账面净值54000元，变现损失14000（元）。

垫支营运资金=-10000（元）

② 新设备投资期现金流量分析。

设备投资=-76500（元）

垫支营运资金=-11000（元）

（2）营业现金流量的分析。

① 继续使用旧设备营业现金流量的分析。

营业现金流量=税后收入-税后付现成本+折旧抵税

1~6年税后付现成本=-13000×(1-40%)=-7800（元）

第二年年末大修成本=-18000×(1-40%)=-10800（元）

1~5年折旧抵税=10000×40%=4000（元）

折旧年限应按税法规定年限考虑。

② 购买新设备营业现金流量的分析。

营业现金流量=税后收入-税后付现成本+折旧抵税

1~6年税后付现成本=-7000×(1-40%)=-4200（元）

第四年年末大修成本=-9000×(1-40%)=-5400（元）

1~6年折旧抵税=12000×40%=4800（元）

（3）终结点回收流量的分析。

① 旧设备终结点回收流量的分析。

最终回收残值流量=最终残值+残值净损失抵税（或-残值净收益纳税）

=5500-1500×40%=4900（元）

回收营运资金=10000（元）

② 新设备终结点回收流量的分析。

最终回收残值流量=最终残值+残值净损失抵税（或-残值净收益纳税）

=6000-(6000-4500)×40%=5400（元）

回收营运资金=11000（元）

依上述计算得出方案如表4-8与表4-9所示。

表4-8 保留旧机床方案　　　　　　　　　　　　　　　　单位：元

项　目	现金流量	年　份	现值系数	现　值
目前变现收入	40000	0	1	40000
变现净损失减税	(40000-54000)×40%=5600	0	1	5600
垫支营运资金	10000	0	1	10000
每年营运成本	13000×(1-40%)=7800	1—6	4.355	33969
每年折旧抵税	10000×40%=4000	1—5	3.791	15164
大修理费	18000×(1-40%)=10800	2	0.826	8920.8
残值收入	5500	6	0.565	3107.5
残值净收益纳税	(5500-4000)×40%=600	6	0.565	339
回收营运资金	10000	6	0.565	5650
现值合计	—		—	74907.3

表 4-9　购买新机床方案　　　　　　　　　　　　　　　　　　　单位：元

项　目	现金流量	年　份	现值系数	现　值
设备投资	76500	0	1	76500
垫支营运资金	11000	0	1	11000
每年营运成本	7000×(1-40%)=4200	1—6	4.355	18291
每年折旧抵税	12000×40%=4800	1—6	4.355	20904
大修理费	9000×(1-40%)=5400	4	0.683	3688.2
残值收入	6000	6	0.565	3390
残值净收益纳税	(6000-4500)×40%=600	6	0.565	339
营运资金收回	11000	6	0.565	6215
净现值	—	—	—	79309.2

决策：

购买新机床的总现值= -79309.2（元）

保留旧机床的总现值= -74907.3（元）

说明使用旧机床比购买新机床节约现金流出现值为 4401.9(74907.3-79309.2)元，因此应该继续使用旧机床。

（二）寿命期不同的设备重置决策

寿命期不同的设备重置方案，用净现值指标可能无法得出正确决策结果，应当采用年金净流量法决策。寿命期不同的设备重置方案，在决策时有如下特点。

第一，扩建重置的设备更新后会引起营业现金流入量与流出量的变动，应考虑年金净流量最大的方案。替换重置的设备更新一般不改变生产能力，营业现金流入量不会增加，只需比较各方案的年金流出量即可，年金流出量最小的方案更优。

$$年金净流量=净现值/(P/A, i, n)$$

第二，如果不考虑各方案的营业现金流入量变动，只比较各方案的现金流出量，我们把按年金净流量原理计算的等额年金流出量称为年金成本。替换重置方案的决策标准，要求年金成本最低。扩建重置方案所增加或减少的营业现金流入量也可以作为现金流出量的抵减，并据此比较各方案的年金成本。

$$年金成本 = \frac{\sum(各项目现金净流出现值)}{(P/A, i, n)}$$

第三，设备重置方案运用年金成本方式决策时，应考虑的现金流量主要有：① 新旧设备目前市场价值。② 新旧设备残值变价收入。③ 新旧设备的年营运成本，即年付现成本。

【例 4-20】安保公司现有一台旧设备，由于节能减排的需要，准备予以更新。当期贴现率为15%，假设不考虑所得税因素的影响，其他有关资料如表4-10所示。

表 4-10　安保公司新旧设备资料　　　　　　　　　　　　　　　　　单位：元

	旧 设 备	新 设 备
原价	35000	36000
预计使用年限（年）	10	10
已经使用年限（年）	4	0

(续表)

	旧设备	新设备
税法残值	5000	4000
最终报废残值	3500	4200
目前变现价值	10000	36000
每年折旧费（直线法）	3000	3200
每年营运成本	10500	8000

解：

（1）继续使用旧设备的现金净流量。

① 初始现金净流量=-原始投资额

=-［变现价值+变现损失抵税（或-变现净收益纳税）］

=-10000（元）

② 营业现金净流量=税后收入-税后付现成本+折旧抵税=-10500（元）

③ 终结点回收现金流量=最终残值+残值净损失抵税（或-残值净收益纳税）

=3500（元）

旧设备年金净流量=净现值/年金现值系数

=[-10000-10500×$(P/A, 15\%, 6)$+3500×$(P/F, 15\%, 6)$]/$(P/A, 15\%, 6)$

=-12742.56（元）

旧设备年金成本=-旧设备年金净流量=12742.56（元）

（2）购置新设备现金流量。

① 初始现金净流量=-原始投资额=-36000（元）

② 营业现金净流量=税后收入-税后付现成本+折旧抵税=-8000（元）

③ 终结回收现金流量=最终残值+残值净损失抵税（或-残值净收益纳税）]=4200（元）

新设备年金净流量=[-36000-8000×$(P/A, 15\%, 10)$+4200×$(P/F, 15\%, 10)$]/$(P/A, 15\%, 10)$

=-14966.16（元）

新设备年金成本=14966.16（元）

因为旧设备的年金成本低，所以应当继续使用旧设备。

【例4-21】 上述【例4-20】中，假定企业所得税税率为40%，则应考虑所得税对现金流量的影响。

解：

（1）继续使用旧设备现金净流量。

① 初始现金净流量=-原始投资额

=-［变现价值+变现损失抵税（或-变现净收益纳税）］

=-(10000+13000×40%)=-15200（元）

② 营业现金净流量=税后收入-税后付现成本+折旧抵税

=-10500×(1-40%)+3000×40%=-5100（元）

③ 终结点回收现金流量=最终残值+残值净损失抵税（或-残值净收益纳税）

=3500+(5000-3500)×40%=4100（元）

旧设备年金净流量=净现值/年金现值系数
$$=[-15200-5100\times(P/A, 15\%, 6)+4100\times(P/F, 15\%, 6)]/(P/A, 15\%, 6)$$
$$=-8648.04（元）$$

旧设备年金成本=-旧设备年金净流量=8648.04（元）

（2）购置新设备现金流量。

① 初始现金净流量=-原始投资额=-买价=-36000（元）

② 营业现金净流量= 税后收入-税后付现成本+折旧抵税
$$=-8000\times(1-40\%)+3200\times40\%=-3520（元）$$

③ 终结回收现金流量=最终残值+残值净损失抵税（或-残值净收益纳税）
$$=4200-(4200-4000)\times40\%=4120（元）$$

新设备年金净流量=$[-36000-3520\times(P/A, 15\%, 10)+4120\times(P/F, 15\%, 10)]/(P/A, 15\%, 10)$
$$=-10490.1（元）$$

新设备年金成本=10490.1（元）

上述计算表明，继续使用旧设备的年金成本为 8648.04 元，低于购买新设备的年金成本 10490.1 元，应采用旧设备方案。

◎技能训练

技能训练1

【实训项目】单一投资项目的财务可行性分析

【实训目标】熟练运用项目投资决策相关评价指标

【实训任务】

1. 某工业项目需要原始投资 200 万元，于第一年年初和第二年年初分别投入 100 万元。该项目建设期 2 年，建设期资本化利息 40 万元，经营期 5 年。固定资产期满净残值收入 20 万元。项目投产后，预计年营业收入 110 万元，年经营成本 25 万元。经营期每年支付借款利息 30 万元，经营期结束时还本。该企业采用直线法计提折旧，所得税税率 33%，设定折现率为 10%。

要求：（1）计算该项目的净现值、净现值率和现值指数；
（2）评价该项目是否可行。

2. 假定甲公司目前拟购置一台设备，需投资 120000 元，该设备可用 6 年，建设期为零，使用期满有残值 4000 元。使用该项设备可为企业每年增加净利 12000 元，A 公司采用直线法计提折旧。且 A 公司的资金成本为 14%（以此作为基准折现率）。

要求：利用净现值法评价此购置方案是否可行。

技能训练2

【实训项目】多个互斥项目的财务可行性分析

【实训目标】熟练运用净现值法、净现值率法、差额投资内含报酬率法和年等额净回收额法等指标进行项目投资决策

【实训任务】

1. 东方公司现有资金 100000 元可用于投资方案 A 或 B。A 方案：购入其他企业债券（5年期，年利率 14%，每年付息，到期还本）。B 方案：购买新设备（使用期 5 年，预计残值收入为设备总额的 10%，按直线法计提折旧；设备交付使用后每年可以实现 12000 元的税前利润。已知该企业的资金成本率为 10%，适用所得税税率 25%。

要求：（1）投资方案 A 的净现值；
（2）投资方案 B 的各年现金流量及净现值；
（3）运用净现值法对上述投资方案进行选择。

2. 钱塘公司拟投资新建一条生产线。现有三个方案可供选择：A 方案的原始投资为 1250万元，项目计算期为 11 年，净现值为 958.7 万元；B 方案的原始投资为 1100 万元，项目计算期为 10 年，净现值为 920 万元；C 方案的原始投资为 300 万元，项目计算期为 9 年，净现值为-12.5 万元。行业基准折现率为 10%。

要求：（1）判断每个方案的财务可行性；
（2）用年等额净回收额法进行投资决策。

技能训练 3

【实训项目】多个投资方案组合的决策

【实训目标】熟练进行多个投资方案组合的决策

【实训任务】某企业现有五个投资方案 A、B、C、D、E 可供选择，其中 A、C 及 D、E 分别都是互斥投资项目，各方案的净现值如表 4-11 所示。该企业资本的最大限量是 250000元，假设投资组合未用资金的获利指数为 1。要求：试确定该企业的最佳投资组合。

表 4-11 各方案的净现值　　　　　　　　　　　　　　单位：元

项　目	初始投资	净　现　值
A 方案	90000	42000
B 方案	100000	37500
C 方案	200000	50000
D 方案	55000	17000
E 方案	50000	10500

技能训练 4

【实训项目】固定资产更新决策

【实训目标】掌握固定资产更新决策的方法

【实训任务】某公司拟采用新设备取代已使用 3 年的旧设备，旧设备原价 14950 元，当前估计尚可使用 5 年，每年操作成本 2150 元，预计最终残值 1750 元，目前变现价值 8500元，购置新设备需花费 13750 元，预计可使用 6 年，每年操作成本 850 元，预计最终残值 2500元。该公司预期报酬率 12%，所得税税率 25%，税法规定该类设备应采用直线法折旧，折旧年限 6 年，残值为原值的 10%。

要求：进行是否应该更换设备的分析决策，并列出计算分析过程。

本项目小结

1. 本项目的重点：现金流量的估算、项目投资评价方法及应用。
2. 本项目的难点：现金流量的估算、项目投资评价指标的计算及应用。
3. 关键概念：项目投资、现金流量、投资报酬率、回收期、净现值、现值指数、内含报酬率。

项目综合实训

【**实训项目**】项目投资

【**实训目的**】通过本次实训，使学生进一步了解项目投资决策的基本程序和方法，掌握项目投资的现金流量的评估方法与决策指标的运用技巧，能应用投资决策的基本财务指标进行项目可行性分析。

【**实训形式**】将全班分成若干小组，每小组 5～7 人，每组给定的资金限额为 20 万元，各组以虚拟的创业项目为题材，确定自己的投资计划项目，合理估算投资项目的现金流量，运用相关的财务指标和投资技巧对项目进行财务决策分析。

【**实训成果**】完成实训报告。实训报告的内容主要包括：投资项目的选择、投资项目现金流量的计算、投资评价项目相关财务指标的计算、应用主要财务评价指标对项目进行的决策分析。

扫码做习题

项目五　证券投资管理

职业能力目标

1. 熟悉股票投资价值及收益率的计算方法，能够计算股票的投资收益率，能够利用估价模型进行股票投资决策。
2. 熟悉债券投资价值及收益率的计算方法，能够计算债券的投资收益率，能够利用估价模型进行债券投资决策。
3. 了解主要的基金品种及特点，理解基金价格及净值的关系，能够进行基金投资决策。
4. 掌握证券投资组合的基本原理，能够进行证券投资组合决策。

典型工作任务

证券投资风险分析、证券投资价值分析、证券投资收益率计算

知识点

股票投资价值、股票投资收益率、债券投资价值、债券投资收益率、基金投资净值、基金投资收益率、证券投资组合的风险、证券投资组合的收益率

技能点

股票投资价值与收益分析、债券投资价值与收益分析、基金投资净值与收益率分析、证券投资组合风险与收益率分析

◎导入案例

钱塘公司是一家大型制造业企业。2016年年初,公司领导召开会议,集体通过了利用企业多余资金1500万元对外投资以获投资收益的决定。经分析、整理调研资料,拟定以下可供公司选择的投资对象:

(1)国家发行7年期国债,每年付息一次,且实行浮动利率。第一年利率为2.63%,以后每年按当年银行存款利率加利率差0.38%计算支付利息。

(2)交通集团发行10年期重点企业债券,票面利率为10%,每半年付息一次。

(3)春兰股份,中期预测每股收益0.45元,股票市场价格22.50元/股。共发行股票30631万股,其中流通股有7979万股。公司主营:设计制造空调制冷产品,空调使用红外遥控。财务状况十分稳重,公司业绩良好,但成长性不佳。

(4)格力电器,中期预测每股收益0.40元,股票市场价格为17.00元/股。共发行股票29617万股,其中流通股有21676万股。公司主营:家用电器、电风扇、清洁卫生器具。公司空调产销量居国内第一位,有行业领先优势,尤其是出口增长迅速,比2015年出口增长70.7%,经营业绩稳定增长。

请思考:

面对上述可供选择的投资方案,如果钱塘公司为了扩大经营规模,实现规模效应,应如何进行投资组合,且能分散或避免投资风险?如果钱塘公司仅为获得投资收益,应如何进行投资组合,且能分散或避免投资风险?

任务5.1 股票投资

◎任务描述

掌握股票的股价估价模型和收益率的计算方法,进行股票投资决策。

◎相关知识

一、股票投资的目的

股票投资是指企业将资金投向其他企业发行的股票,并通过股票的买卖和收取股利以获得收益的投资行为。

企业进行股票投资的目的主要有两个:一是获利,即获取股利收入及股票买卖差价;二是控股,即通过大量购买某一企业的股票达到控制该企业的目的。

股票投资决策主要分析两个评价指标:一是股票投资价值;二是股票投资收益率。

二、股票投资价值

股票的价值或内在价值、理论价格是指投资股票后预期获得的未来现金流入量的现值。股票的未来现金流入量包括两部分:预期股利和出售时得到的价格收入。对股票投资收益的评价也必须计算出股票的内在价值，然后将其与股票的当前市价相比较，用来判断股票投资是否可行。

（一）股票估价的基本模型

从理论上说，如果股东不中途转让股票，股票投资没有到期日，投资于股票所得到的未来现金流量就是各期的股利。假定某股票未来各期股利为 D_t（t 为期数），R_s 为估价所采用的贴现率即所期望的最低收益率，股票投资价值的估价模型为：

$$V_S = \frac{D_1}{(1+R_S)^1} = \frac{D_2}{(1+R_S)^2} + \cdots\cdots + \frac{D_n}{(1+R_S)^n}$$

$$= \sum_{t=1}^{\infty} \frac{D_t}{(1+R_S)^t}$$

（二）常用的股票估价模型

1. 持有一段时间准备出售的股票内在价值

持有一段时间准备出售的股票内在价值的现金流入量由持有期间的股利收入和出售股票收入两部分组成。在每年股利收入基本不变的情况下，其股票价值的计算公式如下：

$$V = D(P/A, R_s, n) + P_n \cdot (P/F, R_s, n)$$

式中：V 为股票的内在价值，D 为每年的股利，R_s 为贴现率（投资者期望报酬率，通常采用市场利率），P_n 为预期 n 年后股票的市价。

【例5-1】H 公司的股票市价为 12.7 元，预计每股每年平均分派股利 1.5 元，预计 5 年后出售时的市价为 15 元，公司期望报酬率为 12%。

要求：计算该股票的内在价值。

解：V =1.5×(P/A, 12%, 5)+15×(P/F, 12%, 5)

　　　=1.5×3.605+15×0.567

　　　=13.91（元）

计算结果表明，此公司股票内在价值为 13.91 元，高于其股票市价，可以获取 12%以上的期望报酬率。若股票内在价值低于市价 12.7 元，就达不到期望报酬率，将不值得投资。

2. 长期持有的股票的内在价值

股票在被投资公司长期持有期间，届时投资公司的现金流入量是各年的股利收入，因此其股票内在价值为源源不断的股利收入的现值之和。计算出来的股票内在价值若等于或大于股票市价，表明进行投资将可达到期望报酬率，因此可以投资；反之，若小于股票市价，将达不到期望收益率，则不值得投资。由于各种股票的成长性不同，其股票内在价值的计算方法也各异，现分别予以阐述。

（1）零成长股票内在价值的计算。

零成长股票是指每年的股利发放金额都相等，每年股利增长率同上年相比为零的股票。这种情况的股票内在价值的计算公式为：

$$V = \frac{D}{R_S}$$

式中：V 为股票的内在价值，D 为每年固定股利，R_s 为投资人要求的资金收益率。

【例 5-2】甲公司购买了乙公司的优先股 3000 股，每股股利 5 元，预期报酬率为 10%。

要求：计算该股票的内在价值。

解：
$$V = \frac{D}{R_s} = \frac{5}{10\%} = 50 （元）$$

（2）固定成长股票内在价值的计算。

固定成长股票是指每年股利的增长率同上年相比都相等的股票。

如果公司本期的股利为 D_0，未来各期的股利按上期股利的 g 速度呈几何级数增长，则股票投资价值 V 为：

$$V = \frac{D_0(1+g)}{R_s - g} = \frac{D_1}{R_s - g}$$

式中：D_0 为上年股利，D_1 为本年股利，g 为每年股利比上年的增长率。

【例 5-3】A 公司准备购买 B 公司股票，该股票本年每股股利为 2 元，预计以后每年以 5% 的增长率增长，A 公司投资该股票要求的报酬率为 10%。

要求：计算 B 公司股票的内在价值。

解：$V = D_1/(R_s-g) = 2/(10\%-5\%) = 40$（元）

即只有当 B 公司股票价格为 40 元以下时，A 公司才会购买该股票。

（3）阶段性成长模式股票内在价值的计算。

许多公司的股利在某一期间有一个超常的增长率，这个期间的增长率 g 可能大于 R_s，此后公司的股利固定不变或正常增长。对于阶段性成长的股票，需要分段计算，才能确定股票的价值。

【例 5-4】C 股份公司属于创建初期，每股股利 D_0 为 10 元，预计前两年每年增长 2%，以后每年增长 4%，期望报酬率为 12%。

要求：计算股票内在价值。

解：首先，计算前两年的股利现值。

第一年股利现值 $V_1 = D_0(1+g_1)/(1+i) = 10 \times (1+2\%)/(1+12\%) = 9.2$（元）

第二年股利现值 $V_2 = D_1(1+g_1)/(1+i)^2$
$= D_0(1+g_1)^2/(1+i)^2$
$= 10 \times (1+2\%)^2/(1+12\%)^2$
$= 8.2$（元）

第二步：计算第三年年初稳定增长阶段股票的内在价值。

$V_3 = D_3/(i-g)$
$= D_2(1+g_2)/(i-g)$
$= 10 \times (1+2\%)^2 \times (1+4\%)/(12\%-4\%)$
$= 135.2$（元）

其现值为：

$V_3' = V_3/(1+12\%)^2 = 135.2/(1+12\%)^2 = 107.8$（元）

第三步：计算股票当前的内在价值。

$$V=V_1+V_2+V_3'=9.2+8.2+107.8=125.2（元）$$

即只有该公司股票的市价在 125.2 元以下时，该公司股票才值得购买。

三、股票投资收益率

股票投资收益率是指在股票未来现金流量贴现值等于目前的购买价格时的贴现率，也就是股票投资项目的内部收益率。当股票的内部收益率高于投资者所要求的最低报酬率时，投资者才愿意购买该股票。

（一）短期股票投资收益率

当股票投资期限较短时，可忽略资金时间价值因素的影响，短期股票投资收益率的计算公式为：

$$K=(S_1-S_0+P)/S_0×100\%$$

式中：K 为短期股票投资收益率，S_1 为股票出售价格，S_0 为股票购买价格，P 为股利。

【例 5-5】甲公司于 2010 年 10 月购入乙公司每股市价 25 元的股票。2011 年 3 月，甲公司持有的该股票每股可获得现金股利 3 元。2011 年 4 月，甲公司将该股票以每股 27 元的价格出售。

要求：计算该股票的投资收益率。

解：
$$K=(27-25+3)/25×100\%=20\%$$

（二）长期股票投资收益率

长期股票投资因为涉及的时间较长，所以要考虑资金时间价值因素。长期股票投资的收益率就是使未来的现金流入（每年的股利和若干年后的卖价）现值和现在的现金流出（投资额）相等的贴现率，其计算公式为：

$$V_0 = \sum_{j=1}^{n} \frac{D_j}{(1+i)^j} + \frac{V_n}{(1+i)^n}$$

式中：V_0 为股票的购买价格，V_n 为股票若干年后的卖价，D_j 为投资股票各年的股利收入，n 为投资期限，i 为长期股票投资收益率。

【例 5-6】某公司在 2012 年 4 月 1 日投资 600 万元购买某种股票 100 万股，在 2013 年、2014 年和 2015 年的 3 月 31 日每股各分派现金股利 0.4 元、0.5 元和 0.8 元，并于 2015 年 3 月 31 日以每股 6.8 元的价格将其全部卖出。

要求：试计算股票的投资收益率。

解：现采用逐次测试法和插值法来进行计算，逐次测试的结果如表 5-1 所示。

在表 5-1 中，先按 20% 的收益率进行测试，得到现值为 507.86 万元，比原来的投资额 600 万元小，说明实际收益率低于 20%；于是把收益率调低到 16%，进行第二次测试，得到现值为 558.57 万元，同样小于 600 万元，说明实际收益率比 16% 还要低；于是把收益率又调到 12%，进行第三次测算，得到现值为 616.54 万元，比 600 万元大，说明实际收益率介于 12% 和 16% 之间。现采用插值法计算如下：

$$该投资收益率 = 12\% + \frac{616.54-600}{616.54-558.57} ×(16\%-12\%)=13.14\%$$

表 5-1　逐次测试法测试结果

时间	未来的现金流入量（万元）	测试 20% 系数	测试 20% 现值	测试 16% 系数	测试 16% 现值	测试 12% 系数	测试 12% 现值
2013 年	40	0.8333	33.33	0.8621	34.48	0.8929	35.72
2014 年	50	0.6944	34.72	0.7432	37.16	0.7972	35.72
2015 年	760 (80+680)	0.5787	439.8	0.6407	486.93	0.7118	540.96
合计	—	—	507.86	—	558.57	—	616.54

四、股票投资的优缺点

1. 股票投资的优点

（1）期望收益高。股票投资属于变动收益性投资，股利收益的波动性较大，而且股票价格受各种因素的影响，处于不断变动之中，股票投资的风险水平较高，因此股票投资的期望收益率也要远高于债券投资。

（2）拥有经营控制权。股票投资属于所有者投资，投资者可凭借其股权比例行使其对被投资单位生产经营活动的监督和管理权利。

2. 股票投资的缺点

（1）股票投资的风险大。投资者购买股票后，不能要求股份公司偿还本金，只能在证券市场上转让。因此，股票投资者至少面临两方面的风险：一是股票发行公司经营不善所形成的风险；二是股票市场价格变动所形成的价差损失风险。

（2）股票投资的收益不稳定。股票投资的收益主要是公司发放的股利和股票转让的价差收益，相对于债券而言，其稳定性较差。

◎技能训练

【实训项目】计算与分析股票投资价值

【实训目标】准确计算零成长股票、固定成长股票、阶段性成长股票的股票内在价值，并运用其评价投资可行性

【实训任务】

1. 某种股票每年股利均为 5 元，投资者要求的最低报酬率为 6%，计算该股票的内在价值，并评价其投资可行性。

2. 某企业股票目前的股利为 3 元，预计年增长率为 5%，投资者期望的最低报酬率为 10%，计算股票的内在价值，并评价其投资可行性。

3. 某人持有 A 公司的股票，经测算最低投资报酬率为 8%，预计 A 公司未来 3 年股利将高速增长，增长率为 12%。在此以后转为正常增长，增长率为 7%。A 公司最近支付的股利为每股 1 元。要求：计算 A 公司股票的内在价值，并评价其投资可行性。

任务 5.2 债券投资

◎任务描述

熟练掌握债券投资价值和投资收益率的计算方法,并根据结果进行债券投资决策。

◎相关知识

一、债券投资的目的

(一)债券

债券是指政府、企业、银行等债务人为筹集资金,按照法定程序发行并向债权人承诺于指定日期还本付息的有价证券。债券要素包括:债券面值、债券票面利率、债券到期日。

(二)债券投资的目的

企业进行短期债券投资的目的是合理利用暂时闲置的资金,调节现金余额,获得收益;企业进行长期债券投资的目的主要是为了获得稳定的收益。

二、债券价值

(一)债券价值的计算

债券价值又称债券的内在价值,它是指债券未来现金流入的现值。债券的购买价格是现金的流出,债券未来到期本息的收回或债券中途出售的收入是现金的流入。债券价值也称为债券的理论价格,只有债券价值大于其购买价格时,该债券才值得投资。

1. 债券价值计量的基本模型

典型的债券类型是有固定的票面利率、每期支付利息、到期归还本金的债券。在这种债券模式下,债券价值计量的基本模型是:

债券价值=未来各期利息收入的现值+未来到期本金的现值

即:

$$V_b = \sum_{t=1}^{n} \frac{I_t}{(1+K)^t} + \frac{M}{(1+K)^n}$$

式中:V_b 表示债券的价值,I_t 表示债券各期的利息,M 表示债券的面值,K 表示债券价值评估时所采用的贴现率即所期望的最低投资报酬率。一般来说,经常采用市场利率作为评估债券价值时所期望的最低报酬率。

2. 分期付息,到期还本债券价值的确定

在通常情况下,债券是固定利率、每年付息一次、到期归还本金,按照这种模式,债券价值等于债券利息收入的年金现值与该债券到期收回本金的现值之和,其计算公式如下:

$$V=F(P/F, K, n)+I(P/A, K, n)$$

式中：V 表示债券的价值，I 表示每年支付的债券利息额即票面利率×面值，F 表示债券到期偿还的价值（通常是债券的票面面额），K 表示贴现率（通常采用的市场利率或投资者期望报酬率），n 表示债券到期年限。

【例 5-7】 某债券面值为 1000 元，票面利率为 10%，期限为 5 年，每年付息一次，甲企业要对该债券进行投资，当前的市场利率为 12%。

要求：计算该债券的内在价值。

解： V=1000×(P/F, 12%, 5)+1000×10%×(P/A, 12%, 5)
　　　=1000×0.567+100×3.605
　　　=927.5（元）

即只有当这种债券的市价低于 927.5 元时，投资者购买该债券才是有利的。

3. 到期一次还本付息债券价值的确定

对于到期一次还本付息的债券，债券价值等于债券利息收入及到期收回本金之和的现值，其计算公式如下：

$$V=(F+F·i·n)·(P/F, K, n)$$

式中：V 表示债券的价值，F 表示债券到期偿还的价值，n 表示债券到期年限，i 表示债券票面利率，K 表示贴现率。

【例 5-8】 某企业购买另一家企业发行的到期一次还本付息的债券，该债券票面价值为 1000 元，期限为 5 年，票面利率为 10%，不计复利。当前市场利率为 8%。

该债券发行价格为多少时，企业才购买？

解： V=(1000+1000×10%×5)×(P/F, 8%, 5)
　　　=1500×0.681
　　　=1020.5（元）

即只有当该债券的发行价格低于其内在价值 1020.5 元时，投资者购买该债券才是有利的。

4. 永久债券价值的确定

永久债券是指一种不规定本金返还期限，可以无限期地按期取得利息的债券，其价值计算公式如下：

$$V=\frac{I}{K}$$

式中：V 为价值，I 为债券的利息（债券面值×债券利息），K 表示贴现率。

【例 5-9】 假设有一种永久债券，面额为 1000 元，年利率为 8%，投资者要求的年投资收益率为 10%。

请问投资者愿意接受的价格是多少？

解： 已知 I=1000×8%=80（元），K=10%，则：
P=80/10%=800（元）

该债券的市场价格只要不超过 800 元，投资者就可购买此债券。

（二）影响债券价值的因素

影响债券价值的因素主要有债券面值、票面利率、市场利率和债券期限等因素。

1. 债券面值

债券面值越大，债券价值越大。

2. 票面利率

票面利率越大，债券价值越大。

3. 市场利率

债券一旦发行，其面值、期限、票面利率都相对固定了，市场利率成为债券持有期间影响债券价值的主要因素。市场利率决定债券价值的贴现率，市场利率的变化会造成系统性的利率风险。

市场利率的上升会导致债券价值的下降，市场利率的下降会导致债券价值的上升。

长期债券对市场利率的敏感性会大于短期债券。在市场利率较低时，长期债券的价值远高于短期债券；在市场利率较高时，长期债券的价值远低于短期债券。

当市场利率低于票面利率时，债券价值对市场利率的变化较为敏感，市场利率稍有变动，债券价值就会发生剧烈的波动；当市场利率超过票面利率后，债券价值对市场利率的变化并不敏感，市场利率的提高，不会使债券价值降低太多。

4. 债券期限

由于票面利率的不同，当债券期限发生变化时，债券的价值也会随之波动。

【例 5-10】假定市场利率为 10%，面值为 1000 元，票面利率分别为 8%、10% 和 12% 的三种债券，在债券到期日的债券价值如表 5-2 所示。

表 5-2　债券期限变化的敏感性　　　　　　　　　　　　单位：元

债券期限	票面利率10%	票面利率8%	环比差异	票面利率12%	环比差异
0 年期	1000	1000	—	1000	—
1 年期	1000	981.72	-18.28	1018.08	18.08
2 年期	1000	964.88	-16.84	1034.32	16.24
5 年期	1000	924.28	-40.60	1075.92	41.6
10 年期	1000	877.60	-46.68	1123.40	47.48
15 年期	1000	847.48	-30.12	1151.72	28.32
20 年期	1000	830.12	-17.36	1170.68	18.96

当票面利率等于市场利率（平价债券），期限的长短对债券价值没有影响，债券价值始终等于面值。

当票面利率不等于市场利率（折价或溢价债券），期限越长，债券价值越偏离债券面值。

当市场利率小于票面利率，溢价债券期限越长，溢价债券价值越溢。

当市场利率大于票面利率，折价债券期限越长，折价债券价值越折。

三、债券投资收益率

（一）债券的内部收益率

债券投资的收益是投资于债券所获得的全部投资报酬，这些投资报酬来源于三个方面：① 名义利息收益。债券各期的名义利息收益是其面值与票面利率的乘积。② 利息再投资收益。③ 价差收益。价差收益是指债券尚未到期时投资者中途转让债券，在卖价和买价之间的价差上所获得的收益，也称为资本利得收益。

债券的内部收益率是指按当前市场价格购买债券并持有至到期日或转让日所产生的预期报酬率。在债券价值估价基本模型中，如果用债券的购买价格 P_0 代替内在价值 V_b，就能求出债券的内部收益率。也就是说，用该内部收益率贴现所决定的债券内在价值，刚好等于债券的目前购买价格。

债券真正的内在价值是按市场利率贴现所决定的内在价值，当按市场利率贴现所计算的内在价值大于按内部收益率贴现所计算的内在价值时，债券的内部收益率才会大于市场利率，这正是投资者所期望的。

（二）债券收益的影响因素

债券收益是指企业以购买债券的形式对外投资所取得的利息收入与资本利得，其影响因素主要包括以下几个方面。

1. **债券的票面利率**

债券票面利率越高，债券利息收入就越高，债券收益也就越高。债券的票面利率取决于债券发行时的市场利率、债券期限、发行者信用水平、债券的流动性水平等因素。发行时市场利率越高，票面利率就越高；债券期限越长，票面利率就越高；发行者信用水平越高，票面利率就越低；债券的流动性越高，票面利率就越低。

2. **市场利率与债券价格**

由债券收益率的计算公式可知，市场利率的变动与债券价格的变动呈反向关系，即当市场利率升高时债券价格下降，当市场利率降低时债券价格上升。市场利率的变动引起债券价格的变动，从而给债券的买卖带来差价。市场利率升高，债券买卖差价为正数，债券的投资收益增加；市场利率降低，债券买卖差价为负数，债券的投资收益减少。随着市场利率的升降，投资者如果能适时地买进卖出债券，就可能获取更大的债券投资收益。当然，如果投资者债券买卖的时机不当，也会使得债券的投资收益减少。

债券价格与债券面值和票面利率相联系，当债券价格高于其面值时，债券收益率低于票面利率；反之，则高于票面利率。

3. **债券的投资成本**

债券投资的成本大致有购买成本、交易成本和税收成本三部分。购买成本是投资人买入债券所支付的金额（购买债券的数量与债券价格的乘积，即本金）。交易成本包括经纪人佣金、成交手续费和过户手续费等。目前国债的利息收入是免税的，但企业债的利息收入还需要缴税，机构投资人还需要缴纳营业税，所以税收成本也是影响债券实际投资收益的重要因素。债券的投资成本越高，其投资收益也就越低。因此，债券投资成本是投资者在比较选择债券时所必须考虑的因素，也是在计算债券的实际收益率时必须要扣除的。

4. **市场供求、货币政策和财政政策**

市场供求、货币政策和财政政策会对债券价格产生影响，从而影响投资者购买债券的成本，因此市场供求、货币政策和财政政策也是我们考虑投资收益时所不可忽略的因素。

（三）债券收益率的计算

债券收益率是衡量债券投资收益通常使用的一个指标，是债券收益与其投入本金的比率，通常用年利率表示。决定债券收益率的主要因素，有债券的票面利率、期限、面值、持有时间、购买价格和出售价格。

债券收益率主要有：① 票面收益率（利息与票面价值之比）。② 直接收益率（利息与债券买入价之比）。③ 持有期收益率（利息加资本利得之和与买入价之比）。④ 到期收益率。到期收益率是指以特定价格购买债券并持有至到期日所能获得的收益率。这种收益率是一种内部收益率，它使债券所有未来现金流量的贴现值等于债券的购买价格的贴现率，其计算公式如下：

$$P_0 = I \times (P/A, k, n) + F \times (P/F, k, n)$$

式中：P_0 表示债券的市场价格，F 表示债券面值，I 表示每期利息（$F \times$票面利率），n 表示付息总期数，k 表示债券到期收益率（未知）。

计算方法："试误法"，求解含有贴现率的方程。

【例 5-11】 张三想计算 BW 发行在外的债券的到期收益率。BW 的债券面值为 1000 元，年利率为 10%，还有 15 年到期。该债券目前的市场价值为 1250 元。

要求：计算现在购买该债券持有至到期日的收益率是多少？

解：

（1）列出等式。

$1250 = 100 \times (P/A, K, 15) + 1000 \times (P/F, K, 15)$

（2）尝试 9%。

$100 \times (P/A, 9\%, 15) + 1000 \times (P/F, 9\%, 15)$
$= 100 \times (8.061) + 1000 \times (0.275)$
$= 806.10 + 275.00$
$= 1081$（元） （贴现率太高！）

（3）尝试 7%。

$100 \times (P/A, 7\%, 15) + 1000 \times (P/F, 7\%, 15)$
$= 100 \times (9.108) + 1000 \times (0.362)$
$= 910.80 + 362.00$
$= 1273$（元） （贴现率太低！）

（4）由此判断，到期收益率应该在 7% 至 9% 之间，接下来使用插值法计算。

$$0.02 \begin{bmatrix} \begin{bmatrix} 0.07 & 1273 \\ K & 1250 \\ 0.09 & 1081 \end{bmatrix} 23 \\ \end{bmatrix} 192$$

$K \div 0.02 = 23 \div 192$

$K = 0.0024 = 0.24\%$

因此，到期收益率 $= 7\% + 0.24\% = 7.24\%$。

除上述方法外，债券收益率还有一种简便的算法，不用考虑时间价值，其计算公式如下：

$$K = \frac{1 + (F-P)/n}{(F+P)/2} \times 100\%$$

式中：P 表示债券的当前购买价格，F 表示债券面值，n 表示债券持有期限。分母是平均资金占用,分子是平均收益。

【例 5-12】购买一份面值为 1000 元、票面利率为 12%的 5 年期债券,投资者将该债券持有至到期日。

要求:利用简便算法计算其内部收益率。

(1)假定投资者目前以 1075.92 元的价格购入;

(2)假定投资者目前以 1000 元的价格购入;

(3)假定投资者目前以 899.24 元的价格购入。

解:

当购买价格为 1075.92 元时:

K=[120+(1000−1075.92)/5]/[(1000+1075.92)/2]×100%=10.098%

当购买价格为 1000 元时:

K=[120+(1000−1000)/5]/[(1000+1000)/2]×100%=12%

当购买价格为 899.24 元时:

K=[120+(1000−899.24)/5]/[(1000+899.24)/2]×100%=14.76%

◎技能训练

【实训项目】计算与分析债券的价值、到期收益率

【实训目标】准确计算债券价值、到期收益率,并运用其评价投资可行性

【实训任务】

某公司计划于 2017 年 7 月 1 日购买一份面值为 100 万元、期限为 3 年的 A 公司同日发行的债券,其票面利率为 6%,每年的 7 月 1 日计算并支付一次利息,并于 3 年后的 6 月 30 日到期。当时的市场利率为 8%,该债券的市价为 94 万元,请你判断该公司是否该进行投资。请你计算债券到期收益率,并判断该公司是否该进行投资。

任务 5.3　基金投资

◎任务描述

了解基金投资的特点、分类,掌握基金投资净值的计算方式。

◎相关知识

一、基金投资的含义

基金投资是指通过发行基金单位集中投资者的资金,由基金托管人托管,由基金管理人管理和运用资金,从事股票、债券等金融产品投资,并将投资收益按基金投资者的投资比例进行分配的一种间接投资方式。其本质就是"受人之托,代人理财"。

基金投资是一种利益共享、风险共担的集合证券投资方式,它将分散的规模较小的资金集中起来由专家进行投资,具有交易成本低、投资方便、风险分散和收益共享等优势,对稳定市场也有积极的作用。

二、基金投资的运作特点

1. 专家管理

基金投资是一种专家理财制度,基金的资产由基金管理公司聘请受过专业训练的基金经理管理和运作。

2. 分散投资

基金投资利用基金资本额巨大的优势,以科学的方法构建不同的资产组合,分散投资于不同品质、不同行业和不同地域的证券,使投资风险趋于分散。

3. 规模经济效益

基金投资把投资者分散的小额资金通过基金集中起来成为拥有大额资本的机构投资者,集中规模的专家管理,降低了投资过程中信息收集和加工的成本。

4. 理性投资

基金投资中,机构投资者以追求长期资本增值为主要目标,因而更加关注上市公司的性质和业绩,投资决策更具理性。

5. 风险自负

基金投资的收益和风险都属于投资者本人,基金经理只收取一定的费用作为基金报酬。

三、基金的分类

1. 按组织形式和法律地位来分类

按组织形式和法律地位的不同,证券基金可以分为契约型基金和公司型基金。

契约型基金是指依据信托契约通过发行受益凭证而组建的投资基金。该类基金一般由基金管理人、托管人及收益人三方订立信托契约,规定当事人各自的权利和义务。

公司型基金是指基金发起人通过组织投资公司(或称基金公司)形式,发行投资股份(即基金股票),投资人通过购买基金股份成为基金公司股东的一种基金。

公司型基金在组织形式上与股份有限公司类似,基金公司资产为投资者(股东)所有,由股东选举董事会,由董事会选聘基金管理公司,基金管理公司负责管理基金业务。设立公司型投资基金时要在工商管理部门和证券交易委员会注册,同时还要在股票发行交易所所在地登记。但是公司型基金不能像股份制企业那样在运行中还有其他债权债务,且一个基金公司只能有一种基金,并以该基金作为唯一的全部运行资本。

2. 按运作和变现方式分类

按运作和变现方式不同,证券基金可分为封闭型基金和开放型基金。

(1) 封闭型基金。

封闭型基金是指事先确定基金发行规模,在发行完毕后和规定的期限内,不论出现何种情况,基金的资本总额及发行份数都固定不变,处于封闭状态的基金。

由于封闭型基金的股票及受益凭证不能被追加、认购或赎回,投资者只能通过证券经纪商在证券交易所进行基金的买卖,因此有人又将其称为公开交易共同基金。

封闭型基金的单位价格虽然以基金净资产价值为基础,但更多的是随着证券市场供求关系的变化而变化，或高于基金净资产价值（溢价）或低于基金净资产价值（折价），并不必然反映基金净资产价值。

（2）开放型基金。

开放型基金是指基金的资本总额及持份总数不是固定不变的，而是可以随时根据市场供求状况发行新份额或被投资人赎回的基金。

开放型基金不上市交易，由基金管理公司开设柜台交易，其交易价格由基金资产净值决定，一般不随行就市，每日由基金管理公司公布资产净值并据此确定投资者的申购价和赎回价，因此，基金份额不固定，净值也无法固定，价格亦随波逐流。基金管理公司须保留部分现金以备投资者赎回。

由于基金的股份总额随时因市场供求变动而变化，这样，若新份额被购买，则基金就有更多资产供投资用；若基金的股份被赎回，则基金的投资总额就要相应减少，从而引起基金投资组合中的资产变动。若基金被赎回的份额过大，超过基金正常的现金储备，基金管理机构须出售手中的有价证券以换取现金。开放型投资基金的买卖价格是由基金的净资产价值加一定手续费确定的。由于基金的资本总额根据市场供求关系的变化而变化，因此基金的买卖价格必然反映基金的净资产价值。

表 5-3 封闭型基金和开放型基金的比较

项目		封闭式基金	开放式基金
含义		设立基金时，限定基金单位的发行总额，并进行封闭运作的一种基金形式	设立基金时基金单位的总数不固定，可视经营策略和发展需要追加发行的一种基金形式
两者的不同点	期限	通常有固定的封闭期	没有固定期限，投资人可随时向基金管理公司赎回
	基金单位发行规模要求	在招募说明书中列明其基金规模	没有发行规模限制
	基金单位转让方式	基金单位在封闭期内不能要求基金公司赎回，只能在证券交易所或柜台市场出售	可以在首次发行结束一段时间后，随时向基金管理人或中介机构提出购买或赎回申请
	基金单位的交易价格计算标准	买卖价格受市场供求关系的影响，并不必然反映公司的净资产值	交易价格取决于每单位资产净值的大小，基本不受市场供求关系影响
	投资策略	可进行长期投资	不能全部用来投资

四、基金投资的价格

由于开放型基金和封闭型基金在买卖价格决定原理和买卖方式上的巨大差异，导致两者在流通市场上的交易价格有很大的不同。

1. 基金的净资产值和单位基金资产净值

（1）基金的净资产值

基金的净资产值是指基金资产总值减去按照有关规定可以在基金资产中扣除的费用和负债后的净值。它在封闭型基金的价值评估中占有重要的地位，同时也是开放型基金申购和赎回价格的基础。

（2）单位基金资产净值

单位基金资产净值是指在某一时点上，某一投资基金每一基金单位实际代表的价值。

即：基金单位资产净值 =（基金总资产 - 基金总负债）/ 已经售出的基金单位总数

2. 基金的报价

基金的价值决定了基金的价格，基金的交易价格是以基金单位净值为基础的，基金单位净值高，基金的交易价格也高。

封闭型基金在二级市场上竞价交易，其交易价格由供求关系和基金业绩决定，围绕着基金单位净值上下波动。

开放型基金的柜台交易价格则完全以基金单位净值为基础，通常采用两种报价形式：认购价（卖出价）和赎回价（买入价）。

基金认购价=基金单位净值+首次认购费

基金赎回价=基金单位净值-基金赎回费

五、基金投资收益评价

对于证券类基金，其收益主要来源于以下几个方面。① 利息收入：当基金投资于债券、可转让存单等金融商品时，其收益就是利息。② 股利收入：投资于股票所获得的股利收入。③ 资本利得：基金经理人在证券市场上买卖有价证券而获得的差价收益。④ 资本增值：基金公司所持有的金融资产的市值高于其购买成本的那部分价值。

投资者经常要支付的主要费用。① 初期的购买费用：在基金设立、发起时发生的诸如申请费、注册费、宣传费等，所以基金发起人在发行基金单位时要向投资人收取一定的购买费。② 经理人年费：经理人和投资顾问为管理、操作基金而收取的费用。③ 托管人年费：托管人为保管、处分基金资产并监督经理人运作而收取的费用。④ 行政费用：包括会计师费、律师费、稽核费等。⑤ 赎回费：此费用为限制投资人频繁赎回，以保护基金资产的相对稳定而向投资人收取的费用。

基金投资的利润应是基金的收益扣除基金公司应支付的主要费用后的余额。

基金收益率＝（年末持有份数×基金单位净值年末数-年初持有份数×基金单位净值年初数）÷（年初持有份数×基金单位净值年初数）

【例5-13】某基金公司发行的是开放型投资基金，2016年的相关资料如表5-4所示。

表5-4 基金公司资产、负债状况　　　　　　　　　　　　　　　单位：万元

项 目	年 初	年 末
基金资产账面价值	1000	1200
负债账面价值	300	320
基金市场账面价值	1500	2000
基金单位（万份）	500	600

假设公司收取首次认购费，认购费为基金净值的5%，不再收取赎回费。要求：

（1）计算年初的下列四个指标：该基金公司基金净资产价值总值、基金单位净值、基金认购价、基金赎回价。

（2）计算年末的下列四个指标：该基金公司基金净资产价值总值、基金单位净值、基金认购价、基金赎回价。

（3）计算2016年基金的收益率。

解：

（1）计算年初的下列四个指标：

该基金公司基金净资产价值总值=基金资产市场价值-负债总额=1500-300=1200（万元）

基金单位净值=1200÷500=2.4（元）

基金认购价=基金单位净值+首次认购费=2.4+2.4×5%=2.52（元）

基金赎回价=基金单位净值-基金赎回费=2.4（元）
（2）计算年末的下列四个指标：
该基金公司基金净资产价值总值=2000-320=1680（万元）
基金单位净值=1680÷600=2.8（元）
基金认购价=2.8+2.8×5%=2.94（元）
基金赎回价=2.8（元）
（3）2016年基金的收益率=(600×2.8-500×2.4)÷(500×2.4)=40%

◎技能训练

【实训项目】基金投资净值分析

【实训目标】比较我国开放型基金与封闭型基金的净值，熟悉我国基金投资品种，正确理解投资基金净值

【实训任务】已知：ABC公司是一个基金公司，相关资料如下。

资料一：2016年1月1日，ABC公司的基金资产总额（市场价值）为27000万元，其负债总额（市场价值）为3000万元，基金份数为8000万份。在基金交易中，该公司收取首次认购费和赎回费，认购费率为基金资产净值的2%，赎回费率为基金资产净值的1%。

资料二：2016年12月31日，ABC公司按收盘价计算的资产总额为26789万元，其负债总额为345万元，已售出10000万份基金单位。

资料三：假定2016年12月31日，某投资者持有该基金2万份，到2017年12月31日，该基金投资者持有的份数不变，预计此时基金单位净值为3.05万元。

要求：
（1）根据资料一计算2016年1月1日ABC公司的下列指标：
① 基金净资产价值总额。② 基金单位净值。③ 基金认购价。④ 基金赎回价。
（2）根据资料二计算2016年12月31日的ABC公司基金单位净值。
（3）根据资料三计算2017年该投资者的预计基金收益率。
（4）请在每一个时点上代为投资者做出相关决策。

任务 5.4　证券投资组合

◎任务描述

了解证券投资组合的风险，掌握证券投资组合风险与收益的衡量与计算方法。

◎相关知识

证券投资组合是指在进行证券投资时，不是将所有的资金都投向单一的某种证券，而是有选择地投向一组证券。通过有效地进行证券投资组合，可达到降低风险的目的。

一、证券投资组合的风险

证券投资组合的风险可以分为两种性质完全不同的风险：非系统性风险和系统性风险。

非系统性风险又称可分散型风险或公司特别风险，是仅引起单项证券投资的收益发生变动并带来损失的可能性的风险。这类风险是由发行企业、行业的原因引起的，如发行企业的高级人事变动、经营能力下降或经营出现亏损等。这种风险只影响某种或某几种证券，而其他证券不受影响，单个投资者可以规避，或通过持有证券的多元化加以消除。

系统性风险是指引起市场上所有证券的投资收益发生变动并带来损失可能性的风险。它主要包括自然风险、利率风险、购买力风险、政策法规风险和政治风险等。这类风险影响到所有证券，是单个投资者所无法消除的。

不可分散风险的程度通常用 β 系数来计量。β 系数有多种计算方法，实际计算过程十分复杂，但幸运的是 β 系数一般不需要投资者自己计算，而是由一些投资服务机构定期计算并公布。

整体的证券市场的 β 系数为 1，如果某种股票的风险情况与整个证券市场的风险情况一致，则这种风险的 β 系数等于 1；如果某种股票的 β 系数大于 1，说明其风险大于整个市场的风险；如果某种股票的 β 系数小于 1，说明其风险小于整个市场的风险。

从以上分析可知，单个证券的 β 系数可以由有关的投资服务机构提供。那么，投资组合的 β 系数该怎样计算呢？投资组合的 β 系数是单个证券 β 系数的加权平均数，权数为各种证券在投资组合中所占的比重，其计算公式如下：

$$\beta_p = \sum_{i=1}^{n} x_i \beta_i$$

式中：β_p 表示证券组合的 β 系数，n 表示证券组合中股票的数量，X_i 表示证券组合中第 i 种股票所占的比重，β_i 表示第 i 种股票的系数。

二、证券投资组合的风险收益

投资者进行证券组合投资与进行单项投资一样，都要求对承担的风险进行补偿，股票的风险越大，要求的收益就越高。但是，与单项投资不同，证券组合投资要求补偿的风险只是不可分散的风险，而不要求对可分散的风险进行补偿。因此，证券投资组合的风险收益是指投资者因承担不可分散风险而要求的、超过时间价值的那部分额外收益，可用下列公式计算：

$$R_P = \beta \times (K_M - R_F)$$

式中：R_P 表示证券组合的风险收益率，β 表示证券组合的 β 系数，K_M 表示所有股票的平均收益率（也就是由市场上所有股票组合的收益率，简称"市场收益率"），R_F 表示无风险收益率（一般由政府公债的利息率来衡量）。

【例5-14】某公司持有甲、乙、丙三种股票构成的证券组合，它们的 β 系数分别是 2.0、1.0 和 0.5，它们在证券组合中所占的比重分别是 50%、30%和 20%，股票的平均市场收益率为 25%，无风险收益率为 6%，试确定这种证券组合的风险收益率。

（1）确定证券组合的 β 系数。

$$\beta = \sum_{i=1}^{n} x_i \beta_i = 50\% \times 2.0 + 30\% \times 1.0 + 20\% \times 0.5 = 1.4$$

（2）计算该证券组合的风险收益率。

$$R_P = \beta \times (K_M - R_F) = 1.4 \times (25\% - 6\%) = 26.6\%$$

当然，在计算出风险收益率后，便可以根据投资额和风险收益率计算出风险收益的数额。从以上计算中可以看出，在其他因素不变的情况下，风险收益取决于证券组合的 β 系数，β 系数越大，风险收益就越大，反之亦然。

三、证券投资组合的收益率

证券投资组合的收益率是指在有风险条件下进行证券投资组合而获得的收益率，可根据资本资产定价模型计算，这一模型为：

$$K_i = R_F + \beta_i \times (K_M - R_F)$$

式中：K_i 表示第 i 种股票或第 i 种证券组合的必要收益率，R_F 表示无风险收益率，β_i 表示第 i 种股票或第 i 种证券组合的 β 系数，K_M 表示所有股票的平均收益率。

【例5-15】某公司股票的 β 系数为2.0，现行的国库券的利率为6%，市场上所有股票的平均收益率为15%。该公司股票的收益率应为：

$$\begin{aligned} K_i &= R_F + \beta_i \times (K_M - R_F) \\ &= 6\% + 2.0 \times (15\% - 6\%) \\ &= 24\% \end{aligned}$$

该公司股票的收益率达到或超过24%时，投资者才会进行投资。

四、证券投资组合的策略

在证券投资组合理论的发展过程中形成了各种各样的派别，从而也形成了不同的组合策略，现介绍其中最常见的几种。

（1）保守型策略。

保守型策略认为，最佳证券投资组合策略是要尽量模拟市场现状，将尽可能多的证券种类包括进来，以便分散掉全部非系统性风险，得到与市场所有证券的平均收益同样的收益。这种投资组合有以下好处：能尽可能分散掉全部可以分散的风险；不需要高深的证券投资的专业知识；证券投资的管理费比较低。但这种组合获得的收益不会高于证券市场上所有的证券的平均收益，因此，此种策略属于收益不高、风险不大的策略，故称之为保守型策略。

（2）冒险型策略。

冒险型策略认为，与市场完全一样的组合不是最佳组合，只要投资组合做得好，就能击败市场或超越市场，取得远远高于平均水平的收益。在这种组合中，一些成长型的股票比较多，而那些低风险、低收益的证券不多。另外，其组合的随意性强，变动频繁。采用这种策略的人都认为，收益就在眼前，何必死守苦等。对于追随市场的保守派，他们是不屑一顾的。这种策略收益高、风险大，因此称之为冒险型策略。

（3）适中型策略。

适中型策略认为，证券的价格，特别是股票的价格，是由特定企业的经营业绩来决定的，如果特定企业的经营业绩好，股票一定会升到其本来的价值水平。采用这种策略的人，一般都善于对证券进行分析，如进行行业分析、企业业绩分析、财务分析等，通过分析，选择高质量的股票和债券，组成投资组合。适中型策略如果做得好，可获得较高的收益，而又不会承担太大的风险。但进行这种组合的人必须具备丰富的投资经验，拥有进行证券投资的各种专业知识。这种投资策略风险不太大，收益却比较高，所以是一种最常见的投资组合策略。各种金融机构、投资基金和企事业单位在进行投资时一般都采用此种策略。

◎技能训练

【实训项目】证券投资组合的风险与收益率计算

【实训目标】掌握证券投资组合的风险与收益率计算

【实训任务】甲公司持有 A、B、C 三种股票，在由上述股票组成的证券投资组合中，各股票所占的比重分别为 50%、30%和 20%，其 β 系数分别为 2.0、1.0 和 0.5，市场收益率为 15%，无风险收益率为 10%。

要求：

（1）计算甲公司证券组合的 β 系数；

（2）计算甲公司证券组合的风险收益率；

（3）计算甲公司证券组合的必要投资收益率（K）。

本项目小结

1. 本项目的重点：股票投资决策、债券投资决策、证券投资组合决策。

2. 本项目的难点：股价价值与收益率的计算及应用、债券价值与收益率的计算及应用、证券投资组合决策的方法。

3. 关键概念：系统性风险、非系统风险、到期收益率、债券价值、股票投资价值、市盈率、证券投资组合、风险收益、必要收益率。

项目综合实训

【实训项目】证券投资决策

【实训目的】掌握证券投资决策的方法

【实训形式】将全班分成若干小组，每小组 5~7 人，以小组为单位，拟创设的虚拟企业目前有闲置资金 10 万元，计划进行证券投资，拟为公司选择投资的证券。完成投资可行性分析报告。

【实训成果】提交投资分析报告。投资报告的内容主要包括：证券投资的选择、投资的价值与收益率计算、应用主要财务评价指标对项目进行的决策分析等。

扫码做习题

项目六　营运资金管理

职业能力目标

1. 掌握营运资金管理的方法，能够根据实际制定营运资金管理制度。
2. 掌握持有现金的成本及现金管理的方法，能够确定企业现金的最佳持有量。
3. 掌握企业持有应收款的成本及信用政策的制定方法，能够制定合理有效的信用政策。
4. 掌握企业持有存货的成本及经济订货批量的确定方法，能够确定企业经济订货批量。

典型工作任务

现金管理、应收账款管理、存货管理、流动负债管理

知识点

营运资金、现金管理成本、现金持有量、应收账款、信用政策、信用标准、信用条件、收账政策、存货管理、经济进货批量、再订货点、保险储备量、ABC分类管理法

技能点

最佳现金持有量的确定、现金日常管理、信用政策制定、信用标准制定、信用期限确定、收账政策确定、应收账款的日常管理、存货经济订货批量模型、存货日常管理

◎ 导入案例

上航公司只对预期坏账损失率在10%以下的客户提供赊销，现拟改变信用标准，有以下两个方案可供选用。

方案一，如果只对预期坏账损失率在8%以下的客户提供赊销，会使销售收入减少80000元，相应的平均收款期为45天，管理成本减少200元，所减少销售额的预期坏账损失率为10%。

方案二，只对预期坏账损失率在20%以下的客户提供赊销，会使销售收入增加120000元，相应的平均收款期为60天，管理成本增加300元，所增加的销售额的预期坏账损失率为18%。

公司销售利润率为25%，变动成本率为60%，有价证券利率为8%。

请思考：

请为该公司做出决策，公司是否应该改变信用标准？如改变的话，应该采用哪个方案？

任务6.1　营运资金管理认知

◎ 任务描述

了解营运资金的概念、特点，掌握营运资金管理的内容。

◎ 相关知识

一、营运资金管理的内容

（一）营运资金的特点

营运资金是指在企业生产经营活动中占用在流动资产上的资金。营运资金有广义和狭义之分，广义的营运资金是指一个企业流动资产的总额；狭义的营运资金是指流动资产减去流动负债后的余额。这里介绍的是狭义的营运资金概念。

营运资金的特点：① 营运资金的来源具有灵活多样性。通常有银行短期借款、短期融资券、商业信用、应缴税费、应付股利、应付职工薪酬等多种内外部融资方式。② 营运资金的数量具有波动性。流动资产的数量会随企业内外条件的变化而变化，时高时低，波动很大。随着流动资产数量的变动，流动负债的数量也会相应发生变动。③ 营运资金的周转具有短期性。企业占用在流动资产上的资金，通常会在1年或一个营业周期内收回。④ 营运资金的实物形态具有变动性和易变现性。企业营运资金的实物形态是经常变化的，一般按照现金、材料、在产品、产成品、应收账款、现金的顺序转化。

（二）营运资金管理的内容与原则

营运资金的管理既包括流动资产的管理，也包括流动负债的管理。流动资产是指可以在1年以内或超过1年的一个营业周期内变现或运用的资产。流动资产具有占用时间短、周转快、易变现等特点。流动负债是指需要在1年或者超过1年的一个营业周期内偿还的债务。流动负债又称短期负债，具有成本低、偿还期短的特点。

企业进行营运资金管理，应遵循以下原则：① 保证合理的资金需求。企业应认真分析生产经营状况，合理确定营运资金的需要数量。② 提高资金使用效率。缩短营业周期，加速变现过程，加快营运资金周转。③ 节约资金使用成本。要在保证生产经营需要的前提下，尽力降低资金使用成本。④ 保持足够的短期偿债能力。合理安排流动资产和流动负债的比例关系，保持流动资产结构与流动负债结构的适配性，保证企业有足够的短期偿债能力。

二、营运资金管理策略

营运资金管理主要解决两个问题：企业运营需要多少营运资金——流动资产投资策略；如何筹集企业所需的营运资金——流动资产融资策略。

（一）流动资产投资策略

企业必须选择与其业务需要和管理风格相符合的流动资产投资策略。流动资产投资策略包括紧缩的流动资产投资策略和宽松的流动资产投资策略，如表6-1所示。

表6-1 流动资产投资策略的种类

种 类	特 点			
	流动资产与销售收入比率	财务与经营风险	流动资产持有成本	企业的收益水平
紧缩的流动资产投资策略	维持低水平	较高	较低	较高
宽松的流动资产投资策略	维持高水平	较低	较高	较低

选择何种流动资产投资策略应考虑的因素如表6-2所示。

表6-2 选择何种流动资产投资策略应考虑的因素

因 素	具体表现
权衡资产的收益性和风险性	增加流动资产投资，会增加流动资产的持有成本，降低资产的收益性，但会提高资产的流动性；反之会降低。因此，从理论上来说，最优的流动资产投资规模等于流动资产的持有成本与短缺成本之和最低时的流动资产占用水平
企业经营的内外部环境	（1）银行和其他借款人对企业流动性水平非常重视。如果公司重视债权人的意见，会持有较多流动资产 （2）融资困难的企业，通常采用紧缩政策
产业因素	销售边际毛利较高的产业，宽松的信用政策可能为企业带来更可观的收益
行业类型	流动资产占用具有明显的行业特征。比如，在商业零售行业，其流动资产占用要超过机械行业
影响企业政策的决策者	保守的决策者更倾向宽松的流动资产投资策略，而风险承受能力较强的决策者则倾向紧缩的流动资产投资策略 （1）运营经理和销售经理分别喜欢高水平的原材料存货及产成品存货 （2）财务管理人员喜欢使存货和应收账款最小化

(二)流动资产融资策略

1. 流动资产的分类及其融资方式

流动资产的分类及其融资方式如表 6-3 所示。

表 6-3 流动资产的分类及其融资方式

分 类	特 点	融资方式
永久性流动资产	指满足企业长期最低需求的流动资产,其占有量通常相对稳定	长期来源
波动性流动资产(临时性流动资产)	指那些由于季节性或临时性的原因而形成的流动资产,其占用量随当时的需求而波动	短期融资

2. 流动负债的分类

流动负债的分类如表 6-4 所示。

表 6-4 流动负债的分类

分 类	特 点
临时性负债(筹资性流动负债)	指为了满足临时性流动资产需要所发生的负债,临时性负债一般只能供企业短期使用,如1年期以内的短期借款或发行短期融资券等融资方式
自发性负债(经营性流动负债)	指直接产生于企业持续经营中的负债,如商业信用筹资和日常运营中产生的其他应付款,以及应付职工薪酬、应付利息、应付税费等,自发性负债可供企业长期使用

3. 流动资产融资策略的种类及特点

融资决策主要取决于管理者的风险导向,此外它还受到利率在短期、中期、长期负债之间差异的影响。根据资产的期限结构与资金来源的期限结构的匹配程度差异,流动资产的融资策略可以划分为:期限匹配融资策略、保守融资策略和激进融资策略三种基本类型。

(1) 期限匹配融资策略。

在期限匹配融资策略中,永久性流动资产和固定资产以长期融资方式(负债或权益)融通,波动性流动资产用短期来源融通。这意味着,在给定的时间内,企业的短期融资数量反映了当时的波动性流动资产的数量。当资产扩张时,信贷额度也会增加,以便支持企业的扩张;当资产收缩时,就会释放出资金,以偿付短期借款。

资金来源的有效期与资产的有效期的匹配,只是一种策略性的观念匹配,而不要求实际金额完全匹配。实际上,企业也做不到完全匹配。

(2) 保守融资策略。

在保守融资策略中,长期融资支持固定资产、永久性流动资产和部分波动性流动资产。公司通常以长期融资来源来为波动性流动资产的平均水平融资,短期融资仅用于融通剩余的波动性流动资产。这种策略通常最小限度地使用短期融资。因为这种策略在需要时将会使用成本更高的长期负债,所以往往比其他途径具有较高的融资成本。

对短期融资的相对较低的依赖导致了较高的流动性比率,但由于总利息费用更高,这种策略也会导致利润更低。然而,如果长期负债以固定利率为基础,而短期融资方式以浮动或可变利率为基础,则利率风险可能降低。

(3) 激进融资策略。

在激进融资策略中,企业以长期负债和权益为所有的固定资产融资,仅对一部分永久性流动资产使用长期融资方式融资。短期融资方式支持剩下的永久性流动资产和所有的临时性流动资产，这种策略比其他策略使用更多的短期融资。

◎ 技能训练

【实训项目】营运资金管理案例分析
【实训目标】掌握营运资金管理的策略
【实训任务】
1. 将班级学生分成若干小组（5～8人为一组），以小组为单位，在网上搜索一个企业营运资金管理的案例，讨论、分析该企业营运资金管理的具体内容，以及如何进行管理的。
2. 每个小组推荐一位代表汇报本组讨论情况，并说明该企业营运资金管理的策略与方法。班级同学对其汇报情况进行评分。
3. 每个小组将汇报情况形成文字资料，并上交授课老师评阅。

任务 6.2　现金管理

◎ 任务描述

分析现金管理的成本，掌握最佳现金持有量的确定方法。

◎ 相关知识

一、企业现金管理的内容

（一）持有现金的动机

现金的含义有广义、狭义之分，广义的现金是指在生产经营过程中以货币形态存在的资金，包括库存现金、银行存款和其他货币资金等；狭义的现金仅指库存现金。这里所讲的现金是指广义的现金。

持有现金是出于三种需求：交易性需求、预防性需求和投机性需求，如表 6-5 所示。

表 6-5　企业持有现金的动机

动　机	含　义	影响因素
交易性需求	企业为了维持日常周转及正常商业活动所需持有的现金额	1. 向客户提供的商业信用条件（同向） 2. 从供应商那里获得的信用条件（反向） 3. 业务的季节性
预防性需求	企业需要维持充足的现金，以应付突发事件	1. 企业愿冒现金短缺风险的程度 2. 企业预测现金收支可靠的程度 3. 企业临时融资的能力
投机性需求	企业需要持有一定量的现金以抓住突然出现的获利机会	金融市场投资机会

（二）企业现金管理的目标

企业现金是变现能力最强的资产，但是现金的收益性往往较低，企业持有的现金量要合理，如果现金过多，会降低企业的收益水平；如果现金太少，又有可能会出现现金短缺的情况，影响生产经营活动。所以从收益性方面而言，企业应尽可能少持有现金，以避免资金闲置或被用于低收益资产而带来的损失。因此，企业在现金管理上，必须确定现金合理的持有量，力求做到既保证企业正常生产经营活动的需要，又不使企业现金多余、闲置。因此，企业现金管理的目标就是在资产的流动性和盈利能力之间做出抉择，确定最佳现金持有量，以获取长期的最大利润。

（三）企业现金的持有成本

1. 管理成本

企业现金的管理成本是指企业因保留现金余额而发生的管理费用，如支付给现金管理人员的工资和安全措施费用等。企业现金的管理成本在一定范围内与现金持有量的大小关系不大，具有固定成本的性质，属于决策无关成本。

2. 机会成本

企业现金的机会成本是指因企业持有现金而丧失的再投资收益。企业持有现金就意味着失去了将现金投资到其他方面去获得投资收益的机会，而这有可能获得的收益就是企业现金的机会成本。机会成本与现金持有量的大小成正比例关系。

3. 转换成本

企业现金的转换成本是指在企业现金与有价证券转换的过程中发生的费用，如委托买卖佣金、委托手续费、证券过户费、实物交割手续费等。严格地讲，转换成本并不都是固定费用，有的具有变动成本的性质，如委托买卖佣金或委托手续费。这些费用通常是按照委托成交金额计算的。因此，在证券总额不变的条件下，无论证券变现次数怎样变动，所需支付的委托成交金额是相同的。同时，那些依据委托成交金额计算的转换成本与证券变现次数关系不大，属于决策无关成本。这样，与证券变现次数密切相关的转换成本便只包括其中的固定性交易费用。转换成本与现金持有量的大小成反比例关系。

4. 短缺成本

企业现金的短缺成本是指因现金持有量不足，又无法及时得到补充而给企业造成的损失，如不能及时支付材料款而停工待料给企业造成的经济损失。企业现金的短缺成本与现金持有量的大小成反比例关系。

企业现金的持有成本与现金持有量的大小分别呈不同方向的变化，使现金持有成本最小就是寻求在各成本之和最小时的现金持有量，即最佳现金持有量。

二、最佳现金持有量确定方法

最佳现金持有量是指在正常情况下能够保证企业生产经营的最低限度需要的现金持有量，即持有这一数额对企业最有利的现金持有量。确定最佳现金持有量的方法有很多，比较常用的方法包括：成本分析模式、存货模式、随机模式和现金周转模式。

（一）成本分析模式

成本分析模式是根据现金有关成本,分析预测当其总成本最低时现金持有量的一种方法。成本分析模式的基本思路是先找出与企业持有现金相关的成本,然后再找出当相关成本之和最低时所对应的现金余额。与企业持有现金相关的成本有管理成本、机会成本和短缺成本（成本分析模式中不考虑转换成本）,它们之和构成了现金总成本。

现金总成本=管理成本+机会成本+短缺成本

决策原则：上述三项成本之和的最小值即为最佳现金持有量。

最佳现金持有量=min（管理成本+机会成本+短缺成本）

【例6-1】大华企业有甲、乙、丙、丁四种现金持有方案,各方案有关成本资料如表6-6所示。要求：计算该企业的最佳现金持有量。

表6-6 现金持有方案

项 目	甲	乙	丙	丁
现金持有量（元）	30000	40000	50000	60000
机会成本率	8%	8%	8%	8%
短缺成本（元）	3000	1000	500	0
管理成本（元）	1000	1000	1000	1000

根据已知资料,编制该企业最佳现金持有量测算表,如表6-7所示。

表6-7 最佳现金持有量测算表　　　　　　　　　　　　　　　单位：元

方 案	机会成本	短缺成本	管理成本	总成本
甲	30000×8%=2400	3000	1000	6400
乙	40000×8%=3200	1000	1000	5200
丙	50000×8%=4000	500	1000	5500
丁	60000×8%=4800	0	1000	5800

由上表可知,乙方案的总成本最低,因此,企业最佳现金持有量为40000元。

（二）存货模式

存货模式是将存货经济订货批量模式用于确定目标现金持有量的一种方法。

假设前提：① 现金的支出过程比较稳定,波动较小,而且每当现金余额降至零时,均通过变现部分证券得以补足（不允许短缺）。② 企业预算期内现金需要总量可以预测。③ 证券的利率或报酬率以及每次固定性交易费用可以获悉。

在存货模式中,只考虑机会成本和转换成本,不考虑管理成本和短缺成本。在这些成本中,管理成本因其相对稳定,同现金持有量的大小关系不大,因此,在存货模式中将其视为决策无关成本而不予考虑。另外,由于现金是否会发生短缺、短缺多少、概率多大,以及各种短缺情形发生时的损失如何,都存在很大的不确定性和无法计量性,因此在存货模式中对短缺成本也不予考虑。

设 T 为一个周期内现金总需求量,F 为每次转换有价证券的固定成本,Q 为最佳现金持有量（每次证券变现的数量）,K 为有价证券利息率（机会成本）,C 为现金管理相关总成本（机会成本与转换成本之和）。则有关计算公式如下：

$$C = (Q/2) \times K + (T/Q) \times F$$

$$Q = \sqrt{2TF/K}$$

$$C = \sqrt{2TFK}$$

【例6-2】 光华企业现金收支平衡，预计全年（按360天计算）现金需要量为300000元，现金与有价证券的转换成本为每次600元，有价证券利率为10%，试计算该企业最佳现金持有量、全年现金转换成本、全年现金持有的机会成本及最佳现金持有量下的全年有价证券交易次数和有价证券交易间隔期。

解：

最佳现金持有量 $=\sqrt{\dfrac{2\times 300000\times 600}{10\%}}=60000$（元）

全年现金转换成本 $=\dfrac{300000}{60000}\times 600=3000$（元）

全年现金持有的机会成本 $=\dfrac{60000}{2}\times 10\%=3000$（元）

全年有价证券交易次数 $=\dfrac{300000}{60000}=5$（次）

有价证券交易间隔期 $=\dfrac{360}{5}=72$（天）

存货模式可以精确地测算出最佳现金持有量和变现次数，但是这种模式以货币支出均匀发生、现金持有成本和转换成本易于预测为前提条件，使该方法的使用受到一定的限制。

（三）随机模式

随机模式是在现金需求量难以预知的情况下进行现金持有量控制的方法，如图6-1所示。其基本原理是，企业根据历史经验和现实需要，测算出一个现金持有量的控制范围，即制定出现金持有量的上限和下限，将现金持有量控制在上下限之内。若现金持有量在控制的上下限之内，则不必进行现金与有价证券的转换，保持它们各自的现有持有量；当现金持有量达到上限或下限时，通过现金与有价证券的转换，使现金持有量回到回归线。

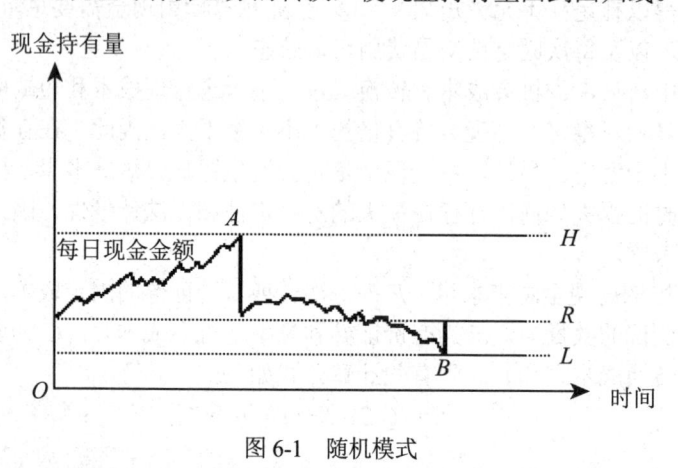

图6-1 随机模式

以上关系中的上限 H 和回归线 R 可按下列公式计算：

$$R = \sqrt[3]{\frac{3b\delta^2}{4i}} + L$$

$$H = 3R - 2L$$

式中：b 为每次有价证券的固定转换成本，i 为有价证券的日利率，δ 为预期每日现金持有量变化的标准差（可根据历史资料测算）。

现金持有量下限（L）的确定，要受到企业每日的最低现金需要、管理人员的风险承受倾向等因素的影响。现金管理部经理在综合考虑以下因素的基础上确定：短缺现金的风险程度、公司借款能力、公司日常周转所需资金、银行要求的补偿性余额。

随机模式适用于所有企业最佳现金持有量的测算，它建立在企业的现金未来需求总量和收支不可预测的前提下，计算出来的现金持有量比较保守。

【例6-3】假定甲企业有价证券的年利率为9%，每次固定转换成本为50元，甲企业认为任何时候其银行活期存款及现金持有量均不能低于1000元，又根据以往经验测算出现金持有量波动的标准差为800元。回归线 R 及现金持有量上限 H 的计算为：

有价证券日利率=9%÷360=0.025%

$$R = \sqrt[3]{\frac{3b\delta^2}{4i}} + L$$

$$= \sqrt[3]{\frac{3 \times 50 \times 800^2}{4 \times 0.025\%}} + 1000$$

$$= 5579$$

$H = 3R - 2L = 3 \times 5579 - 2 \times 1000 = 14737$（元）

（四）现金周转模式

现金周转模式就是以现金周转期计算最佳现金持有量的方法。现金周转期是指企业从购买材料支付现金到销售商品收回现金为止所需要的时间，即存货周转期与应收账款周转期之和减去应付账款周转期。存货周转期指从原材料转化成产品直至出售所需要的时间，应收账款周转期指从产品销售到收回现金所需要的时间，应付账款周转期指从收到尚未付款的材料到现金支出所需要的时间。

现金周转期的计算方法为：

现金周转期=应收账款周转期+存货周转期-应付账款周转期

其中：

应收账款周转期=平均应收账款/每天的销货收入

存货周转期=平均存货/每天的销货成本

应付账款周转期=平均应付账款/每天的购货成本

现金周转期确定后，便可确定最佳现金持有量，其计算公式如下：

$$\text{最佳现金持有量} = \frac{\text{企业现金年需求总量}}{360} \times \text{现金周转期}$$

所以，如果要减少现金周转期，可以从以下方面着手：加快制造与销售产成品来减少存货周转期；加速回收应收账款来减少应收账款周转期；减缓支付应付账款来延长应付账款周转期。

【例 6-4】 甲企业预计 2010 年全年需要现金 900 万元，预计应收账款周转期为 40 天，应付账款周转期为 30 天，存货周转期为 80 天，求甲企业的最佳现金持有量。

现金周转期=应收账款周转期+存货周转期-应付账款周转期=40+80-30=90天

$$最佳现金持有量 = \frac{企业现金年需求总量}{360} \times 现金周转期 = 900 \div 360 \times 90 = 225（万元）$$

现金周转模式简单明了，易于计算。但是这种方法假设材料采购与产品销售产生的现金流量在数量上一致，企业的生产经营过程在 1 年中持续稳定地进行，即现金需要和现金供应不存在不确定的因素。如果以上假设条件不存在，则求得的最佳现金持有量将发生偏差。

三、资金集中管理模式

（一）资金集中管理模式的概念与内容

资金集中管理模式也称司库制度，是指集团企业借助商业银行的网上银行功能及其他信息技术手段，将分散在集团各所属企业的资金集中到总部，由总部统一调度、统一管理和统一运用。

资金集中管理包括资金集中、内部结算、融资管理、外汇管理、支付管理等内容，其中，资金集中是基础。

（二）集团企业资金集中管理模式

1. 统收统支模式

统收统支模式是指企业的一切现金收入都集中在集团总部的财务部门，各分支机构或子企业不单独设立账号，一切现金支出都通过集团总部财务部门操作，是现金收支的批准权高度集中的资金管理模式。统收统支模式有利于集团企业实现全面收支平衡，提高资金的周转效率，减少资金沉淀，监控现金收支，降低资金成本；缺点是不利于调动子企业的积极性，影响子企业经营的灵活性，以致降低整个集团经营活动和财务活动的效率。而且在制度的管理上欠缺一定的合理性，如果每笔收支都要经过总部财务部门之手，那么总部财务部门的工作量就大了很多。统收统支模式通常适用于企业规模比较小的公司。

2. 拨付备用金模式

拨付备用金模式是指集团按照一定的期限统拨给所有子企业一定数额的现金，备其使用的资金管理模式。各子企业发生现金支出后，持有关凭证到集团财务部门报销以补足备用金。拨付备用金模式相当于企业的报销中心，相比统收统支模式具有一定的灵活性，通常适用于那些经营规模比较小的企业。

3. 结算中心模式

结算中心通常是由集团内部设立的，办理内部各成员现金收付和往来结算业务的专门机构。它通常设立于财务部门内，是一个独立运行的职能机构，也是企业集团发展到一定阶段，应企业内部资金管理需求而生的一个内部资金管理机构，是根据集团财务管理和控制的需要在集团内部设立的，为企业成员办理资金融通和结算，以降低企业成本、提高资金使用效率的服务机构。

4. 内部银行模式

内部银行是为了将社会银行的基本职能与管理方式引入企业内部管理机制而建立起来的一种内部资金管理机构，它将"企业管理""金融信贷"和"财务管理"三者融为一体，一般是将企业的自有资金和商业银行的信贷资金统筹运作，在内部银行统一调剂，一般适用于具有较多责任中心的企业。

5. 财务公司模式

财务公司是一种经营部分银行业务的非银行机构。集团各子公司具有完全独立的财务系统，可以自行经营自身的现金，对现金的使用行使决策权。另外，集团对各子公司的现金控制是建立在各自具有独立的经济利益基础上的。集团经营者（或最高决策机构）不再直接干预子公司的现金使用和取得。财务公司一般是集团发展到一定水平后，需要经过中国人民银行审核批准才能设立的。

四、现金收支日常管理

（一）收款管理

收款管理应关注收款成本和收款浮动期。收款成本包括浮动期成本、管理收款系统的相关费用及第三方处理费用或清算相关费用。收款浮动期是指从支付开始到企业收到资金的时间间隔。收款浮动期主要是由支票支付工具导致的，有下列三种类型：① 邮寄浮动期，是指从付款人寄出支票到收款人或收款人的处理系统收到支票的时间间隔。② 处理浮动期是指，支票的接收方处理支票和将支票存入银行以收回现金所花费的时间。③ 结算浮动期，是指通过银行系统进行支票结算所需的时间。一个高效率的收款管理系统能够使收款成本和收款浮动期达到最小，同时能够保证与客户汇款及其他现金流入来源相关的信息的质量。

（二）付款管理

付款管理的目标是在不损害企业信誉条件下，尽可能推迟现金的支出。延缓现金支出的策略如表 6-8 所示。

表 6-8　延缓现金支出的策略

延缓现金支出的策略	说　　明
使用现金浮游量	现金浮游量是指由于企业提高收款效率和延长付款时间所产生的企业账户上的现金余额和银行账户上的企业存款余额之间的差额
推迟应付款的支付	推迟应付款的支付是指企业在不影响自己信誉的前提下，充分运用供货方所提供的信用优惠，尽可能地推迟应付款的支付期
汇票代替支票	与支票不同的是，承兑汇票并不是见票即付。它推迟了企业调入资金支付汇票的实际所需时间
改进员工工资支付模式	企业可以为支付工资专门设立一个工资账户，通过银行向职工支付工资
透支	企业开出支票的金额大于活期存款余额
争取现金流出与现金流入同步	应尽量使现金流出与流入同步，这样就可以降低交易性现金余额，同时可以减少有价证券转换为现金的次数，提高现金的利用效率，节约转换成本
使用零余额账户	企业与银行合作，保持一个主账户和一系列子账户。企业只在主账户保持一定的安全储备，而在一系列子账户不需要保持安全储备

◎ 技能训练

【实训项目】 最佳现金持有量练习

【实训目标】 掌握最佳现金持有量的计算与应用

【实训任务】

1. 某企业现金收支情况比较稳定，预计每月现金需要量为 100000 元，每次转换有价证券的成本为 45 元，有价证券年利率为 12%，存货模式下则该公司的最佳现金持有量为多少？

2. 某企业有甲、乙、丙、丁四种现金持有方案，它们各自的现金持有量、机会成本、管理成本、短缺成本如表 6-9 所示。假设现金的机会成本率为 12%，要求：确定现金最佳持有量。

表 6-9 现金持有方案　　　　　　　　　　　　单位：元

方案项目	甲	乙	丙	丁
现金持有量	25000	50000	75000	100000
机会成本	3000	6000	9000	12000
管理成本	20000	20000	20000	20000
短缺成本	12000	6750	2500	0

任务 6.3　应收账款管理

◎ 任务描述

了解应收账款的功能、成本，掌握应收账款信用政策的制定。

◎ 相关知识

一、应收账款管理的内容

（一）应收账款的功能

应收账款是指企业因对外销售商品、提供劳务等，应向购货单位或接受劳务单位收取的款项。企业发生应收账款的主要原因是扩大销售、增强竞争力，其管理目标是增加利润。应收账款的功能是指它在生产经营中主要有增加销售和减少存货两方面功能。

1. 增加销售的功能

企业提供赊销不仅向顾客提供了商品，也在一定时间内向顾客提供了购买该商品的资金，顾客将从赊销中得到好处。同时，赊销会带来企业销售收入和利润的增加，提供赊销所增加的产品一般不增加固定成本，赊销所增加的收益等于增加的销售量与单位边际贡献的乘积，其计算公式如下：

增加的收益=增加的销售量×单位边际贡献

2. 减少存货的功能

当企业的产成品存货较多时，企业一般会采用优惠的信用条件进行赊销，将存货转化为应收账款，减少产成品存货。存货资金占用成本、仓储与管理费用等也会相应减少，从而提高企业收益。

（二）应收账款的成本

应收账款的成本是指因持有应收账款付出的代价。应收账款的成本包括机会成本、管理成本及坏账成本。

1. 机会成本

应收账款的机会成本是指因资金投放于应收账款而放弃的可能投资于其他项目所获取的收益。应收账款的机会成本取决于两个因素：一是维持赊销业务所需资金（即应收账款投资额）；二是资金成本率（一般可按有价证券利息率计算）。赊销额越大，应收账款的机会成本越高，其计算公式为：

$$应收账款机会成本 = 应收账款占用资金 \times 资金成本率$$

$$应收账款占用资金 = 应收账款平均余额 \times 变动成本率$$

$$应收账款平均余额 = 平均日赊销额 \times 平均收账天数 = （年赊销额 \div 360）\times 平均收账天数$$

$$应收账款的机会成本 = （年赊销额 \div 360）\times 平均收账天数 \times 变动成本率 \times 资金成本率$$

【例6-5】某企业预测2017年度销售收入净额为3600万元，应收账款平均收账天数为60天，变动成本率为50%，企业的资金成本率为10%。1年按360天计算。

要求：

（1）计算2017年度应收账款的机会成本；

（2）若2017年应收账款平均余额为400万元，在其他因素不变的条件下，应收账款平均收账天数应调整为多少天？

解：

（1）应收账款的机会成本=3600/360×60×50%×10%=30（万元）

（2）应收账款的平均余额=日赊销额×平均收账天数

　　400=3600/360×平均收账天数

　　平均收账天数=40（天）

所以平均收账天数为40天。

2. 管理成本

应收账款的管理成本主要是指在进行应收账款管理时所增加的费用，主要包括调查顾客信用状况的费用、收集各种信息的费用、账簿的记录费用、收账费用、数据处理成本、相关管理人员成本等。管理成本中主要考虑收账费用，赊销额越大，应收账款越多，收账费用越高。

3. 坏账成本

在赊销交易中，债务人由于种种原因无力偿还债务，债权人就有可能因无法收回应收账款而发生损失，这种损失就是坏账成本。企业产生坏账成本是不可避免的，而此项成本一般与应收账款发生的数量成正比。一般来说，赊销期越长，发生坏账的可能性就越大，赊销数量越大，应收账款越多，坏账成本越高，其计算公式为：

$$应收账款的坏账成本 = 赊销额 \times 预计坏账损失率$$

二、企业应收账款政策

（一）应收账款政策的主要内容

企业应收账款政策又称信用政策，是指企业为对应收账款投资进行规划与控制而确立的基本原则与行为规范，主要包括信用标准、信用条件和收账政策三部分。

1. 信用标准

信用标准是信用申请者获得企业信用所必须达到的最低信用水平，通常以预期的坏账损失率作为判别标准。如果企业执行的信用标准过于严格，可能会降低对符合可接受信用风险标准客户的赊销额，减少坏账损失，减少应收账款的机会成本，但不利于扩大企业销售量，甚至会因此限制企业的销售机会；如果企业执行的信用标准过于宽松，可能会对不符合可接受信用风险标准的客户提供赊销，因此，会增加还款的风险并增加应收账款的管理成本与坏账成本。

企业信用标准的制定主要是对赊销所带来的收益与随之产生的风险（坏账）和成本进行权衡，其前提就是赊销带来的收益要大于赊销引起的一切成本。但由于企业处在市场经济大环境下，影响企业制定信用标准的内外部因素都有，因此必须进行综合分析。

（1）外部因素。外部因素主要考虑同行业的竞争对手。面对竞争对手首先要知己知彼，制定有利于企业扩大市场份额并增加销售的标准，不能盲目地为了占领市场而忽视风险和成本，或为了降低风险和成本采取非常谨慎的信用标准都是不可取的。除了考虑竞争对手这个因素外，还要考虑国家宏观经济政策、发展前景和季节变化的影响等。

（2）内部因素。内部因素主要考虑企业承担风险的能力。当企业具有较强的承担违约能力时，就可以以较低的信用标准去吸引客户，增加销售。反之，如果承担风险的能力较差，就制定较严格的信用标准以尽可能降低违约风险带来的损失。

（3）客户因素。客户的资信程度对企业制定信用标准具有很大的影响，因此必须对客户进行资信调查，在此基础上进行分析，判断客户的信用等级，并决定给予客户什么样的信用标准。信用评价方法包括定性分析和定量分析两种。

① 信用的定性分析。

信用的定性分析是指，对申请人"质"的方面的分析。常用的信用定性分析法是5C信用评价系统，即评估申请人信用品质的五个方面：品质、能力、资本、抵押和条件，如表6-10所示。

表6-10 5C信用评价系统

5C	含　义	衡　量
品质	个人或公司管理者的诚实和正直表现，这是5C信用评价系统中最主要的因素	通常要根据过去的记录结合现状调查来进行分析
能力	经营能力	通常通过分析申请者的生产经营能力及获利情况，管理制度是否健全，管理手段是否先进，产品生产销售是否正常，在市场上有无竞争力，经营规模和经营实力是否逐年增长等来评估
资本	他们在短期和长期内可供使用的财务资源	调查了解企业资本规模和负债比率，反映企业资产或资本对负债的保障程度
抵押	当公司或个人不能满足还款条款时，可以用作债务担保的资产或其他担保物	分析担保抵押手续是否齐备，抵押品的估值和出售有无问题，担保人的信誉是否可靠等
条件	影响申请人还款能力和还款意愿的经济环境	对企业的经济环境，包括企业发展前景、行业发展趋势、市场需求变化等进行分析，预测其对企业经营效益的影响

② 信用的定量分析。

信用的定量分析可以从考察信用申请人的财务报表开始。通常使用比率分析法评价顾客的财务状况。常用的指标有：流动性和营运资本比率（如流动比率、速动比率以及现金对负债总额比率）、债务管理和支付比率（利息保障倍数、长期债务对资本比率、带息债务对资产总额比率，以及负债总额对资产总额比率）和盈利能力指标（销售回报率、总资产回报率和净资产收益率）。将这些指标和信用评级机构及其他协会发布的行业标准进行比较可以考察申请人的信用状况。

2. 信用条件

信用条件是销货企业要求赊购客户支付货款的条件，由信用期限、现金折扣和折扣期限三个要素组成。

信用期限是指企业允许客户从购货到支付货款的时间间隔，或者说是企业给予顾客的付款时间，一般简称为信用期。信用期的确定，主要是分析改变现行信用期对收入和成本的影响。因为企业产品销售量与信用期限之间存在着一定的依存关系。通常，延长信用期限，可以在一定程度上扩大销售量，从而增加毛利。但不适当地延长信用期限，会给企业带来不良后果：一是使平均收账期延长，占用在应收账款上的资金相应增加，引起机会成本增加；二是引起坏账损失和收账费用的增加。因此，企业是否给客户延长信用期限，应视延长信用期限增加的信用收入是否大于增加的信用成本而定。

现金折扣是企业对顾客在商品价格上的扣减。向顾客提供这种价格上的优惠，主要目的在于吸引顾客为享受优惠而提前付款，缩短企业的平均收款期。另外，现金折扣也能招揽一些视折扣为减价出售的顾客前来购货，借此扩大销售量。现金折扣实际上是对现金收入的扣减，企业决定是否提供以及提供多大程度现金折扣，着重考虑的是提供折扣后所得到的收益是否大于现金折扣的成本。

企业究竟应当核定多长的折扣期限，以及给予客户多大程度的现金折扣优惠，必须将信用期限及加速收款所得到的收益与付出的现金折扣成本结合起来考察。如果加速收款带来的机会收益能够绰绰有余地补偿现金折扣成本，企业就可以采取现金折扣或进一步改变当前的折扣方针。如果加速收款的机会收益不能补偿现金折扣成本，现金优惠条件便被认为是不恰当的。

折扣的表示常用如"5/10""3/20""N/30"这样的符号。这三个符号的含义分别为："5/10"表示10天内付款，可享受5%的价格优惠，即只需支付原价的95%；"3/20"表示20天内付款，可享受3%的价格优惠，即只需支付原价的97%；"N/30"表示付款的最后期限为30天，此时付款无优惠。

3. 收账政策

收账政策是指信用条件被违反时，企业采取的收账策略。企业对拖欠的应收账款，无论采用何种方式进行催收，都要付出一定的代价，即收账费用。企业如果采用较积极的收账政策，可能会减少应收账款投资，减少坏账损失，但要增加收账成本。如果采用较消极的收账政策，则可能会增加应收账款投资，增加坏账损失，但会减少收账费用。因此，企业在制定收账政策时，要权衡利弊。

一般而言，收账费用支出越多，坏账损失越少。通常情况是：开始花费一些收账费用，应收账款和坏账损失有小部分的降低；随着收账费用的继续增加，应收账款和坏账损失就明显减少；收账费用达到某一限度以后，应收账款和坏账损失的减少就不那么明显了，这个限度称为饱和点。制定收账政策就是要在增加收账费用，减少坏账损失和应收账款上的资金占用而节约的成本之间进行权衡，若前者小于后两者之和，则制定的收账方案是可取的。

（二）应收账款政策决策方法

1. 税前收益增加额决策法

判断标准：计算税前收益增加额，选择税前收益增加额最大的方案。

税前收益的增加=收益的增加-信用成本增加

收益的增加=销售收入的增加-变动成本的增加

信用成本的增加=机会成本增加+坏账损失的增加+收账费用的增加+折扣成本的增加

折扣成本的增加=新的销售水平×享受现金折扣的顾客比例×新的现金折扣率-旧的销售水平×享受现金折扣的顾客比例×旧的现金折扣率

【例 6-6】A 企业目前采用 30 天按发票金额（即无现金折扣）付款的信用政策，拟将信用期间放宽至 60 天，仍按发票金额付款，假设等风险投资的最低报酬率为 15%，其他有关数据如表 6-11 所示。

表 6-11 信用期决策数据

项　　目	信用期间（30 天）	信用期间（60 天）
全年销售量（件）	100000	120000
全年销售额（单价 5 元）	500000	600000
变动成本（每件 4 元）	400000	480000
固定成本（元）	50000	50000
毛利（元）	50000	70000
可能发生的收账费用（元）	3000	4000
可能发生的坏账损失（元）	5000	9000

要求：判断应否改变信用政策。

解：

（1）增加的收益。

收益的增加=销售收入的增加-变动成本的增加=100000-80000=20000（元）

（2）增加的成本。

【提示】

① 平均收现期（周转天数）的确定：如果题中没有给出平均收现期，在没有现金折扣条件情况下，以信用期作为平均收现期；在有现金折扣条件情况下，则用加权平均数作为平均收账天数。

② 日销售额的确定：用未扣除现金折扣的年销售额除以 1 年的天数得到，即不考虑现金折扣因素。如果题目中明确了赊销现销比例，应用赊销额来计算。

改变信用期间增加的机会成本=60 天信用期应计利息-30 天信用期应计利息

=600000/360×60×(480000/600000)×15%-500000/360×30×(400000/500000)×15%

=480000/360×60×15%-400000/360×30×15%

=7000（元）

（3）增加的收账费用和坏账损失。

增加的收账费用=4000-3000=1000（元）

增加的坏账损失=9000-5000=4000（元）

（4）改变信用期间增加的税前损益。

改变信用期间增加的税前损益=增加的收益-增加的成本费用

$$=20000-7000-1000-4000=8000（元）$$

由于增加的收益大于增加的成本，故应采用60天信用期。

【例6-7】沿用上述信用期决策的数据，假设该公司在放宽信用期的同时，为了吸引顾客尽早付款，提出了0.8/30，N/60的现金折扣条件，估计会有一半的顾客（按60天信用期所能实现的销售量计算）将享受现金折扣优惠。

要求：计算改变信用条件增加的税前损益，并判断应否改变信用政策（使用表6-11中的数据）

解：

（1）增加的收益=增加的销售收入-增加的变动成本=100000-80000=20000（元）

（2）增加的成本。

① 增加的应收账款占用资金的应计利息。

30天信用期应计利息=500000/360×30×(400000/500000)×15%=5000（元）

提供现金折扣的应计利息=[600000×50%/360×60×(480000×50%)/(600000×50%)×15%]+[600000×50%/360×30×(480000×50%)/(600000×50%)×15%]=6000+3000=9000（元）

或30天信用期应计利息=600000/360×45×80%×15%=9000（元）

增加的应收账款占用资金的应计利息=9000-5000=4000（元）

② 增加的收账费用和坏账损失。

增加的收账费用=4000-3000=1000（元）

增加的坏账费用=9000-5000=4000（元）

③ 估计现金折扣成本的变化。

增加的现金折扣成本=新的销售水平×新的现金折扣率×享受现金折扣的顾客比例-旧的销售水平×旧的现金折扣率×享受现金折扣的顾客比例=600000×0.8%×50%-500000×0×0=2400（元）

（3）提供现金折扣后增加的税前损益。

提供现金折扣后增加的税前损益=增加的收益-增加的成本费用

$$=20000-(4000+1000+4000+2400)=8600（元）$$

由于可获得税前收益，故应当放宽信用期，提供现金折扣。

2. 信用成本后收益决策法

判断标准：计算信用成本后收益，选择信用成本后收益最大的方案。

计算步骤如下：

（1）计算信用成本前收益=销售收入-变动成本-固定成本-现金折扣

（2）计算信用成本=机会成本+坏账成本+收账费用

（3）计算信用成本后收益=信用成本前收益-信用成本

【例6-8】甲企业预测的2018年度赊销额为3000万元，其信用条件是：N/30，变动成本率为65%，资金成本率（或有价证券利息率）为10%。假设企业收账政策不变，固定成本总额不变。该企业准备了三个信用条件的备选方案：

方案 A：维持 N/30 的信用条件；

方案 B：将信用条件放宽到 N/60；

方案 C：将信用条件放宽到 N/90。

为各种备选方案估计的赊销水平、坏账百分比和收账费用等有关数据如表 6-12 所示。

表6-12　信用条件备选方案　　　　　　　　　　　　　　　　单位：万元

项目＼信用条件＼方案	方案A N/30	方案B N/60	方案C N/90
年赊销额	3000	3300	3600
应收账款平均收账天数	30	60	90
应收账款平均余额	3000÷360×30=250	3300÷360×60=550	3600÷360×90=900
维持赊销业务所需资金	250×65%=162.5	550×65%=357.5	900×65%=585
坏账损失/年赊销额	2%	3%	5%
坏账损失	3000×2%=60	3300×3%=99	3600×5%=180
收账费用	20	40	60

根据上述资料，计算如下指标，见表6-13。

表6-13　信用条件分析评价表　　　　　　　　　　　　　　　单位：万元

项目＼信用条件＼方案	方案A N/30	方案B N/60	方案C N/90
年赊销额	3000	3300	3600
变动成本	1950	2145	2340
信用成本前收益	1050	1155	1260
信用成本			
应收账款机会成本	162.5×10%=16.25	357.5×10%=35.75	585×10%=58.5
坏账损失	60	99	180
收账费用	20	40	60
小计	96.25	174.75	298.5
信用成本后收益	953.75	980.25	961.5

根据表6-13中的资料可知，在这三种方案中，方案B（N/60）的获利最大，它比方案A（N/30）增加收益26.5（980.25-953.75）万元；比方案C（N/90）的收益增加18.75（980.25-961.5）万元。因此，在其他条件不变的情况下，应选择B方案。

【例6-9】以【例6-8】资料为例，如果企业为了加速应收账款的回收，决定在方案B的基础上将赊销条件改为"2/10，1/20，N/60"（方案D），估计约有60%的客户（按赊销额计算）会利用2%的折扣；15%的客户将利用1%的折扣。坏账损失率降为2%，收账费用降为30万元。要求：判断企业应选择B方案还是选择D方案？

根据上述资料，有关指标可计算如下：

应收账款平均收账天数=60%×10+15%×20+(1-60%-15%)×60=24（天）

应收账款平均余额=3300÷360×24=220（万元）

维持赊销业务所需要的资金=220×65%=143（万元）
应收账款机会成本=143×10%=14.3（万元）
坏账损失=3300×2%=66（万元）
现金折扣=3300×(2%×60%+1%×15%)=44.55（万元）
根据以上资料编制信用条件比较计算表，如表6-14所示。

表6-14　信用条件比较计算表　　　　　　　　　　　　单位：万元

方案 信用条件 项目	方案B N/60	方案D 2/10，1/20，N/60
年赊销额	3300	3300
减：现金折扣	—	44.55
年赊销净额	3300	3255.45
减：变动成本	2145	2145
信用成本前收益	1155	1110.45
减：信用成本		
应收账款机会成本	35.75	14.3
坏账损失	99	66
收账费用	40	30
小计	174.75	110.3
信用成本后收益	980.25	1000.15

计算结果表明，实行现金折扣以后，企业的收益增加19.9（1000.15-980.25）万元，因此，企业最终应选择D方案（2/10,1/10,N/60）作为最佳方案。

三、应收账款的监控

实行信用政策时，公司需监督和控制每一笔应收账款和应收账款总额。

（一）应收账款周转天数

应收账款周转天数或平均收账期是衡量应收账款管理状况的一种方法。应收账款周转天数的计算方法为：将期末在外的应收账款除以该期间的平均日赊销额。应收账款周转天数提供了一个简单的指标，将企业当前的应收账款周转天数与规定的信用期限、历史趋势以及行业正常水平进行比较，可以反映企业整体的收款效率。然而，应收账款周转天数可能会被销售量的变动趋势和销售的剧烈波动以及季节性销售所破坏。

应收账款的逾期天数=应收账款的周转天数-应收账款信用期限

应收账款的周转天数=应收账款平均余额/平均日销售额

（二）账龄分析表

账龄分析表将应收账款划分为未到信用期的应收账款和以30天为间隔的逾期应收账款，这是衡量应收账款管理状况的另外一种方法。企业既可以按照应收账款总额进行账龄分析，也可以分顾客进行账龄分析。账龄分析法可以确定逾期应收账款，随着逾期时间的增加，应收账款收回的可能性变小。

优点：比应收账款周转天数更能揭示应收账款变化趋势，因为账龄分析表给出了应收账款分布的模式，而不仅仅是一个平均数。

表 6-15 账龄分析表

应收账款账龄	账户数量	金额（千元）	占应收账款总额的百分比
信用期内	200	80	40%
通过信用期 1~20 天	100	40	20%
通过信用 21~40 天	50	20	10%
通过信用期 41~60 天	30	20	10%
通过信用期 61~80 天	20	20	10%
通过信用期 81~100 天	15	10	5%
通过信用期 100 天以上	5	10	5%
合计	420	200	100%

利用账龄分析表，企业可以了解到以下的情况：

（1）有多少欠款尚在信用期内。上表显示，有价值 80000 元的应收账款处在信用期内，占应收账款的 40%。这些欠款是正常的，但到期后能否收回，还要待时再定。

（2）有多少欠款超过了信用期，超过时间长短的款项各占多少，有多少欠款会因拖欠时间太久而可能成为坏账。

对不同拖欠时间的欠款，企业应采取不同的收款方法，制定出经济、可行的收账政策；对可能发生的坏账损失，则应提前做出准备，充分估计这一因素对损益的影响。

（三）应收账款账户余额的模式

应收账款账户余额的模式反映一定期间（如一个月）的赊销额在发生赊销的当月月末及随后的各月仍未偿还的百分比。

（四）ABC 分析法

ABC 分析法是现代经济管理中广泛应用的一种"抓重点、照顾一般"的管理方法，又称重点管理法。它是将企业的所有欠款客户按其金额的多少进行分类排队，然后分别采用不同的收账策略的一种方法。它一方面能加快应收账款收回，另一方面能将收账费用与预期收益联系起来，如表 6-16 所示。

表 6-16 ABC 分析法

	分类	特点	管理方法
ABC 分析法	A 类客户	应收账款逾期金额占应收账款逾期金额总额的比重较大	这类客户作为催款的重点对象；可以发出措辞较为严厉的信件催收，或派专人催收，或委托收款代理机构处理，甚至可以通过法律解决
	B 类客户	应收账款逾期金额占应收账款逾期金额总额的比重居中	可以多发几封信函催收，或打电话催收
	C 类客户	应收账款逾期金额占应收账款逾期金额总额的比重较小	只需要发出通知其付款的信函即可

四、应收账款日常管理

应收账款的日常管理工作主要包括企业的信用调查、评估客户信用、应收账款的催收和保理工作。

1. 企业的信用调查

对顾客的信用进行评价是应收账款日常管理的重要内容。要想合理地评价顾客的信用，必须对顾客信用进行信用调查。信用调查有两类：直接调查与间接调查。

（1）直接调查。直接调查是指，调查人员与被调查单位进行直接接触，通过当面采访、询问、观看、记录等方式获取信用资料的一种方法。直接调查能保证搜集资料的准确性及及时性，但若不能得到被调查单位的合作，则会使调查资料不完整。

（2）间接调查。间接调查是指，以被调查单位以及其他单位保存的有关原始记录和核算资料为基础，通过加工整理获得被调查单位信用资料的一种方法。这些资料主要来源于以下几个方面：被调查单位的财务报表、信用评估机构、银行等部门。

2. 评估客户信用

企业一般采用5C信用评价系统来评价，并对客户信用进行等级划分。

3. 应收账款的催收

收账是企业应收账款管理的一项重要工作。根据应收账款总成本最小化的原则，可以通过比较各收账方案成本的大小对其加以选择。收账管理应包括如下两部分内容：

（1）确定合理的收账程序。催收账款的程序一般是：信函通知→电话催收→派员面谈→法律行动。

（2）确定合理的讨债方法。顾客拖欠货款的原因可能比较多，但可概括为两类：无力偿付和故意拖欠，需要根据具体情况，确定合理的处理方法，对于无力偿付的情况，企业要进行具体分析。

4. 应收账款保理

应收账款保理是企业将赊销形成的未到期应收账款在满足一定条件的情况下，转让给保理商，以获得银行的流动资金支持，加快资金的周转。应收账款保理的种类如表6-17所示。

表6-17 应收账款保理的种类

按照保理商是否有追索权	有追索权保理（非买断型）	供应商将债权转让给保理商，供应商向保理商融通资金后，如果购货商拒绝付款或无力付款，保理商有权向供应商要求偿还预付的资金，如购货商破产或无力支付，只要有关款项到期未能收回，保理商都有权向供应商进行追索，因此保理商具有全部追索权
	无追索权保理（买断型）	指保理商将销售合同完全买断，并承担全部的收款风险
按是否通知购货商保理情况	明保理	指保理商和供应商需要将销售合同被转让的情况通知购货商，并签订保理商、供应商、购货商之间的三方合同
	暗保理	指供应商为了避免让客户知道自己因流动资金不足而转让应收账款，并不将债权转让情况通知客户，货款到期时仍由销售商出面催款，再向银行偿还借款
按是否提供预付账款融资	折扣保理（融资保理）	即在销售合同到期前保理商将剩余未收款部分先预付给销售商，一般不超过全部合同额的70%~90%
	到期保理	指保理商并不提供预付账款融资，而是在赊销到期时才支付，届时不管货款是否收到，保理商都必须向销售商支付货款

应收账款保理对于企业而言，其财务管理作用主要体现在：

① 融资功能。应收账款保理的实质是一种利用未到期应收账款这种流动资产作为抵押从

而获得银行短期借款的一种融资方式。

② 减轻企业应收账款的管理负担。推行保理业务是市场分工思想的运用。

③ 减少坏账损失、降低经营风险。

④ 改善企业的财务结构。企业通过出售应收账款，将流动性稍弱的应收账款置换为具有高度流动性的货币资金，增强了企业资产的流动性，提高了企业的债务清偿能力和盈利能力。

【例6-10】A公司信用条件为60天按全额付款，2016年第1季度的销售额为380万元，2016年第2~4季度的销售额分别为150万元、250万元和300万元。根据公司财务部一贯执行的收款政策，销售额的收款进度为销售当季度收款40%，次季度收款30%，第3个季度收款20%，第4个季度收款10%。

公司预计2017年销售收入预算为1152万元，公司为了加快资金周转决定对应收账款采取两项措施，首先提高现金折扣率，预计可使2017年年末应收账款周转天数（按年末应收账款数计算）比上年减少20天；其次将2017年年末的应收账款全部进行保理，保理资金回收比率为90%。

要求：

（1）计算2016年年末的应收账款余额合计。

（2）计算2016年公司应收账款的平均逾期天数。

（3）计算2016年第4季度的现金流入合计。

（4）计算2017年年末应收账款保理资金回收额。

解：

（1）2016年年末的应收账款余额=150×10%+250×30%+300×60%=270（万元）

（2）应收账款周转次数=(380+150+250+300)/270=4（次）

应收账款周转天数=360/4=90（天）

应收账款的平均逾期天数=90-60=30（天）

（3）2016年第4季度的现金流入=300×40%+250×30%+150×20%+380×10%=263（万元）

（4）2017年平均日销售额=1152/360=3.2（万元）

2017年应收账款周转天数=90-20=70（天）

2017年年末应收账款余额=平均日销售额×应收账款周转天数=3.2×70=224（万元）

应收账款保理资金回收额=224×90%=201.6（万元）

◎技能训练

【实训项目】应收账款政策决策

【实训目标】掌握应收账款政策决策的方法

【实训任务】B公司是一家制造类企业，产品的变动成本率为60%，一直采用赊销方式销售产品，信用条件为N/60。如果继续采用N/60的信用条件，预计2017年赊销收入净额为1000万元，坏账损失为20万元，收账费用为12万元。

为扩大产品的销售量，B公司拟将信用条件变更为2/40，N/140。在其他条件不变的情况下，预计2017年赊销收入净额为1100万元，坏账损失率预计为赊销额的3%，收账费用率预计为赊销额的2%。

假定风险投资最低报酬率为10%，1年按360天计算，估计有50%的客户享受折扣，其余客户预计均于信用期满付款。

要求：

（1）计算信用条件改变后 B 公司收益的增加额。

（2）计算信用条件改变后 B 公司应收账款成本增加额。

（3）为 B 公司做出是否应改变信用条件的决策并说明理由。

任务 6.4　存货管理

◎任务描述

了解存货管理功能、成本，掌握存货经济批量的确定方法。

◎相关知识

一、存货管理的内容

（一）存货的功能

存货是指企业在生产经营过程中为销售或者耗费而储备的各种资产，包括商品、产成品、半成品、在产品以及各种材料、燃料、包装物和低值易耗品等。

企业持有存货的功能可以归纳为以下几个方面。

1. **防止停工待料**

连续生产的企业，其供、产、销在数量上和时间上，难以保持绝对平衡，如果没有一定的存货，一旦某个环节出现问题，就会影响到企业的正常生产和销售。而有了保险库存，就有了应付意外情况的物资保证，可以防止停工待料，保证生产过程连续进行。

2. **适应市场变化**

存货储备能增强企业在生产和销售方面的机动性以及适应市场变化的能力。企业有了足够的库存产成品，能有效地供应市场，满足顾客的需要。

3. **获取规模效益**

企业如果批量采购原材料，可以获取价格上的优惠，也可以降低管理及采购费用；批量组织生产，可以使生产均衡，降低生产成本；批量组织销售，可以及时满足客户对产品的需求，有利于销售规模的迅速提高。

（二）存货的成本

1. **取得成本**

取得成本是指为取得某种存货而支出的成本。取得成本又可分为购置成本和订货成本。购置成本是由货物的买价和运杂费所构成的成本。购置成本总额随着采购数量的增加而增加，且它们之间成正比例关系。订货成本是指为订购货物而发生的费用。订货成本中有少部分与订货次数无关，如常设机构的基本开支等，一般称为固定成本；另外大部分与订货次数有关，与订货数量无关，如合同签订的相关费用、差旅费、邮费等，称为订货的变动成本。取得成本的计算公式如下：

取得成本=订货成本+购置成本=固定订货成本+订货变动成本+购置成本

$$TC_a = F_1 + \frac{D}{Q} \cdot K + DU$$

式中：TC_a 为取得成本，F_1 为固定订货成本，D 为年需要量，Q 为每次进货量，K 为每次的变动订货成本，U 为进货单价。

2. 储存成本

储存成本是指企业为保持存货而发生的成本，包括仓储费、保险费、存货破损、变质损失、占用资金应支付的利息等。储存成本也分为固定储存成本和变动储存成本。固定储存成本主要是指存货地点的（与存货多少无关）固定性开支，如折旧费、仓库维护和看守人员费等；变动储存成本与储存数量有直接关系，如保险费、占用资金利息等。储存成本的计算公式如下：

储存成本=固定储存成本+储存变动成本

$$TC_c = F_2 + K_c \cdot \frac{Q}{2}$$

式中：TC_c 为储存成本，F_2 为固定储存成本，K_c 为单位变动储存成本，Q 为每次进货量，$\frac{Q}{2}$ 为平均存货量。

3. 缺货成本

缺货成本是指企业由于存货供应中断而给生产和销售带来的损失。因此，企业必须持有一定的保险存货，以满足生产的需要。但保险存货也不能太多，否则，追加的保险存货的持有成本会抵消避免短缺成本所带来的利益，缺货成本用 TC_s 表示。

4. 总成本

如果以 TC 来表示储备存货的总成本，它的计算公式为：

$$TC = TC_a + TC_c + TC_s = F_1 + \frac{D}{Q}K + DU + F_2 + K_c\frac{Q}{2} + TC_s$$

企业存货的最优化，就是使企业存货总成本即上式的 TC 值最小。

总之，存货成本的各项构成项目是相互影响的，存货管理的最优化就是使存货的总成本最小。

（三）存货管理的目标

存货按储存的目的不同可划分为销售存货、生产存货和杂项存货。销售存货是指企业在正常生产经营过程中处于待销售过程中的商品或产成品。生产存货是指企业供生产和销售耗用的材料、燃料、外购零部件及正处于生产加工过程中的在产品。杂项存货是指企业供近期使用的库存实物用品、运输用品等，这类存货耗用时通常直接记入销售费用或管理费用。

存货管理的目标就是结合不同种类存货的特点，在充分发挥存货功能的前提下，不断降低存货成本，以最低的存货成本保障企业生产经营的顺利进行。

（四）存货管理的主要内容

存货管理的主要内容包括：根据企业生产经营的特点，制定存货管理的程序和办法；合理确定存货的采购批量和储存期，降低各种相关成本；对存货实行归口分级管理，使存货管理责任具体化；加强存货的日常控制与监督，充分发挥存货的作用。

二、存货管理常用的方法

（一）ABC分类管理法

ABC分类管理法就是按照一定的标准，将企业的存货划分为A、B、C三类，分别实行分品种重点管理、分类别一般控制和按总额灵活掌握的存货管理方法。

ABC分类管理法的一般程序是：首先，计算各种存货在一定时期的资金占用额；其次，计算各种或各类存货的资金占用额占全部存货资金占用额的比重，并按大小顺序排列；再次，根据事先确定的标准将全部存货划分为A、B、C三类。A类存货是指那些资金占用额比重大但品种不多的存货。这类存货一般只占企业全部品种的8%～10%，但资金占用额却占企业总存货资金占用额的70%以上；B类存货是指那些资金占用额占企业存货资金占用额20%左右，品种占全部存货种类25%左右的存货；其他占企业存货品种65%左右，但仅占全部存货资金的10%左右的存货，划分为C类存货。当然各企业应根据具体情况确定A、B、C三类存货的划分标准。最后，对存货进行区别对待，在分类管理，其中将A类作为重点来控制，B类次之，C类最后。总结如表6-18所示。

表6-18 存货ABC分类管理品种数量标准参考表

存货类别	特 点	金额比重	品种数量比重	管理方法
A	金额巨大，品种数量较少	70%	8%～10%	分品种重点管理
B	金额一般，品种数量较多	20%	25%	分类别一般控制
C	品种数量繁多，金额很小	10%	65%	按总额灵活掌握

（二）经济进货批量管理法

经济进货批量是指能够使一定时期存货的相关总成本达到最低点的进货量。

1. 经济进货批量的基本模型

经济进货批量基本模型以如下假设为前提：

① 一定时期的进货总量可以准确地予以预测；
② 存货的消耗比较均衡；
③ 价格稳定、且不存在数量折扣，并且每当存货量降至0时，下一批存货能马上一次到位；
④ 仓储条件以及所需现金不受限制；
⑤ 不允许缺货；
⑥ 存货市场供应充足，不会因买不到存货而影响其他方面。

由于企业不允许缺货，即每当存货数量降至0时，下一批订货便会立即全部购入，故不存在缺货成本。此时与存货订购批量、批次直接相关的就只有进货费用和储存成本两项。则有：

$$相关总成本 = 相关进货费用 + 相关存储成本$$

假设：Q为经济进货批量，D为某种存货全年进货总量，K为平均每次进货费用，K_c为单位存货年储存成本，U为进货单价，TC为相关总成本，N为进货次数，W为经济进货批量平均占用资金。

变动性储存成本=平均储存量×单位存货年储存成本=$\dfrac{Q}{2} \times K_c$

变动性进货费用=进货次数×平均每次进货费用=$N \times K$

$= \dfrac{存货全年进货总量}{每次进货批量} \times 每次进货费用 = \dfrac{D}{Q} \times K$

相关总成本(TC)=变动性储存成本+变动性进货费用=$\dfrac{Q}{2} \times K_c + \dfrac{D}{Q} \times K$

由于K、D、K_c不变，决定相关总成本的是存货的进货批量，即：相关总成本TC是存货进货批量Q的函数。变动性进货费用与变动性储存成本之和最低时的进货批量，即为经济进货批量。当变动性储存成本等于变动性进货费用时，存货相关总成本最低，此时的进货批量就是经济进货批量。其相关计算公式有：

经济进货批量(Q) = $\sqrt{\dfrac{2KD}{K_c}}$

经济进货批量的相关总成本(TC) = $\sqrt{2KDK_c}$

经济进货批量平均占用资金(W) = $\dfrac{Q}{2} \times U = U\sqrt{\dfrac{KD}{2K_c}}$

年度最佳进货次数(N) = $\dfrac{D}{Q} = \sqrt{\dfrac{DK_c}{2K}}$

【例6-10】某企业每年需要耗用A材料45000件，单位材料年存储成本18元，平均每次进货费用为200元，A材料全年平均单位为300元，假定不存在数量折扣，不会出现陆续到货和缺货的现象，试计算：① A材料的经济进货批量。② A材料年度最佳进货批数。③ A材料的相关进货成本。④ A材料的相关存储成本。⑤ A材料经济进货批量平均占用资金。

（1）A材料的经济进货批量=$\sqrt{\dfrac{2KD}{K_c}} = \sqrt{\dfrac{2 \times 45000 \times 200}{18}} = 1000$（件）

（2）A材料年度最佳进货次数=$\dfrac{45000}{1000} = 45$（次）

（3）A材料的相关进货成本=$45 \times 200 = 9000$（元）

（4）A材料的相关存储成本=$\dfrac{1000}{2} \times 18 = 9000$（元）

（5）A材料经济进货批量平均占用资金=$\dfrac{1000}{2} \times 200 = 100000$（元）

2. 经济订货量的扩展模型

（1）数量折扣模型。

为了鼓励客户购买更多的商品，销售企业通常会给予不同程度的价格优惠，即实行商业折扣或称价格折扣。购买越多，所获得的价格优惠越大。此时，进货企业对经济进货批量的确定，除了考虑进货费用与储存成本外，还应考虑存货的进价，因为此时的存货进价成本已经与进货数量的大小有了直接的联系，属于决策的相关成本。在经济进货批量基本模型的其他各种假设条件均具备的前提下，存在数量折扣时的存货相关总成本可按下列公式计算：

相关总成本=存货进价+变动性储存成本+变动性进货费用

$$TC = U \times D + \frac{Q}{2} \times K_c + \frac{D}{Q} \times K$$

能使相关总成本最低的订货量就是实行数量折扣条件下的经济订货量。

实行数量折扣的经济进货批量具体确定步骤如下：

第一步，按照基本经济进货批量模型确定经济进货批量；

第二步，计算按经济进货批量进货时的存货相关总成本；

第三步，计算按给予数量折扣的进货批量进货时的存货相关总成本；

第四步，比较不同进货批量的存货相关总成本，最低存货相关总成本对应的进货批量，就是实行数量折扣的最佳经济进货批量。

【例6-11】伟创公司甲材料年需要量为3600千克。销售企业规定：客户每批购买量不足900千克的，按照单价为8元/千克计算；每批购买量900千克以上，1800千克以下的，价格优惠1%；每批购买量1800千克以上的，价格优惠3%。已知每批进货费用25元，单位材料的年储存成本2元。

要求：计算实行数量折扣时的最佳经济进货批量。

解：

伟创公司甲材料年需要量为3600千克，则每月平均进货300千克。

每次进货300千克时的存货相关总成本为：

存货相关总成本=3600×8+3600/300×25+300/2×2=28800+300+300=29400（元）

每次进货900千克时的存货相关总成本为：

存货相关总成本=3600×8×(1-1%)+3600/900×25+900/2×2=28512+100+900=29512（元）

每次进货1800千克时的存货相关总成本为：

存货相关总成本=3600×8×(1-3%)+3600/1800×25+1800/2×2=27936+50+1800=29786（元）

通过比较可以看出，每次进货为300千克时的存货相关总成本最低，所以最佳经济进货批量为300千克。

（2）再订货点模型。

在提前订货的情况下，企业再次发出订货单时，尚有存货的库存量，称为再订货点，用R来表示。

再订货点=交货时间×每日需求量

即：

$$R = L \times D$$

订货提前期对经济订货量并无影响。经济订货量的确定与基本模型一致。

【例6-12】假设甲材料的日均正常用量为7千克，订货提前期为20天，则：

甲材料再订货点=7×20=140（千克）

即当甲材料尚存140千克时，就应当再次订货，等到下批订货到达时，原有甲材料刚好用完。

(3) 安全储备量模型。

为了防止需求增大或送货延迟所造成缺货或供货中断的损失,而多储备一些存货即为安全储备(保险储备)。

考虑保险储备的再订货点=交货时间×平均日需求量+保险储备

即:
$$R = L \times d + B$$

保险储备确定的原则是使保险储备的储存成本及缺货成本之和最小。

$$TC(S, B) = K_u \cdot S \cdot N + B \cdot K_c$$

其中,$TC(S, B)$为保险储备量的总成本,K_u为单位缺货成本,N为年订货次数,B为保险储备量,S为一次订货的缺货量,K_c为单位存货储存成本。

【例6-13】 假设甲材料的日均正常用量为7千克,订货提前期为20天,预计甲材料的每天最大用量为10千克,试确定甲材料的再订货点。

保险储备量=(10-7)×20 = 60(千克)

再订货点=7×20 + 60 = 200(千克)

(4) 陆续供货模型。

第一,基本原理。

设每批订货数为Q,每日送货量为P,每日耗用量为d,则:

最高库存=$(P-d) \times Q/P$

年平均库存=$(Q/2)(P-d)/P = Q/2 \times (1-d/P)$

每日库存净增量$P-d$,送完该批货所需日数则为Q/P。

第二,与批量有关的总成本。

订货变动成本=年订货次数×每次订货成本=$D/Q \times K$

存储变动成本=年平均库存量×单位存货的年储存成本=$Q/2 \times (1-d/P) \times K_c$

第三,基本公式。

存货陆续供应和使用的经济进货量公式为:

$$Q = \sqrt{\frac{2KD}{K_c(1-d/P)}}$$

存货陆续供应和使用的经济进货量总成本公式为:

$$TC = \sqrt{2KDK_c(1-d/P)}$$

【例6-14】 某生产企业某零件年需要量为3600件,每日送货为30件,每日耗用量为10件,单价为10元,一次订货成本(生产准备成本K)为25元,单位储存变动成本为2元,试求:①经济订货批量Q。②存货总成本TC。

解:

$$Q = \sqrt{\frac{2KD}{K_c(1-d/P)}} = \sqrt{\frac{2 \times 25 \times 3600}{2 \times (1-\frac{10}{30})}} = 367(件)$$

$$TC = \sqrt{2 \times 25 \times 3600 \times 2 \times (1-\frac{10}{30})} = 490(元)$$

三、存货的日常管理

1. 材料控制

对材料的控制实际是对材料占用资金的控制。材料占用资金包括从采购到生产整个过程所占用的资金。因此，为了节约使用材料资金，应做好以下工作：

（1）编制采购计划，控制采购限度。材料采购既要满足生产经营的需要，又要尽量节约材料费用，防止超储积压。为此，应编好材料采购的年度计划，在年度计划的基础上，编好季度和月度采购计划。在编制采购计划时，应做好以下材料物资的平衡工作：

第一，根据年度生产任务和材料消耗标准，确定年度材料消耗量；

第二，合理确定材料采购量；

第三，科学确定采购批量；

第四，控制材料采购价格，合理确定采购资金限额；

第五，采用 ABC 分析法，选择重点项目，组织重点管理。

（2）材料储存的控制。材料储存是材料在入库至投入生产之前在仓库的储备保管，材料储存的控制主要应做好以下工作：

第一，严格遵守材料的入库制度，把好材料入库关。

第二，制定材料的库存定额，控制材料资金的占用。

第三，定期组织清查，积极处理超储积压物资。

（3）材料耗用的控制。控制材料的耗用有利于降低资金占用和产品成本。材料消耗的控制主要应做好以下工作：

第一，制定和修订材料消耗定额；

第二，严格领料制度。

2. 在产品的控制

在生产阶段存货的控制主要是对在产品、自制半成品的控制，包括投产时间的控制、生产批量的控制、生产成套性均衡性的控制、对在产品实物库存管理的控制。

3. 产成品的控制

（1）库存产成品的控制。企业应做好成品库存的安全、完整控制等。

（2）做好产成品销售合同和销售结算的控制。

4. 适时制库存控制系统（零库存管理）

适时制库存控制系统是让制造企业事先和供应商和客户协调好，只有当制造企业在生产过程中需要原料或零件时，供应商才会将原料或零件送来，而每当产品生产出来就被客户拉走。

适时制库存控制系统的优点是降低库存成本；减少从订货到交货的加工等待时间，提高生产效率；降低废品率、再加工和担保成本。缺点是经营风险大。因为适时制库存控制系统需要的是稳定而标准的生产程序以及与供应商的诚信，否则，任何一环出现差错将导致整个生产线的停止。

◎ 技能训练

【实训项目】确定存货再订货点及保险储备
【实训目标】掌握经济订货批量、再订货点及保险储备确定的方法及应用
【实训任务】

1. 长江公司预计年耗用甲材料 6000 克，每克采购成本为 15 元，单位储存成本为 9 元，一次性订货成本为 30 元，假设该材料不存在缺货情况，试计算甲材料：每年的最佳订货批量、最佳订货次数、经济批量下的总成本。

2. 某企业全年需耗用甲材料 2500 千克，该种材料单位成本为 10 元，平均每次订货成本为 100 元，单位储存成本为存货单位成本的 2%，甲材料的日均正常用量为 7 千克，订货提前期为 20 天，预计甲材料的每天最大用量为 10 千克，要求：计算该企业存货经济订货批量、最佳订货次数、与存货批量相关的总成本、保险储备及再订货点。

任务 6.5　流动负债管理

◎ 任务描述

了解流动负债管理的内容，掌握流动负债管理的基本方法。

◎ 相关知识

流动负债主要有三种主要来源：短期借款、短期融资券和商业信用，各种来源具有不同的获取速度、灵活性、成本和风险。

一、短期借款决策

（一）短期借款的信用条件

银行等金融机构对企业贷款时，通常会附带一定的信用条件。短期借款的信用条件包括：信贷额度、周转信贷协定、补偿性余额、借款抵押、偿还条件、其他承诺。

1. 信贷额度

信贷额度即贷款限额，是借款企业与银行在协议中规定的借款最高限额。需注意的问题：①无法律效应，银行并不承担必须支付全部信贷数额的义务。如果企业信誉恶化，即使在信贷限额内，企业也可能得不到借款。此时，银行不会承担法律责任。②信贷额度的有效期限通常为 1 年。一般情况下，在信贷额度内，企业可以随时按需要支用借款。

2. 周转信贷协定

周转信贷协定是银行具有法律义务地承诺提供不超过某一最高限额的贷款协定。需注意

的问题：①有法律效应，银行必须满足企业不超过最高限额的借款。②周转信贷协定的有效期通常超过 1 年，但实际上贷款每几个月发放一次，所以这种信贷具有短期借款和长期借款的双重特点。③贷款限额未使用的部分，企业需要支付承诺费。

【例 6-15】某企业与银行商定的周转信贷额度为 5000 万元，年度内实际使用了 2800 万元，承诺率为 0.5%，企业应向银行支付的承诺费为：

$$信贷承诺费=(5000-2800)\times 0.5\%=11（万元）$$

3. 补偿性余额

补偿性余额是指银行要求借款企业在银行中保持按贷款限额或实际借用额一定比例（通常为 10%～20%）计算的最低存款余额。对于银行来说，补偿性余额有助于降低贷款风险，补偿其可能遭受的风险；对借款企业来说，补偿性余额则提高了借款的实际利率。

$$实际利率=名义利率／(1-补偿性余额比率)\times 100\%$$

【例 6-16】某企业向银行借款 800 万元，利率为 6%，银行要求保留 10% 的补偿性余额，则企业实际可动用的贷款为 720 万元，该借款的实际利率为多少？

解：借款实际利率=6%/(1-10%)=6.67%

4. 借款抵押

为了降低风险，银行发放贷款时往往需要有抵押品担保。短期付款的抵押品主要有应收账款、存货、应收票据、债券等。银行将根据抵押品面值的 30%～90% 发放贷款，具体比例取决于抵押品的变现能力和银行对风险的态度。

5. 偿还条件

贷款的偿还有到期一次偿还和在贷款期内定期等额偿还两种方式。一般来讲，企业不希望采用后一种偿还方式，因为这会提高借款的实际年利率；而银行不希望采用前一种偿还方式，是因为这会加重企业的财务负担，增加企业的拒付风险，同时会降低实际贷款利率。

6. 其他承诺

银行有时还会要求企业为取得贷款而做出其他承诺，如及时提供财务报表、保持适当的财务水平（如特定的流动比率）等。如企业违背所做出的承诺，银行可要求企业立即偿还全部贷款。

（二）短期借款的成本

短期借款的成本主要包括利息、手续费等。短期借款成本的高低主要取决于贷款利率的高低和利息的支付方式。

1. 贷款利率的计算

通用公式：

$$实际利率=\frac{实际支付的年利息}{实际可用的借款额}\times 100\%$$

2. 贷款利息支付方式

短期贷款利息的支付方式有收款法、贴现法和加息法三种，如表 6-19 所示。

表 6-19 贷款利息支付方式

付息方式	付息特点	含 义	实际利率与名义利率的关系
收款法	利随本清	是在借款到期时向银行支付利息的方法	实际利率=名义利率
贴现法（折价法）	预扣利息	指银行向企业发放贷款时，先从本金中扣除利息部分，到期时借款企业偿还全部贷款本金的一种利息支付方法	实际利率>名义利率
加息法	分期等额偿还本息	加息法是银行发放分期等额偿还贷款时采用的利息收取方法	实际利率=2 名义利率

收款法是在借款到期时向银行支付利息的方法。银行向企业贷款一般都采用这种方法收取利息。采用收款法时，短期贷款的实际利率就是名义利率。

贴现法又称折价法，是银行向企业发放贷款时，先从本金中扣除利息部分，到期时借款企业偿还全部贷款本金的一种利息支付方法。在这种利息支付方式下，企业可以利用的贷款只是本金减去利息部分后的差额，因此贷款的实际利率要高于名义利率。

加息法是银行发放分期等额偿还贷款时采用的利息收取方法。在分期等额偿还贷款情况下，银行将根据名义利率计算的利息加到贷款本金上，计算出贷款的本息和，要求企业在贷款期内分期偿还本息之和的金额。由于贷款本金分期均衡偿还，借款企业实际上只平均使用了贷款本金的一半，却支付了全额利息。这样企业所负担的实际利率便要高于名义利率大约1倍。

【例 6-17】 某企业从银行取得借款 200 万元，期限 1 年，利率为 6%，利息 12 万元。按贴现法付息，企业实际可动用的贷款为 188 万元，该借款的实际利率为多少？

解： 实际利率=(200×6%)/188=6%/(1-6%)=6.38%

二、短期融资券决策

短期融资券是由企业依法发行的无担保短期本票。在我国，短期融资券是指企业依照《银行间债券市场非金融企业债务融资工具管理办法》的条件和程序，在银行间债券市场发行和交易并约定在一定期限内还本付息的有价证券，是企业筹措短期资金的直接融资方式。

1. 短期融资券的种类

按发行人分类，短期融资券分为金融企业的融资券和非金融企业的融资券。在我国，目前发行和交易的是非金融企业的融资券。

按发行方式分类，短期融资券分为经纪人承销的融资券和直接销售的融资券。非金融企业发行融资券一般采用间接承销方式进行，金融企业发行融资券一般采用直接发行方式进行。

2. 我国短期融资券的发行条件

（1）发行人为非金融企业；
（2）发行和交易的对象是银行间债券市场的机构投资者（不向社会公众发行）；
（3）不能自行销售，只能委托符合条件的金融机构承销（间接承销方式）；
（4）待偿还融资券余额，不超过净资产的 40%；
（5）采用实名记账方式；
（6）在债权债务登记日的次工作日开始流通转让。

3. 短期融资券的优缺点

优点：相对于发行公司债券筹资而言，发行短期融资券的筹资成本较低，短期融资券筹资数额比较大。相对于银行借款筹资而言，短期融资券一次性的筹资数额比较大。

缺点：发行短期融资券的条件比较严格，只有具备一定的信用等级的实力强的企业，才能发行短期融资券筹资。

三、商业信用决策

（一）商业信用的概念与形式

商业信用是指，企业在商品或劳务交易中，以延期付款或预收货款方式进行购销活动而形成的借贷关系，是企业之间的直接信用行为，也是企业短期资金的重要来源。

商业信用的形式主要包括：应付账款、应付票据、预收货款、应计未付款等。

（二）商业信用决策

商业信用决策主要看放弃折扣的信用成本率。

$$放弃折扣的信用成本率 = \frac{折扣\%}{1-折扣\%} \times \frac{360天}{付款期（信用期）-折扣期}$$

放弃现金折扣的信用成本率大于短期借款利率（或短期投资报酬率），应选择享受折扣，折扣期付款；放弃现金折扣的信用成本率小于短期借款利率（或短期投资报酬率），应选择放弃折扣，信用期付款。

提供多重折扣时，选择享受折扣净收益最大的方案。不同方案付款的利弊分析如表6-20所示。

表6-20 不同方案付款的利弊分析

方　案	利	弊
折扣期内付款（免费信用）	享受折扣	少占用资金
超过折扣期但不超过信用期（有代价信用）	多占用资金且保持信用	丧失折扣
超过信用期，长期拖欠（展期信用）	长期占用对方资金	丧失信用

【例6-18】公司采购一批材料，供应商报价为10000元，付款条件为：3/10, 2.5/30, 1.8/50, N/90。目前企业用于支付账款的资金需要在90天时才能周转回来，在90天内付款，只能通过银行借款解决。如果银行利率为12%，确定公司材料采购款的付款时间和价格。

要求：
1. 计算放弃折扣信用成本率，判断应否享受折扣。
2. 确定公司材料采购款的付款时间和价格。

解：
1. 计算放弃折扣信用成本率
（1）放弃第10天付款折扣的信用成本率为：

$$放弃折扣的信用成本率 = \frac{折扣\%}{1-折扣\%} \times \frac{360天}{付款期（信用期）-折扣期} = \frac{3\%}{1-3\%} \times \frac{360}{90-10} = 13.92\%$$

（2）放弃第 30 天付款折扣的信用成本率为：

$$放弃折扣的信用成本率 = \frac{折扣\%}{1-折扣\%} \times \frac{360天}{付款期（信用期）-折扣期} = \frac{2.5\%}{1-2.5\%} \times \frac{360}{90-30} = 15.38\%$$

（3）放弃第 50 天付款折扣的信用成本率为：

$$放弃折扣的信用成本率 = \frac{折扣\%}{1-折扣\%} \times \frac{360天}{付款期（信用期）-折扣期} = \frac{1.8\%}{1-1.8\%} \times \frac{360}{90-50} = 16.5\%$$

初步结论：由于各种方案放弃折扣的信用成本率均高于借款利息率，因此是要取得现金折扣，借入银行借款以偿还货款。

2. 选择付款方案

各种付款方案的对比如表 6-21 所示。

表 6-21　各种付款方案的对比

方　案	10 天付款方案	30 天付款方案	50 天付款方案
折扣收益	300（元）	250（元）	180（元）
提前支付货款需支付的借款利息	9700×(12%/360)×80=258.67（元）	9750×(12%/360)×60=195（元）	9820×(12%/360)×40=130.93（元）
净收益	300-258.67=41.33（元）	250-195=55（元）	180-130.93=49.07（元）

结论：第 30 天付款是最佳方案，其净收益最大。

（三）商业信用筹资的优缺点

优点：商业信用容易获得，企业有较大的机动权，企业一般不用提供担保。

缺点：商业信用筹资成本高，容易恶化企业的信用水平，受外部环境影响较大。

◎技能训练

【实训项目】流动负债管理决策

【实训目标】掌握流动负债管理的方法

【实训任务】

1. 某企业与银行商定的周转信贷额为 200 万元，年承诺费率为 0.5%，企业借款 150 万元，平均使用 8 个月，那么，借款企业向银行支付承诺费多少元？

2. 某企业从银行取得借款 200 万元，期限 1 年，利率 6%，按贴现法付息，该借款的实际利率为多少？

3. 丙公司是一家汽车配件制造企业，近期的销售量迅速增加。为满足生产和销售的需求，丙公司需要筹集资金 495000 元用于增加存货，占用期限为 30 天。现有三个可满足资金需求的筹资方案：

方案 1：利用供应商提供的商业信用，选择放弃现金折扣，信用条件为"2/10，N/40"。

方案 2：向银行贷款，借款期限为 30 天，年利率为 8%。银行要求的补偿性金额为借款额的 20%。

方案 3：以贴现法向银行借款，借款期限为 30 天，月利率为 1%。

要求：

（1）如果丙公司选择方案 1，计算其放弃现金折扣的机会成本。

（2）如果丙公司选择方案 2，为获得 495000 元的实际用款额，计算该公司应借款总额和该笔借款的实际年利率。

（3）如果丙公司选择方案 3，为获得 495000 元的实际用款额，计算该公司应借款总额和该笔借款的实际年利率。

（4）根据以上各方案的计算结果，为丙公司选择最优筹资方案。

本项目小结

1. 本项目的重点：现金管理的方法、应收账款管理的方法、存货管理的方法。

2. 本项目的难点：最佳现金持有量的确定、应收账款信用政策的决策、存货经济进货批量的确定。

3. 关键概念：营运资金、现金管理、应收账款、信用政策、存货管理、经济进货批量、再订货点。

项目综合实训

【实训项目】营运资金管理

【实训目的】了解企业营运资金政策的相关信息，掌握现金、应收账款、存货等营运资金在企业的作用及相关的成本状况，掌握现金、存货和应收账款的管理方法和技巧。

【实训组织】将同学们分成若干小组，每组 5～7 人，在网上搜寻一个企业，对该企业的流动资产周转情况进行计算、比较和分析，收集并了解实训企业所在行业营运资产的平均管理水平，确定企业在行业中的排位情况，并进行差异分析。

【实训成果】以小组为单位，写一篇对实训企业营运资金管理情况的调查报告。（包括实训企业营运资产的状况、主要功能；实训企业所处行业的平均水平；实训企业与所处行业平均水平的差异及其原因分析；为实训企业提出相应的建议措施。）

扫码做习题

项目七　收益分配管理

职业能力目标

1. 掌握收益分配的内容与程序，能运用利润分配程序来制定其分配方案。
2. 了解股利分配的形式、政策类型及优缺点，能够根据公司实际情况选择相应股利分配政策。
3. 掌握不同股利分配形式对股东权益的影响，能够正确分析与判断不同股利政策对公司所产生的影响。

典型工作任务

股利政策选择、利润分配方案制定

知识点

收益分配、收益分配原则、收益分配程序、剩余股利分配政策、固定股利政策、固定股利支付率政策、低正常股利加额外股利政策、现金股利、股票股利、财产股利、负债股利、股利宣告日、除息日、股票回购

技能点

股利政策的制定、股利分配方案的确定、确定股利支付形式、股票分割的操作、股票回购的操作

◎导入案例

广东广弘控股股份有限公司子公司利润分配管理制度

第一章 总则

第一条 为规范广弘控股各企业的利润分配行为，保障投资者权益，特制定本制度。

第二条 本制度适用于广弘控股公司下属各全资或控股子公司（以下简称各公司）。

第三条 各公司的利润分配应符合广弘控股公司总体发展战略的要求，局部利益应服从整体利益。

第四条 广弘控股财务部负责各公司利润分配工作的管理。

第二章 利润分配内容

第五条 利润是指公司在一定时期（1年）内生产经营的财务成果，包括营业利润、投资净收益以及营业外收支净额。净利润是指企业实现的利润总额按规定扣减所得税费用后的余额。

第六条 利润分配是将企业在一定时期（1年）内实现的净利润，按照国家《公司法》和财务制度规定的分配形式和分配顺序，在企业和投资者之间进行的分配。

第七条 企业年度净利润，除法律、行政法规另有规定外，按照以下顺序分配：

（一）弥补以前年度亏损；

（二）按弥补亏损后所余净利润提取10%列入法定公积金。法定公积金累计额为企业注册资本50%以上的，可以不再提取；

（三）提取任意公积金。任意公积金提取比例由股东会决议；

（四）向投资者分配利润。弥补亏损和提取公积金后，所余税后利润可向投资者分配，没有可供分配的利润时，不得向投资者分配利润。企业以前年度未分配的利润及本年度提取公积金后所余的税后利润为当年可供分配的利润，可一并向投资者分配。

第三章 利润分配程序和方式

第八条 各公司应在每年4月前，根据经审计的上年度财务报表，拟定上年度利润分配方案，经公司股东会（或股东）批准后实施。

第九条 各公司的利润分配方案经批准后，由该公司财务部负责实施，并将利润分配情况报广弘控股公司财务部备案。

第十条 利润分配方式及上缴时间

各公司向投资者分配利润原则上应采用现金方式，并应于次年5月底前按投资关系足额上缴。具体视各企业资金状况和经营发展需要由广弘控股总经理办公会议决定。

第四章 利润分配比例

第十一条 各公司每年度利润分配的比例原则上不低于本年度可供分配利润的20%。特殊情况需低于20%的，应向广弘控股公司提出书面请示，经批准后执行。

第五章　附则

第十二条　子公司不进行利润分配的情形：

（一）广弘控股总经理办公会议根据公司战略规划的需要决定不分配的；

（二）子公司年度内有重大投资计划或重大现金支出等事项，经广弘控股总经理办公会议讨论同意不分配的。

第十三条　本制度自颁布之日起施行，以前年度的未分配利润也按照本制度的有关规定执行，具体上缴利润的时间由广弘控股财务部另行通知。

第十四条　本制度由广弘控股财务部负责解释。

（资料来源：中财网）

任务 7.1　熟知利润分配的基本规范

◎任务描述

了解利润分配的基本规范，确定利润分配的程序。

◎相关知识

一、利润分配的概念

利润分配是企业财务管理的一项重要内容，其概念有广义的利润分配和狭义的利润分配两种，广义的利润分配是指对企业收入和利润进行分配的过程；狭义的利润分配则是指对企业净利润的分配。本书所讨论的利润分配是指对净利润的分配，即狭义的利润分配。

利润是企业一段时期的经营成果，其计算公式如下：

利润总额=营业利润+营业外收入-营业外支出

净利润=利润总额-所得税费用

二、利润分配的原则

（一）依法分配的原则

为了保障企业利润分配的有序进行，维护企业所有者、债权人以及职工的合法权益，增强企业风险防范能力，国家有关法律、法规如《公司法》《税法》等规定了企业收益分配的基本要求、一般程序和重大比例。企业的利润分配必须依据这些法律进行，这是正确处理各方面利益关系的关键。

（二）无盈余不得分配原则

《公司法》规定："公司弥补亏损和提取公积金后所余税后利润，有限责任公司依照本法第三十四条的规定分配；股份有限公司按照股东持有的股份比例分配，但股份有限公司章程规定不按持股比例分配的除外。"因此，当企业出现亏损，特别是出现连续亏损时，企业不得分配股利或进行投资分红，无盈余不得分配原则的目的是维护公司的财产基础及其信用能力。但在特殊条件下，也可用以前年度积累进行分配，但必须要有一定的比例限制。

（三）分配与积累并重的原则

企业实现的利润应该向投资者分配，这是企业的法定义务。利润分配中提取盈余公积金和保留未分配利润这两部分，不仅为企业扩大再生产筹措了资金，增加了企业的积累也增强了企业抵抗风险的能力。因此，企业应该坚持分配与积累并重的原则。

（四）同股同权、同股同利原则

企业在对投资者分红时，必须坚持同股同权、同股同利原则。企业在利润分配中应遵守"公开、公平、公正"的"三公"原则，不搞幕后交易，不帮助大股东侵蚀小股东利益。

（五）兼顾各方利益的原则

利润分配是利用价值形式对社会产品的分配，直接关系到各方面的经济利益。因此，企业在进行利润分配时，应统筹兼顾，合理安排，维护投资者、企业与职工的合法权益。

（六）投资与收益对等的原则

企业进行收益分配应当体现"谁投资，谁受益"、收益大小与投资比例相适应原则，即投资与收益对等原则，这是正确处理投资者利益关系的关键。

（七）持有的本公司股份不得分配原则

《公司法》规定："公司持有的本公司股份不得分配利润。"公司应在利润分配方案中明确说明对公司持有的本公司股份不分配利润，无须对该部分股份计提应付股利。

三、企业税后利润的分配顺序

根据《公司法》及《企业财务通则》规定，企业缴纳所得税后的利润，除国家另有规定外，按照下列顺序分配。

（一）弥补企业以前年度的亏损

企业的营业收入减去营业成本、费用、税金，再减去财务费用、管理费用，加上投资净收益，加上（或减去）营业外收支净额以后，如果计算的结果小于0，即利润总额为负数，为企业亏损。企业发生的年度亏损，可以用下一年度的税前利润弥补。下一年度的税前利润不足弥补的，可以在5年内延续弥补；5年内不足弥补的，用税后利润等弥补。这里弥补的亏损，包括以前年度所有的亏损。税前利润弥补和税后利润弥补主要反映在当年缴纳的所得税的不同。税前利润未能弥补的亏损，只能由企业税后利润弥补。税后利润弥补亏损的一个资金是企业的未分配利润，即先用可向股东分红的资金弥补亏损，在累计亏损未得到弥补前，企业是不能也不应当分配股利的；税后利润弥补亏损的另一个资金是公积金，即当企业的亏损数额较大，用未分配利润尚不足以弥补时，经企业股东会决议，可以用提存的盈余公积金弥补亏损。企业未进行清算前，注册资本和资本公积金是不能用于弥补亏损的。

（二）提取盈余公积金

盈余公积金是企业从税后利润中提取的积累资金。盈余公积金包括任意盈余公积金和法定盈余公积金。任意盈余公积金是企业为了满足经营管理的需要，在计提法定盈余公积金以后，按照企业章程，股份有限公司的任意盈余公积金应在支付优先股股利之后提取，其提取的比例或金额由股东会议决定。法定盈余公积金按照当年税后利润扣除弥补企业以前年度亏损后的10%提取。当企业盈余公积金已达到注册资金50%时可不再提取。法定盈余公积金用于弥补企业亏损，扩大企业生产经营或者转为增加企业资本金。但转增资本金后，企业的法定盈余公积金一般不得低于注册资金的25%。

（三）向投资者分配利润

企业弥补亏损和提取法定盈余公积金后所余利润，才是可供投资者分配的利润。对于以前年度没有分配的利润，可以并入本年度利润后统一向投资者分配。企业利润按照股东的出资比例或按照股东持有的股份比例分配。企业向投资者分配多少利润，取决于企业的利润分配政策，企业应根据法律规定、股东要求及企业经营管理需要等诸方面因素加以确定。企业当年无利润时，一般不得向股东分配股利。但在用盈余公积金弥补亏损后，经股东会特别决议，可用盈余公积金分配股利，在分配股利后，企业法定盈余公积金不得低于注册资金的25%。

【例7-1】大华公司开始经营的前8年实现的税前利润（发生亏损以"-"号表示）如表7-1所示。

表7-1 大华公司开始经营的前8年实现的税前利润

年　份	1	2	3	4	5	6	7	8
利润（万元）	-100	-40	30	10	10	10	60	40

假设除弥补亏损外无其他纳税调整事项，该公司的所得税税率一直为25%，大华公司按规定享受连续5年税前利润弥补亏损的政策，税后利润（弥补亏损后）按10%计提法定盈余公积金，公司不提取任意盈余公积金。

请你分析后回答下列问题：

（1）该公司第7年是否需要缴纳企业所得税？是否有利润用于提取法定盈余公积金？

（2）该公司第8年是否有利润用于提取法定盈余公积金？是否有利润可以分配给股东？

解：

（1）公司第1年亏损的100万元可以由第3~6年的利润弥补，但尚有40万元不足弥补，需用以后年度的税后利润加以弥补。公司第7年的利润60万元应弥补第2年发生的亏损40万元，弥补亏损后的利润20万元应缴纳所得税5（20×25%）万元，税后利润15万元还要弥补第1年尚未弥补完的亏损，故第7年应缴纳所得税，但不应提取法定盈余公积金。

（2）公司第8年的利润40万元应首先缴纳所得税10万元，税后利润30万元弥补第1年亏损25（40-15）万元后还剩余5万元，故第8年应提取法定盈余公积金0.5万，剩下的利润4.5万元可用于向股东分配股利。

◎技能训练

【实训项目】利润分配的基本规范

【实训目标】掌握利润分配的基本规范

华夏公司开始经营的前 7 年实现的税前利润（发生亏损以"-"号表示）如表 7-2 所示。

表 7-2　华夏公司开始经营的前 7 年实现的税前利润

年　份	1	2	3	4	5	6	7
利润（万元）	-200	50	-50	30	50	50	150

假设除弥补亏损外无其他纳税调整事项，该公司的所得税税率一直为 25%，华夏公司按规定享受连续 5 年税前利润弥补亏损的政策，税后利润（弥补亏损后）按 10% 计提法定盈余公积金，公司不提取任意盈余公积金。

请你分析后回答下列问题：

（1）该公司第 7 年是否需要缴纳企业所得税？是否有利润用于提取法定盈余公积金？

（2）该公司第 7 年是否有利润可以分配给股东？

任务 7.2　制定股利分配政策

◎任务描述

掌握股利分配理论，制定股利分配政策。

◎相关知识

一、股利政策的内涵

股利分配是指企业向股东分派股利，是企业利润分配的一部分，包括股利支付程序中各日期的确定、股利支付比率的确定、支付现金股利所需资金的筹集方式的确定等。

股利政策是指在法律允许的范围内，企业是否发放股利、发放多少股利以及何时发放股利的方针及对策。

上市公司管理当局在制定股利政策时，要遵循一定的原则，并充分考虑影响股利政策的相关因素与市场反应，使公司的收益分配规范化。股利政策的最终目标是使公司价值最大化。

股利政策主要涉及公司对其收益进行分配或留存以用于再投资的决策问题。较高的股利意味着只能留存较少的资金用于再投资，这必然会限制企业未来的发展速度，从而影响股票价格，因此，公司在制定股利政策时，应当兼顾公司未来发展对资金的需求和股东对本期收益的要求。

二、股利政策的基本理论

（一）股利无关论

股利无关论又称 MM 理论，是由米勒（Miller）和莫迪格莱尼（Modigliani）首次提出的。MM 理论认为在完善的资本市场条件下，股利政策不会影响股票的价格或公司的价值，即公司价值是由公司投资决策的获利能力和风险组合所决定，而不是由公司盈余的分割方式（即股利分配政策）所决定的。

MM 理论是建立在完全市场理论之上的，假定条件包括：① 市场具有强式效率，没有交易成本，没有任何一个股东的实力足以影响股票价格。② 不存在任何公司或个人所得税。③ 不存在任何筹资费用（包括发行费用和各种交易费用）。④ 公司的投资决策与股利决策彼此独立。⑤ 股东对股利收入和资本增值之间并无偏好。

MM 理论是以多种假设为前提的，但在现实生活中，这些假设并不存在。例如，股票的交易要付出交易成本；发行股票要支付发行费用；管理当局通常比外界投资者拥有更多的信息；政府对企业和个人都要征收所得税等。因此，关于股利政策无关的结论在现实条件下并不一定有效。

（二）股利政策相关论

股利政策相关论认为公司的股利分配会对公司的股票价格产生影响，进而会影响公司的市场价值，其代表理论有以下几种。

1. "在手之鸟"理论

这一理论认为，股票的投资收益来自股利收入和资本利得两个部分。在一般情况下，由于大部分投资者是风险厌恶型，更倾向获得股利这一相对稳定的收入。因为不分股利或少分股利，相当于投资者将留存收益留在企业内部，由企业再投资获利，从而使公司股价升高，获取资本利得。但这种收益具有较大的不确定性，且投资的风险会随着时间的推移进一步增加，因此投资者更喜欢现金股利。因此，该理论认为公司应维持较高的股利支付率政策。通常将这种理论称为"在手之鸟"理论，即"双鸟在林，不如一鸟在手"。

2. 差别税收理论

差别税收理论认为，由于股利收入的所得税税率高于资本利得的所得税税率，则资本利得对股东更有利。即使股利与资本利得按相同的税率征收，这两者支付的时间也不同，股利收入纳税时间是与收取股利同时的，而资本利得纳税只在股票出手时才发生。相对于股利收入而言，资本利得在纳税时间的选择上更具有弹性。考虑到货币的时间价值和风险价值，将来支付的货币价值要比现在支付的货币价值小，这种税收延期的特点给资本利得提供了一个优惠。

3. 代理理论

代理理论认为，股利政策有助于减缓管理者与股东之间的代理冲突，即股利政策是协调股东与管理者之间代理关系的一种约束机制。

股利的支付能够有效地降低代理成本：① 股利的支付减少了管理者对自由现金流量的支配权，这在一定程度上可以抑制公司管理者过度投资或在职消费行为，从而保护外部投资者的利益。② 较多的现金股利发放，减少了内部融资，导致公司进入资本市场寻求外部融资，从而公司将接受资本市场的有效监督，这样便可以通过资本市场的监督减少代理成本。

因此，高水平的股利支付政策有助于降低企业的代理成本，但同时也增加了企业的外部融资成本，所以最优的股利政策应当使这两种成本之和最小。

4. 信号传递理论

信号传递理论认为，在信息不对称的情况下，公司可以通过股利政策向市场传递有关公司未来盈利能力的信息,从而影响公司的股价。一般来讲,预期未来盈利能力强的公司往往愿意通过相对较高的股利支付水平,把自己同预期盈利能力差的公司区别开来,以吸引更多的投资者。

三、制定股利分配政策时应考虑的因素

(一) 法律因素

为了保护债权人和股东的利益,国家有关法规对企业利润分配予以一定的硬性限制,这些限制主要体现为以下几个方面。

1. 资本保全约束

资本保全是企业财务管理应遵循的一项重要原则。它要求企业发放的股利或投资分红不得来源于原始投资(或股本),只能来源于企业当期利润或留存收益。其目的是防止企业任意减少资金结构中所有者权益(股东权益)的比例,以维护债权人的利益。

2. 资本积累约束

资本积累约束要求企业在分配收益时,必须按一定的比例和基数提取各种公积金。另外,它要求在具体的分配时,贯彻"无利不分"原则,即当企业出现年度亏损时,一般不得分配利润。

3. 偿债能力约束

偿债能力是指企业按时足额偿付各种到期债务的能力。对股份公司而言,当其支付现金股利会影响公司偿还债务和正常经营时,公司发放现金股利的数额就要受到限制。

4. 超额累积利润约束

对于股份公司而言,由于投资者接受股利缴纳的所得税要高于进行股票交易的资本利得所缴纳的税金,因此,许多公司可以通过积累利润使股价上涨的方式来帮助股东避税。许多西方国家在法律上明确规定公司不得超额积累利润,一旦公司留存收益超过法律认可的水平,将被加征额外税款。我国法律目前对此尚未做出规定。

(二) 股东因素

股东出于对自身利益的考虑,可能对公司的利润分配提出限制、稳定或提高股利发放率等不同意见。企业的股利政策不可能使每个股东财富最大化,企业制定股利政策的目的在于对绝大多数股东的财富产生有利影响。股东意愿对企业股利政策的影响有以下几个方面。

1. 控制权

如果企业支付较高的股利,就会导致留存收益减少,企业将来依靠发行新股筹集资金的可能性加大,而发行新股意味着公司控制权有旁落他人或其他公司的可能。因此,在原股东追加投资较少时,可考虑多留少分,采用较紧的股利政策。

2. 避税

在我国,由于股东现金股利所得的税率是20%,而股票交易尚未征收资本利得税,因此,高收入股东限制股利的支付,而愿意保留较多的盈余,以便从股价上涨中获利。这种低股利支付政策,可以帮助股东达到避税的目的。

3. 稳定收入

企业股东的收益包括两部分，即股利收入和资本利得。一些依靠股利维持生活的股东，往往要求公司支付稳定的股利，反对保留较多的盈余。

4. 规避风险

在某些股东看来，通过增加留存收益引起股价上涨而获得的资本利得是有风险的，而目前所得股利是确定的，因此，他们往往要求较多地支付股利。

（三）企业因素

公司出于长期发展与短期经营综合考虑以下因素，制定出切实可行的利润分配政策。这些因素主要包括以下几方面。

1. 公司的举债能力

具有较强举债能力的企业，由于能够及时地筹措到所需资金，有可能采用较为宽松的股利政策；而举债能力弱的企业则不得不保留盈余，因而往往采用较紧的股利政策。

2. 未来的投资机会

当企业未来有较好的投资机会时，企业的经营者会将收益用于再投资，减少用于分配的收益金额；当企业缺乏良好的投资机会时，保留大量的盈余会造成资金的闲置，可适当增大分红数额。

3. 盈余稳定状况

盈余相对稳定的企业有可能支付较高的股利，而盈余不稳定的企业一般采用低股利政策。因为盈余不稳定的企业，低股利政策可以减少因盈余下降而造成的股利无法支付、股价急剧下降的风险，还可将更多的盈余用于再投资，以提高企业的权益资本比重，降低财务风险。

4. 资产的流动状况

由于股利支付代表现金流出，企业的现金状况和资产流动性越好，其股利支付的能力就越强。反之，如果企业的资产流动性较差，即使收益可观，也不宜分配过多的现金股利。

5. 筹资成本

与增发普通股相比，保留盈余不需要花费实际筹资费用，其资金成本较低，是一种比较经济的筹资渠道。

6. 企业经营的其他考虑

当企业有较多债务需要偿还时，应减少现金流出，可考虑多留少分，采用较紧的股利政策；当企业有可转换债券需要转换时，可考虑多分少留，通过多发股利刺激股价上涨，使可转换债券尽快实现转换；在反收购、反兼并中，为促使股价上涨，并购不易成功，也应考虑多分少留。

（四）其他因素

1. 债务合同的限制

企业的债务合同，特别是长期债务合同往往有限制企业现金支付的条款，以保护债权人利益，通常包括以下几项：① 未来股利只能以签订合同之后的收益发放。② 营运资金低于某一特定额度时不得发放股利。③ 将利润的一部分以偿债基金的形式留存下来。④ 利息保障倍数低于一定水平时不得支付股利。

2. 通货膨胀

通货膨胀会使货币购买力降低，固定资产重置资金来源不足，此时企业不得不留用一定的利润，以弥补其不足，往往采取偏紧的利润分配政策。

总之，影响股利分配的因素很多，对其进行研究是财务管理的重要内容之一，企业对此应足够重视。

四、股利分配政策的类型

（一）剩余股利政策

剩余股利政策是指当公司有良好的投资机会时，根据目标资金结构，测算出投资所需的权益资本额，先从盈余中留用，然后将其他盈余作为股利来分配。理论依据是 MM 理论。其优点是留存收益优先满足再投资需要的权益资金，有助于降低再投资的资金成本，保持最佳的资金结构，实现企业价值的长期最大化；其缺点是股利发放额每年随投资机会和盈利水平的波动而波动，不利于投资者安排收入与支出，也不利于公司树立良好的形象。剩余股利政策一般适用于公司初创阶段。

采用剩余股利政策时，应按如下步骤进行操作：

（1）设定目标资金结构，即确定权益资本与债务资本的比率（目标资金结构下的综合资金成本应是最低水平）。

（2）确定目标资金结构所需达到的股东权益数额。

（3）最大限度地利用留存收益来满足投资方案所需的权益资本数额。

（4）当投资方案所需权益资本已经满足后还有剩余盈余，再将其作为股利发放给股东。

【例 7-2】某公司 2012 年税后净利润为 1000 万元，2013 年的投资计划需要资金 1200 万元，公司的目标资金结构为权益资本占 60%，债务资本占 40%。

要求：

（1）采用剩余股利政策，公司 2012 年度将要支付的股利为多少？

（2）假设该公司 2012 年流通在外的普通股为 1000 万股，那么每股股利为多少？

解：

（1）按照目标资金结构的要求，公司投资方案所需的权益资本数额为：1200×60%=720（万元）

2012 年，公司可以发放的股利额为：1000-720=280（万元）

（2）每股股利为：280÷1000=0.28（元/股）

（二）固定股利或稳定增长股利政策

固定股利或稳定增长股利政策是指公司将每年派发的股利额固定在某一特定水平或在此基础上维持某一固定比率逐年稳定增长，其理论依据是股利相关理论，其优点是：① 有利于树立公司的良好形象，增强投资者对公司的信心，稳定公司股票价格。② 有利于投资者安排收入与支出，有利于吸引那些打算进行长期投资并对股利有很高依赖性的股东。③ 为将股利维持在稳定的水平上，即使推迟某些投资方案或暂时偏离目标资金结构，也可能比降低股利或股利增长率更为有利。其缺点是：① 股利的支付与企业的盈利脱节，可能导致企业资金紧缺，财务状况恶化。② 在企业无利可分的情况下，若依然实施固定股利或稳定增长股利政策，也是违反《公司法》的行为。固定股利或稳定增长股利政策通常适用于经营比较稳定或正处于成长期的企业，且很难被长期采用。

（三）固定股利支付率政策

固定股利支付率政策是指公司将每年净利润的某一固定百分比作为股利分派给股东，这一百分比通常称为股利支付率，其理论依据是股利相关理论，其优点是：① 股利的支付与公司盈余紧密地配合。② 公司每年按固定的比例从税后利润中支付现金股利，从企业支付能力的角度看这是一种稳定的股利政策。其缺点是：① 由收益不稳导致股利的波动所传递的信息，容易成为公司的不利因素。② 容易使公司面临较大的财务压力。③ 合适的固定股利支付率的确定难度大。固定股利支付率政策适用于那些处于稳定发展并且财务状况也比较稳定的公司。

【例 7-3】 某公司长期以来用固定股利支付率政策进行股利分配，确定的股利支付率为30%。2012年税后净利润为1500万元。

要求：

（1）如果仍然继续执行固定股利支付率政策，公司本年度将要支付的股利为多少？

（2）公司下一年度有较大的投资需求，准备本年度采用剩余股利政策。如果公司下一年度的投资预算为2000万元，目标资金结构为权益资本占60%，公司本年度将要支付的股利为多少？

解：

（1）1500×30%=450（万元）

（2）按照目标资金结构的要求，公司投资方案所需的权益资本额为：2000×60%=1200（万元）

公司2012年度可以发放的股利为：1500-1200=300（万元）

（四）低正常股利加额外股利的政策

低正常股利加额外股利的政策是指公司事先设定一个较低的正常股利额，每年除了按正常股利额向股东发放股利外，还在公司盈余较多、资金较为充裕的年度向股东发放额外股利。理论依据是股利相关理论。其优点是：① 赋予公司较大的灵活性，使公司在股利发放上留有余地，并具有较大的财务弹性，公司可根据每年的具体情况，选择不同的股利发放水平，以稳定和提高股价，进而实现公司价值的最大化。② 使那些依靠股利度日的股东每年至少可以得到虽然较低但比较稳定的股利收入，从而吸引住这部分股东。其缺点是：① 由于公司盈利的波动使得额外股利不断变化，造成分派的股利不同，容易给投资者收益不稳定的感觉。② 当公司在较长时间持续发放额外股利后，可能会被股东误认为"正常股利"，一旦取消，传递出的信号可能会使股东认为这是公司财务状态恶化的表现，进而导致股价下跌。对那些盈利随着经济周期而波动较大的公司或者盈利与现金流量很不稳定的公司，低正常股利加额外股利政策也许是一种不错的选择。

◎ 技能训练

【实训项目】股利分配政策决策
【实训目标】掌握股利分配政策的决策方法
【实训任务】

1. 长城股份有限公司发行普通股 6000 万股，去年实现净利润 4500 万元，分配现金股利每股 0.45 元，而今年公司的净利润只有 3750 万元。该公司对未来发展仍有信心，决定投资 3600 万元引进新生产线，所需资金的 60% 来自举债，另外 40% 来自权益资本。

要求：
（1）如果公司采用剩余股利分配政策，计算该公司今年可供分配的每股现金股利。
（2）如果公司遵循固定股利支付率政策，维持上年的股利支付比率，计算今年应分配的每股现金股利。

2. 假设甲公司执行的是固定股利政策，2015 年税后净利润为 4000 万元，现金股利分配额为 2000 万元；乙公司执行的是固定增长股利政策，2015 年现金股利分配额为 1000 万元，固定股利增长率为 10%，则 2016 年甲、乙公司分配股利额各为多少？

3. 长城股份有限公司发行普通股 6000 万股，公司长期以来采用低正常股利加额外股利政策，公司确定的低正常股利为每股 0.2 元，由于 2016 年盈利状况较为理想，考虑再额外增加每股 0.2 元的现金股利，要求：计算该公司 2016 年分派的现金股利。

4. 某公司 2014 年度实现的净利润为 1200 万元，分配现金股利 600 万元。2015 年实现的净利润为 1000 万元，不考虑法定公积金的因素。2016 年计划增加投资，所需资金为 800 万元。假设目标资金结构为股东权益占 60%，负债占 40%。

要求：
（1）在保持目标资金结构的情况下，公司执行剩余股利政策，那么计算 2015 年度应分配的现金股利；
（2）在不考虑目标资金结构的前提下，公司执行固定股利政策，计算 2015 年度应分配的现金股利、可用于 2016 年投资的留存收益和需要额外筹集的资金额；
（3）在不考虑目标资金结构的前提下，公司执行固定股利支付率政策，计算该公司的股利支付率和 2015 年度应分配的现金股利；
（4）假设公司 2016 年很难从外部筹集资金，只能从内部筹资，不考虑目标资金结构，计算 2015 年度应分配的现金股利。

任务 7.3　制定利润分配方案

◎ 任务描述

了解利润分配的程序，制定利润分配的方案。

◎ 相关知识

一、利润分配的一般程序

利润分配的程序在不同类型的企业中不完全一样。如果企业的最高权力机构是企业的董事会，只要董事会做出决定，就可以分配，如外商投资企业等；但如果是国有企业，有时还需要经过上级单位的批准；如果是上市企业，董事会做出决策后还需经股东大会表决通过，并需要履行一系列的公告手续。由于上市企业的程序是最全面和最严格的，下面以上市企业为例加以说明。

（一）董事会做出分配方案的决策

企业董事会应在年度会计报表编制完成，当年实现的净利润计算出来以后，在讨论通过年度报告的同时，对当年的利润分配做出决策。例如，确定计提的法定盈余公积金数量，是否计提任意盈余公积金及数量是多少，每股分配多少股利，是现金股利还是股票股利等。有关事项在当期的会计报表中要做出反应，计提的公积金在会计上要处理完毕，准备发放的现金股利要转为负债（应付股利），只有用盈余公积转增股本的，因涉及验资、工商变更登记和股权登记等手续，在年度会计报表中可以不做处理。如果决定当年的利润不分配，要说明不分配的原因并对以后的分配做出承诺。一般情况下应同时决定股东大会的召开时间，以使股东对包括利润分配方案在内的年度报告等有关事项做出表决。

（二）召开股东大会，表决通过分配方案

股东大会的召开应至少提前30天公告通知股东，所有股东均有权参加股东大会。股东大会审议并批准董事会的分配方案。如果表决通过，由公司管理当局负责分配方案的实施；如果否决或改变董事会所提出的方案，已经进行的会计处理要做变更。

（三）公告并发放股利

股利的发放主要经过公告、股权登记、除权和发放股利几个环节。

1. 公告

股东大会做出分配的决议后，由公司董事会择机将利润分配情况进行公告，在公告中要公布股权登记日、除权日、股利发放日等日期。

2. 股权登记

在股权登记截止日登记在册的股东有权参与利润的分配，领取现金股利、获得股票股利（有时还包括由资本公积金转增的股票）。股权登记日通常在宣告股利发放后的两至三周内。之所以留有一定时间，是为了让对股利发放不满意的投资者有时间考虑并出售其拥有的股票，使希望得到公司股利的投资者有时间考虑并购买股票。股权登记由证券交易所的中央登记结算系统进行，现代计算机技术为此提供了便利条件，一般在股权登记截止日当天收市后即可打印出股东名册。

3. 除权

除权即在股票的交易价格中除去已经分配的红利金额或按增加的股票数对交易价格进行

摊薄。股权登记日以后购进股票的投资者已经不能参与股利分配，而股权登记日当天的收盘价中还含有股利权价格，下一个交易日开盘时应将股利权价格从前一天的收盘价中除去，股票按除权后的价格开始交易。

4. 股利发放

股利发放即将股利正式发放给公司股东。对于流通股的股东，一般由中央登记结算系统将股利直接打入股东资金账户中，由投资者到其证券代理商处或证券交易时确定的代理银行领取。非流通股东或没有开设股东资金账户的投资者，由公司向其直接支付股利。

二、利润分配方案

企业在确定股利分配方案时需要考虑以下几个方面的内容。

（一）选择股利分配政策

股利分配政策不仅直接影响企业的资金结构和融资活动，也会影响企业的正常运营以及未来的发展，因此，制定适合的股利政策十分重要。对于上市公司而言，由于股利支付情况透露了企业的重要信息，其意义尤为重大。基于各种股利政策存在着各自的利弊，企业在进行股利分配政策决策时，要根据企业所处的发展环境，综合考虑企业面临的各种具体影响因素，以保证企业总体战略目标的实现。

企业在不同成长与发展阶段中可以选用的股利政策如表 7-3 所示。

表 7-3 企业在不同成长与发展阶段中可以选用的股利政策

企业发展阶段	特　　点	适用的股利政策
初创阶段	经营风险高，有很强的投资需求但融资能力偏差	剩余股利政策
快速发展阶段	企业快速发展，需要大规模投资	低正常股利加额外股利政策
稳定增长阶段	企业业务量稳定增长，市场竞争力增强，行业地位已经巩固，投资需求减少，净现金流入量稳步增长，每股收益呈上升态势	固定股利或稳定增长股利政策
成熟阶段	产品市场趋于饱和，企业盈利水平保持稳定，通常已积累了相当的盈余和资金	固定股利支付率政策
衰退阶段	企业业务量逐渐减少，获利能力、现金获取能力和股利支付能力递减	剩余股利政策

（二）确定股利支付水平

股利支付水平的高低通常用股利支付率指标来进行衡量。股利支付率可以用企业当年发放股利除以当年净利润来表示，也可以用每股股利除以每股收益来表示。一般来说，股利分配率越高说明企业发放的股利越多。高股利分配率对股东和潜在投资者的吸引力越大，也就越有利于建立良好的企业信誉。

是否对股东派发股利以及股利支付率高低的确定，取决于企业对下列因素的权衡：① 企业所处的经营周期。② 当前的投资机会。③ 借款协议及法律限制。④ 企业当前的资金结构。⑤ 股利政策的信号传递功能。⑥ 企业的筹资能力及成本。⑦ 股东偏好，等等。

（三）确定股利支付形式

常见的股利支付形式有现金股利、股票股利、财产股利和负债股利四种。

现金股利是以现金形式支付的股利，是最常见的股利支付形式。当企业采用现金股利形式时，必须具备两个基本条件：第一，企业要有足够未指明用途的可分配利润；第二，企业要有足够的现金，即企业要支付现金股利除了要有累计盈余（特殊情况下可用弥补亏损后的盈余公积金支付）外，还需要在支付现金股利前筹备充足的现金。

股票股利是指企业以增发股票的方式所支付的股利。我国股票市场俗称其为"送股"。对企业来说，股票股利并没有现金流出，也不会导致企业的财产减少，而只是将企业的留存收益转化为股本。股票股利会增加流通在外的股票数量，同时降低股票的每股价值，它不会改变企业所有者权益的总额，但会改变所有者权益的构成。

财产股利是指以企业拥有的货币资金以外的其他财产支付的股利。其他财产包括企业所拥有的政府债券、其他企业的债券和其他企业的股票等有价证券。财产股利可以解决企业需要支付股利与现金不足的矛盾，而用于分配股利的有价证券流通性强，易于变现，也能被大多数股东接受。

负债股利是指以应付票据和应付债券等负债形式向股东发放的股利。负债股利适用于那些有盈利但现金不足的企业，但实际上企业只有在万不得已的情况下才采用这种方式。

在我国股票市场的实务中，最广泛的股利支付运用形式是现金股利和股票股利，财产股利和负债股利实际上都是现金股利的替代方式，目前这两种股利方式在我国股票市场的操作中还没有使用过，但并非法律所禁止。

（四）确定何时发放股利

企业分配股利必须遵循法定的程序，先由董事会提出分配的预案，然后提交股东大会决议，即派发股利的决策最终由股东大会决定。股东大会决议通过分配预案之后，向全体股东宣布发放股利的方案。方案包括股权登记日、除息（除权）日和股利发放日等详细信息。当一项股利发放的方案被股东大会宣告时，它就变成企业的义务且不能被取消。宣告后，就要在规定的股利发放日将股利分配给所有股东。

（五）股利的发放

企业在选择了适合自身的股利政策并确定了股利支付水平方式后，应当及时发布股利发放的信息并及时进行股利的发放。企业股利的发放必须遵循相关的要求，按照日程安排来进行。一般而言，股利的支付需要按照下列日程来进行。

1. 预案公布日

上市公司分派股利时，首先要由公司董事会制定利润分配预案，然后由其以公告的方式向社会公开发布包括本次拟分配的股利数量、股利分配的方式，股东大会审议的时间、地点和表决方式等在内的预案信息。

2. 股东大会审议日

董事会制定的分红预案必须经过股东大会讨论并经过所有与会的股东进行投票表决通过方可实施。

3. 股利宣告日

利润分配预案经股东大会投票表决通过之后，由董事会以正式股利分配公告的形式公布。股利分配实施公告的内容包括经股东大会确定的利润分配形式、分配数额和以下实施的三项具体时间。

4. 股权登记日

股权登记日是在上市公司分派股利时规定一个日期。在此日期当天收盘后股东持有的股票为含权股票（股票股利）或含息股票（现金股利），即有权领取股利的股东资格登记截止日期。只有在股权登记日当天收盘之后，在上市公司股东名册上登记的股东，才有权分享股利，在此日之后取得股票的股东则无权享受已宣布发放的股利。

5. 除权（息）日

因发放股票股利，从而导致股本增加而形成的剔除权利行为称为除权。这是由于向股东分配股票股利从而导致上市公司股本增加，每股股票所代表的上市公司实际价值（每股净资产）有所减少，需要在发生该事实之后从股票市场价格中剔除这部分因素，所以股价会下降。

因现金股利分配引起的剔除权利行为称为除息。这是由于在除息日，股票的所有权和领取现金股利的权利分离，现金股利权利不再从属于股票，所以在这一天购入上市公司股票的股东不能享有已宣布发放的股利。另外，由于失去了附息的权利，除息日的股价会下跌，下跌的幅度约等于每股分派的现金股利。

股权登记日后的第一个交易日就是除权日或除息日。这一天或以后购入该上市公司股票的股东，不再享有该上市公司此次宣布发放的股票股利或现金股利。

6. 股利发放日

股利发放日是上市公司按公布的股利分配方案向股权登记日在册的股东实际支付股票股利和现金股利的日期。

【例7-4】 股利发放程序可举例说明如下。

宏达股份有限公司2010年12月5日发布公告："本公司董事会在2010年12月5日的会议上决定，本年度发放每股为1.5元的现金股利；本公司将于2011年1月20日将上述股利支付给已在2010年12月20日登记为本公司股东的投资者。"

要求：请指出宏达股份有限公司的股利宣告日、除息日、股权登记日和股利支付日分别是哪一天？

解：2010年12月5日为宏达股份有限公司的股利宣告日；2010年12月20日为其股权登记日；2010年12月21日为其除息日；2011年1月20日为其股利支付日。

【例7-5】 XYZ公司发放股票股利前，所有者权益的情况如表7-4所示。

表7-4 XYZ公司所有者权益的情况

所有者权益项目	金额（万元）
股本（每股1元，20000万股）	20000
资本公积	6000
盈余公积	5500
未分配利润	12000
所有者权益合计	43500

公司决定以面值1元的价格对全体股东每股发放0.5股股票（按50%发放）。

要求：

（1）请分析发放股票股利前后的区别。

（2）假定 XYZ 公司本年净利润为 25000 万元，股利分配时的股票市价为 20 元/股。计算发放股票股利后的每股收益和每股市价。

解：

（1）公司决定以面值 1 元的价格对全体股东每股发放 0.5 股股票（按 50%发放），即 10000 万股普通股股票，公司股本增加 10000 万元，未分配利润减少 10000 万元，分配后所有者权益情况如表 7-5 所示（假设不征收个人所得税）。

表 7-5　分配后所有者权益情况

所有者权益项目	金额（万元）
股本（每股 1 元，30000 万股）	30000
资本公积	6000
盈余公积	5500
未分配利润	2000
所有者权益合计	43500

分配前净资产为 43500 万元，每股净资产为 2.175 元；分配后净资产仍为 43500 万元，但每股净资产减少为 1.45 元。如果某投资者在分配前持有 10000 股公司股票，其在公司净资产中拥有的份额为 21750（10000×2.175）元；分配后持有的股票增加到 15000 股，在公司净资产中拥有的份额仍为 21750（15000×1.45）元。从某种意义上讲，发放股票股利纯粹是一种数字游戏。

（2）发放股票股利后的每股收益=(25000÷20000)/(1+50%)=0.83（元）

　　　发放股票股利后的每股市价=20/(1+50%)=13.33（元）

◎ 技能训练

【实训项目】股利发放日程安排

【实训目标】掌握股利发放的具体日程安排

【实训任务】

华夏股份有限公司 2015 年 2 月 28 日公布了 2014 年度报告，并提出了 2014 年度的利润分配预案：以 2014 年年末的总股本为基数，向全体股东每 10 股派发现金股利 5 元；同时提出了按 10:3 的比例以资本公积金转增股本的方案。2015 年 3 月 26 日公司召开 2014 年度股东大会，审议通过了公司 2014 年度利润分配及资本公积转增股本方案。公司董事会于 2015 年 4 月 13 日发布分红派息公告称："以 2014 年年末总股份 205085492 股为基数，每 10 股转增 3 股派 5 元（含税）。股权登记日为 2015 年 4 月 18 日，除权除息日为 2015 年 4 月 19 日，新增可流通股份上市日为 2015 年 4 月 20 日，现金股利发放日为 2015 年 4 月 26 日。"要求：写出华夏股份有限公司股利发放的具体日程安排并考虑，如果某一股东在 4 月 20 日，购入该公司 1000 股流通股，那么该股东是否可以享受此次股利分配？

任务 7.4　股票分割与股票回购

◎ **任务描述**

了解股票分割与股票回购的概念，掌握股票分割与股票回购的操作。

◎ **相关知识**

一、股票分割

股票分割（Stock Split）是指将面额较高的股票分割成面额较低的股票的行为。

股票分割的作用主要有以下四点：① 有利于促进股票流通。股票分割会使企业每股市价降低，买卖同等数量的股票所必需的资金量减少，这样可以增加该股票在股东之间的换手，因此股票分割可以促进股票的流通和交易。② 股票分割使得企业每股市价降低，增加股价向上增长的空间可以向股东传递企业发展前景良好的信息，从而有助于增强股东对于该公司发展的信心。③ 股票分割可以为企业发行新股做准备。企业股票价格太高，会使许多潜在的投资者不愿对企业的股票进行投资。在新股发行之前，利用股票分割降低股票价格，可以促进新股的发行。④ 股票分割带来的股票流通性的提高和股东数量的增加，会在一定程度上增大对企业股票恶意收购的难度。

在进行股票分割时，发行在外的股票总数增加，使得每股面额降低和每股收益下降，但总的企业价值、所有者权益总额和所有者权益各项目金额及相互间的比例不会改变，即资产负债表中所有者权益各项目（股本、资本公积和留存收益）的余额都保持不变。

【**例 7-6**】假定创维公司资产负债表上的所有者权益账户情况如表 7-6 所示。假定该公司决定从 2017 年 6 月 30 日开始进行 1∶2 的股票分割，以带来股票总数的增加使得流通性得以提高，增加其他企业对该公司股票恶意收购的难度。

表 7-6　创维公司所有者权益账户情况　　　　　　　　　　单位：万元

所有者权益	2017 年 6 月 30 日	2017 年 7 月 1 日
股本	10000	10000
其中：股份数	10000	20000
资本公积	20000	20000
盈余公积	4000	4000
未分配利润	5000	5000
所有者权益合计	39000	39000

表 7-6 列示了该公司股票分割之后资产负债表中所有者权益各项目的情况。从表 7-6

的数字可知，除了股份数由 10000 股变为 20000 股外，资产负债表其他各项目的金额没发生改变。

二、股票回购

1. 股票回购的动机

股票回购（Stock Repurchase）是指上市公司从股票市场上购回本企业发行在外股票的行为。企业在股票回购完成后可以将所回购的股票注销或作为库存股处理。在绝大多数情况下，企业将回购的股票作为库藏股保留，仍属于发行在外的股票，但不参与每股收益的计算和分配。库藏股日后可作为他用，如发行可转换债券、雇员福利计划或作为股权激励的支付手段等。

在证券市场上，股票回购的动机主要有以下几点：① 提高每股收益。由于每股收益指标是以流通在外的股票总数作为分母计算的基础，在企业净利润不变的情况下，分母减少则可以提高每股收益的数值。② 改变企业的资金结构。股票回购是改善企业资金结构的一个较好途径。回购一部分股份后，负债在企业总资产中的比重就会上升，而所有者权益的比重就会减少。③ 传递企业的信息以稳定或提高企业的股价。股价过低，无疑将对企业经营造成了一定的负面影响。在这种情况下，企业回购本企业股票以支撑企业股价，有利于改善企业形象，股价在上升过程中，股东又重新关注企业的经营情况，消费者对企业产品的信任增加，企业也有了进一步增发或者配股融资的可能。④ 巩固既定控制权或转移企业控制权，防止敌意收购。许多股份有限公司的大股东为了保证其所代表公司的控制权不被改变，往往采取直接或间接的方式回购股票，从而巩固既有的控制权。股票回购在国外经常是作为一种重要的反收购措施而被运用。

2. 股票回购的影响

（1）股票回购对上市公司的影响主要有以下几点：① 股票回购需要企业支付大量资金，这容易造成企业资金紧张。② 企业进行股票回购的时候，会导致企业资本的减少，这在一定程度上削弱了对债权人利益的保障能力。③ 股票回购可能使企业的发起人股东更注重创业利润的兑现，从而忽视企业长远的发展，会导致企业的根本利益的受损。④ 股票回购容易导致企业操纵股价。企业回购自己的股票，容易导致其利用内幕消息进行炒作，从而使得股东蒙受投资损失，因此，世界各国对股票回购的行为都有法律约束。

（2）股票回购对股东的影响主要有以下几点：① 股票回购对于股东来说，一方面可以导致股价上涨；另一方面股东在出售股票时获取的收益也可以不用缴纳投资所得税。② 股票回购具有可选择性，需要现金的股东可选择卖出股票，而不需要现金的股东则可继续持有股票。③ 如果企业急于回购相当数量的股票，而对股票回购的出价太高，以至于偏离均衡价格，那么结果会不利于选择继续持有股票的股东，因为回购行动过后，股票价格会出现回归性下跌。

3. 股票回购的方式

按照股票回购的地点不同，可分为场内公开收购和场外协议收购两种。场内公开收购是指上市公司作为普通投资者，通过在证券公司设立的证券账户以当前市场价格购买方式进行股票回购。在国外较为成熟的股票市场上，这种方式较为流行。场外协议收购是指股票发行企业与某一个或某几个持有本企业大量股票的股东直接协商，通过协议的方式来回购自己企业股票的一种方式。协商的内容包括价格和数量的确定以及执行时间等。

按照回购行为的筹资方式，可分为举债回购、现金回购和混合回购。举债回购是指企业通过向银行等金融机构借款的办法来回购本企业股票，这主要是为了防止其他企业对企业的敌意并购；现金回购是指企业利用本企业拥有的剩余资金来回购本企业的股票；混合回购是指，企业既动用剩余资金，又向银行等金融机构举债来回购本企业股票。

◎技能训练

【实训项目】股票分割决策

【实训目标】掌握股票分割对公司股东权益的影响

【实训任务】

某公司某年末所有者权益的总额及构成情况如下（单位：万元）。

普通股：200（普通股100万股，每股面值2元）

资本公积：100

留存收益：500

合计：800

现在有两种政策：一是公司宣布10%股票股利，二是公司实施股票分割计划，将原来面值为2元的一股分割成面值为1元的两股。请列出两种方案实施后公司股东权益的变化？若公司两种政策实施前的股价为每股11元，请分析计算方案实施后的股票价格将发生怎样的变化？

本项目小结

1. 本项目的重点：股票股利支付方式对股东的影响；股利分配政策的选择；股票分割与回购对企业的影响。
2. 本项目的难点：股利分配政策的选择；股票股利与股票分割的区别。
3. 关键概念：收益分配；收益分配原则；收益分配程序；股利政策。

项目综合实训

【实训项目】调查企业的股利政策

【实训目的】通过实训使学生了解股利政策的种类及其优缺点，理解与股利发放有关日期的含义，如送股、配股、转增股、除息日、股权登记日等，掌握影响股利政策的因素。

【实训组织】将同学们分成若干小组，每组5～7人，以小组为单位，上网查询三个处在不同成长阶段的上市公司，收集公司近3年股利分配的相关资料，分析公司所采用的股利政策及股利政策的影响因素。

【**实训成果**】以小组为单位完成实训报告。实训报告的内容包括你所收集的上市公司的股利政策有哪些？公司所选择的原因是什么？该股利政策对企业的影响是什么？你对公司的选择有什么建议？

扫码做习题

项目八　财务预算

职业能力目标

1. 掌握财务预算编制的基本方法以及业务预算和现金预算的编制内容和编制方法，能运用财务预算编制的基本方法编制业务预算和现金预算。
2. 掌握预计财务报表的编制内容和编制方法，会编制预计利润表和预计资产负债表。

典型工作任务

编制业务预算、编制专项预算、编制现金预算、编造预计财务报表、预算调整、预算分析与考核

知识点

预算、业务预算、专门决策预算、财务预算、预算体系、固定预算法、弹性预算法、增量预算法、零基预算法、定期预算法、滚动预算法、销售预算、生产预算、直接材料预算、直接人工预算、制造费用预算、产品成本预算、销售及管理费用预算、现金预算、预算利润表、预算资产负债表、预算执行、预算调整、预算分析与考核

技能点

编制销售预算、编制生产预算、编制直接材料预算、编制直接人工预算、编制制造费用预算、编制产品成本预算、编制销售及管理费用预算、编制专门决策预算、编制现金预算、编制预计利润表、编制预计资产负债表

◎导入案例

湖南宇晶机器股份有限公司2019年度财务预算报告

根据湖南宇晶机器股份有限公司（以下简称"公司"）战略发展规划和2018年度生产经营计划，编制了2019年财务预算，从财务角度规划公司2019年各项经济指标规模，保障公司经营目标实现。

一、预算编制的原则和范围

（一）依据《企业会计准则》及相关规定，公司本着求实、谨慎、严控的原则编制。

（二）财务预算编制范围：包括公司及下属两个全资子公司及三个控股子公司。全资子公司分别为宇晶机器（长沙）有限公司、湖南佳友电子科技有限公司；控股子公司分别为：包头市宇拓电子科技有限公司（公司持股51%）、湖南谷为数控机床有限公司（公司持股55%）、湖南宇诚精密科技有限公司（公司持股59%）。

二、预算编制的基本假设

（一）公司所遵循的国家和地方现行法律、法规和制度无重大变化。

（二）公司所处行业形势、市场行情、主要产品和原料的市场价格和供求关系无重大变化。

（三）无其他不可抗拒力及不可预见因素造成的重大不利影响。

三、2019年主要财务预算指标

公司以经审计的2018年度经营业绩为基础，结合市场拓展计划，预计：

（一）营业收入：2019年度公司计划实现营业收入较2018年增长10%~20%；

（二）净利润：2019年度公司计划实现净利润较2018年增长5%~10%。

四、确保预算完成的主要措施

（一）加强公司内控管理，加强绩效考核，提升公司整体管理效率；

（二）加强市场开发与营销网络建设，积极开拓国内外市场；

（三）夯实公司科研创新平台的研发实力，注重技术人才培养与引进，不断提高公司产品竞争力与附加值；

（四）合理安排、使用资金，提高资金利用率；

（五）强化财务管理，加强成本控制分析、预算执行、资金运行情况监管等方面的工作，建立成本控制、预算执行、资金运行的预警机制，降低财务风险，及时发现问题并持续改进。

上述预测未计不确定的非经常性项目对公司业绩的影响。

特别提示：本预算报告为公司2019年度内部管理控制指标，不代表公司2019年度盈利预测和经营业绩承诺，能否实现取决于经济环境、市场需求等多种因素，具有不确定性，请投资者特别注意！

（资料来源：搜狐证券公司公告）

任务 8.1　熟知预算的内容及编制方法

◎**任务描述**

了解预算的内容及编制方法。

◎**相关知识**

一、预算的作用

预算是在预测、决策的基础上，以数量和金额的形式反映企业未来一定时期内经营、投资、财务等活动的具体计划，是为实现企业目标而对各种资源和企业活动的详细安排。预算是一种可以据以执行和控制经济活动的、最为具体的计划，是对目标的具体化，是将企业活动导向预定目标的有力工具。预算通过引导和控制经济活动，使企业经营达到预期目标，可以实现企业内部各个部门之间的协调，也可以作为业绩考核的标准。

预算具有以下特征：① 预算必须与企业的战略或目标保持一致。② 预算是数量化的，并且具有可执行性，数量化和可执行性是预算最主要的特征。

二、预算的分类

根据预算内容不同，可以分为业务预算（经营预算）、专门决策预算、财务预算，具体如表 8-1 所示。

表 8-1　预算的分类

类　别	含　义	具体内容	
业务预算（经营预算）	与企业日常经营活动直接相关的经营业务的各种预算	(1) 销售预算；(2) 生产预算；(3) 直接材料预算；(4) 直接人工预算；(5) 制造费用预算；(6) 产品成本预算；(7) 销售费用和管理费用预算	辅助预算或分预算
专门决策预算	企业不经常发生的、一次性的重要决策预算	资本支出预算	
财务预算	指企业在计划期内反映有关预计现金收支、财务状况和经营成果的预算	在全面预算中占有举足轻重的地位。包括：(1) 现金预算；(2) 预计财务报表（预计利润表和资产负债表）	总预算

从预算指标覆盖的时间长短划分，企业预算可分为短期预算和长期预算，如表 8-2 所示。

表 8-2　短期预算和长期预算

类　别	含　义	具体内容
短期预算	通常将预算期在 1 年以内（含 1 年）的预算称为短期预算	一般情况下，企业的业务预算和财务预算多为 1 年的短期预算，年内再按季度或月细分，而且预算期间往往与会计期间保持一致
长期预算	预算期在 1 年以上的称为长期预算	专门决策预算属于长期预算

三、预算的内容

通常完整的预算包括经营预算、专门决策预算和财务预算三个组成部分。一般将由这三种预算组成的预算体系称为全面预算体系。企业全面预算的各项具体预算前后衔接，形成一个完整的预算体系。全面预算的构成以及它们之间的相互关系如图8-1所示。

经营预算是指，与企业日常经营业务直接相关的具有实质性的基本活动的一系列预算的统称，也称之为日常业务预算，主要包括销售预算、生产预算、直接材料采购预算、直接人工预算、制造费用预算、产品成本及期末存货预算等。

专门决策预算亦称资本预算，是企业为那些在预算期内不经常发生的、一次性业务活动所编制的预算，如与购置、更新、改造固定资产决策有关的资本支出预算等。

财务预算作为全面预算的最后环节，从价值方面反映企业预算期现金收支、经营成果和财务状况，也称总预算，是各种专门预算的综合。其他预算编制服务于财务预算编制，是财务预算编制的基础。因此，财务预算是全面预算的核心，主要包括现金预算、预计利润表、预计资产负债表。

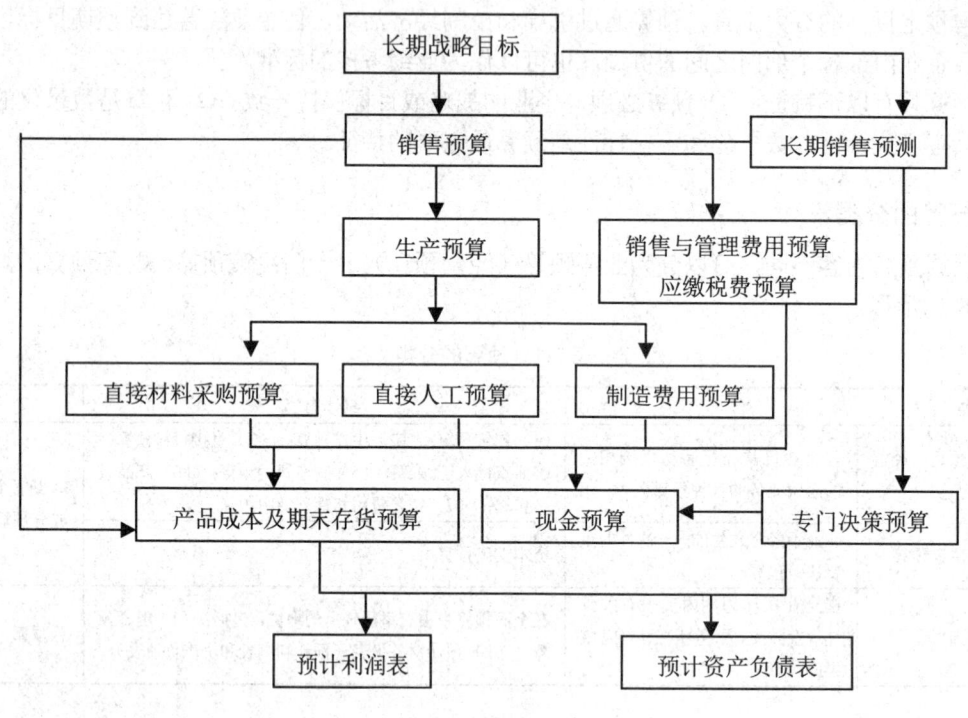

图 8-1 全面预算体系

四、预算编制的组织管理

1. 预算的编制期

预算一般要在下个年度到来之前3个月就着手编制，经营预算与财务预算的编制期一致，编制期通常为1年，与会计年度一致，这样便于进行预算执行结果的分析、评价和考核。通常在年度预算中，还须编制分季预算。专门决策预算的编制期灵活，应根据长期投资决策的要求及结果及时编制。

2. 全面预算编制前应做的准备工作

为了顺利地进行全面预算的编制，必须做好以下两项工作。

第一，设立预算委员会。为了保证全面预算工作顺利进行，一般要在企业内部专设一个预算委员会负责预算编制并监督实施。其主要任务是，制定和颁布有关预算制度的各项政策；审查和协调各部门的预算申报工作；批准最终预算，检查预算的执行情况，促使各有关方面协调一致地完成预算所规定的目标和任务。

第二，准备所需的资料。各种标准耗用量与标准价格指标，如直接材料耗用量和材料价格、直接人工耗用工时和小时工资率等；本年度资产负债表，各种预测、决策指标以及其他有关资料等。

3. 全面预算的编制方式

全面预算的编制既可以采取自下而上的编制形式，也可以采取自上而下的编制形式。采取自下而上的方式编制全面预算有助于调动各方面的积极性，使所定目标更切合实际，但这种预算未能与企业的经营目标相联系；采取自上而下的方式编制全面预算属硬性"摊派"，因此，所定目标不易为人们所接受。因此，实际中二者常常结合应用，先自下而上，再自上而下，不断反复修正，这样既可以调动各方面的积极性，又可以实现企业的经营目标。

4. 全面预算的编制程序

全面预算的具体编制程序如下。

（1）在预算与决策的基础上，由预算委员会拟定企业预算总方针，包括经营方针、各项政策以及企业总目标和分目标，并下发到各有关部门。

（2）组织各生产业务部门按具体目标要求编制本部门预算草案。

（3）由预算委员会平衡与协商调整各部门预算草案，并进行预算汇总与分析。

（4）审议预算并上报董事会最后通过企业的综合预算和部门预算。

（5）将批准后的预算，下达给各级部门执行。

5. 预算工作的组织

预算工作的组织包括决策层、管理层、执行层和考核层。企业董事会或类似机构应当对企业预算的管理工作负责；预算委员会或财务管理部门主要拟订预算的目标、政策，制定预算管理的具体措施和办法，审议、平衡预算方案，组织下达预算，协调解决预算编制和执行中的问题，组织审计、考核预算的执行情况，督促企业完成预算目标；企业财务管理部门具体负责企业预算的跟踪管理，监督预算的执行情况，分析预算与实际执行的差异及原因，提出改进管理的意见与建议；企业内部生产、投资、物资、人力资源、市场营销等职能部门具体负责本部门业务涉及的预算编制、执行、分析等工作，并配合预算委员会或财务管理部门做好企业总预算的综合平衡、协调、分析、控制与考核等工作；企业所属基层单位是企业预算的基本执行单位。

五、预算的编制方法

编制预算的方法有很多，主要包括固定预算、弹性预算、增量预算、零基预算、定期预算和滚动预算等。

（一）固定预算与弹性预算

1. 固定预算

固定预算又称静态预算，是根据预算期内正常的、可实现的某一业务量（如生产量、销售量）水平为唯一基础来编制预算的方法。

固定预算的基本特征是：以预算期内固定的计划业务量水平为基础，再结合其他因素确定相应的预算数据，因此，固定预算方法有以下两个缺点：

第一，预算的适应性差。固定预算没有考虑预算期内业务量水平可能发生的变动，不论未来预算期内实际业务量水平是否发生波动，仅以事先计划确定的一种业务量水平作为编制预算的基础，因此，预算难以适应指导、控制实际经营活动的要求。

第二，预算的可比性差。当实际业务量与编制预算所依据的计划业务量发生较大差异时，有关预算指标的实际数与预算数之间就会因业务量基础不同而失去可比性。

对于那些业务量水平不稳定的企业来说，如果采用固定预算方法，就可能会对企业预算的业绩考核和评价产生扭曲甚至误导作用，因此，在按照固定预算方法编制的预算控制、考核和评价企业预算的实际执行情况时，往往需要按实际业务量对原预算指标先行调整，然后才能进行科学、合理的对比分析和评价。

固定预算只能适用于业务量水平较为稳定的企业或非营利性组织。

2. 弹性预算

弹性预算又称变动预算，它是在成本按其性态分类的基础上，以业务量、成本和利润之间的依存关系为依据，按照预算期可预见的各种业务量水平，编制能够适应不同业务量预算的方法。弹性预算的编制程序如下。

（1）选择业务量。业务量计量单位应根据企业的具体情况进行选择。一般来说，生产单一产品的部门，可以选用产品实物量；生产多品种产品的部门，可以选用人工工时、机器工时等；修理部门可以选用修理工时等。

（2）确定业务量范围。业务量范围是指弹性预算所适用的业务量区间。业务量范围的选择应根据企业的具体情况而定。一般来说，可定在正常生产能力的70%~110%，或以历史最高业务量、最低业务量为其上下限。

（3）对混合成本进行成本性态分析。依据成本与业务量之间的依存关系，将企业的成本划分为固定成本、变动成本和混合成本。对混合成本进行成本性态分析，将其分解为固定成本和变动成本。最终，企业的全部成本被划分为固定成本和变动成本两大类。

（4）确定预算期内各业务量水平的预算额。按照确定的业务量范围，以及间隔区间，计算预算额。例如，成本的弹性预算公式如下：

$$成本的弹性预算 = 固定成本预算数 + \sum (单位变动成本预算数 \times 预计业务量)$$

与固定预算相比，弹性预算具有以下两个显著特点：

第一，按弹性预算方法编制的预算能够反映预算期内与一定相关范围内的可预见的多种业务量水平相对应的不同预算额，从而扩大了预算的适用范围，便于预算指标的调整。

第二，在预算期实际业务量与计划业务量不一致的情况下，可以将实际指标与实际业务量相应的预算额进行对比，使预算执行情况的评价与考核建立在更加客观和可比的基础上，便于更好地发挥预算的控制作用。

从理论上说，弹性预算适用于编制全面预算中所有与业务量有关的各种预算，这是因为业务量的变动会影响到成本、费用、利润等各个方面的变动。但是从企业实用角度看，主要用于编制弹性成本费用预算和弹性利润预算。

【例 8-1】 大华公司 2017 年预计直接人工工时为 90000～120000 小时，公司财务人员将制造费用按成本习性划分为固定成本、变动成本、混合成本三大类，各类成本的预测量如表 8-3 所示。

表 8-3 大华公司 2017 年制造费用各类成本的预测量

项　目	固定成本总额（元）	单位变动成本（元/小时）
固定成本：		
管理人员工资	200000	
设备租金	130000	
变动成本：		
材料费		0.15
辅助人员工资		0.25
其他费用		0.40
混合成本：		
辅助材料	60000	0.25
修理费	80000	0.20
水费	9000	0.30
制造费用合计	479000	1.55

根据上述资料，我们可以采用人工工时 10000 小时为间隔，编制弹性制造费用预算如表 8-4 所示。

表 8-4 弹性制造费用预算表　　　　　　　　　　　　单位：元

直接人工工时（小时）	90000	100000	110000	120000
固定成本：				
管理人员工资	200000	200000	200000	200000
设备租金	130000	130000	130000	130000
小　　计	330000	330000	330000	330000
混合成本：				
辅助材料	82500	85000	87500	90000
修理费	98000	100000	102000	104000
水费	36000	39000	42000	45000
小　　计	216500	224000	231500	239000
变动成本：				
材料费	13500	15000	16500	18000
辅助人员工资	22500	25000	27500	30000
其他费用	36000	40000	44000	48000
小　　计	72000	80000	88000	96000
制造费用合计	618500	634000	649500	665000

上述方法也称弹性费用预算列表法，业务量间距也可根据以往的经验选择更小的间隔（如5000 工时）。该方法的主要优点是，可以直接从表中查得各种业务量下的费用预算水平，便于预算执行情况的控制和考核，但这种方法工作量较大，且不能包括所有业务量条件下的费用预算。为避免该方法的缺陷及方便地推算出在允许业务量范围内任何水平上的各项费用预算指标，还可采用更简捷、方便的公式法确定费用弹性预算指标。

公式法是指通过确定成本公式 $Y=a+bX$ 中的 a 和 b 来编制弹性预算的方法。在成本习性分析的基础上，任何成本都可用 $Y=a+bX$ 来表示，其中 a 表示固定成本，b 表示单位变动成本，X 表示业务量水平。如果确定了 X，只要根据有关成本项目的 a 和 b 参数，就可很快地计算出业务量在允许范围内任何水平上的各项成本预算指标 Y。

【例 8-2】在表 8-3 中，当公司业务量为 95000 工时时，就可按 $Y=a+bX$ 分别确定辅助材料、其他费用、管理人员工资、制造费用总额等预算指标如下：

辅助材料预算指标=60000+0.25×95000=83750（元）

其他费用预算指标=0+0.40×95000=38000（元）

管理人员工资预算指标=200000+0×95000=200000（元）

制造费用总额预算指标=479000+1.55×95000=626250（元）

【例 8-3】当大华公司预算年度的销售业务量达到 100%时的销售收入为 1600000 元，变动成本为 1168000 元，固定成本为 300000 元。根据上述资料以 10%的弹性区间按照百分比法编制弹性利润预算表，如表 8-5 所示。

表 8-5　弹性利润预算表

预算年度：2017 年　　　　　　　　　　　　　　　　　　　　　　　　　　　　单位：元

销售收入百分比	80%	90%	100%	110%	120%
销售收入	1280000	1440000	1600000	1760000	1920000
减：变动成本	934400	1051200	1168000	1284800	1401600
贡献边际	345600	388800	432000	475200	518400
减：固定成本	300000	300000	300000	300000	300000
营业利润	45600	88800	132000	175200	218400

（二）增量预算与零基预算

1. 增量预算

增量预算是指以基期成本费用水平为出发点，结合预算期业务量水平及有关降低成本的措施，为调整有关费用项目而编制预算的一种方法。

增量预算的编制，源于以下假定：

第一，企业现有业务活动是合理的，不需要进行调整；

第二，企业现有各项业务的开支水平是合理的，在预算期予以保持；

第三，以现有业务活动和各项活动的开支水平，确定预算期各项活动的预算数。

增量预算的优点：增量预算以基期的实际支出为基础，在制定预算指标时比较容易找到参照标准，通过对基期的实际支出进行增减调整即可确定预算期的预算内容与预算指标，所以这种预算方法比较简便。

增量预算的缺点：

第一，受原有费用项目及支出限制，可能使原来不合理的费用开支继续存在下去；

第二，不利于调动各部门降低费用的积极性，易产生"调增预算容易，调减预算困难"的问题；

第三，易对基期不存在但对企业未来发展有利的成本费用项目产生忽略，不能及时地纳入预算中，从而对企业未来的发展产生不利影响。

增量预算适用于预算期仍进行原有业务活动的预算的编制，但采用这种方法，需要对基期的业务活动进行充分科学的分析，剔除原来不合理的项目；对未来进行科学合理的预测，及时增设未来实际需要开支的项目，使预算既能控制企业的成本费用支出，又能具有前瞻性，以利于企业未来的发展。

2. 零基预算

零基预算全称为"以零为基础的编制计划和预算的方法"，它是指在编制成本费用预算时，不考虑以往会计期间所发生的费用项目或费用数额，以所有的预算支出均为零为出发点，一切从实际需要与可能出发，进而规划预算期内的各项费用的内容及开支标准的一种方法。

零基预算的编制程序：

第一，企业内部各级部门的员工详细讨论计划期内应该发生的费用项目，提出每一项费用支出目的及数额。

第二，划分不可避免费用项目和可避免费用项目。

① 不可避免费用项目：必须保证资金供应；

② 可避免项目：逐项进行成本与效益分析，尽量控制可避免项目纳入预算当中。

第三，划分不可延缓费用项目和可延缓费用项目。

① 不可延缓费用项目：优先安排其支出；

② 可延缓费用项目：根据需要，按照费用项目的轻重缓急确定可延缓项目的开支。

与传统增量预算相比较，零基预算具有以下优点：

（1）可以合理有效地进行资源分配，将有限的资金用在刀刃上。

（2）可以充分发挥各级管理人员的积极性和创造性，促进各预算部门精打细算，量力而行，合理使用资金，提高资金的利用效果。

（3）特别适用于产出较难辨认的服务性部门预算的编制与控制。

由于零基预算是以零为起点来确定预算数的，所以工作量比较大。实际中，为了克服零基预算的缺点，简化预算编制的工作量，不需要每年都按零基预算的方法编制预算，而是每隔几年才按此方法编制一次预算。

【例8-4】大华公司销售及管理费用按照零基预算方法编制。该公司计划年度可用于销售及管理费用方面的支出，经各方认真研究后确定为1000000元，在以下几个预算项目中分配：销售费用、运杂费、管理人员薪金、广告费、折旧费和保险金。其中，管理人员薪金、折旧费用和保险金属于约束性固定成本，必须全额予以满足，不能更改。其全年所需金额分别为：管理人员薪金210000元、折旧费240000元、保险金80000元。销售费用、运杂费和广告费则属于酌量性固定成本，视资金量及成本效益酌情分配。

根据以往的分析资料，销售费用、运杂费和广告费的成本-收益情况如表 8-6 所示。

表 8-6 成本-收益情况　　　　　　　　　　　　　　　　　　　　　　单位：元

费　用	成本金额	收益金额
销售费用	1	30
运杂费	1	20
广告费	1	14

由于该公司计划年度可用于销售及管理费用的支出总额为 1000000 元，减去管理人员薪金、折旧和保险金三项约束性固定成本以后的余额为：

1000000 - (210000 + 240000 + 80000) = 470000（元）

将销售费用、运杂费和广告费三个项目按成本-收益情况分配资金额度：

$$销售费用 = 470000 \times \frac{30}{30+20+14} = 220312（元）$$

$$运杂费 = 470000 \times \frac{20}{30+20+14} = 146875（元）$$

$$广告费 = 470000 \times \frac{14}{30+20+14} = 102813（元）$$

合计 = 470000（元）

（三）定期预算与滚动预算

1. 定期预算

定期预算是指在编制预算时以不变的会计期间（如日历年度）作为预算期的一种编制预算的方法，这种预算通常 1 年编制一次。

定期预算的唯一优点是能够使预算期与会计年度相配合，便于考核和评价预算的执行结果。

按照定期预算方法编制的预算主要有以下缺点：

（1）盲目性。定期预算往往是在年初甚至提前两三个月编制的，难以预测预算期内的整个活动，尤其是对预算后期的预算只能进行笼统的估算，从而给预算的执行带来很多困难。

（2）滞后性。定期预算不能随情况的变化及时调整，当预算中所规划的经营活动在预算期内发生重大变化时，就会造成预算的滞后性，使之成为虚假的或过时的预算。

（3）间断性。由于受预算期的限制，致使经营管理者们的决策视野局限于本期规划的经营活动，从而不利于企业的长远发展。

2. 滚动预算

滚动预算又称连续预算或永续预算，是指在编制预算时，将预算期与会计年度脱离开，随着预算的执行不断延伸补充预算，逐期向后滚动，使预算期永远保持为 12 个月的一种方法。

（1）滚动预算的特点。滚动预算的主要特点表现在三个方面：一是整个预算的预算期始终保持固定的时间长度，每结束一个分期，即再续上一个分期；二是在预算指标制定上，按每一分期由近及远，预算指标由详细到粗略；三是随着时间的推移，各分期的预算指标由原来比较粗略到详细，以此往复，不断滚动。

（2）滚动预算的方式

滚动预算按滚动的时间单位不同可分为逐季滚动、逐月滚动和混合滚动三种方式。

逐季滚动方式是指以一个季度为预算的编制和滚动单位，或者说以一个季度（三个月）为一个预算分期，每结束一个季度预算期就调整一次预算的方法。

编制逐季滚动预算比编制逐月滚动预算工作量小，但预算精确度略低，如图8-2所示。

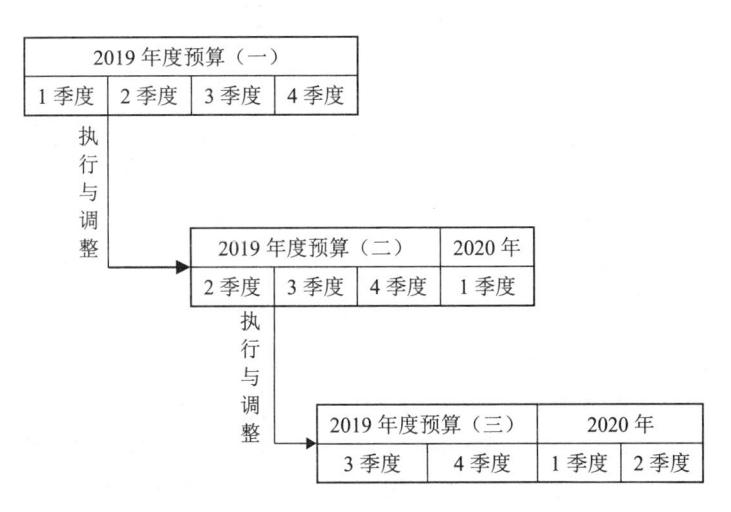

图8-2 逐季滚动预算方式示意

逐月滚动方式是指以一个月份为预算的编制和滚动单位，或者说以一个月为一个预算分期，每结束一个月份预算期就调整一次预算的方法。编制的预算比较精确，但工作量比较大，如图8-3所示。

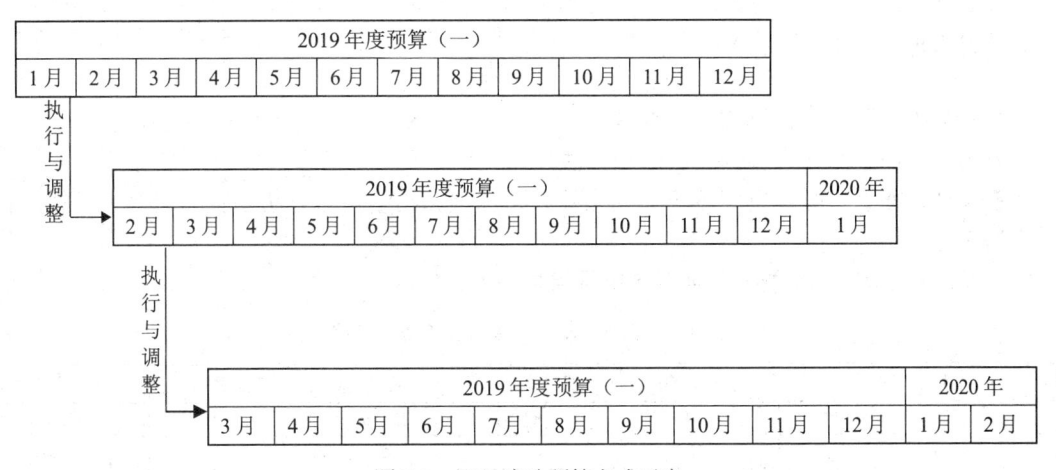

图8-3 逐月滚动预算方式示意

混合滚动方式是指在逐季滚动预算的基础上，同时使用月份作为预算编制分期的方法。这种预算方法的理论依据是：人们对未来的了解程度具有对近期把握较大，对远期的预计把握较小的特征，如图8-4所示。

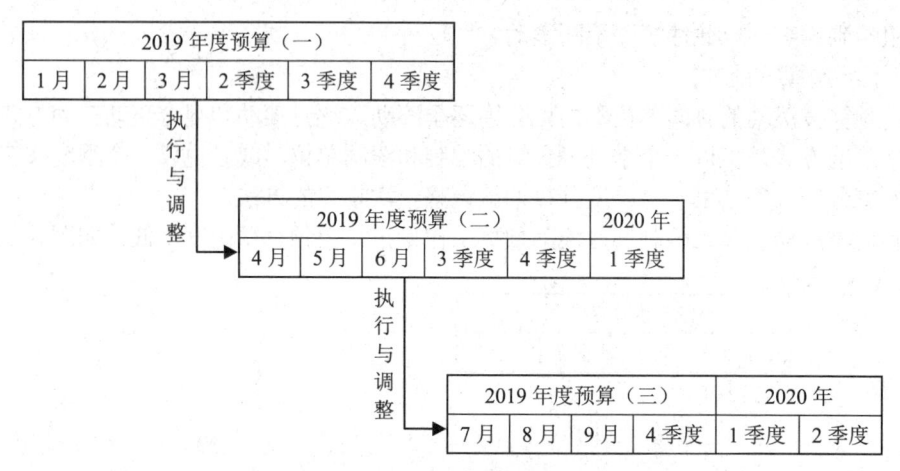

```
┌─────────────────────────────┐
│      2019 年度预算（一）     │
├─────┬─────┬─────┬─────┬─────┤
│1月│2月│3月│2季度│3季度│4季度│
└─────┴─────┴─────┴─────┴─────┘
         执行与调整
              ↓
      ┌─────────────────────────────┬──────┐
      │     2019 年度预算（二）      │2020年│
      ├─────┬─────┬─────┬─────┬─────┼──────┤
      │4月│5月│6月│3季度│4季度│1季度│
      └─────┴─────┴─────┴─────┴─────┴──────┘
              执行与调整
                    ↓
            ┌─────────────────────────────┬──────────┐
            │     2019 年度预算（三）      │  2020 年  │
            ├─────┬─────┬─────┬─────┬─────┼──────────┤
            │7月│8月│9月│4季度│1季度│2季度│
            └─────┴─────┴─────┴─────┴─────┴──────────┘
```

图 8-4　混合滚动预算方式示意

（3）滚动预算法的优缺点

与传统的定期预算方法相比，滚动预算法具有以下优点：

第一，及时性、衔接性强。由于滚动预算是根据前一期预算的执行情况和实际经营活动状况而编制的，所以能根据企业实际情况的变化，及时做出修正与调整，因而能够使预算更加切合实际并与日常经营活动管理紧密衔接，更有利于充分发挥预算的指导和控制作用。

第二，连续性、前瞻性好。由于企业的生产经营活动是连续不断的，而滚动预算在时间上突破了自然年度的限制，保持了预算连续性，使预算能够近期、远期相结合地规划未来的经营活动，有利于企业从动态角度把握住近期的任务目标和远期的规划目标。

缺点是采用滚动预算法编制预算，预算的编制工作比较繁重。

由于编制滚动预算工作量较大，所以，滚动预算一般用于较为重大事项的预算控制。

◎技能训练

【实训项目】财务预算的编制方法

【实训目标】掌握财务预算的编制方法

【实训任务】丁公司采用逐季滚动预算和零基预算相结合的方法编制制造费用预算，相关资料如下。

资料一：2012 年各季度的制造费用预算如表 8-7 所示。

表 8-7　2012 年各季度的制造费用预算

项　　目	第一季度	第二季度	第三季度	第四季度	合　　计
直接人工预算总工时（小时）	11400	12060	12360	12600	48420
变动制造费用（元）	91200	×	×	×	387360
其中：间接人工费用（元）	50160	53064	54384	55440	213048
固定制造费用（元）	56000	56000	56000	56000	224000
其中：设备租金（元）	48500	48500	48500	48500	194000
生产准备与车间管理费（元）	×	×	×	×	×

注：表中"×"表示省略的数据。

资料二：2012年第二季度至2013年第一季度滚动预算期间将发生如下变动：
① 直接人工预算总工时为50000小时；
② 间接人工费用预算工时分配率将提高10%；
③ 2012年第一季度末重新签订设备租赁合同，新租赁合同中设备年租金将降低20%。

资料三：2012年第二季度至2013年第一季度，公司管理层决定将固定制造费用总额控制在185200元以内，固定制造费用由设备租金、生产准备费用和车间管理费组成，其中设备租金属于约束性固定成本，生产准备费和车间管理费属于酌量性固定成本，根据历史资料分析，生产准备费的成本效益远高于车间管理费。为满足生产经营需要，车间管理费总预算额的控制区间为12000～15000元。

要求：
（1）根据资料一和资料二，计算2012年第二季度至2013年第一季度滚动期间的下列指标：
① 间接人工费用预算工时分配率；
② 间接人工费用总预算额；
③ 设备租金总预算额。
（2）根据资料二和资料三，在综合平衡基础上根据成本效益分析原则，完成2012年第二季度至2013年第一季度滚动期间的下列事项：
① 确定车间管理费用总预算额；
② 计算生产准备费总预算额。

任务8.2 编制业务预算

◎任务描述

掌握业务预算的编制方法，编制业务预算。

◎相关知识

全面预算的编制应以销售预算为起点，根据各种预算之间的关系，按顺序从前往后逐步进行，直至编制出预计财务报表。

一、编制经营预算

（一）销售预算

销售预算是规划预算期内由于企业销售活动而产生的预计销售收入而编制的一种经营预算，反映预算期内各季度的销售规模。销售预算是整个预算的编制起点，也是编制其他有关预算的基础。

编制销售预算主要依据销售预测等资料，按产品的名称分别填列销售量、销售收入等。实际工作中，产品销售往往是部分产品现销，部分产品赊销，会产生数额较大的应收账款，所以，销售预算中还需预计计划期间的"预计现金收入"，其目的是为日后编制现金预算提供必要的资料。

$$销售收入=销量×单价$$
$$现金收入=当期现销收入+收回前期的赊销$$

【例 8-5】大华公司只生产与销售一种产品，以往的销售历史记录表明，每一季度销售的产品，当季收到的货款占当季总销售收入的 55%，其余的 45%的货款在下一季度收到。季初应收账款余额为 25000 元，同时根据销售的历史记录，预计 2017 年各个季度的销售量分别为 1300 件、1500 件、1800 件、2000 件，销售单价为 90 元/件。

要求：编制销售预算表并预计现金收入。

根据上述有关资料编制销售预算表如表 8-6 所示。

表 8-6　销售预算表

预算年度：2017 年

项　　目	第一季度	第二季度	第三季度	第四季度	全　　年
预计销售量（件）	1300	1500	1800	2000	6600
单价（元/件）	90	90	90	90	90
预计销售额（元）	117000	135000	162000	180000	594000
预计现金收入					
上年应收账款（元）	25000				25000
第一季度销售收现（元）	64350	52650			117000
第二季度销售收现（元）		74250	60750		135000
第三季度销售收现（元）			89100	72900	162000
第四季度销售收现（元）				99000	99000
现金收入合计（元）	89350	126900	149850	171900	538000

（二）生产预算

生产预算是在销售预算的基础上编制的预算，是为了规划预算期内预计生产量水平而编制的一种日常业务预算。

生产预算是所有经营预算中唯一使用实物量单位编制的预算，其主要内容包括预计销售量、预计期初存货量、预计期末存货量、预计生产量。

由于企业的生产和销售不能做到"同步同量"，需要设置一定的存货，以确保能在发生额外需求时及时供货，并可均衡生产，节省有紧急订货时因加班而产生的额外支出，因此预计生产量时必须考虑期初、期末产成品的存货量。预计生产量的计算公式如下：

$$预计生产量=预计销售量+预计期末存货量-预计期初存货量$$
$$预计期末存货=下季度销售量×预计存货百分比（10\%）$$
$$预计期初存货=上季度期末产成品存货$$

公式中预计销售量来自销售预算，预计期末存货量通常按下期预计销售量的一定百分比确定，预计期初存货量即为上期的预计期末存货量，年初存货是编制预算时根据上一年年末的存货预计的，年末存货量根据长期销售趋势来确定。

【例 8-6】大华公司各季度期末存货量相当于下一季度销售量的 10%，年初存货为 120 件，年末存货为 200 件。

要求：编制生产预算表。

根据上述销售预算有关资料编制生产预算表，如表8-9所示。

表8-9　生产预算表

预算年度：2017年　　　　　　　　　　　　　　　　　　　　　　　　　　　　　　　　　　　　　单位：件

项　　目	第一季度	第二季度	第三季度	第四季度	全　　年
预计销售量	1300	1500	1800	2000	6600
加：预计期末存货	150	180	200	200	200
预计需要量	1450	1680	2000	2200	7330
减：预计期初存货	120	150	180	200	120
预计生产量	1330	1530	1820	2000	6680

（三）直接材料采购预算

直接材料采购预算是在编制完生产预算以后，以预计的生产量为基础而编制的预算，是根据预算期内直接材料消耗情况和材料采购活动而编制的，用于反映预算期直接材料的需用量、采购量、采购成本等信息的一种经营预算。

直接材料采购预算应按照材料品种分别预计各种材料的需用量、采购量、采购成本等，同编制生产预算一样，编制直接材料预算也应考虑每种材料的期初、期末的存货水平。直接材料预算可按下列公式计算：

某种材料预计需要量＝某产品预计生产量×单位产品该材料的消耗定额

某种材料预计采购量＝某种材料预计需要量＋某种材料预计期末存量－某种材料预计期初存量

公式中"某种材料预计期末存量"可根据下季度生产需要量的一定比例加以确定，"某种材料预计期初存量"是上期的期末余额。

某种材料的预计采购成本＝某种材料单价×某种材料预计采购量

材料采购往往部分现付，部分赊购，会产生数额较大的应付账款，所以，在直接材料采购预算中还需预计计划期间的"预计现金支出"，其目的是为日后编制现金预算提供必要的资料。

材料采购预计现金支出＝当期现购支出＋支付前期赊购

【例8-7】大华公司生产甲产品每件需要耗用A材料3千克，A材料单价为5元/千克，购买该材料所需的款项于当季度支付70%，下一季度支付30%；材料每一季度的期末存货量为下一季度生产需用量的20%。2016年年初、年末的库存量分别为700千克和800千克；2017年年初应付的材料采购款为12000元。

要求：编制直接材料预算表。

编制直接材料预算表，如表8-10所示。

表8-10　直接材料预算表

预算年度：2017年

项　　目	第一季度	第二季度	第三季度	第四季度	全　　年
预计生产量（件）	1330	1530	1820	2000	6680
单位产品直接材料需用量（千克）	3	3	3	3	3
预计直接材料需用量（千克）	3990	4590	5460	6000	20040
加：预计材料期末存货量（千克）	918	1092	1200	800	800

(续表)

项　目	第一季度	第二季度	第三季度	第四季度	全　年
减：预计材料期初存货量（千克）	700	918	1092	1200	700
预计材料采购量（千克）	4208	4764	5568	5600	20140
材料价格（元/千克）	5	5	5	5	5
预计材料采购金额（元）	21040	23820	27840	28000	100700
预计现金支出					
上年应付账款（元）	12000				12000
第一季度（元）	14728	6312			21040
第二季度（元）		16674	7146		23820
第三季度（元）			19488	8352	27840
第四季度（元）				19600	19600
合计（元）	26728	22986	26634	27952	104300

（四）直接人工预算

直接人工预算是为了规划预算期内直接人工工时的消耗水平和直接人工成本水平而编制的一种经营预算。直接人工预算也是以生产预算为基础，根据生产预算中的预计生产量及单位产品所需的直接人工小时数、每小时的工资率及其他直接人工费用的计提标准进行编制的，其计算公式为：

预计直接人工总工时=预计生产量×单位产品工时

预计直接人工工资=预计人工总工时×每小时人工成本

预计其他直接人工费用=预计直接人工工资×其他直接人工费用计提标准

预计直接人工总成本=预计直接人工工资+预计其他直接人工费用

【例 8-8】大华公司生产单位产品的工时定额为 4 小时，直接人工小时工资为 5 元/小时。编制直接人工预算表，如表 8-11 所示。

表 8-11　直接人工预算表

预算年度：2017 年

项　目	第一季度	第二季度	第三季度	第四季度	全　年
预计生产量（件）	1330	1530	1820	2000	6680
单位产品工时（小时）	4	4	4	4	4
预计直接人工总工时（小时）	5320	6120	7280	8000	26720
直接人工小时工资率（元/小时）	5	5	5	5	5
预计直接人工工资（元）	26600	30600	36400	40000	133600

（五）制造费用预算

制造费用预算是为了规划预算期内除直接材料和直接人工预算以外预计发生的其他生产费用水平而编制的一种经营预算。编制制造费用预算应将制造费用按成本习性划分为变动制造费用和固定制造费用两大类，并分别按费用的明细项目编制。

预算期内预计制造费用=预计变动制造费用+预计固定制造费用

预计固定制造费用需要逐项进行预计，通常与本期产量无关，可按各期生产需要的情况加以预计，然后求出全年数。预计变动制造费用以生产预算为基础来编制即可，在上年的基础上，结合本年度业务量比上年的增减程度等因素进行调整预计，再根据变动费用分配率将变动制造费用分配到各季度。其中，变动制造费用分配率（即单位工时变动性制造费用）的计算公式为：

变动制造费用分配率=变动制造费用预算总额/预计分配标准总量

预计分配标准总量根据直接人工工时总数确定。

为便于为编制现金预算提供必要的资料，制造费用预算也应包括现金支出预算部分。在计算预计现金支出时，对于固定资产折旧费等非付现成本项目，首先应予剔除。

【例8-9】大华公司预计当年变动制造费用总额为66800元，预计当年固定制造费用为82000元，其中折旧费用为12000元，除折旧费用以外的其他制造费用均须以现金支付。制造费用预算表如表8-12所示。

表8-12 制造费用预算表

预算年度：2017年

项目	第一季度	第二季度	第三季度	第四季度	全年
预计直接人工总工时（小时）	5320	6120	7280	8000	26720
变动制造费用分配率	2.5%	2.5%	2.5%	2.5%	2.5%
预计变动制造费用（元）	13300	15300	18200	20000	66800
预计固定制造费用（元）	20500	20500	20500	20500	82000
预计制造费用合计（元）	33800	35800	38700	40500	148800
减：折旧（元）	3000	3000	3000	3000	12000
预计现金支出（元）	30800	32800	35700	37500	136800

（六）产品成本及期末存货预算

产品成本预算是为了规划预算期内每种产品的单位成本和总成本水平而编制的一种经营预算，期末存货预算是关于预算期末在产品、产成品和原材料等预计成本水平的计划。

产品成本及期末存货预算是生产预算、直接材料预算、直接人工预算、制造费用预算的汇总，主要包括单位产品成本、生产成本、期初存货、期末存货以及产成品销售成本等内容。

单位产品的直接材料费用=单位产品材料消耗量×材料预计单价

单位产品的直接人工费用=单位产品工时×预计每小时人工成本

单位产品的制造费用=每小时制造费用×单位产品工时

=制造费用总额÷产品工时总额×单位产品工时

【例8-10】根据上述有关经营预算编制产品成本预算如表8-13所示。

表8-13 产品成本预算表

预算年度：2017年

项目	单位成本			总成本（元）（6680件）
	单位用量（件）	单价（元）	单位成本（元）	
直接材料	3	5	15	100200
直接人工	4	5	20	133600
变动制造费用	4	2.5	10	66800
预计变动生产成本（6680件）			45	300600
期末存货（200件）			45	9000
销货成本（6600件）			45	297000

在实际工作中产品成本预算也可按变动成本法编制，即在编制产品成本预算时不把制造费用中的固定制造费用包括进来，制造费用中的固定制造费用作为期间成本直接列入利润表内作为收入的扣除项目。

值得注意的是，存货发出的计价方法有很多，有先进先出法、加权平均法、个别计价法等，编制预算时可根据企业实际情况选择其中的一种加以运用。

（七）销售费用及管理费用预算

销售费用及管理费用预算是企业日常销售和管理活动所发生的各项费用的预算。销售费用及管理费用属于期间费用，其编制方法与制造费用预算的编制方法基本相同，也须分项目、按成本习性分别进行编制。

销售费用以销售预算为基础。管理费用多属于固定成本，所以一般以过去的实际开支为基础，按预算期的可预见变化来调整。

销售费用及管理费用的大部分属于现金支出，如果包括非付现项目，如折旧和摊销等，则需要从预算中加以扣除。因此，在编制销售费用及管理费用预算的同时，往往还需预计销售费用及管理费用的现金支出，以便为编制现金预算提供资料。

【例8-11】预计2017年的变动性销售及管理费用包括销售人员工资、运输费用、广告费用、佣金等共计46200元；预计固定性销售及管理费用共计53600元，其中管理人员工资为24000元，广告费为14000元，保险费为8000元，折旧费为7600元，该公司除折旧以外的销售及管理费用均需以现金支付。销售及管理费用预算如表8-14所示。

表8-14 销售及管理费用预算

预算年度：2017年

项 目	第一季度	第二季度	第三季度	第四季度	全 年
预计销售量（件）	1300	1500	1800	2000	6600
单位变动性销售及管理费用（元）	7	7	7	7	7
预计变动性销售及管理费用（元）	9100	10500	12600	14000	46200
固定性销售及管理费用（元）	13400	13400	13400	13400	53600
其中：管理人员工资（元）	6000	6000	6000	6000	24000
广告费（元）	3500	3500	3500	3500	14000
保险费（元）	2000	2000	2000	2000	8000
折旧费（元）	1900	1900	1900	1900	7600
预计销售及管理费用合计（元）	22500	23900	26000	27400	99800
减：折旧（元）	1900	1900	1900	1900	7600
预计现金支出（元）	20600	22000	24100	25500	92200

二、编制专门决策预算

专门决策预算主要是长期投资预算，又称资本支出预算，通常是指与项目投资决策相关的专门预算，它往往涉及长期建设项目的资金投放与筹集，并经常跨越多个年度，准确反映项目资金投资支出与筹资计划，它同时也是编制现金预算和预计资产负债表的依据。

编制专门决策预算的依据是项目财务可行性分析资料以及企业筹资决策资料。

◎技能训练

【实训项目】 业务预算的编制
【实训目标】 能够熟练编制经营预算、专门决策预算
【实训任务】

科云公司生产甲、乙两种产品，该公司 2017 年 12 月 31 日的资产负债表如表 8-15 所示。

表 8-15　资产负债表　　　　　　　　　　　　　　　　　　　单位：元

资　产	金　额	负债与股东权益	金　额
库存现金	1100	短期借款	70000
应收账款	130000	应付账款	62800
存货：材料	22400	实收资本	150000
产成品	78400	留存收益	66100
固定资产净值	117000		
资产合计	348900	负债与股东权益合计	348900

2018 年有关预测资料如下：

（1）甲、乙产品预计销售量分别为 3000 件、2000 件；预计单价分别为 100 元、80 元；预计销售环节税金为销售收入的 5%；期初应收账款 13 万元，预算期已全部收回，预算期销售情况为现销和赊销各占 50%。

（2）甲、乙产品期初产成品存货分别为 400 件、800 件，单位成本分别为 80 元、60 元；预计期末产成品存货分别为 300 件、500 件。

（3）假设甲、乙产品只耗用 A 种原材料，单位产品 A 材料消耗定额分别为 5 千克、4 千克；A 种材料期初结存量为 2800 千克，预计期末结存量为 2500 千克；A 材料单价为 8 元。预算期初应付账款 62800 元，预算期内全部偿还；预算期材料采购的货款 60% 在本期内付清，其余在下期付清。

（4）假设期初、期末在产品数量没有变动，其他直接支出已被并入直接人工成本统一核算。单位产品直接人工工时甲产品为 4 小时，乙产品为 3 小时，小时工资为 5 元/小时。

（5）预计制造费用、销售费用及管理费用如下：2018 年全年变动性制造费用为 33400 元；固定性制造费用为 36740 元，其中，固定资产折旧费为 12000 元，其余均为发生的付现成本。销售与管理费用合计为 8600 元，制造费用按预计直接人工工时总数进行分配。

（6）该企业购置设备一台，支付现金 20000 元。

（7）其他资料：2018 年预计分配股利 5000 元，所得税税率为 25%，期末现金余额为 3000 元，现金余缺可通过归还短期借款或取得短期借款解决。

要求：计算编制科云公司 2018 年的下列预算。

（1）销售预算；
（2）生产预算；
（3）直接材料预算；
（4）直接人工预算；
（5）制造费用预算；
（6）销售及管理费用预算；

（7）产品成本预算；
（8）产品销售成本预算；
（9）资本支出预算。

任务 8.3　编制现金预算

◎**任务描述**

掌握现金预算的内容并编制企业的现金预算。

◎**相关知识**

一、现金预算的概念及内容

现金预算是指以经营预算和专门决策预算为基础所编制的反映企业预算期现金收支情况的财务预算。这里所说的现金包括现金和银行存款等一切货币资金。编制现金预算的目的是合理地安排企业的现金收入和支出，并由此计算现金的盈余或不足，进而确定资金运用或筹措的方式、时间及金额，保证企业财务的正常运转。

通过编制现金预算，可以了解企业在预算期内的现金流转现状。为加强对现金的管理，合理安排及筹措资金，现金预算的编制期越短越好。现金预算可以按年度、季度、月、旬编制，但由于工作量的关系，一般情况下，还是按年度或季度进行编制。

现金预算的内容主要包括现金收入、现金支出、现金多余或不足、现金筹措及运用四个部分。

"现金收入"部分包括期初的现金余额和预算期内发生的现金收入，现金收入的主要来源是销售收入和应收账款的收回。

"现金支出"部分包括预算期内可能发生的一切现金支出，如采购材料支出、直接人工支出、制造费用支出、销售及管理费用支出，这些数据分别来自前述各有关预算，此外还包括所得税、购置设备、股利支出等现金支出。

"现金多余或不足"部分列示现金收入合计与现金支出合计的差额，差额为正，说明收大于支，现金有多余；差额为负，说明支大于收，现金不足。

"现金筹措及运用"部分根据预算期内现金收支的差额和企业有关资金管理的各项政策，确定筹集或运用资金的数额，包括向银行借款、发放短期债券、还本付息以及偿还借款和购买有价证券等事项。

现金收入、现金支出、现金多余或不足、现金的筹集及运用四个部分之间的基本关系：

可运用现金=期初现金余额+现金收入
现金支出=经营性现金支出+资本性现金支出
现金多余或不足=可运用现金-现金支出
期末现金余额=现金多余或不足+现金筹集-现金运用

二、现金预算的编制

现金预算以各项业务预算为基础，确定现金收入、计划现金支出，编制现金预算表。因此现金预算表的数据大多来源于各项经营预算、专项决策预算。

（一）确定现金收入

$$可运用现金=期初余额+现金收入$$

（二）计划现金支出

$$现金支出=经营性现金支出+资本性现金支出$$

（三）计算现金多余或不足

$$现金多余或不足=可运用现金合计-现金支出合计$$

（四）确定现金筹集与运用金额，计算期末现金余额

$$期末现金余额=现金余缺+现金筹集-现金运用$$

"现金不足"筹集需要考虑的因素：
（1）补缺；
（2）补足最低现金余额；
（3）筹集及运用的影响（借款及利息支出）；
（4）整数倍（已知）（1000元的倍数）。

"现金多余"运用需要考虑的因素：
（1）用余；
（2）保证最低现金余额（已知）；
（3）多余现金运用的影响（还款及利息减支）；
（4）整数倍（已知）（1000元的倍数）。

【例8-12】与现金预算有关的其他资料如下，现金预算表如表8-16所示。

（1）公司预计于2018年购入机器设备的总价值为50000元，其中第一季度和第四季度均购入价值15000元的设备，第三季度购入设备的价值为20000元；

（2）预计缴纳所得税20000元，每季度预缴5000元；

（3）预计公司年末支付股利12000元；

（4）公司规定最低现金限额为10000元，现金不足时向银行借款的年利率为10%，假定借款在期初，还款在期末，借款为1000元的倍数。

表8-16 现金预算表

预算年度：2017年 单位：元

	第一季度	第二季度	第三季度	第四季度	全　　年
期初现金余额	25000	10622	10486	12502	
加：现金收入	89350	126900	149850	171900	538000
可运用的现金	114350	137522	160336	184402	563000
减：现金支出					

(续表)

	第一季度	第二季度	第三季度	第四季度	全　　年
直接材料	26728	22986	26634	27952	104300
直接人工	26600	30600	36400	40000	133600
制造费用	30800	32800	35700	37500	136800
销售及管理费用	20600	22000	24100	25500	92200
所得税	5000	5000	5000	5000	20000
购买设备	15000		20000	15000	50000
支付股利				12000	12000
现金支出合计	124728	113386	147834	162952	548900
现金余缺	(10378)	24136	12502	21450	14100
现金筹集与运用					
银行借款	21000				21000
归还借款		(13000)		(8000)	(21000)
利息支出		(650)		(800)	(1450)
合计	21000	(13650)		(8800)	(1450)
期末现金余额	10622	10486	12502	12650	12650

◎技能训练

【实训项目】现金预算的编制
【实训目标】能够熟练编制现金预算
【实训任务】根据业务预算技能训练的资料，编制现金预算

任务 8.4　编制预计财务报表

◎任务描述

编制预计利润表、预计资产负债表。

◎相关知识

一、预计利润表的编制

预计利润表是以货币形式综合反映企业在预算期的预计经营成果的一种财务预算。它综合反映计划期间内预计销售收入、销售成本和预计可实现的利润或可能发生的亏损，可以揭示企业预期的盈利情况。

预计的利润表与实际的利润表内容、格式相同，只不过数字是面向预算期的。通过编制该表，可以了解企业的预期盈利水平。

如果预算利润与最初编制方针中的目标利润有较大的差距，就需要调整部门预算，设法

达到目标，或者经企业领导同意后修改目标利润。

编制预计利润表的依据是各业务预算、专门决策预算和现金预算。

预计利润表是按照权责发生制和变动成本法编制的。

$$边际贡献=销售收入-变动成本$$
$$息税前利润总额=边际贡献-固定成本$$
$$税后净利润=税前利润总额-所得税$$

【例 8-13】根据上述有关预算资料可编制预计利润表，如表 8-17 所示。

表 8-17 预计利润表

预算年度：2017 年　　　　　　　　　　　　　　　　　　　　　　　　　　　　单位：元

项目	金额
销售收入	594000
减：变动成本	
变动销售成本	297000
变动销售及管理费用	46200
变动成本合计	343200
边际贡献	250800
减：固定成本	
固定制造费用	82000
固定销售及管理费用	53600
固定成本合计	135600
息税前利润	115200
减：利息费用	1450
税前利润	113750
减：所得税	20000
税后净利润	93750

为了进一步编制预计资产负债表，还应在预计利润表的基础上编制预计利润分配表。

二、预计资产负债表的编制

预计资产负债表是反映企业预算期末财务状况的一种财务预算。

预计资产负债表以计划期开始日的资产负债表为基础，然后结合计划期间业务预算、专门决策预算、现金预算和预计利润表进行编制，它是编制全面预算的终点。

编制预计资产负债表的目的在于判断预算期财务状况的稳定性和流动性。如果通过对预计资产负债表的分析，发现某些财务比率不佳，必须及时修改有关预算。其中，"期末未分配利润"是根据下列公式计算的。

$$期末未分配利润=期初未分配利润+本期利润-本期分配的股利$$

【例 8-14】根据上述有关预算资料可编制预计资产负债表，如表 8-18 所示。

表 8-18　预计资产负债表

预算年度：2017 年　　　　　　　　　　　　　　　　　　　　　　　　　　　单位：元

资产项目	年初数	年末数	负债及所有者权益	年初数	年末数
现金	25000	12650	应付账款	12000	8400
应收账款	25000	81000			
原材料	3500	4000			
产成品	5400	9000			
流动资产合计	58900	106650	流动负债合计	12000	8400
固定资产	280000	330000	实收资本	250000	250000
减：累计折旧	19500	39100	留存收益	57400	139150
固定资产合计	260500	290900	所有者权益合计		
资产合计	319400	397550	负债及所有者权益合计	319400	397550

◎技能训练

【实训项目】预计财务报表的编制

【实训目标】能够熟练编制预计财务报表

【实训任务】根据业务预算、现金预算的技能训练的资料，编制预计利润表、预计资产负债表。

◎知识拓展

预算的执行与考核

一、预算的执行

企业预算一经批复下达，各预算执行单位就必须认真组织实施，将预算指标层层分解，从横向和纵向落实到内部各部门、各单位、各环节和各岗位，形成全方位的预算执行责任体系。

企业应当将预算作为预算期内组织、协调各项经营活动的基本依据，将年度预算细分为月份和季度预算，以分期预算控制确保年度预算目标的实现。

企业应当强化现金流量的预算管理，严格执行销售、生产和成本费用预算，努力完成利润指标，建立预算报告制度，要求各预算执行单位定期报告预算的执行情况，利用财务报表监控预算的执行情况，及时向预算执行单位、企业财务预算委员会、企业董事会或经理办公会提供财务预算的执行进度、执行差异及其对企业预算目标的影响等财务信息，促进企业完成预算目标。

二、预算的调整

企业正式下达执行的财务预算，一般不予调整。预算执行单位在执行中由于市场环境、经营条件、政策法规等发生重大变化，导致预算的编制基础不成立，或者预算执行结果产生重大偏差的，可以调整预算。

企业应当建立内部的弹性预算机制，企业调整预算，应当由预算执行单位逐级向企业财务预算委员会提出书面报告，企业财务管理部门应当对预算执行单位的预算调整报告进行审核分析，集中编制企业年度预算调整方案，提交预算委员会、企业董事会或经理办公会审议批准，然后下达执行。

三、预算的分析与考核

企业应当建立预算分析制度，由预算委员会定期召开财务预算执行分析会议，全面掌握预算的执行情况，研究、解决预算执行中存在的问题，纠正预算的执行偏差。

开展预算执行分析，企业管理部门及各预算执行单位应当充分收集有关财务、业务、市场、技术、政策、法律等方面的有关信息资料，根据不同情况分别采用比率分析、比较分析、因素分析、平衡分析等方法，针对预算的执行偏差，企业财务管理部门及各预算执行单位应当充分、客观地分析产生的原因，提出相应的解决措施或建议，提交企业董事会或经理办公会研究决定。

企业预算委员会应当定期组织预算审计，纠正预算执行中存在的问题，充分发挥内部审计的监督作用，维护预算管理的严肃性。预算审计可以采用全面审计或者抽样审计。

预算年度终了，预算委员会应当向董事会或者经理办公会报告预算执行情况，并依据预算完成情况和预算审计情况对预算执行单位进行考核。应当结合年度内部经济责任制进行考核，与预算执行单位负责人的奖惩挂钩，并作为企业内部人力资源管理的参考。

本项目小结

1. 本项目的重点：全面预算的组成、现金预算的编制、预计利润表和预计资产负债表的编制。
2. 本项目的难点：现金预算的编制、预计利润表和预计资产负债表的编制。
3. 关键概念：财务预算、固定预算、弹性预算、增量预算、零基预算、定期预算、滚动预算、现金预算、预计利润表、预计资产负债表、预算调整、预算分析与考核。

项目综合实训

【实训项目】财务预算的编制

【实训目的】通过本次实训，学生可进一步了解财务预算的编制方法，掌握现金预算、预计财务报表的编制。

【实训组织】将全班分成若干小组，每小组5~7人，以小组为单位设计一个虚拟企业创业项目，编制企业的财务预算。

【实训成果】以小组为单位提交虚拟企业创业项目的现金预算等实训成果。

扫码做习题

项目九　财务控制

职业能力目标

1. 了解财务控制的含义、原则、种类、内容与方式，能根据实际撰写财务控制方案。
2. 了解责任中心的设置原则，能根据企业实际划分各种责任中心。
3. 掌握成本中心、利润中心、投资中心的考核与评价指标，能计算各个评价指标，做出分析，会运用成本中心、利润中心、投资中心实施财务控制。
4. 掌握责任预算和责任报告的编制方法，能编制责任预算和责任报告。
5. 掌握内部转移价格的种类及内部结算的方法，能根据实际制定内部转移价格。

典型工作任务

责任中心的考核与评价、内部转移价格的制定

知识点

财务控制、责任中心、成本中心、利润中心、投资中心、责任报告、内部转移价格

技能点

责任中心的划分、成本中心的考核与评价、利润中心的考核与评价、投资中心的考核与评价、内部转移价格的制定

◎ 导入案例

四方公司有三个业务类似的投资中心，使用相同的预算进行控制，其 2018 年的有关资料如表 9-1 所示。

表 9-1 导入案例有关资料

项 目	预算数（万元）	实际数（万元）		
		A 部门	B 部门	C 部门
销售收入	200	180	210	200
变动成本	120	108	126	120
固定成本	62	53	64	62
总资产	100	90	100	100

在进行年终业绩评价时，董事会对三个部门的评价发生了分歧：有人认为 C 部门全面完成预算，业绩最佳；有人认为 B 部门销售收入和息税前利润均超过预算，并且利润最大，应是最好的；还有人认为 A 部门利润超过预算并节省资金，是最好的。

请思考：

假设该公司规定的最低息税前资产利润率是 16%，试对三个部门的业绩进行分析评价并排出优先顺序。

任务 9.1 熟悉财务控制的内容和方法

◎ 任务描述

了解财务控制的含义、特征，掌握财务控制的内容与方法。

◎ 相关知识

一、财务控制的含义与特征

财务控制是指按照一定的程序与方法，确保企业及其内部机构和人员全面落实和实现财务预算的过程。财务控制是内部控制的一个重要组成部分，是内部控制的核心，是内部控制在资金和价值方面的体现。

企业财务控制具有以下特征：① 以价值形式为控制手段。财务控制以实现财务预算为目标，财务预算所包括的现金预算、预计利润表和预计资产负债表，都是以价值形式予以反映的。因此，财务控制必须借助价值手段进行。② 以不同经济业务为综合控制对象。财务控制以价值为手段，将不同岗位、不同部门、不同层次的经济业务活动综合起来进行控制。③ 以控制日常现金流量为主要内容。企业日常的财务活动过程表现为组织现金流量的过程，因此控制日常现金流量成为日常财务控制的主要内容。

二、财务控制的种类

按照财务控制的内容,可将财务控制分为一般控制和应用控制两类。一般控制是指对企业财务活动赖以进行的内部环境所实施的总体控制,亦称基础性控制或环境控制。它包括组织控制、人员控制、财务预算、业绩评价、财务记录等项内容。应用控制是指对企业财务活动的具体控制,亦称业务控制。它包括业务处理程序中的批准与授权、审核与复核以及为保证资产安全而采取的限制措施等。

按照财务控制的功能,可将财务控制分为预防性控制、侦查性控制、纠正性控制、指导性控制和补偿性控制。判断某项控制措施到底属于哪种类型,主要是看采取这项控制措施的设计意图。

预防性控制是指为防范风险和非法行为的发生,或减少其发生机会所进行的控制。它主要解决"如何能够在一开始就防止风险和非法行为的发生"这个问题。预防性控制是由不同的人员或职能部门在履行各自职责的过程中实施的,控制措施包括职责分离、授权审批等。

侦查性控制是指为了及时识别已经存在的风险、已经发生的非法行为,或增强识别能力所进行的控制。在缺乏完善可行的预防性控制措施的情况下,侦查性措施是一种很有效的监督工具,它主要解决"如果风险和非法行为仍然发生,该如何识别"的问题。例如,通过账单核对、实物盘点,以发现记账错误和货物短缺。

纠正性控制是对那些通过侦查性控制查出来的问题所进行的调整和纠正。通过实际执行的结果与设计标准的比较,对发现的差异予以适当的纠正。

指导性控制是为了实现有利结果而进行的控制。这种控制在实现有利结果的同时,也避免了不利结果的发生。

补偿性控制是指针对某些环节的不足或缺陷而采取的控制措施。实施这种控制,主要是为了把风险水平限制在一定范围内,对于某个特定系统而言,在分析风险水平时,必须充分考虑由于存在薄弱环节将来可能会发生的问题。一项补偿性措施可以包含多个控制措施,也就是说可以把多重控制手段作为一项控制程序看待。

按照财务控制的时序,可将财务控制分为事前控制、事中控制和事后控制三类。事前控制也称原因控制,是指企业为防止财务资源在质和量上发生偏差,而在行为发生之前所实施的控制。事中控制也称过程控制,是财务活动发生过程中所进行的控制。常见的控制方法是直接观察,如按财务预算要求监督预算的执行过程,对各项收入的去向和支出的用途进行监督。事后控制也称结果控制,是指对财务活动的结果所进行的分析、评价。

三、财务控制应具备的条件

(一)建立组织机构

企业在通常情况下,为了确定财务预算,应建立决策和预算编制机构;为了组织和实施日常财务控制,应建立日常监督、协调、仲裁机构;为了考评预算的执行情况,应建立相应的考核评价机构。在实际工作中,可根据需要将这些机构的职能进行归并或合并到企业的常设机构中。按照财务控制要求建立相应组织机构,是实施企业财务控制的组织保证。

(二)建立责任会计核算体系

企业的财务预算通过责任中心形成责任预算,而责任预算和总预算的执行情况都必须由会计核算来提供。通过责任会计核算，及时提供相关信息，以正确地考核与评价责任中心的工作业绩。通过责任会计汇总核算，进而了解企业财务预算的执行情况，分析存在的问题及原因，为提高企业的财务控制水平及进行正确的财务决策提供依据。

（三）制定奖惩制度

恰当的奖惩制度是保证企业财务控制长期有效运行的重要因素，因此奖惩制度的制定，要体现财务预算目标要求，要体现公平、合理和有效的原则，要体现过程考核与结果考核的结合，真正发挥奖惩制度在企业财务控制中应有的作用。

四、财务控制的内容

企业的财务控制应当从财务控制制度、现金流量预算、应收账款控制、实物资产控制、成本控制和财务风险控制等方面入手。企业要搞好财务控制，必须建立严密的财务控制制度，具体包括以下几方面。

（1）不相容职务分离制度。不相容职务分离制度要求中小企业按照不相容职务相分离的原则，合理设置财务会计及相关工作岗位，明确职责权限，形成相互制衡机制。不相容职务包括授权批准、业务经办、会计记录、财产保管等职务。例如，有权批准采购的人员不能直接从事采购业务，从事采购业务的人员不得从事入库业务。

（2）授权批准控制制度。授权批准控制制度要求中小企业明确规定涉及财务会计及相关工作的授权批准的范围、权限、程序、责任等内容，单位内部的各级管理层必须在授权范围内行使职权和承担责任，经办人员也必须在授权范围内办理业务。例如，采购人员必须在授权批准的金额内办理采购业务，超出此金额必须得到主管的审批。

（3）会计系统控制制度。会计系统控制制度要求中小企业依据《会计法》和国家统一的会计制度，制定适合本单位的会计制度，明确会计工作流程，建立岗位责任制，充分发挥会计的监督职能。会计系统控制制度包括企业的核算规程、会计工作规程、会计人员岗位责任制、财务会计部门职责、会计档案管理制度等。良好的会计系统控制制度是企业财务控制得以顺利进行的有力保障。

五、财务控制的方法

财务控制的基本原则包括：目的性原则、充分性原则、及时性原则、认同性原则、经济性原则、客观性原则、灵活性原则、适应性原则、协调性原则、简明性原则等。常用的财务控制的方法有以下几种。

（一）财务目标控制法

财务目标控制法是指通过确定目标、分析目标，并以具体目标为依据，对企业的财务收支活动进行约束、监督和调节的一种控制方法。这一方法的主要步骤如下：① 根据财务控制的对象与要求，制定控制目标。对财务活动的具体数据的控制，一般采用计划、定额等为控制目标；对财务收支标准，一般采用规定的标准作为控制目标，如管理费用可按财务制度规定的费用开支标准控制；对允许有一定幅度变动的财务收支，可采用制定最低目标与最高目标的方法控制，如存货，可规定其最高占用额和最低占用额。② 根据财务指标的组成因素和责任单位，分解目标，落实承包单位。例如，存货由材料、在产品和产成品组成，其对应的责任单位是供应、生产和销售部门，因此，对存货资金占用量目标的分解，要分为材料、在产品和产成品三个部分,并按供应、生产、销售三个阶段的主要负责部门落实承包单位。

(二)责任预算控制法

责任预算控制法是指把公司财务预算所确定的目标分解落实到各责任中心,编制责任预算,并以此为依据对公司的财务收支活动进行约束、监督和调节的一种控制方法。这一方法的主要步骤如下。

1. 划分责任中心,规定权责范围

责任中心是指公司内部具有一定权力并承担相应工作责任的各级组织和各个管理层次。采用责任预算控制法时,公司要根据内部管理的实际需要,把其所属的各部门、各单位划分为若干个分工明确、责权范围清楚的责任中心,并规定这些中心的负责人(包括经理、部长、厂长、主任、段长、组长甚至个人)对他们分工负责的成本、收入、贡献毛益、税前利润、投资效益等主要经济指标向其上一级主管单位承担责任,同时赋予他们相应的经营管理决策权。

2. 编制责任预算,规定各责任中心的业绩考核标准

编制责任预算是指把公司预算所确定的生产经营总目标,按责任中心进行层层分解、落实,并为每个责任中心编制具体的责任预算。责任预算由各级责任单位分别编制,由下至上逐级进行。责任预算既是公司今后控制各责任中心经济活动的依据,又是评价各责任中心工作业绩的标准。

3. 组织责任核算,编制业绩报告

责任中心及其责任预算确定以后,要按责任中心建立相应的一套完整的日常记录、计算和积累有关责任预算执行情况的信息系统,并定期编制业绩报告,以对各个责任中心的工作成果进行全面的分析和评价。

(三)财务定额控制法

财务定额控制法是指通过确定定额,并以定额为依据对公司某些财务收支活动进行约束、监督和调节的一种控制方法。这种方法是财务控制中应用最广泛的方法之一。其定额有资金定额、费用定额、物资消耗定额等。由于定额本身就是控制的标准,具有一定的强制性,因而公司在控制有关定额时一定要科学、合理,对不适应的定额要及时修订。

(四)日历进度表控制法

日历进度表控制法是指通过编制日历进度表对公司某些日常财务收支活动进行约束、监督和调节的一种控制方法。

日历进度表控制法是把计划期按日历期(如一个月)划分为若干个小阶段,每一个小阶段列出计划数、实际数与累计数几栏,在财务计划的执行过程中,将每一个小阶段的实际完成数与计划数对比,将本阶段的累计数与计划总额对比,以检查计划的完成情况。

日历进度表控制法的优点是便于公司管理者及时了解有关指标的完成情况,便于及时发现在实际执行过程中偏离计划的程度,便于及时采取措施控制不利差异。

(五)财务制度控制法

财务制度控制法是指通过制定财务制度,从合法性和合理性上对公司某些财务收支活动

进行约束、监督和调节的一种控制方法。

财务制度按内容分类，包括资金、成本、收入、利润等方面的制度；按运用范围分类，包括国家、部门、行业财务制度和公司内部财务制度。

由于制度带有强制性，公司内部各部门必须遵照执行，因此，为了避免执行不适当的制度而给公司带来消极影响的可能性，除国家法令、条例等法规性制度外，公司在制定内部财务制度时，应注意制度本身的科学性和合理性。

◎技能训练

【实训项目】分析财务控制的内容
【实训目标】掌握财务控制的内容
【实训任务】

1. 将班级学生分成若干小组（5~8人为一组），以小组为单位，在网络上搜索一个企业的财务控制案例，分析该企业财务控制内容与已采取的措施。

2. 每个小组推荐一位代表汇报本组讨论情况，并说明该企业财务控制的内容与方法。班级同学对其汇报进行评分。

3. 每个小组将汇报情况形成文字资料，并上交授课老师评阅。

任务9.2 责任中心的考核与评价

◎任务描述

了解责任中心的划分，掌握责任中心的考核与评价指标。

◎相关知识

一、责任中心的含义与特征

责任中心是指承担一定经济责任，并享有一定权利的企业内部（责任）单位。企业为了实行有效的内部协调与控制，通常都按照"统一领导、分级管理"的原则，在其内部合理划分责任单位，明确各责任单位应承担的经济责任、应有的权利，促使各责任单位协同配合实现企业预算总目标。

责任中心的特征：① 责任中心是一个责、权、利结合的实体。每个责任中心都要对一定的财务指标承担完成的责任。同时，责任中心拥有与其所承担责任的范围和大小相适应的权利，并规定出相应的业绩考核和利益分配标准。② 责任中心具有承担经济责任的条件。它包含两方面的含义，一是责任中心要有履行经济责任中各条款的行为能力；二是责任中心一旦不能履行经济责任，还能对其后果承担责任。③ 责任中心所承担的责任和行使的权力都是可控的。每个责任中心只能对其责权范围内可控的成本、收入、利润和投资负责，在责任预算和业绩考评中也只能包括其所能控制的项目。不同的责任层次，其可控的范围并不一样，一一般来说，责任层次越高，其可控范围也就越大。④ 责任中心具有相对独立的经营业务和财务收支活动。它是确定经济责任的客观对象，是责任中心存在的前提条件。⑤ 对责任中心不仅要划清责任，而且要单独核算；划清责任是前提，单独核算是保证。只有既划清责任又能单独核算的企业内部单位，才能成为一个责任中心。

责任中心按其责任权限范围及业务活动的特点不同，可分为成本中心、利润中心和投资中心三大类。

二、成本中心的考核与评价

（一）成本中心的类型

成本中心是指对成本或费用承担责任的责任中心。成本中心往往没有收入，其职责是用一定的成本去完成规定的具体任务，一般包括产品的生产部门、提供劳务的部门和有一定费用控制指标的企业管理部门。成本中心是责任中心中应用最为广泛的一种形式。

广义的成本中心有两种类型，即标准成本中心和费用中心。

标准成本中心是以实际产出量为基础，并按标准成本进行成本控制的成本中心。通常，制造业工厂、车间、工段、班组等是典型的标准成本中心。在产品生产中，这类成本中心的投入与产出有着明确的函数对应关系，它不仅能够计量产品产出的实际数量，而且每个产品有明确的原材料、人工和制造费用的数量标准和价格标准，从而对生产过程实施有效的弹性成本控制。实际上，任何一项重复性活动，只要能够计量产出的实际数量，并且能够建立起投入与产出之间的函数关系，都可以作为标准成本中心。

费用中心是指产出物不能以财务指标衡量，或者投入与产出之间没有密切关系的有费用发生的单位，通常包括一般行政管理部门、研究开发部门及某些销售部门。一般行政管理部门的产出难以度量，研究开发和销售活动的投入量与产出量没有密切联系。费用中心的费用控制应重在预算总额的审批上。

（二）成本中心的特点

1. 成本中心只衡量成本费用，不衡量收益

一般而言，成本中心没有经营权和销售权，其工作成果不会形成可以用货币计量的收入。例如，一个生产车间，由于其所生产的产品仅为企业生产过程的一个组成部分，不能单独出售，因而不可能计算货币收入；有的成本中心可能有少量的收入，但不是主要的考核内容，因而没有必要计算货币收入。由于这些原因，企业中大多数单个生产部门和大多数职能部门仅仅是成本（费用）中心，它们仅提供成本（费用）信息，而不提供收入信息。

2. 成本中心只对可控成本负责

可控成本是相对于不可控成本而言的，凡是责任中心能控制的各种耗费，都称为可控成本；凡是责任中心不能控制的各种耗费，都称为不可控成本。具体而言，可控成本应具备以下四个条件：

第一，可以预计，即成本中心能够通过一定的方式事先知道将要发生的成本。

第二，可以计量，即成本中心能够对发生的成本进行计量。

第三，可以施加影响，即成本中心能通过自身的行为对成本加以调节和控制。

第四，可以落实责任，即成本中心能将有关成本的控制责任分解落实，并进行考核评价。

凡不能同时具备上述四个条件的成本通常为不可控成本，一般不在成本中心的责任范围之内。

正确判断成本的可控性是成本中心承担责任成本的前提。从整个企业的空间范围和较长时间来看，所有的成本都是人的某种决策或行为的结果，都是可控的。但是，对于特定的人或时间来说，则有些是可控的，有些是不可控的。所以，对成本的可控性理解应注意成本的可控性与特定责任中心相关，与责任中心所处管理层次的高低、管理权限的大小以及控制范围的大小有直接关系。对企业来说，几乎所有的成本都可以被视为可控成本，一般不存在不可控成本；而对于企业内部的各个部门、车间、工段、班组乃至个人来说，则既有其各自的可控成本，又有其各自的不可控成本。一项对于较高层次的责任中心来说的可控成本，对于其下属的较低层次的责任中心来说，可能就是不可控成本；而较低层次责任中心的可控成本，则一定是其所属较高层次责任中心的可控成本。

3. 成本中心控制和考核的内容是责任成本

责任中心当期发生的各项可控成本之和就是它的责任成本。成本中心工作业绩的控制和考核，主要是通过将责任中心实际发生的责任成本与其责任成本预算进行比较而实现的。

责任成本与产品成本是既有区别又有联系的两个概念。产品成本是以产品为对象归集产品的生产耗费，归集的原则是"谁受益、谁承担"；责任成本是以责任中心为对象归集的生产或经营管理的耗费，归集的原则是"谁负责、谁承担"。产生上述差别的原因，主要在于这两种成本计算的目的不同。产品成本计算的主要目的是为资产的估价、成本的合理补偿以及正确计量利润提供成本信息；而责任成本的计算目的在于控制耗费，降低成本，评价和考核责任中心的工作成果，提高经济效益。责任成本与产品成本虽有区别，但两者在性质上是相同的，同为企业生产经营过程中的资金耗费。

（三）成本中心的考核指标

成本中心考核的主要内容是责任成本，即将成本中心实际发生的责任成本同预算的责任成本进行比较，包括成本（费用）变动额和变动率，其计算公式如下：

$$成本（费用）变动额 = 实际责任成本（费用） - 预算责任成本（费用）$$

$$成本（费用）变动率 = \frac{成本（费用）变动额}{预算责任成本（费用）} \times 100\%$$

在进行成本中心考核时，如果预算产量与实际产量不一致，应注意按弹性预算的方法首先调整预算指标，然后再计算上述指标。

【例9-1】 某企业内部一车间为成本中心，生产A产品，预算产量为6000件，单位成本为100元；实际产量为7000件，单位成本为95元。计算该成本中心的成本变动额和成本变动率。

解： 成本变动额 = 95×7000-100×7000 = -35000（元）

$$成本变动率 = \frac{-35000}{100 \times 7000} \times 100\% = -5\%$$

（四）成本中心的责任报告

责任报告是为反映各责任中心责任预算执行情况而进行的反馈，通常以各责任中心的责任预算为基础，将其实际完成情况与责任预算进行比较，以反映其责任履行的效果。

成本中心是企业最基础、最直接的责任中心。在业绩考核中，主要考核可控成本，不可控成本仅作参考。成本中心的责任报告主要反映其责任成本的预算额、实际发生额及其差额，并按不同成本、费用项目分别列示。企业常用的成本中心责任报告的基本形式如表9-1所示。

表9-1 成本中心责任报告的基本形式　　　　　　　　　　　　　　　　　单位：元

项目	预算数	实际数	差异
可控成本			
直接材料	20000	24000	+4000
直接人工	12000	12500	+500
管理人员工资	8000	8200	+200
机物料	5500	5400	-100
其他	4000	3800	-200
合计	49500	53900	+4400

三、利润中心的考核与评价

（一）利润中心的类型

利润中心是指对利润负责的责任中心。由于利润是由收入与成本两个因素决定的，所以利润中心实际上既要对收入负责，又要对成本负责。这类责任中心一般是指有产品和劳务生产经营决策权的企业内部部门。

利润中心往往处于企业内部的较高层次，如分厂、分店、分公司，一般具有独立的收入来源或能视同为一个有独立收入的部门，一般还具有独立的经营权。利润中心与成本中心相比，其权利和责任都相对较大，它不仅要绝对地降低成本，而且更要寻求收入的增长，并使之超过成本的增长。

按照收入来源的性质不同，利润中心又可以分为自然利润中心和人为利润中心两类。

自然利润中心是指以对外销售产品而取得实际收入为特征的利润中心。这类责任中心一般具有产品的销售权、价格制定权、材料采购权及生产决策权，像独立企业一样，获得收入并赚取利润。最典型的形式就是公司内的事业部，每个事业部均有销售、生产、采购的职能，有很大的独立性，能独立地控制成本、取得收入。

人为利润中心则是指那些只能按内部转移价格向各责任中心出售产品而不能向外界出售产品的责任中心。例如，大型钢铁公司分成采矿、炼铁、炼钢、轧钢等几个部门，这些生产部门的产品主要在公司内部转移，它们只有少量对外销售，或者全部对外销售工作由专门的销售机构完成，这些生产部门便可视为人为利润中心。人为利润中心一般也应具备相对独立的经营权，即能自主决定本利润中心的产品品种、产品质量、作业方法、人员调配、资金使用等，但其产品只能在企业内部流转，因而只能取得企业内部收入。由于人为利润中心在企业内部各责任中心之间互相提供产品和劳务，实行等价交换，视同销售，计算内部利润，所以要制定产品和劳务的内部转移价格，作为计价标准。

（二）利润中心的考核指标

对利润中心进行考核的指标主要是利润。评价利润中心业绩的指标有4个：部门边际贡献、部门经理可控利润、部门可控利润和部门税前利润。

　　　　部门边际贡献=部门销售收入-部门变动成本
　　　　部门经理可控利润=部门边际贡献-可控固定成本

部门可控利润=部门经理可控利润-部门不可控固定成本

部门税前利润=部门可控利润-被分配的公司的各种管理费用、财务费用

【例9-2】某公司的某一部门为利润中心，某会计期间的数据如下：

部门销售收入	15000
已销商品变动成本和变动销售费	10000
部门可控固定间接费用	800
部门不可控固定间接费用	1200
被分配的公司管理费用	1000

要求：根据该部门的上述数据，计算该利润中心的各项考核指标。

解：销售收入　　　　　　　　　　　15000
　　减：变动成本　　　　　　　　　10000
　　（1）部门边际贡献　　　　　　　5000
　　减：可控固定成本　　　　　　　　800
　　（2）部门经理可控利润　　　　　4200
　　减：不可控固定成本　　　　　　1200
　　（3）部门可控利润　　　　　　　3000
　　减：被分配的公司公司管理费用　1000
　　（4）部门税前利润　　　　　　　2000

（三）利润中心的责任报告

利润中心的责任报告通过列示销售收入、变动成本、边际贡献、营业利润等项目的预算数、实际数和差异数来进行利润的评定，其格式如表9-2所示。

表9-2 利润中心的责任报告　　　　　　　　　　　　　　　　单位：元

项　目	预算数	实际数	差异数
销售收入	230000	311000	+81000
变动成本：			
变动制造成本	60000	80000	+20000
变动销售成本	50000	80000	+30000
变动管理成本	10000	9000	-1000
变动成本小计	120000	169000	+49000
边际贡献	110000	142000	+32000
可控固定成本：			
固定制造成本	26000	22800	-3200
固定销售成本	13000	13500	+500
固定管理成本	32800	31800	-1000
可控固定成本小计	71800	68100	-3700
可控边际贡献	38200	73900	+35700
不可控固定成本：			
固定制造成本	1000	1000	0
固定销售成本	3000	2200	-800
固定管理成本	5000	6000	+1000
不可控固定成本小计	9000	9200	+200
营业利润（税前）	29200	64700	+35500

四、投资中心的考核与评价

（一）投资中心的考核指标

投资中心是指既对成本、收入和利润负责，又对投资效果负责的责任中心。由此可见，投资中心同时也是利润中心，但它又不同于利润中心。它与利润中心的区别主要有两点：一是权力不同，利润中心没有投资决策权，它只是在企业投资形成后进行具体的经营；而投资中心则不仅在产品生产和销售上享有较大的自主权，而且能相对独立地运用所掌握的资产，有权购建或处理固定资产，扩大或缩减现有的生产能力；二是考核办法不同，在考核利润中心业绩时，不比较投资多少或占有资产的多少，即不进行投入产出的比较，但在考核投资中心业绩时，必须将所获得的利润与所占用的资产进行比较。

投资中心既对利润负责又对投资负责。相对于成本中心和利润中心，投资中心的管理决策自主权最大，有权扩大或缩小现有生产能力，决定资金的投放。对投资中心不仅要考核其成本和利润，而且还要考核和评价其所投资金的使用效果，评价投资中心业绩的指标通常有以下两种。

1. 投资报酬率

投资报酬率也称投资回报率，是投资中心所获得的利润与投资额（资产）之间的比率，其计算公式如下：

$$投资报酬率 = \frac{利润}{投资额} \times 100\%$$

投资报酬率反映投资中心的投资获利能力，同时又综合反映投资中心经营活动的各个方面，是评价和考核投资中心经营成果的一个综合性较强的指标。为便于进一步说明影响投资报酬率的基本因素，将其按以下方式展开：

$$投资报酬率 = \frac{成本费用}{销售收入} \times \frac{利润}{成本费用} \times \frac{销售收入}{资产平均余额} \times 100\%$$

$$= 销售成本率 \times 成本费用利润率 \times 资产周转率$$

由此可见，提高投资报酬率的主要途径有：增加销售，同时尽可能地减少成本，有效地使用资产以减少资产的占用。

投资报酬率作为评价考核指标，有以下两方面的积极作用：第一，投资报酬率是一个相对指标，可用于不同投资中心或不同企业、不同时期的比较，具有广泛的用途；第二，投资报酬率有利于正确引导投资中心的投资决策行为，优化资源配置。

但采用投资报酬率考核投资中心业绩也有其消极作用，主要表现在以下两方面：第一，由于通货膨胀的存在，企业资产的账面价值严重失实，每年少提折旧、虚增利润，会使计算出的投资报酬率偏高；第二，单纯依靠投资报酬率对投资中心的业绩进行考核，会使某些投资中心只顾本身利益而放弃对整个企业有利的投资项目或接受有损于整个企业利益的投资项目，造成投资中心的短期目标与整个企业的长期目标相背离。

鉴于以上原因，通常采用另一项指标"剩余收益"来弥补以上不足。

2. 剩余收益

剩余收益是指投资中心获得的利润扣减其投资额按所要求的最低投资报酬率计算的最低

投资报酬后的余额,其计算公式如下:

$$剩余收益=营业利润-(投资额或资产×最低投资报酬率)$$

上述公式中要求的最低投资报酬率,通常是指企业为该投资中心所规定的预期投资报酬率,一般可按整个企业各投资中心的加权平均投资报酬率计算。而"投资额或资产×最低投资报酬率"就是最低投资报酬。

剩余收益是一个绝对指标,其作用有以下两个:

第一,能较全面评价各投资中心业绩,防止各投资中心受本位主义的影响,从而保证投资中心的决策行为同企业总体目标相一致;第二,在投资报酬率相同的几个投资项目中,可做出正确的选择。

投资报酬率与剩余收益两个指标各有所长,其差别举例说明如下。

【例 9-3】某公司下设甲投资中心和乙投资中心,该公司预算规定的预期投资报酬率为10%,现两中心追加投资及有关实际实现利润资料如表9-3所示。

表 9-3　两中心追加投资及有关实际实现利润资料　　　　单位:万元

项　目		投资额	利润	投资报酬率(%)	剩余收益
原投资规模	甲投资中心	80	4	5	4-80×10%=-4
	乙投资中心	120	18	15	18-120×10%=6
	合计	200	22	11	22-200×10%=2
若对甲投资中心追加投资60万元	甲投资中心	140	8.4	6	8.4-140×10%=-5.6
	乙投资中心	120	18	15	18-120×10%=6
	合计	260	26.4	10.15	26.4-260×10%=0.4
若对乙投资中心追加投资60万元	甲投资中心	80	4	5	4-80×10%=-4
	乙投资中心	180	25.2	14	25.2-180×10%=7.2
	合计	260	29.2	11.92	29.2-260×10%=3.2

要求:

① 以投资报酬率作为考核指标,根据上述资料评价对甲、乙追加投资的选择;
② 以剩余收益作为考核指标,根据上述资料评价对甲、乙追加投资的选择。

解:如以投资报酬率作为考核指标,甲、乙两个投资中心的经营业绩,通过表9-3中的资料比较可知:对甲投资中心追加投资后,其投资报酬率由5%提高到了6%;如对乙投资中心追加投资,其投资报酬率则由15%下降到了14%,从局部来看,向甲比向乙追加投资好,而且甲投资中心利润也比原投资规模提高了 4.4(26.4-22)万元,但应注意的是企业总体的剩余收益却降低到了 0.4 万元。

如以剩余收益作为考核指标,甲、乙两个投资中心的经营业绩,通过表9-3中的资料比较可知:对乙投资中心追加投资后,虽然其投资报酬率由15%下降到了14%,但却使乙投资中心的利润额比原投资规模提高了 7.2(29.2-22)万元,利润绝对的增长量要大于投资于甲投资中心,并且企业总体的剩余收益也同时比原投资规模增加了1.2(3.2-2)万元。

由上述分析可见:投资报酬率指标可以充分评价各投资中心的业绩,但有时不能较好地兼顾公司总体的利益;以剩余收益指标评价各投资中心的业绩,可以保持各投资中心获利目标与企业获利目标的一致,但有时也难以兼顾对各投资中心准确地评价。

（二）投资中心责任报告

投资中心的责任报告与利润中心类似，通过列示利润、投资报酬率、剩余收益等项目的预算数、实际数和差异数来进行对投资中心的评定与考核，其具体格式如表9-4所示。

表9-4　投资中心责任报告

项　　目	预 算 数	实 际 数	差 异 数
营业利润（元）	900	1035	+135
资产平均占用额（元）	3600	3780	+180
预期最低投资报酬率	10%	10%	—
投资报酬率	25%	27.38%	+2.38%
剩余收益（元）	540	657	+117

◎技能训练

【实训项目】责任中心考核指标的计算

【实训目标】掌握责任中心的主要考核指标及评价

【实训任务】

1. D公司为投资中心，下设甲乙两个利润中心，相关财务资料如下：

资料一：甲利润中心营业收入为38000元，边际贡献为24000元，利润中心负责人可控的固定成本为4000元，利润中心负责人不可控但应由该中心负担的固定成本为7000元。

资料二：乙利润中心负责人可控边际贡献额为30000元，利润中心部门边际贡献总额为22000元。

要求：

（1）根据资料一计算甲利润中心的下列指标：

① 利润中心变动成本总额；

② 利润中心可控边际贡献；

③ 利润中心部门边际贡献总额。

（2）根据资料二计算乙利润中心负责人不可控但应由该利润中心负担的固定成本。

2. 已知某集团公司下设多个责任中心，有关资料如表9-5所示。

表9-5　资料

指　　标	A投资中心	B投资中心	C投资中心
息税前利润（万元）	10400	15800	8450
营业资产平均占用额（万元）	94500	145000	75500
规定的最低投资报酬率		10%	

资料二：D利润中心营业收入为52000元，变动成本总额为25000元，利润中心负责人可控的固定成本为15000元，利润中心负责人不可控但应由该中心负担的固定成本为6000元。

资料三：E利润中心的边际贡献为80000元，负责人可控边际贡献为60000元，利润中心部门边际贡献总额为45000元。

资料四：D中心下设了两个成本中心，其中甲成本中心生产一种产品，预算产量为5000

件，预算单位成本为200元，实际产量为6000件，实际成本为1170000元。

要求：

（1）根据资料一计算各个投资中心的下列指标：

① 投资报酬率，并据此评价各投资中心的业绩；

② 剩余收益，并据此评价各投资中心的业绩。

（2）根据资料二计算D利润中心边际贡献总额、可控边际贡献和部门边际贡献总额。

（3）根据资料三计算E利润中心负责人的可控固定成本以及不可控但应由该利润中心负担的固定成本。

（4）根据资料四计算甲成本中心的预算成本节约额和预算成本节约率。

任务9.3 制定内部转移价格

◎任务描述

了解内部转移价格的含义和意义，掌握内部转移价格的制定方法。

◎相关知识

一、内部转移价格的制定原则

内部转移价格是指企业内部各责任中心之间转移中间产品或相互提供劳务而发生内部结算和进行内部责任结转所使用的计价标准。

制定内部转移价格时，必须考虑全局性原则、公平性原则、自主性原则和重要性原则。

（一）全局性原则

全局性原则强调企业整体利益高于各责任中心利益，当各责任中心利益冲突时，企业和各责任中心应本着企业利润最大化或企业价值最大化的要求，制定内部转移价格。

（二）公平性原则

公平性原则要求内部转移价格的制定应公平、合理，应充分体现各责任中心的经营努力或经营业绩，防止某些责任中心因价格优势而获得额外的利益，或某些责任中心因价格劣势而遭受额外损失。

（三）自主性原则

自主性原则是指在确保企业整体利益的前提下，只要可能，就应通过各责任中心的自主竞争或商议协调来确定内部转移价格，真正在企业内部模拟市场，使内部转移价格能被各责任中心接受。

（四）重要性原则

重要性原则，即内部转移价格的制定应当体现"大宗细，零星简"的要求，对原材料、半成品、产成品等重要物资的内部转移价格制定从细,而对劳保用品、修理用备件等数量繁多、价值低廉的物资的内部转移价格制定从简。

二、内部转移价格的类型

(一)市场价格

市场价格是指以产品或劳务的市场现行价格作为计价基础。采用市场价格的理论基础是:第一,企业内部各责任中心都处于独立自主的状态,可以自由地决定是向外部购买还是从内部购买;第二,中间产品有完全竞争的市场,并有客观的市价可供参考。

以市场价格作为内部转移价格,并不等于直接将市场价格用于内部结算。在具体进行内部结算时,要对市场价格进行一些必要调整。市场价格一般都包括销售费、广告费、运输费,这些费用在产品内部转移时,一般可以避免发生。若各责任中心不是独立核算的分厂,而是车间或部门时,产品的内部转移不必支付税金和利润,而这些税金和利润一般也是市场价格的一部分。直接用市场价格作为内部转移价格时,这两方面的利益都将被制造方拥有,使用方却一无所获。为使利益分配更公平合理,这些可避免的费用应从市场价格中扣除,即以市场价格扣除对外的销售费、广告费、运输费和利润等作为内部转移价格。

一般认为,市场价格是制定内部转移价格的最好依据。因为市场价格比较客观,不偏袒买卖双方的任何一方,而且对卖方改善经营管理、降低成本起到激励和促进作用。同时,市场也最能体现利润中心的基本要求,在企业内部创造一种竞争的环境,有利于相互竞争。所以,企业内部产品或劳务的转移,只有一方涉及利润中心或投资中心,就采用市场价格作为计价基础。若制定的内部转移价格的确能反映真正的市场情况,那么,利润中心的税前净利就成为评价其经营成果高低的真正依据。

以市场价格为基础制定内部转移价格的前提是存在一个高度发达的外部竞争市场,但是完全竞争的市场条件是很难找到的,而且市场价格也受到了一定的限制,有些中间产品没有现成的市价,因而无法以市场价格制定内部转移价格。

(二)协商价格

协商价格是指购销双方以正常的市场价格为基础,定期共同协商双方都愿意接受的内部转移价格。

协商价格的上限是市价,下限是单位变动成本,具体价格应由买卖双方在其上下限范围内协商议定,这是由于产品或劳务在内部转移可以节约费用,降低风险。

以协商价格作为内部转移价格,可以照顾双方利益,并得到双方的认可,使价格具有一定的弹性,有利于加强双方的协作。但在制定价格的过程中,要费时间,且涉及许多方面的问题。如果需要进行协商的价格很多,则难度更大,而且协商的结果往往受参加者的主观影响,容易使双方争执不休,造成部门间的矛盾。

(三)双重价格

双重价格是指对产品的购销双方分别采用不同的内部转移价格。如对产品(半成品)的供应方,可按协商的市场价格计价;对使用方则按供应方的产品(半成品)的单位变动成本计价,其差额由会计部门调整。由于内部转移价格主要是为了对企业内部各责任中心的业绩进行考核与评价,故买卖双方所采用的转移价格并不需要完全一致,可视具体情况分别选用对双方最有利的价格作为计价基础。

双重价格主要有以下两种表现形式：

一是双重市场价格，即当某种产品或劳务在市场上出现不同价格时，买方采用最低的市价，卖方则采用最高的市价；二是双重内部价格，即卖方按市价或议价作为计价基础，而买方则按卖方的单位变动成本作为计价基础。

这种双重价格制度可以较好地满足买卖双方不同的需要，避免因内部定价过高，造成企业内部供应方部分生产能力闲置、无法充分利用的情况出现，同时也能调动双方生产经营的主动性和积极性。因此，双重价格是一种既不直接干预所属各责任中心的管理决策，又能消除职能失调行为的定价方法。但这种方法通常在中间产品有外界市场，供应部门有剩余生产能力，且单位变动成本低于市场价格的条件下才会行之有效。

（四）以产品成本为基础的内部转移价格

以产品成本为基础制定内部转移价格是最简单的一种方法。由于产品成本的形式有多种，因而以产品成本为基础的内部转移价格形式也有多种，它们分别是：

第一，以标准成本作为内部转移价格，即以产品（半成品）或劳务的标准成本作为内部转移价格。它适应于成本中心产品（半成品）或劳务的转移。其优点是将管理和核算工作结合起来，可以避免供应方成本高低对使用方的影响，有利于调动双方降低成本的积极性。但制定合理的标准成本，是保证这种内部转移价格不失优越性的先决条件。

第二，以标准成本加成作为内部转移价格，即以产品（半成品）或劳务的标准成本加上一定的合理利润作为内部转移价格，如果产品或劳务的转移涉及的是利润中心或投资中心，销售部门为了取得一定的利润，可以在标准成本的基础上加上正常的利润作为内部转移价格，能够调动卖方的积极性，又便于分清双方的经济责任。但是，确定利润的高低仍会带有一定的主观随意性，需要慎重对待。

第三，以标准变动成本作为内部转移价格，即以产品（半成品）或劳务的标准变动成本作为内部转移价格，适用于采用变动成本法计算产品成本的成本中心之间的往来结算。这种方法的优点是符合成本习性，能够揭示出成本与产量的关系，便于考核各责任中心的经营业绩，有利于企业和责任中心进行生产经营决策。但是由于产品成本中不含固定生产成本，因而不能反映劳动生产率的变化对固定生产成本的影响，从而不利于发挥各责任中心增加产量的积极性。

◎技能训练

【实训项目】内部转移价格

【实训目标】掌握内部转移价格的制定方法

【实训任务】某企业甲责任中心将A产品转让给乙责任中心时，厂内银行按A产品的单位市场售价向甲支付价款，同时按A产品的单位变动成本从乙收取价款。据此你认为该项内部交易如何制定内部转移价格。

本项目小结

1. 本项目的重点：成本中心、利润中心、投资中心的特征和评价指标；内部转移价格及其种类。
2. 本项目的难点：责任中心评价指标应用。
3. 关键概念：财务控制、责任中心、成本中心、利润中心、投资中心、业绩考核；内部转移价格。

项目综合实训

【实训项目】责任中心的业绩考核

【实训目的】通过本实训使学生掌握利润中心和投资中心的业绩考核

【实训资料】

摩登百货下设一服装部，2018年销售收入为500万元，变动成本率为60%，固定成本为30万元，其中折旧为10万元。

【实训要求】

要求回答以下互不相关的问题：

（1）若服装部为利润中心，固定成本中的折旧为不可控的，应该如何评价该部门经理的经营业绩？该部门对该商场的贡献有多大？

（2）若该服装部为投资中心，其所占用的资产平均额为100万元，若某商场要求的最低投资报酬率为15%，考核该部门的业绩。

扫码做习题

项目十 财务分析

职业能力目标

1. 掌握财务分析的主要方法，能够根据实际选用财务分析方法。
2. 掌握企业偿债能力、营运能力、盈利能力及发展能力指标的计算，能够正确计算各种基本财务指标，能够利用财务指标计算结果对企业的偿债能力、营运能力、盈利能力、发展能力及现金流量进行分析与评价。
3. 掌握财务综合分析的方法，能够根据企业实际进行财务综合分析。
4. 掌握财务分析报告的格式，能够撰写企业财务分析报告。

典型工作任务

偿债能力分析、营运能力分析、盈利能力分析、发展能力分析、现金流量分析、撰写财务分析报告

知识点

财务分析、趋势分析法、比率分析法、因素分析法、偿债能力分析、营运能力分析、盈利能力分析、发展能力分析、现金流量分析、杜邦分析法、沃尔比重分析法

技能点

因素分析、趋势分析、短期偿债能力分析、长期偿债能力分析、营运能力分析、盈利能力分析、发展能力分析、现金流量分析、杜邦分析等方法的应用

◎ 导入案例

巴菲特眼中的"财务报告"

2007年10月24日，沃伦·巴菲特先生的私人飞机从美国飞抵大连，这是自1995年时隔12年之后巴菲特先生再次来到中国。在机场，巴菲特先生接受了中央电视台专访。下面是巴菲特先生与中央电视台记者的一段对话。

记者："道听途说，您1年看一万多份年报，真的吗？"

巴菲特："我读年报像其他人在读报纸一样，每年我都读成千上万份年报，我不知道我读了多少，不过像中石油，我先读了2002年的年报，又读了2003年的年报，然后我决定投资5亿元给中石油，仅仅根据我读的年报，我没有见过管理层，也没有见过分析家的报告，但是非常通俗易懂，是很好的一个投资。"

记者："您最关心年报中的哪些方面？"

巴菲特："学生总是问我这个问题，但是所有的年报都是不同的，如果你要找个男人的话，什么样的吸引你？是有体育才能的、帅的，还是聪明的？所以，同样地，看企业也有不同的方法，从一个企业到另外一个企业，我看的是不同的东西。或者说，我是看企业的价值。"

请思考：

基本的财务报表能否为投资者提供足够的决策依据？是否还有其他有用的信息？

任务10.1 熟知财务分析的内容与方法

◎ 任务描述

了解财务分析的目的与步骤，掌握财务分析的内容与方法。

◎ 相关知识

一、财务分析的目的

财务分析是根据企业财务报表等信息资料，采用专门的方法，系统分析和评价企业财务状况、经营成果以及未来发展趋势的过程。

财务分析的目的一般可以概括为：评价过去的经营业绩；衡量现在的财务状况；预测未来的发展趋势。但具体而言，不同的会计报表使用者分析的侧重点又有所不同。

财务分析信息的需求者主要包括企业所有者、企业债权人、企业经营决策者和政府等。不同主体出于不同的利益考虑，对财务分析信息有着各自不同的要求。

企业所有者作为投资人，关心其资本的保值和增值状况，因此较为重视企业盈利能力指标，主要进行企业盈利能力分析。

企业债权人因不能参与企业剩余收益分享，首先关注的是其投资的安全性，因此更重视企业偿债能力指标，主要进行企业偿债能力分析，同时也关注企业盈利能力分析。

企业经营决策者必须对企业经营的各个方面，包括偿债能力、营运能力、盈利能力、发展能力及现金流量等各个方面的信息进行了解和掌握，主要进行各方面综合分析，并关注企业财务风险和经营风险。

政府兼具多重身份，既是宏观经济管理者，又是国有企业的所有者和重要的市场参与者，因此政府对企业财务分析的关注点因所具身份不同而异。

二、财务分析的内容

财务分析一般应包括：偿债能力分析、营运能力分析、盈利能力分析、发展能力分析和现金流量分析等方面。

（一）偿债能力分析

偿债能力是指企业偿还债务的能力。通过对企业的财务报告等会计资料进行分析，可以了解企业资产的流动性、负债水平及偿还债务的能力，从而评价企业的财务状况和经营风险。

（二）营运能力分析

营运能力是指企业资产利用的能力，它是衡量企业各项经济资源利用效率的重要指标。企业的生产经营过程就是利用资产取得收益的过程。资产的管理水平直接影响企业的收益。进行财务分析，可以了解到企业资产的保值和增值情况，分析企业资产的管理水平、资金周转状况、现金流量情况等，评价企业的营运能力水平。

（三）盈利能力分析

盈利能力是指企业获取利润的能力。获取利润是企业的主要经营目标之一。对企业盈利能力的分析不能仅看其获取利润的绝对数，还应分析其相对指标，这些都可以通过财务分析来实现。

（四）发展能力分析

企业的发展能力也称企业的成长性，它是企业通过自身的生产经营活动，不断扩大积累而形成的发展潜能。衡量企业发展能力的核心是企业价值增长率。

（五）现金流量分析

现金流量分析主要通过现金流量的流动性分析、获取现金能力分析、财务弹性分析、收益质量分析几个方面来分析评价企业资金的来龙去脉、融资能力、投资能力和财务弹性。

在以上五个方面的财务分析指标中，偿债能力是财务目标实现的保证，营运能力与现金流量是财务目标实现的物质基础，盈利能力、发展能力是三者共同作用的结果，同时也对三者的增强起着推动作用，五者相辅相成，共同构成企业财务分析的基本内容。

三、财务分析的程序与步骤

财务分析的具体步骤和程序，是根据分析目的、一般分析方法和特定分析对象，由分析人员个别设计的。财务分析的程序与步骤可以归纳为四个阶段共十个步骤。

第一阶段，财务分析信息搜集整理阶段。
（1）明确财务分析目的。
（2）制订财务分析计划。
（3）搜集整理财务分析信息。
第二阶段，战略分析与会计分析阶段。
（4）企业战略分析。企业战略分析通过对企业所在行业或企业拟进入行业的分析，明确企业自身地位及应采取的竞争战略。
（5）财务报表会计分析。财务报表会计分析的目的在于评价企业会计报表所反映的财务状况与经营成果的真实程度。财务报表会计分析一般可按以下步骤进行：① 阅读会计报告。②比较会计报表。③ 解释会计报表。④ 修正会计报表信息。
第三阶段，财务分析的实施阶段。
财务分析的实施阶段是在战略分析与会计分析的基础上进行的步骤。
（6）财务指标分析。
财务指标包括绝对指标和相对指标两种。财务指标分析应根据分析的目的和要求选择正确的分析指标。债权人要进行企业偿债能力分析，必须选择反映偿债能力的指标或反映流动性情况的指标进行分析，如流动比率指标、速动比率指标、资产负债率指标等；而一个潜在投资者要进行对企业投资的决策分析，则应选择反映企业盈利能力的指标进行分析，如总资产报酬率、资本收益率和股利发放率等。正确选择与计算财务指标是正确判断和评价企业财务状况的关键所在。
（7）基本因素分析。
基本因素分析就是要在报表整体分析和财务指标分析的基础上，对一些主要指标的完成情况，从其影响因素的角度进行深入的定量分析，确定各因素的影响方向和程度，为企业正确进行财务评价提供最基本的依据。
第四阶段，财务分析综合评价阶段。
财务分析综合评价阶段是财务分析实施阶段的延伸。
（8）财务综合分析与评价。
财务综合分析与评价是在应用各种财务分析方法进行分析的基础上，与定性分析判断及实际调查情况结合起来，得出财务分析结论的过程。得出财务分析结论是财务分析的关键步骤，结论的正确与否是判断财务分析质量的唯一标准。
（9）财务预测与价值评估。
财务分析不能仅满足于事后分析原因，得出结论，而且要对企业未来发展及价值状况进行分析与评价，对企业进行财务预测与价值评估。
（10）财务分析报告撰写。
财务分析报告撰写是财务分析的最后步骤，它将财务分析的基本问题、财务分析结论，以及针对问题提出的措施建议以书面的形式表示出来，为财务分析主体及财务分析报告的其他受益者提供决策依据。

四、财务分析的方法

财务分析的方法是完成财务分析任务、实现财务分析目的的技术手段。常用的财务分析方法有比较分析法、比率分析法和因素分析法等。

（一）比较分析法

比较分析法是通过对比两期或连续数期财务报告中的相同指标，确定其增减变动的方向、数额和幅度，来说明企业财务状况或经营成果变动趋势的一种方法。

比较分析法主要有重要财务指标的比较、会计报表的比较和会计报表项目构成的比较三种方式。

1. 重要财务指标的比较

这种方式是指将不同时期财务报告中的相同指标或比率进行纵向比较，直接观察其增减变动情况及变动幅度，考察其发展趋势。不同时期财务报告中的相同指标或比率的比较主要有以下两种方法：

（1）定基动态比率。

定基动态比率是以某一时期的数额为固定的基期数额而计算出来的动态比率，其计算公式为：

$$定基动态比率 = 分析期数额 \div 固定基期数额 \times 100\%$$

（2）环比动态比率。

环比动态比率是以每一分析期的前期数额为基期数额而计算出来的动态比率，其计算公式为：

$$环比动态比率 = 分析期数额 \div 前期数额 \times 100\%$$

2. 会计报表的比较

这种方式是指将连续数期的会计报表的金额并列起来，比较各指标不同期间的增减变动金额和幅度，据以判断企业财务状况和经营成果的发展变化，具体包括资产负债表比较、利润表比较和现金流量表比较等。

3. 会计报表项目构成的比较

这种方法是在会计报表比较的基础上发展而来的，是以会计报表中的某个总体指标为基数，再计算出各组成项目占该总体指标的百分比，从而比较各个项目百分比的增减变动，以此来判断有关财务活动的变化趋势。

采用比较分析法时，应当注意以下问题：① 用于对比的各个时期的指标，其计算口径必须保持一致。② 应剔除偶发性项目的影响，使分析所利用的数据能反映正常的生产经营状况。③ 应运用例外原则对某项有显著变动的指标作重点分析，研究其产生的原因，以便采取对策。

（二）比率分析法

比率分析法是通过计算各种比率指标来确定财务活动变动程度的方法。比率指标的类型主要有构成比率、效率比率和相关比率三类。

1. 构成比率

构成比率又称结构比率，是某项财务指标的各组成部分数额占总体数额的百分比，反映部分与总体的关系，其计算公式为：

$$构成比率 = 某个组成部分数额 \div 总体数额 \times 100\%$$

比如，企业资产中流动资产、固定资产和无形资产占资产总额的百分比（资产构成比率）、企业负债中流动负债和长期负债占负债总额的百分比（负债构成比率）等。利用构成比率，可以考察总体中某个部分的形成和安排是否合理，以便协调各项财务活动。

2. 效率比率

效率比率是某项财务活动中所费与所得的比率，反映投入与产出的关系。利用效率比率指标，可以进行得失比较，考察经营成果，评价经济效益。

比如，将利润项目与销售成本、销售收入、资本金等项目进行对比，可以计算出成本利润率、销售利润率和资本金利润率，从不同角度观察比较企业获利能力的高低及其增减变化情况。

3. 相关比率

相关比率是以某个项目和与其有关但又不同的项目加以对比所得的比率，反映有关经济活动的相互关系。利用相关比率指标，可以考察企业相互关联的业务安排是否合理，以保障经营活动顺畅进行，其公式如下：

$$相关比率 = 某一指标 \div 另一相关指标 \times 100\%$$

比如，将流动资产与流动负债进行对比，计算出流动比率，可以判断企业的短期偿债能力，将负债总额与资产总额进行对比，可以判断企业长期偿债能力。

采用比率分析法时，应当注意以下几点：① 对比项目的相关性。② 对比口径的一致性。③ 衡量标准的科学性。科学合理地运用比率分析法的标准有：预定目标、历史标准、行业标准、公认标准等。

（三）因素分析法

因素分析法是依据指标与影响因素的关系，从数量上确定各因素对分析指标影响方向和影响程度的一种方法。

因素分析法又可以分为连环替代法和差额分析法两种。

1. 连环替代法

连环替代法将分析指标分解为各个可以计量的因素，并根据各个因素之间的依存关系，用各因素的比较值（通常为实际值）替代基准值（通常为标准值或计划值），据以测定各因素对分析指标的影响。

【例10-1】大华公司2017年12月份某种原材料费用的实际数是38610元，而计划数是37500元，实际比计划增加了1110元，由于原材料费用是由产品产量、单位产品材料耗用量和材料单价三个因素的乘积构成的，因此，就可以把材料费用这一总指标分解为三个因素，然后逐个来分析它们对材料费用总额的影响程度，假定这三个因素的数值如表10-1所示。

表10-1 三个因素的数值

项　　目	单　　位	计　划　数	实　际　数
产品产量	件	100	110
单位产品材料消耗量	千克/件	15	13
材料单价	元/千克	25	27
材料费用总额	元	37500	38610

根据表中的数据，材料费用总额实际数较计划数增加1110元，这是分析的对象。

运用连环替代法，可以计算各因素变动对材料费用总额的影响程度如下：

计划指标：100×15×25= 37500（元）　　　　　　①
第一次替代：110×15×25= 41250（元）　　　　　②
第二次替代：110×13×25= 35750（元）　　　　　③
第三次替代：110×13×27= 38610（元）　　　　　④

②-①=3750（元），这是产量增加的影响。
③-②= -5500（元），这是材料节约的影响。
④-③=2860（元），这是价格提高的影响。
④-①=1110（元），这是全部因素的影响。

2. 差额分析法

差额分析法是连环替代法的一种简化形式，它利用各个因素的比较值与基准值之间的差额，来计算各个因素对分析指标的影响。

【例10-2】差额分析法的运用。

仍以表10-1所列的数据为例，采用差额分析法计算确定各个因素变动对材料费用的影响。

（1）产量增加对材料费用的影响为：

　　(110-100)×15×25=3750（元）

（2）材料消耗节约对材料费用的影响为：

　　(13 -15)×110×25= -5500（元）

（3）原材料单价提高对材料费用的影响为：

　　(27 -25) ×110×13=2860（元）

因素分析法的基本特点是：在有两个以上因素存在着相互联系的制约关系时，对于一个经济指标发生变化，为了确定各个因素的影响程度，首先要以基期指标为基础，把各个因素基期数按照一定顺序依次以实际数来代替，尚未代替的因素仍保持基期水平，每次代替就得出一个新结果，直到每个影响因素全部替代完为止。替代后的新结果与原结果的差额，即为这一被代替因素的影响。将各因素的影响数值相加，应等于实际指标与基期指标之间的总差异。替代因素时，必须按照各个因素的依存关系，排列成一定的顺序并依次替代。

采用因素分析法时，必须注意以下问题：① 因素分解的关联性。构成经济指标的因素，必须是客观上存在着因果关系的。② 因素替代的顺序性。确定替代因素时，必须根据各因素的依存关系，遵循一定的顺序并依次替代。③ 顺序替代的顺序性。在计算每一因素变动的影响时，都是在前一次计算的基础上进行，并采用连环替代的方法确定因素变化影响结果的。④ 计算结果的假定性。由于因素分析法计算的各因素变动的影响数，会因替代顺序不同而有差别，因而计算结果不免带有假定性。

五、财务分析的局限性

（一）资料来源的局限性

资料来源的局限性主要表现在5个方面：① 报表数据的时效性问题。② 报表数据的真实性的问题。③ 报表数据的可靠性的问题。④ 报表数据的可比性的问题。⑤ 报表数据的完整性的问题。

（二）财务分析方法的局限性

对于比较分析法来说，在实际操作时，比较的双方必须具备可比性才有意义。

对于比率分析法来说，比率分析仅针对单个指标进行分析，综合程度较低，在某些情况下无法得出令人满意的结论；比率指标的计算一般都是建立在以历史数据为基础的财务报表之上的，这使比率指标提供的信息与决策之间的相关性大打折扣。

对于因素分析法来说，在计算各因素对综合经济指标的影响时，主观假定各因素的变化顺序而且规定每次只有一个因素发生变化，这些假定往往与事实不符。

（三）财务分析指标的局限性

财务分析指标的局限性主要表现在 4 个方面：① 财务指标体系不严密。② 财务指标所反映的情况具有相对性。③ 财务指标的评价标准不统一。④ 财务指标的计算口径不一致。

◎技能训练

【实训项目】财务分析方法

【实训目标】掌握比较分析法、比率分析法、因素分析法的基本应用

【实训任务】

1. A、B 两个公司 2013—2017 年的净利润、净资产状况如表 10-2 和表 10-3 所示，分析两个公司净利润、净资产的变化情况。

表 10-2　净利润　　　　　　　　　　　　　　　　　　　　　　单位：万元

	2013 年	2014 年	2015 年	2016 年	2017 年
A 公司	11.51	16.75	26.12	20.04	5.25
B 公司	2.65	3.46	3.47	4.29	4.98

表 10-3　净资产　　　　　　　　　　　　　　　　　　　　　　单位：万元

	2013 年	2014 年	2015 年	2016 年	2017 年
A 公司	30.52	44.44	89.74	109.65	129.25
B 公司	7.72	14.50	15.94	21.48	34.75

要求：（1）运用比较分析法分析两个公司净利润、净资产的变化趋势。

（2）计算净资产收益率，分析两个公司的净资产收益率变化情况。

2. 某企业 2017 年 7 月某种原材料费用的实际数是 5500 元，而其计划数是 4500 元。实际数比计划数增加 1000 元。影响原材料的主要因素的相关数值分布如表 10-4 所示。

表 10-4　影响原材料的主要因素的相关数值分布

项　　目	单　　位	计划数	实际数
产品产量	件	100	110
单位产品材料消耗量	千克/件	10	10
材料单价	元/千克	4.5	5
材料费用总额	元	4500	5500

要求：根据表中资料，运用因素分析法分析各因素变动对材料费用的影响。

任务 10.2　基本的财务报表分析

◎任务描述

掌握偿债能力、营运能力、盈利能力、发展能力及现金流量分析指标，准确分析企业财务报表。

◎相关知识

基本的财务报表分析内容包括偿债能力分析、营运能力分析、盈利能力分析、发展能力分析和现金流量分析五个方面。

一、企业偿债能力分析

企业偿债能力是指企业偿还到期债务（包括本息）的能力，由于企业负债分为短期负债和长期负债，故企业偿债能力分析也分为短期偿债能力分析和长期偿债能力分析。

（一）短期偿债能力分析

短期偿债能力衡量的是对流动负债的清偿能力。短期偿债能力比率也称为变现能力比率或流动性比率，主要考察的是流动资产对流动负债的清偿能力。企业短期偿债能力的衡量指标主要有流动比率、速动比率、现金比率和现金流动负债比率。

1. 流动比率的计算及评价原则

流动比率是企业流动资产与流动负债的比率。它表示企业每一元流动负债有多少元流动资产作为偿还的保证。流动比率反映企业在短期内转变为现金的流动资产偿还到期流动负债的能力，其计算公式如下：

$$流动比率=流动资产÷流动负债$$

一般情况下，流动比率越高，企业短期偿债能力越强，债权人的权益越有保证。但流动比率也不能过高，过高则表明企业流动资产占用较多，会影响资金的使用效率和企业的筹资成本，进而影响盈利能力。国际上通常认为流动比率为 2 比较合适。究竟应保持多高的比率，主要根据企业对待风险与收益的态度予以确定。

2. 速动比率的计算及评价原则

速动比率是企业速动资产与流动负债的比率。速动资产是指流动资产减去变现能力较差且不稳定的存货、预付账款、1 年内到期的非流动资产和其他流动资产等的余额。由于剔除了变现能力较弱的存货、不能用于偿还债务的预付款项，因此，速动比率比流动比率更能准确、可靠地评价企业资产的流动性及其偿还短期借款的能力，其计算公式如下：

$$速动比率=速动资产÷流动负债$$

其中：

速动资产=货币资金+交易性金融资产+应收账款+应收票据
　　　　=流动资产-存货-预付账款-1年内到期的非流动资产-其他流动资产

一般情况下，速动比率越高，表明企业偿还流动负债的能力越强。如果速动比率过高则说明企业因拥有过多的货币性资产而可能失去一些有利的投资和获利的机会；而速动比率过低说明企业的短期偿债能力存在问题。国际上通常认为速动比率为1时较为恰当，低于1则被认为短期偿债能力偏低。

3. 现金比率的计算及评价原则

现金比率是现金资产与流动负债的比值，其计算公式如下：

$$现金比率=（货币资金+交易性金融资产）÷流动负债$$

利用现金比率衡量短期偿债能力比速动比率更科学。现金比率越大，表明企业短期偿债能力越强；现金比率越小，短期偿债能力就越弱。但现金比率也不是越大越好，太大则表示企业现金利用不充分，盈利能力不强。

4. 现金流动负债比率的计算及评价原则

现金流动负债比率是企业一定时期的经营现金净流量同流动负债的比率。它可以从现金流量的角度来反映企业当期偿付短期负债的能力，其计算公式如下：

$$现金流动负债比率=年经营现金净流量÷年末流动负债×100\%$$

现金流动负债比率越大，表明企业经营活动产生的现金净流量越多，越能保障企业按期偿还到期债务，但也不是越大越好，该指标过大则表明企业流动资金利用不充分，盈利能力不强。

（二）长期偿债能力评价

长期偿债能力是指企业在较长的期间偿还债务的能力。衡量长期偿债能力的财务指标主要有四项：资产负债率、权益比率、产权比率和利息保障倍数。

1. 资产负债率的计算及评价原则

资产负债率也称负债比率，是企业负债总额与资产总额的比值，其计算公式如下：

$$资产负债率=负债总额÷资产总额×100\%$$

资产负债率反映总资产中通过负债取得的资产比例，可以衡量企业清算时资产对债权人权益的保障程度。当资产负债率高于50%时，表明企业资产来源主要依靠的是负债，财务风险较大。当资产负债率低于50%时，表明企业资产的主要来源是所有者权益，财务比较稳健。这一比率越低，表明企业资产对负债的保障能力越高，企业的长期偿债能力越强。

2. 权益比率的计算及评价原则

权益比率又称资产权益率、所有者权益比率、股东权益比率，是企业所有者权益总额与资产总额的比值，其计算公式如下：

$$权益比率=所有者权益总额÷资产总额×100\%$$

该比率可以表明在企业所融通的全部资金中，有多少是由所有者（或股东）提供的。这个比率越高，说明债权人的权益越有保障，对市场秩序的稳定也越有利，企业还可面临较低的偿还本息的压力。

权益比率与资产负债率之和等于 1。权益比率是从另一个侧面来反映企业长期财务状况和长期偿债能力的。权益比率的倒数我们又称之为权益乘数。权益乘数说明企业资产总额是股东权益的多少倍。该比率越大,表明股东投入的资本在资产总额中占的比重越小,对负债经营利用得越充分。

3. 产权比率的计算及评价原则

产权比率是负债总额与所有者权益总额的比率,是评价企业财务结构稳健与否的重要标志。它反映企业所有者权益对债权人权益的保障程度,其计算公式如下:

$$产权比率=负债总额\div所有者权益总额\times 100\%$$

产权比率越低,表明企业的长期偿债能力越强,债权人权益的保障程度越高,承担的风险越小,但企业很难充分发挥负债的财务杠杆效应。所以,在评价产权比率适度与否时,应从提高盈利能力与增强偿债能力两个方面进行综合分析,权衡利弊。总之,要在保障债务偿还安全的前提下,尽力提高产权比率。

4. 利息保障倍数的计算及评价原则

利息保障倍数是指息税前利润与利息费用的比率,用以衡量偿付借款利息的能力,其计算公式如下:

$$利息保障倍数=息税前利润\div利息费用$$
$$=(净利润+利润表中的利息费用+所得税)\div利息费用$$

利息保障倍数越高,说明企业支付利息费用的能力越强,该比率越低,说明企业难以保证用经营所得来及时足额地支付负债利息。

(三)影响偿债能力的其他因素

影响偿债能力的其他因素主要包括以下几点:

(1)可动用的银行贷款指标或授信额度。可动用的银行贷款指标或授信额度可以提高企业偿债能力。

(2)资产质量。资产的账面价值与实际价值可能存在差异,如资产可能被高估或低估,一些资产无法进入到财务报表等。此外,资产的变现能力也会影响偿债能力。

(3)或有事项。如果企业存在债务担保或未决诉讼等或有事项,会增加企业的潜在偿债压力。

(4)经营租赁。经营租赁作为一种表外融资方式,会影响企业的偿债能力,特别是经营租赁期限较长、金额较大的情况。

【例 10-3】2017 年大华公司资产负债表如 10-5 所示。

根据表 10-5 大华公司的资产负债表资料,该公司 2017 年年初、年末流动比率计算如下:

年初流动比率=71000÷34000=2.088

年末流动比率=80500÷40000=2.013

可见,大华公司 2017 年年初、年末流动比率均超过一般公认标准,反映该公司有较强的短期偿债能力;比较其年初、年末的流动比率值,年末流动比率 2.013 小于年初流动比率 2.088,反映该公司年末的短期偿债能力弱于年初的短期偿债能力。

【例 10-4】请利用表 10-5 所提供的资料,计算大华公司的速动比率,并根据计算结果对该公司的短期偿债能力进行评价。

该公司 2017 年年初、年末的速动比率分别为：

年初速动比率=(8000+10000+12000+400)÷34000=0.894

年末速动比率=(9000+5000+13000+700)÷40000=0.693

从计算结果来看，该公司 2017 年年末的速动比率比年初的有所降低。虽然该公司的流动比率超过了一般公认标准，但由于流动资产中存货比重过大，导致速动比率未达到一般的公认标准。也就是说，该公司实际短期还款能力并不理想。

表 10-5　2017 年大华公司资产负债表

编制单位：大华公司　　　　　　　　　　　　　　　　　　　　　　　　　单位：万元

资产	年初数	年末数	负债及所有者权益	年初数	年末数
流动资产：			流动负债：		
货币资金	8000	9000	短期借款	5000	5000
交易性金融资产	10000	5000	交易性金融负债	15000	18000
应收账款	12000	13000	应付账款	10000	12000
应收票据	400	700	预收款项	2900	3870
存货	40000	52000	应缴税费	100	130
预付款项	600	800	其他应付款	1000	1000
流动资产合计	71000	80500	流动负债合计	34000	40000
非流动资产：			非流动负债：		
可供出售金融资产	1000	1000	长期借款	10000	11000
持有至到期投资	2000	2000	长期应付款	10000	14000
长期股权投资	1000	1000	非流动负债合计	20000	25000
固定资产	120000	140000	负债合计	54000	65000
在建工程	2000	2500	股东权益：		
无形资产	2800	2000	股本	120000	120000
开发支出	3000	3380	盈余公积	19000	19000
长期待摊费用	200	200	未分配利润	10000	29000
非流动资产合计	132000	152500	股东权益合计	149000	168000
资产合计	203000	233000	负债及股东权益合计	203000	233000

【例 10-5】假定大华公司 2016 年度和 2017 年度的经营现金净流量分别为 30000 万元和 40000 万元，请结合表 10-5 资料，计算该公司的现金流动负债比率，并予以评价。

该公司的现金流动负债比率为：

年初现金流动负债比率为：30000÷34000=0.88

年末现金流动负债比率为：40000÷40000=1.00

通过计算可以看出，该公司 2017 年度的现金流动负债比率比 2016 年度明显提高，说明该公司的短期偿债能力增强。但两个年度的现金流动负债比率均远超过 0.2，反映出该公司的流动资金利用极不充分，同时也影响了公司的盈利能力。

【例 10-6】根据表 10-5 大华公司的资产负债表资料，计算该公司的资产负债率指标，并对公司的长期偿债能力进行评价。

该公司 2017 年的资产负债率为：

年初资产负债率=54000÷203000×100%=26.60%

年末资产负债率=65000÷233000×100%=27.90%

从计算结果来看，该公司年初、年末的资产负债率均不高，说明该公司长期偿债能力较强,对公司长期到期债务的偿还有保障。

【例10-7】根据表10-5大华公司的资产负债表资料,计算该公司的资产权益率,并对公司的长期偿债能力进行评价。

该公司2017年的资产权益率为:

年初资产权益率=149000÷203000×100%=73.40%

年末资产权益率=168000÷233000×100%=72.10%

从计算结果来看,该公司年初、年末的权益比率均较高,说明该公司长期偿债能力较强。

【例10-8】根据表10-5大华公司资产负债表中的有关资料,计算该公司的产权比率,并对公司的长期偿债能力进行评价。

该公司2017年的产权比率为:

年初产权比率=54000÷149000×100%=36.24%

年末产权比率=65000÷168000×100%=38.69%

从计算结果来看,该公司年初、年末的产权比率均较低,表明公司的长期偿债能力较强,债权人的保障程度较高。

【例10-9】2017年大华公司利润表如表10-6所示。根据表中资料,计算该公司的利息保障倍数,并对公司的偿债能力予以评价。

表10-6 2017年大华公司利润表

编制单位:大华公司　　　　　　　　　　　　　　　　　　　　　　　　　　单位:万元

项　　目	上 年 数	本 年 数
一、营业收入	210000	230000
减:营业成本	107000	122000
税金及附加	5800	2000
销售费用	16200	19000
管理费用	9000	10000
财务费用	2000	3000
加:投资收益	3000	3000
二、营业利润	73000	77000
加:营业外收入	1000	1500
减:营业外支出	6000	6500
三、利润总额	68000	72000
减:所得税费用(税率25%)	17000	18000
四、净利润	51000	54000

该公司2016年和2017年的利息保障率分别为:

2016年利息保障率为:(68000+2000)÷2000=35(倍)

2017年利息保障率为:(72000+3000)÷3000=25(倍)

从计算结果来看,该公司2016年和2017年的利息保障率都较高,可以说明公司有充足的能力偿付债务利息。

二、企业营运能力的分析

企业营运能力主要指资产运用、循环的效率高低。企业营运能力分析主要包括:流动资产营运能力分析、固定资产营运能力分析和总资产营运能力分析三个方面。

（一）流动资产营运能力分析

反映流动资产营运能力的指标主要有应收账款周转率、存货周转率和流动资产周转率。

1. 应收账款周转率的计算及评价原则

应收账款周转率是一定时期内商品或产品赊销收入净额与应收账款平均余额的比值，是反映应收账款周转速度的指标。

应收账款周转率的计算公式如下：

$$应收账款周转率=商品或产品赊销收入净额÷应收账款平均余额$$

$$应收账款平均余额=（期初应收账款+期末应收账款）/2$$

应收账款周转速度还可以用应收账款周转期来反映，其计算公式如下：

$$应收账款周转期=360÷应收账款周转率$$

应收账款周转率反映了企业应收账款变现速度的快慢及管理效率的高低。一般来说，应收账款周转率越高越好。应收账款周转率高表明收账迅速，周转期越短，资产流动性强，短期偿债能力强，可以减少收账费用和坏账损失，从而相对增加企业流动资产的投资收益。

利用上述公式计算应收账款周转率时，需要注意以下几个问题：因为公开财务信息资料中很少标明赊销净额，所以在实务中一般用营业收入代替商品或产品赊销收入净额；公式中的应收账款包括会计核算中"应收账款"和"应收票据"（未办理贴现的应收票据金额）等全部赊销账款在内，且其金额应为扣除坏账准备后的净额。

2. 存货周转率的计算及评价原则

存货周转率是一定时期内企业营业成本与存货平均资金占用额的比率。存货周转率的计算公式如下：

$$存货周转率=营业成本÷存货平均余额$$

$$存货平均余额=（期初存货+期末存货）/2$$

用时间表示的存货周转速度，就是存货周转期，其计算公式如下：

$$存货周转期=360/存货周转率$$

一般来讲，存货周转率越高越好，存货周转期越短越好。存货周转率越高，存货周转期越短，表明其变现的速度越快、周转额越大，资金占用水平越低。但存货周转率过高，存货周转期过短，企业也可能存在存货水平太低、采购过于频繁、批量太小、可能出现停工待料现象等问题。存货周转速度的快慢，不仅反映出企业采购、储存、生产、销售各环节管理工作状况的好坏，而且对企业的偿债能力及盈利能力产生决定性的影响。

3. 流动资产周转率的计算及评价原则

流动资产周转率是反映企业流动资产周转速度的指标。流动资产周转率是指流动资产在一定时期所完成的周转额（营业收入）与流动资产的平均占用额之间的比率。

流动资产周转率的计算公式如下：

$$流动资产周转率=营业收入÷流动资产平均余额$$

$$流动资产平均余额=（期初流动资产+期末流动资产）/2$$

流动资产的周转速度也可以用流动资产周转期来进行分析，其计算公式如下：

$$流动资产周转期=360/流动资产周转率$$

流动资产周转率越高，流动资产周转期越短，表明以相同的流动资产完成的周转额越多，流动资产在经历生产和销售各阶段所占用的时间越短，流动资产利用效果越高；流动资产周转率越低，流动资产周转期越长，说明企业流动资产周转速度较慢，利用效果越低，企业需要补充流动资金，以保证日常经营活动的顺利进行。

（二）固定资产营运能力分析

反映固定资产营运能力的指标主要是固定资产周转率。固定资产周转率是企业的营业收入与固定资产平均余额的比率。固定资产周转率的计算公式如下：

$$固定资产周转率 = 营业收入 \div 固定资产平均余额$$

$$固定资产平均余额 = （期初固定资产 + 期末固定资产）/ 2$$

固定资产的周转速度也可以用固定资产周转期来进行分析，其计算公式为：

$$固定资产周转期 = 360 / 固定资产周转率$$

固定资产周转率高，固定资产周转期短，表明固定资产利用充分，同时也反映固定资产投资得当，其结构合理，能够充分发挥效率；反之，则表明固定资产使用效率不高，说明企业固定资产过多或设备闲置，企业的运营能力不强。

（三）总资产营运能力分析

反映总资产营运能力的指标主要是总资产周转率。总资产周转率是企业的营业收入与平均资产总额的比率。总资产周转率反映全部资产的周转速度，可以用来分析企业全部资产的使用效率。

总资产周转率的计算公式如下：

$$总资产周转率 = 营业收入 \div 平均资产总额$$

$$平均资产总额 = （年初资产总额 + 年末资产总额）/ 2$$

一般而言，总资产周转率越高，反映销售能力越强；如果过低，则表明企业利用全部资产进行经营的效率较差，取得的销售收入也少，最终必然影响到企业的盈利能力。企业可以通过薄利多销的办法，加速资产的周转，带来利润绝对额的增加，也可以处理掉多余的资产。

【例 10-10】根据表 10-5 和表 10-6 的资料，同时假定大华公司 2015 年年末应收账款余额为 11000 万元，应收票据余额为 600 万元，计算该公司 2016 年和 2017 年的应收账款周转率，并予以评价。

该公司应收账款周转率计算表如表 10-7 所示。

表 10-7　应收账款周转率计算表

项　　目	2015 年	2016 年	2017 年
营业收入（万元）		210000	230000
应收账款年末余额（万元）	11000	12000	13000
应收票据年末余额（万元）	600	400	700
平均应收账款余额（万元）		12000	13050
应收账款周转率		17.50	17.62
应收账款周转期（天）		20.6	20.4

根据表 10-7 的计算结果可以看出，该公司 2017 年应收账款周转率比 2016 年有所改善，由 17.50 提高到 17.62，周转天数由 20.6 天缩短到 20.4 天。这说明该公司的营运能力有所增强，对流动资产的变现能力和周转速度也会起到促进作用。

【例10-11】大华公司2015年存货年末余额为36000万元。

要求：计算该公司2016年、2017年存货周转率，并予以评价。

该公司存货周转率计算表如表10-8所示。

表10-8 存货周转率计算表

项　目	2015年	2016年	2017年
营业成本（万元）		107000	122000
存货年末余额（万元）	36000	40000	52000
存货平均余额（万元）		38000	46000
存货周转率		2.82	2.65
存货周转期（天）		127.7	135.8

根据上述计算结果可以看出，该公司2017年存货周转率比2016年有所降低，由2.82降为2.65，存货周转期由127.7天增为长135.8天。这反映出该公司2017年存货管理效率不如2016年，其原因必须依据详细资料做进一步的分析。

【例10-12】大华公司2015年流动资产年末余额为58000万元。

要求：计算该公司2015年、2016年流动资产周转率，并予以评价。

该公司流动资产周转率的计算表如表10-9所示。

表10-9 流动资产周转率计算表

项　目	2015年	2016年	2017年
营业收入（万元）		210000	230000
流动资产年末余额（万元）	58000	71000	80500
流动资产平均余额（万元）		64500	75750
流动资产周转率		3.26	3.04
流动资产周转期（天）		110.4	118.4

根据上述计算结果可以看出，该公司流动资产周转率由2016年的3.26降为2017年的3.04，流动资产周转期由110.4天增为118.4天，延缓了8天，导致流动资金占用额增加。增加流动资金占用的数额为：(118.4-110.4)×230000/360 =5111（万元）

【例10-13】大华公司2015年末固定资产为122000万元。

要求：计算该公司2016年、2017年固定资产周转率，并予以评价。

该公司固定资产周转率计算表如表10-10所示。

表10-10 固定资产周转率计算表

项　目	2015年	2016年	2017年
营业收入（万元）		210000	230000
固定资产年末余额（万元）	122000	120000	140000
固定资产平均余额（万元）		121000	130000
固定资产周转率		1.74	1.77

根据上述计算结果可以看出，该公司2017年固定资产周转速度比2016年有所加快，固定资产周转率由2016年的1.74提高到2017年的1.77。其主要原因是固定资产的增加幅度低于营业收入增长幅度所致，这表明企业的运营能力有所提高。

【例10-14】大华公司2015年年末全部资产总额为210000万元。

要求：计算则该公司2016年、2017年总资产周转率，并予以评价。

该公司总资产周转率的计算表如表10-11所示。

表10-11 总资产周转率计算表

项　　目	2015年	2016年	2017年
营业收入（万元）		210000	230000
总资产年末余额（万元）	210000	203000	233000
总资产平均余额（万元）		206500	218000
总资产周转率		1.017	1.055

根据上述计算结果可以看出，该公司2017年总资产周转率比2016年略有提高。原因是，其固定资产的增长速度：(130000-121000) / 121000=7.43%，虽低于营业收入的增长速度：(230000-210000) / 210000=9.52%，但流动资产平均余额的增长速度：(75750-64500) / 64500=17.44%，却大大高于营业收入的增长速度。总体来看，总资产的利用效果难以大幅度提高。

三、企业盈利能力的分析

（一）企业盈利能力一般分析

企业盈利能力是企业获取利润、实现资金增值的能力，它体现为企业收益数额的大小与水平的高低。分析企业的盈利能力是衡量企业是否具有活力和发展前途的重要内容。反映企业盈利能力的指标主要有销售毛利率、营业利润率、成本费用利润率、销售净利率、总资产收益率和净资产收益率。

1. 销售毛利率

销售毛利率是营业毛利与营业收入之比。

$$销售毛利率=营业毛利÷营业收入×100\%$$

$$营业毛利=营业收入-营业成本$$

销售毛利率越高，表明产品的盈利能力越强。将销售毛利率与行业水平进行比较，可以反映企业产品的市场竞争地位。

2. 营业利润率

营业利润率是企业营业利润与营业收入的比率，反映企业营业收入的盈利能力，其计算公式为：

$$营业利润率=营业利润÷营业收入×100\%$$

营业利润率越高反映企业的盈利能力越强。从利润表来看，企业的利润包括营业利润、利润总额和净利润三种形式。能够更直接反映销售盈利能力的指标是营业利润率。通过考察营业利润占整个收入总额比重的升降，可以发现企业经营理财状况的稳定性、面临的危险或可能出现的转机迹象。

3. 成本费用利润率

成本费用利润率是企业的利润总额与成本费用总额的比率。成本费用总额包括营业成本和期间费用，其计算公式为：

$$成本费用利润率=利润总额÷成本费用总额×100\%$$

该指标越大，表明企业成本费用支出少，经济效益好；反之，表明企业经营管理水平欠佳，经济效益不好。成本费用利润率反映了企业对成本费用的控制能力和经营管理水平，是企业加强成本管理的着眼点。

4. 销售净利率

销售净利率是净利润与营业收入之比。销售净利率反映每1元营业收入最终赚取了多少利润，用于反映产品最终的盈利能力，其计算公式为：

$$销售净利率=净利润÷营业收入×100\%$$

该指标越高，表明企业获利能力越强。

5. 总资产收益率

总资产收益率又称总资产净利率，是净利润与平均总资产的比率，反映每1元资产创造的净利润。它是反映企业资产综合利用效果和获利能力的指标，其计算公式为：

$$总资产收益率=净利润÷平均资产总额×100\%$$

$$平均资产总额=（期初资产总额+期末资产总额）/2$$

该指标越高，表明企业的资产利用效益越好，整个企业盈利能力越强，经营管理水平越高。影响总资产净利率的因素是营业净利率和总资产周转率。总资产净利率还可以分解为总资产周转率与销售净利率的乘积。

6. 净资产收益率

净资产收益率又称权益净利率或权益报酬率，是净利润与平均所有者权益的比值，表示每1元所有者权益资本赚取的净利润，反映权益资本经营的盈利能力，其计算公式为：

$$净资产收益率=净利润÷平均所有者权益×100\%$$

$$平均所有者权益=（所有者权益年初数+所有者权益年末数）/2$$

净资产收益率是评价企业自有资本及其积累获取报酬水平的最具综合性与代表性的指标，反映企业资本运营的综合效益。一般认为，企业净资产收益率越高，企业自有资本获取收益的能力越强，运营效益越好，对企业投资人、债权人的保证程度越高。

（二）上市公司盈利能力分析

上市公司是通过发行股票筹集企业资本的，投资者购买股票，都希望获得好的报酬。投资者对上市公司的盈利能力非常关心。反映上市公司盈利能力的指标除了前述的一般分析之外，还可以采用每股收益、每股股利、市盈率等指标来分析。

1. 每股收益

每股收益又称每股利润或每股盈余，是一定时期的净利润与期末普通股股份总数的比值，其计算公式为：

$$每股收益=净利润÷期末普通股股份总数$$

该指标反映每一普通股的获利水平，指标越高，表示每一普通股可获得的利润越多，股东的投资收益越好；反之，则反映股东的投资收益越差。

2. 每股股利

每股股利是指一定时期的普通股股利总额与期末普通股股份总数的比值，其计算公式为：

每股股利=普通股股利总额÷期末普通股股份总数

该指标反映每一普通股获取股利的能力，指标越高，表示股本的获利能力越强。

3. 市盈率

市盈率是指普通股每股市价为每股收益的倍数。用每股市价与每股收益进行比较，其目的是反映普通股票当期盈余与市场价格之间的关系，它可以为投资者提供重要的决策参考，其计算公式为：

$$市盈率=每股市价÷每股收益$$

市盈率是市场对公司的共同期望指标，市盈率越高，表明市场对公司的未来越看好。在市价确定的情况下，每股收益越高，市盈率越低，投资风险越小；每股收益越低，市盈率越高，投资风险越大。在每股收益确定的情况下，市价越高，市盈率越高，投资风险越大；市价越低，市盈率越低，投资风险越小。仅从市盈率高低横向比较看，高市盈率说明公司能够获得社会信赖，具有良好的前景。市盈率高低受市价的影响，市价变动的因素很多，包括投机炒作等，因此观察市盈率的长期趋势非常重要。市盈率太高或太低都不适宜投资。由于一般的期望报酬率为5%~20%，故正常的市盈率为5~20倍。

【例10-15】根据表10-6大华公司利润表的资料，计算该公司营业利润率，并予以评价。该公司营业利润率计算表如表10-12所示。

表10-12　营业利润率计算表

项　　目	2016年	2017年
营业利润（万元）	73000	77000
利润总额（万元）	68000	72000
净利润（万元）	51000	54000
营业收入（万元）	210000	230000
营业利润率	34.76%	33.48%

根据上述计算结果可以看出，该公司的营业利润率呈下降趋势，进一步分析可以看出，这种下降趋势主要是由于公司2017年的成本费用增加所致。

【例10-16】根据表10-6利润表的资料，计算大华公司成本费用利润率、销售净利率，并分别予以评价。

解：

（1）该公司的成本费用利润率计算如下：

2016年成本费用利润率为：

成本费用利润率=68000/(107000+5800+16200+9000+2000)×100%=48.57%

2017年成本费用利润率为：

成本费用利润率=72000/(122000+2000+19000+10000+3000)×100%=46.15%

根据上述计算结果可以看到，该公司2017年成本费用利润率比2016年有所下降。公司应当深入检查导致成本费用上升的因素，改进有关工作，以改善效益指标下降的状况。

（2）该公司的销售净利率计算如下：

2016年销售净利率为：

销售净利率=51000/210000×100%=24.29%

2017 年销售净利率为：

销售净利率=54000/230000×100%=23.47%

根据上述计算结果可以看出，该公司 2017 年的销售净利率与 2016 年的相比略有下降，2017 年的营业收入虽有上升，但其获利能力不升反降。

【例 10-17】根据表 10-6 利润表的资料，计算大华公司总资产收益率、净资产收益率，并分别予以评价。假设该公司 2015 年年末所有者权益合计为 130000 万元。

解：

（1）该公司的总资产收益率计算如下：

2016 年总资产收益率为：

总资产收益率=51000 / [(210000+203000)/2]×100%=24.70%

2017 年总资产收益率为：

总资产收益率=54000 / [(203000+233000)/2]×100%=24.77%

根据上述计算结果可以看出，该公司 2017 年资产综合利用效率比 2016 年略有上升，需要对公司资产的使用情况、增产节约工作等情况做深入分析考察，以便进一步改进管理，提高效益。

（2）该公司的净资产收益率计算如下：

2016 年净资产收益率为：

净资产收益率=51000 [(130000+149000)/2]×100%
　　　　　　=51000 / 139500×100%=36.60%

2017 年净资产收益率为：

净资产收益率=54000 / [(149000+168000)/2]×100%
　　　　　　=54000 / 158500×100%=34.07%

根据上述计算结果可以看出，该公司 2017 年净资产收益率比 2016 年的降低了 2.53%，这是由于该公司所有者权益的增长快于净利润的增长所引起的。根据前述资料可以求得，该公司的所有者权益增长率为：(168000-149000) /149000×100%=12.75%，而其净利润的增长率为：(54000-51000) / 51000×100%=5.88%。

【例 10-18】假定大华公司是一家上市公司，2017 年末普通股股数为 120000 万股，每股市价为 3.6 元；2017 年实现的净利润为 54000 万元，经股东大会讨论决定 2017 年发行股利 21600 万元。请根据上述资料计算该公司的每股收益、每股股利和市盈率。

解：

（1）该公司 2017 年的每股收益为：

每股收益=54000/120000=0.45（元/股）

（2）该公司 2017 年的每股股利为：

每股股利=21600/120000=0.18（元/股）

（3）该公司 2017 年的市盈率为：

市盈率=3.6/0.45=8（倍）

四、企业的发展能力分析

企业发展能力又称企业增长能力或企业成长能力，是企业在生存的基础上，扩大规模、壮大实力的潜在能力，包括营业收入、资产和收益等方面的增长趋势和增长速度。衡量企业发展能力的指标主要有：营业收入增长率、总资产增长率、所有者权益增长率、资本保值增值率、收益增长率等。

（一）企业营业收入增减情况评价

从营业收入增减变化情况分析和评价企业发展能力的指标主要是营业收入增长率。

营业收入增长率的计算公式如下：

营业收入增长率=（分析期营业收入额-基期营业收入额）÷基期营业收入额×100%

营业收入增长率如果大于零，表示企业分析期的营业收入有所增长，指标值越高，表明增长速度越快，企业市场前景越好；营业收入增长率如果小于零，则说明企业或是产品不适销对路、质次价高，或是在售后服务等方面存在问题，产品销售不出去，企业市场份额萎缩。

（二）企业资产增减情况评价

从企业资产增减变化角度分析企业的发展能力，可以从总资产和净资产两个方面来分析和评价，涉及的指标主要有总资产增长率和净资产增长率。

1. 总资产增长率

总资产增长率是企业总资产增长额与基期总资产额的比率，用来衡量企业投资规模的增长趋势，评价企业经营规模总量上的扩张程度，其计算公式如下：

总资产增长率=（分析期总资产额-基期总资产额）÷基期总资产额×100%

总资产增长率为正数，说明企业分析期的资产规模有所增加；总资产增长率为负数，说明企业分析期的资产规模有所减少；总资产增长率为零，说明企业分析期的资产规模既没有增加，也没有减少。总资产增长率从企业资产总量扩张方面衡量企业的发展能力，表明企业规模增长水平对企业发展后劲的影响。该指标越高，表明企业一个经营周期内资产经营规模扩张的速度越快。但实际操作时，应注意资产规模扩张的质与量的关系，以及企业的后续发展能力，避免资产盲目扩张。

2. 所有者权益增长率

所有者权益增长率又称净资产增长率、资本积累率，是评价企业发展潜力的重要指标，是企业分析期所有者权益增长额同基期所有者权益的比率，其计算公式如下：

所有者权益增长率=分析期所有者权益增长额÷基期所有者权益×100%

该指标是企业分析期所有者权益总的增长率，反映了企业所有者权益在分析期的变动水平。所有者权益增长率越高，表明企业的资本积累越多，企业资本保全性越强，应付风险、持续发展的能力越大。所有者权益增长率如果为负值，则表明企业资本受到侵蚀，所有者利益受到损害，应予充分重视。

3. 资本保值增值率

资本保值增值率是指期末所有者权益与期初所有者权益之比，其计算公式为：

资本保值增值率=期末所有者权益÷期初所有者权益×100%

如果企业盈利能力提高，利润增加，必然会使期末所有者权益大于期初所有者权益，所以该指标也是衡量企业盈利能力的重要指标。当然，这一指标的高低，除了受企业经营成果的影响外，还受企业利润分配政策和投入资本的影响。

（三）企业收益增减情况评价

从企业收益增减变化情况分析和评价企业的发展能力的指标主要是收益增长率。

收益增长率又称利润增长率，是企业分析期利润增减额与基期利润额的比率，反映企业生产经营的成果及提高盈利水平的能力。

收益增长率的计算公式如下：

收益增长率＝（分析期利润额-基期利润额）÷基期利润额×100%

对企业而言收益增长率是越高越好。对收益增长率的分析，可以分为营业利润增长率、利润总额增长率和净利润增长率等指标。

【例10-19】根据表10-2和表10-3的资料，请计算该公司2017年营业收入增长率、总资产增长率、所有者权益增长率以及收益增长率，以2016年为基期。

解：

（1）该公司的营业收入增长率计算如下：

营业收入增长率= (230000－210000) / 210000×100%=9.52%

（2）该公司的总资产增长率计算如下：

总资产增长率= (233000－203000) / 203000×100%=14.77%

（3）该公司的股东权益增长率计算如下：

所有者权益增长率= (168000－149000) / 149000×100%=12.75%

（4）该公司的净利润增长率计算如下：

收益增长率= (54000－51000) / 51000×100%=5.88%

五、现金流量分析

现金流量分析一般包括现金流量的结构分析、流动性分析、获取现金能力分析、财务弹性分析及收益质量分析。这里主要从获取现金能力及收益质量方面介绍现金流量比率。

（一）获取现金能力的分析

获取现金的能力可通过经营活动现金流量净额与投入资源之比来反映。投入资源可以是销售收入、资产总额、营运资金、净资产或普通股股数等。

1. 销售现金比率

销售现金比率是指企业经营活动现金流量净额与销售收入的比值。

2. 每股营业现金净流量

每股营业现金净流量是通过企业经营活动现金流量净额与普通股股数之比来反映的。

3. 全部资产现金回收率

全部资产现金回收率是通过企业经营活动现金流量净额与企业平均资产总额之比来反映的，它说明了企业全部资产产生现金的能力。

（二）收益质量分析

收益质量是指会计收益与公司业绩之间的相关性。如果会计收益能如实反映公司业绩，则其收益质量高；反之，则收益质量不高。收益质量分析主要包括净收益营运指数分析与现金营运指数分析。

1. 净收益营运指数分析

净收益营运指数是指经营净收益与全部净收益的比值，其计算公式为如下：

净收益营运指数＝经营净收益÷全部净收益

经营净收益＝全部净收益－非经营净收益

该指标越高，表明经营性业务获取收益的质量越好。通过与该指标的历史指标比较和行业平均指标比较，可以考察一个公司的收益质量情况。如果一个公司虽然利润总额在不断上升，但是经营性利润比重呈逐年下降，非经营利润的比重呈逐年加大的趋势，其实这已经是净收益质量越来越差的征兆了。

2. 现金营运指数分析

现金营运指数是指，经营现金净流量与经营现金毛流量的比值。

现金营运指数＝经营现金净流量÷经营现金毛流量

＝（经营所得现金－经营性营运资产净增加）÷经营现金毛流量

经营现金净流量＝净收益＋非经营活动税后净损失（减净收益）＋折旧、摊销成本＋营运资本净减少（减净增加）

经营所得现金是经营净收益与非付现费用之和。经营所得现金等于经营净收益加上各项折旧、减值准备等非付现费用，经营现金流量等于经营所得现金减去应收账款、存货等经营性营运资产净增加。如果营运指数小于1，说明一部分收益还没有取得现金，停留在实物或债权形态，而实物或债权资产的风险大于现金，因为应收账款是否足额变现是不确定的，存货也有贬值的风险，所以未收现的收益质量远低于已收现的收益。利用报表数据计算时，经营活动收益采用净利润，非付现费用则包括计提的资产减值准备、固定资产折旧、无形资产摊销、长期待摊费用摊销等科目。

◎技能训练

【实训项目】基本财务报表分析

【实训目标】掌握财务指标计算与分析的方法

【实训任务】ABC 公司 2017 年年末资产负债表和利润表如表 10-13 和表 10-14 所示。

表 10-13　ABC 公司 2017 年年末资产负债表

编制单位：ABC 公司　　　　　2017 年 12 月 31 日　　　　　　　　　　单位：万元

资　　产	期末余额	年初余额	负债及所有者权益	期末余额	年初余额
流动资产：			流动负债		
货币资金	900	800	短期借款	2300	2000
交易性金融资产	500	1000	应付账款	1200	1000
应收账款	1300	1200	预收账款	400	300
预付账款	70	50	其他应付款	100	100
存货	5200	4000	流动负债合计	4000	3400
其他流动资产	80	60	非流动负债		
流动资产合计	8050	7100	长期借款	2500	2000

(续表)

资产	期末余额	年初余额	负债及所有者权益	期末余额	年初余额
非流动资产：			非流动负债合计	2500	2000
持有至到期投资	400	400	负债合计	6500	5400
固定资产	14000	1200	所有者权益：		
无形资产	550	500	实收资本（股本）	12000	12000
非流动资产合计	14950	12900	盈余公积	1600	1600
			未分配利润	2900	1000
			所有者权益合计	16500	14600
资产合计	23000	20000	负债及所有者权益合计	23000	20000

表 10-14 ABC 公司 2017 年年末利润表

编制单位：ABC 公司　　　　　　　　　2017 年度　　　　　　　　　单位：万元

项　目	本期金额	上期金额
一、营业收入	21200	18800
减：营业成本	12400	10900
营业税金及附加	1200	1080
销售费用	1900	1620
管理费用	1000	800
财务费用	300	200
加：投资收益	300	300
二、营业利润	4700	4500
加：营业外收入	150	100
减：营业外支出	650	600
三、利润总额	4200	4000
减：所得税费用	1680	1600
四、净利润	2520	2400

要求：

1. 计算该公司 2017 年的流动比率、速动比率、现金流动负债比率、资产负债率、产权比率及利息保障倍数（假定利润表中的财务费用全部为利息支出）并进行偿债能力分析。

2. 假定 ABC 公司 2015 年年末应收账款余额为 1100 万元、存货余额为 3800 万元、固定资产净值为 11800 万元、总资产余额为 19000 万元。计算该公司的 2016 年及 2017 年的应收账款周转率、存货周转率、总资产周转率及固定资产周转率并进行分析。

3. 假定 ABC 公司 2017 年度现金净流量为 5000 万元、2017 年年末发行在外的流通股数为 12000 万股、2017 年年末每股收盘价为 5 元、2017 年度分配普通股股利 14.4 万元。计算 ABC 公司营业利润率、成本费用利润率、净资产收益率、每股收益、市盈率、每股净资产、股利支付率并进行评价。

4. 计算 ABC 公司营业收入增长率、资本保值增值率、资本积累率、总资产增长率及营业利润增长率并进行评析。

任务 10.3　财务综合分析

◎任务描述

了解财务综合分析的特点，掌握杜邦分析法和沃尔比重评分法。

◎相关知识

所谓财务综合分析就是将营运能力、偿债能力、盈利能力和发展能力等诸方面的分析纳入一个有机的整体之中，全面地对企业经营状况、财务状况进行解剖和分析，从而对企业经济效益的优劣做出准确的评价与判断。综合分析的方法有很多，我们这里主要介绍杜邦分析法和沃尔比重评分法。

一、杜邦分析法

（一）杜邦分析法的含义

杜邦分析法就是利用各财务指标间的内在关系，对企业的财务状况及经营成果进行系统分析评价的方法。因其最初由美国杜邦公司创立并成功运用而得名。利用该方法可以把各种财务指标间的关系，绘制成简洁、明了的杜邦分析图，如图 10-1 所示（图中数据根据表 10-5、10-6 计算所得）。

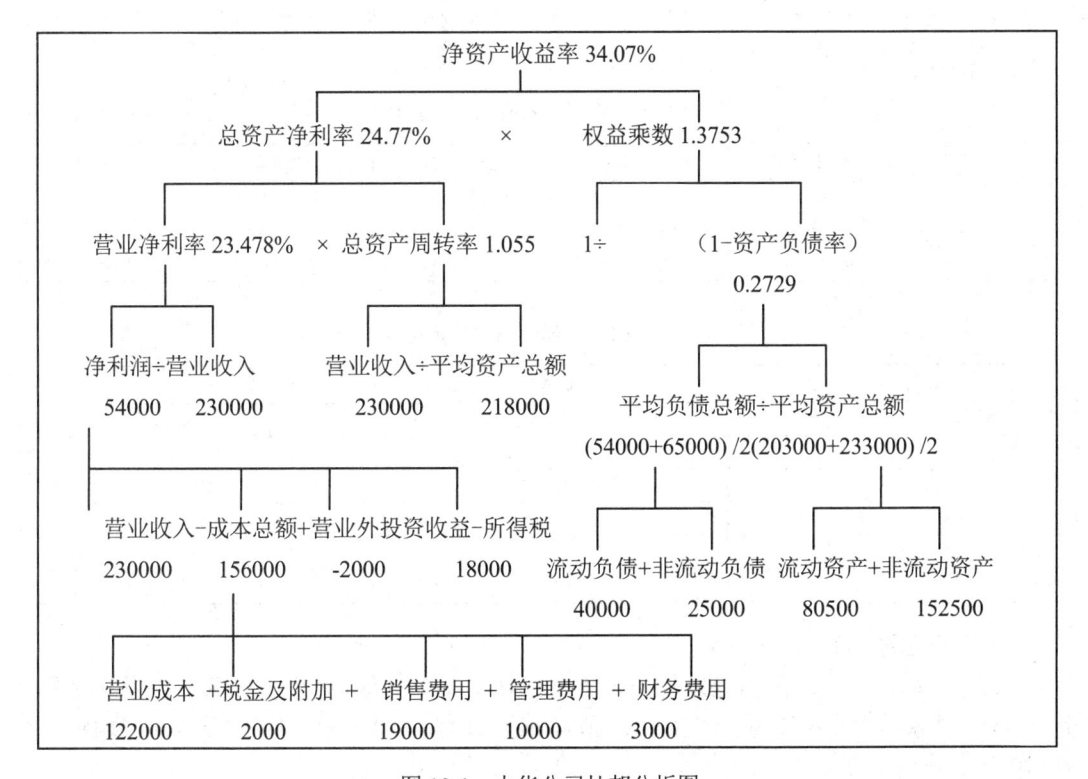

```
                           净资产收益率 34.07%
                                  │
                ┌─────────────────┴─────────────────┐
        总资产净利率 24.77%          ×         权益乘数 1.3753
                │                                    │
     ┌──────────┴──────────┐                ┌────────┴────────┐
营业净利率 23.478% × 总资产周转率 1.055      1÷        （1-资产负债率）
     │                     │                          0.2729
     │                     │                            │
净利润÷营业收入      营业收入÷平均资产总额       平均负债总额÷平均资产总额
54000   230000      230000     218000    (54000+65000)/2(203000+233000)/2
     │                                         │                │
     │                                   流动负债+非流动负债  流动资产+非流动资产
营业收入-成本总额+营业外投资收益-所得税     40000   25000      80500   152500
230000   156000     -2000     18000
     │
营业成本 +税金及附加+ 销售费用 + 管理费用 + 财务费用
122000    2000       19000     10000      3000
```

图 10-1　大华公司杜邦分析图

（二）杜邦分析法的应用

从图 10-1 中可以看出，净资产收益率是一个综合性最强的财务比率，是杜邦系统的核心。其他各项指标都围绕这一核心，通过研究彼此间的依存制约关系，从而揭示企业的盈利能力及其前因后果。

营业净利率反映了企业净利润与营业收入的关系。提高主营业务营业净利率是提高企业盈利的关键，而提高这个比率有两个主要途径：一是扩大营业收入；二是降低成本费用。所以对主营业务营业净利率的分析我们可以从收入和成本两个方面展开。总资产周转率反映企业运用资产实现营业收入的综合能力。企业要联系营业收入分析企业资产的使用是否合理，分析资产各构成部分占用量是否恰当，还可以结合流动资产周转率、存货周转率、应收账款周转率等指标的分析，查找影响总资产周转率的主要问题。权益乘数反映所有者权益同总资产的关系。在总资产需要量既定的前提下，企业适当开展负债经营，相对减少所有者权益所占的份额，就可以使权益乘数提高，这样能给企业带来较大的杠杆利益，但同时企业也需要承受较大的财务风险。因此，企业既要合理使用全部资产，又要妥善安排资金结构。

通过杜邦分析法自上而下地分析，不仅可以揭示出企业各项财务指标间的结构关系，查明各项主要指标变动的影响因素，而且为决策者优化经营理财状况，提高企业经营效益提供了思路。提高资产净利率的根本在于扩大销售、节约成本、优化投资配置、加速资金周转、优化资金结构、确立风险意识等。杜邦分析法是一种分解财务比率的方法，而不是建立新的财务指标，它和其他财务分析方法一样，关键不在于指标的计算，而在于对指标的理解和运用。杜邦分析法也有一定的缺陷，主要是营业收入不分产品品种，难以评价不同产品品种之间的获利水平。企业在实际运用中可以结合自身实际进行必要的充实和完善。

【例 10-20】奥邦公司的 2014 年和 2015 年的基本财务数据如表 10-15 所示、财务指标如表 10-16 所示，请运用杜邦分析法对奥邦公司的财务指标进行综合分析。

表 10-15　奥邦公司基本财务数据　　　　　　　　　　　　　　单位：元

项　　目	净利润	主营业务收入	资产总额	负债总额	全部成本
2013 年	—	—	6014386259	1943914964	—
2014 年	-26956929	2938487361	5821348152	1959565411	2459524950
2015 年	486007540	3683247061	6145975062	1744159491	2908549302

表 10-16　奥邦公司财务指标

指　　标	2014 年	2015 年
权益净利率（%）	-0.6797	11.7635
权益乘数（倍）	1.4921	1.4482
资产负债率（%）	32.9805	30.9486
资产净利率（%）	-0.4555	8.1229
主营业务净利率（%）	-0.9174	13.1951
总资产周转率	0.4965	0.6156

（1）对权益净利率进行分析。

权益净利率所反映的盈利能力是企业经营能力、财务决策和筹资方式等多种因素综合作用的结果。从权益净利率来看，该公司从 2014 年至 2015 年间出现了明显好转，从 2014 年的 -0.6797% 上升至 11.7635%。

为找出具体原因，我们可以将权益净利率分解为资产净利率和权益乘数，即：

$$权益净利率=资产净利率×权益乘数$$

2015 年：11.7635=8.1229×1.4482

2014 年：-0.6797=-0.4555×1.4921

通过分解可以发现，该公司权益净利率的变动是资金结构变动（权益乘数下降）和资产利用效果变动（上升）两个方面共同作用的结果。

（2）对资产净利率进行分析。

$$资产净利率=主营业务净利率×总资产周转率$$

2015 年：8.1229=13.1951×0.6156

2014 年：-0.4555=-0.9174×0.4965

通过分解可以发现，2015 年总资产周转率有所提高，说明总资产的利用效果得到了提高；与此同时主营业务净利率也大幅度提高，从而加大了资产净利率的提高比例。显然资产净利率的提高应归功于总资产周转率和主营业务净利率的提高。为找出导致主营业务净利率大幅上升的原因，我们还可以继续对其进行分解：

$$主营业务净利率=净利润/主营业务收入$$

2015 年：13.1951=486007540÷3683247061

2014 年：-0.9174=-26956929÷2938487361

该公司 2015 年主营业务收入大幅增长，增长率达到了 25.35%，同时，全部成本增长率仅为 18.26%，明显低于收入的增长。

（3）对权益乘数进行分析。

奥邦公司权益乘数下降，说明其资金结构在 2014 年至 2015 年间发生了变动。权益乘数越小，企业负债程度越低，企业偿债能力越强，财务风险也越低。该指标也反映了财务杠杆对利润水平的影响：一方面，在收益好的年度，可以使股东获得的潜在报酬增加，但也使股东要承担因负债增加而引起的财务风险；另一方面，在收益不好的年度，则使股东潜在的收益下降。

$$权益乘数=1／（1-资产负债率）$$

$$资产负债率=平均负债总额/平均资产总额$$

2015 年：0.309486 = [(1744159491+1959565411)÷2] / [(6145975062+5821348152)÷2] = 1851862451 / 5983661607

2014 年：0.329805 = [(1959565411+1943914964)÷2] / [(5821348152+6014386259)÷2] = 1951740188 / 5917867206

2015 年由于负债的下降、资产的上升，导致资产负债率下降，从而使得权益乘数下降，阻碍了权益净利率的提高；2015 年权益净利率的提高应归功于资产净利率的提高，究其根源则在于收入的增长幅度高于成本的增长幅度所致。通过分解可以看出杜邦分析法有效地解释了指标变动的原因和趋势，为公司采取进一步的措施指明了方向。

二、沃尔比重评分法

（一）沃尔比重评分法基本原理

1928 年，亚历山大·沃尔（Alexander.Wole）在其出版的《信用晴雨表研究》和《财务报表比率分析》中提出了信用能力指数的概念，他选择了7个财务比率，即流动比率、产权比率、固定资产比率、存货周转率、应收账款周转率、固定资产周转率和自有资金周转率，分别给定各指标的比重，然后确定标准比率（以行业平均数为基础），将实际比率与标准比率相比，得出相对比率，将此相对比率与各指标比重相乘，得出总评分。沃尔比重评分法是指，将选定的财务比率用线性关系结合起来，并分别给定各自的分数比重，然后通过与标准比率进行比较，确定各项指标的得分及总体指标的累计分数，从而对企业的信用水平做出评价的方法。

沃尔比重评分法原理：把若干个财务比率用线性关系结合起来。对选中的财务比率给定其在总评价中的比重（比重总和为100），然后确定标准比率，并与实际比率相比较，评出每项指标的得分，最后得出总评分。

沃尔比重评分法的公式为：实际分数=实际值÷标准值×权重

当实际值>标准值为理想时，用此公式计算的结果正确；但当实际值<标准值为理想时，实际值越小，得分越高，用此公式计算的结果却恰恰相反；

另外，当某一单项指标的实际值特别高时，会导致最后总分大幅度增加，掩盖了情况不良的指标，从而给管理者造成一种假象。

【例10-21】某企业是一家中型电力企业，其2018年的沃尔综合评分表如表10-17所示。

表10-17　沃尔综合评分表

财务比率	比重	标准比率	实际比率	相对比率	综合指数
	1%	2%	3%	4%	5%
流动比率	25%	2.00%	1.66%	0.83%	20.75%
产权比率	25%	1.50%	2.39%	1.59%	39.75%
固定资产比率	15%	2.50%	1.84%	0.736%	11.04%
存货周转率	10%	8%	9.94%	1.243%	12.43%
应收账款周转率	10%	6%	8.61%	1.435%	14.35%
固定资产周转率	10%	4%	0.55%	0.1375%	1.38%
自有资金周转率	5%	3%	0.40%	0.133%	0.67%
合计	100%				100.37%

从表10-17可知，该企业的综合指数为100.37%，总体财务状况是不错的，综合评分达到标准的要求。

沃尔比重评分法最主要的贡献就是它将互不关联的财务指标按照权重予以综合联动，使得综合评价成为可能。沃尔比重评分法从理论上讲有一个明显的问题，就是未能证明为什么要选择这7个指标，而不是更多或更少些，或者选择别的财务比率，以及未能证明每个指标所占比重的合理性。这个问题至今仍然没有从理论上得到解决。沃尔比重评分法从技术上讲也有一个问题，就是某一个指标严重异常时，会对总评分产生不合逻辑的重大影响。这个毛病是由财务比率与其比重相"乘"引起的。财务比率提高100%，评分增加100%；而缩小100%，其评分只减少50%。尽管该方法在理论上还有待证明，在技术上也不完善，但它还是在实践中被应用。

（二）改进后的沃尔比重评分法

沃尔比重评分法的问题：某一指标严重异常时，会对总评分产生不合逻辑的重大影响。财务比率提高100%，评分增加100%；缩小100%，评分减少50%，其原因在于：综合得分=

评分值×关系比率。

现代社会与沃尔的时代相比，已有很大的变化。一般认为企业财务评价的内容首先是盈利能力，其次是偿债能力，再次是成长能力，它们之间大致可按 5:3:2 的比重来分配。盈利能力的主要指标是总资产报酬率、销售净利率和净资产收益率，这三个指标可按 2:2:1 的比重来安排。偿债能力有四个常用指标。成长能力有三个常用指标（都是本年增量与上年实际量的比值）。假定仍以 100 分为总评分。但将财务比率的标准值由企业最优值调整为本行业平均值；设定评分值的上限（正常值的 1.5 倍）和下限（正常值的一半）。

综合得分=标准评分值+调整分

调整分=（实际比率-标准比率）÷每分比率

每分比率=（行业最高比率-标准比率）÷（最高评分-评分值）

沃尔比重评分法的基本步骤包括以下几部分。

（1）选择评价指标并分配指标权重。

盈利能力的指标：资产净利率、销售净利率、净值报酬率。

偿债能力的指标：自有资本比率、流动比率、应收账款周转率、存货周转率。

发展能力的指标：销售增长率、净利增长率、资产增长率。

按重要程度确定各项比率指标的评分值，评分值之和为 100。

三类指标的评分值约为 5:3:2。盈利能力指标三者的比例约为 2:2:1，偿债能力指标和发展能力指标中各项具体指标的重要性大体相当。

（2）根据各项财务比率的重要程度，确定其标准评分值。

（3）确定各项比率指标的标准值，即各该指标在企业现时条件下的最优值。

（4）计算企业在一定时期各项比率指标的实际值。

流动比率=流动资产÷流动负债

应收账款周转率=赊销净额÷平均应收账款余额

存货周转率=产品销售成本÷平均存货成本

销售增长率=销售增长额÷基期销售额×100%

净利增长率=净利增加额÷基期净利×100%

资产增长率=资产增加额÷基期资产总额×100%

（5）对各项评价指标计分并计算综合分数，形成评价结果。

【例 10-22】仍以【例 10-21】中企业 2018 年的财务状况为例，以中型电力生产企业的标准值为评价基础，则其综合评分标准如表 10-18 所示。

表 10-18 综合评分标准

指 标	评 分 值	标准比率%	行业最高比率%	最高评分	最低评分	每分比率%
盈利能力						
总资产报酬率	20	5.5	15.8	30	10	1.03
销售净利率	20	26.0	56.2	30	10	3.02
净资产收益率	10	4.4	22.7	15	5	3.66
偿债能力						
自由资本比率	8	25.9	55.8	12	4	7.475
流动比率	8	95.7	253.6	12	4	39.475
应收账款周转率	8	290	960	12	4	167.5
存货周转率	8	800	3030	12	4	557.5

（续表）

指　　标	评分值	标准比率%	行业最高比率%	最高评分	最低评分	每分比率%
成长能力						
销售增长率	6	2.5	38.9	9	3	12.13
净利增长率	6	10.1	51.2	9	3	13.7
资产增长率	6	7.3	42.8	9	3	11.83
合计	100			150	50	

标准比率以本行业平均数为基础，在给每个指标评分时，应规定其上限和下限，以减少个别指标异常对总分造成不合理的影响。上限可定为正常评分值的 1.5 倍，下限可定为正常评分值的 0.5 倍。此外，每分比率不是采用"乘"的关系，而采用"加"或"减"的关系来处理，以克服沃尔比重评分法的缺点。例如，总资产报酬率每分比率为 1.03% =（行业最高比率 – 标准比率）÷（最高评分-评分值）= (15.8%-5.5%) / (30-20)。总资产报酬率每提高 1.03%，多给 1 分，但该项得分不得超过 30 分。

根据这种方法，对该企业的财务状况重新进行综合评价，得 124.94 分（如表 10-19 所示），是一个中等略偏上水平的企业。

表 10-19　财务情况评分

指　　标	实际比率	标准比率%	差　异	每分比率%	调整分	标准评分值	得　　分
	1	2	3=1-2	4	5=3÷4	6	7=5+6
盈利能力							
总资产报酬率	10	5.5	4.5	1.03	4.37	20	24.37
销售净利率	33.54	26.0	7.54	3.02	2.50	20	22.50
净资产收益率	13.83	4.4	9.43	3.66	2.58	10	12.58
偿债能力							
自由资本比率	72.71	25.9	46.81	7.475	6.26	8	14.26
流动比率	166	95.7	70.3	39.475	1.78	8	9.78
应收账款周转率	861	290	571	167.5	3.41	8	11.41
存货周转率	994	800	191	557.5	0.35	8	8.35
成长能力							
销售增长率	17.7	2.5	15.2	12.13	1.25	6	7.25
净利增长率	-1.74	10.1	-11.84	13.7	-0.86	6	5.14
资产增长率	46.36	7.3	39.06	11.83	3.30	6	9.30
合计						100	124.94

◎技能训练

【实训项目】财务综合分析

【实训目标】掌握杜邦分析法

【实训任务】根据 ABC 公司 2017 年年末资产负债表和利润表见表 10-13 和表 10-14 所示，对 ABC 公司进行财务综合分析。

任务 10.4　撰写财务分析报告

◎ **任务描述**

了解财务分析报告的内容与格式，根据企业实际撰写财务分析报告。

◎ **相关知识**

一、财务分析报告的分类

财务分析报告从编写的时间来划分，可分为两种：一是定期分析报告，二是非定期分析报告。定期分析报告又可以分为每日、每周、每旬、每月、每季、每年报告，具体根据公司管理要求而定，有的公司还要进行特定时点分析。从编写的内容可划分为三种，一是综合性分析报告，二是专项分析报告，三是项目分析报告。综合性分析报告是对公司整体运营及财务状况的分析评价；专项分析报告是针对公司运营的一部分，如资金流量、销售收入变量的分析；项目分析报告是对公司的局部或一个独立运作项目的分析。

二、财务分析报告的格式与内容

严格地讲，财务分析报告没有固定的格式和体裁，但报告要求能够反映要点、分析透彻、有实有据、观点鲜明、符合报送对象的要求。

一般来说，财务分析报告均应包含以下几个方面的内容：提要段、说明段、分析段、评价段和建议段，即通常说的五段论式。具体说明如下：

第一部分提要段，即概括公司综合情况，让财务报告接受者对财务分析说明有一个总括的认识。

第二部分说明段，是对公司运营及财务现状的介绍。该部分要求文字表述恰当、数据引用准确。对经济指标进行说明时可适当运用绝对数、比较数及复合指标数。特别要关注公司当前运作上的重心，对重要事项要单独反映。比如对应收、应付、销售情况等数据进行同比和环比等分析，具体可借助一些财务分析软件。

第三部分分析段，是对公司的经营情况进行分析研究。在说明问题的同时还要分析问题，寻找问题的原因和症结，以达到解决问题的目的。财务分析一定要有理有据，要细化分解各项指标，因为有些报表的数据是比较含糊和笼统的，要善于运用表格、图示，突出表达分析的内容。分析问题一定要善于抓住当前要点，多反映公司经营焦点和易于忽视的问题。

第四部分评价段，做出财务说明和分析后，对于经营情况、财务状况、盈利业绩，应该从财务角度给予公正、客观的评价和预测。财务评价不能运用似是而非、可进可退、左右摇摆等不负责任的语言，评价要从正面和负面两方面进行，评价既可以单独分段进行，也可以将评价内容穿插在说明部分和分析部分。

第五部分建议段，即财务人员在对经营运作、投资决策进行分析后形成的意见和看法，特别是对运作过程中存在的问题所提出的改进建议。值得注意的是，财务分析报告中提出的建议不能太抽象，而要具体化，最好有一套切实可行的方案。

◎技能训练

【实训项目】撰写财务分析报告

【实训目标】掌握财务分析报告的内容与写法

【实训任务】根据任务二、任务三的技能训练项目分析结果。撰写ABC公司的财务分析报告。

本项目小结

1. 本项目的重点是：财务分析方法、财务指标分析、财务综合分析。
2. 本项目的难点是：财务指标的计算、财务指标的评价运用、财务综合分析方法的运用。
3. 关键概念：趋势分析法、比率分析法、趋势分析法、因素分析法、营运能力分析、偿债能力分析、盈利能力分析、发展能力分析、杜邦综合分析、沃尔比重分析。

项目综合实训

【实训项目】财务分析

【实训目的】通过实训使学生掌握相关财务比率的计算，会运用所学的财务分析的方法，评价企业的财务状况，增强学生对财务分析的感性认识。

【实训形式】将同学们分成若干小组，每组5～7人，以小组为单位，上网收集所感兴趣的上市公司的近3年财务报告，对该公司的财务报告进行比较分析、比率分析及综合分析。

【实训成果】以小组为单位完成实训报告。实训报告的内容包括：通过对该公司财务报告的比较分析，说明公司财务状况及经营成果的发展变化趋势；通过对该公司财务报告的比率分析，说明公司的偿债能力、营运能力和盈利能力；通过对该公司财务报告的综合分析，说明企业存在的问题。

扫码做习题

附 表

附表 A：复利终值系数表 （$F/P, i, n$）

n	1%	2%	3%	4%	5%	6%	7%	8%	9%	10%	12%	14%	15%	16%	18%	20%	24%	28%	32%	36%
1	1.0100	1.0200	1.0300	1.0400	1.0500	1.0600	1.0700	1.0800	1.0900	1.1000	1.1200	1.1400	1.1500	1.1600	1.1800	1.2000	1.2400	1.2800	1.3200	1.3600
2	1.0201	1.0404	1.0609	1.0816	1.1025	1.1236	1.1449	1.1664	1.1881	1.2100	1.2544	1.2996	1.3225	1.3456	1.3924	1.4400	1.5376	1.6384	1.7424	1.8496
3	1.0303	1.0612	1.0927	1.1249	1.1576	1.1910	1.2250	1.2597	1.2950	1.3310	1.4049	1.4815	1.5209	1.5609	1.6430	1.7280	1.9066	2.0872	2.3000	2.5155
4	1.0406	1.0824	1.1255	1.1699	1.2155	1.2625	1.3108	1.3605	1.4116	1.4641	1.5735	1.6890	1.7490	1.8106	1.9388	2.0736	2.3642	2.6844	3.0360	3.4210
5	1.0510	1.1041	1.1593	1.2167	1.2763	1.3382	1.4026	1.4693	1.5386	1.6105	1.7623	1.9254	2.0114	2.1003	2.2878	2.4883	2.9316	3.4360	4.0075	4.6526
6	1.0615	1.1262	1.1941	1.2653	1.3401	1.4185	1.5007	1.5809	1.6771	1.7716	1.9738	2.1950	2.3131	2.4364	2.6996	2.9860	3.6352	4.3980	5.2899	6.3275
7	1.0721	1.1487	1.2299	1.3159	1.4071	1.5036	1.6058	1.7138	1.8280	1.9487	2.2107	2.5023	2.6600	2.8262	3.1855	3.5832	4.5077	5.6295	6.9826	8.6054
8	1.0829	1.1717	1.2668	1.3686	1.4775	1.5938	1.7182	1.8509	1.9926	2.1436	2.4760	2.8526	3.0590	3.2784	3.7589	4.2998	5.5895	7.2808	9.2170	11.703
9	1.0937	1.1951	1.3408	1.4233	1.5513	1.6895	1.8385	1.9990	2.1719	2.3579	2.7731	3.2519	3.5179	3.8030	4.4355	5.1598	6.9310	9.2234	12.166	15.917
10	1.1046	1.2190	1.3439	1.4802	1.6289	1.7908	1.9672	2.1589	2.3674	2.5937	3.1058	3.7072	4.0456	4.4114	5.2338	6.1917	8.5944	11.806	16.060	21.647
11	1.1157	1.2434	1.3842	1.5395	1.7103	1.8983	2.0149	2.3316	2.5804	2.8531	3.4785	4.2262	4.6524	5.1173	6.1759	7.4301	10.657	15.112	21.119	29.439
12	1.1268	1.2682	1.4258	1.6010	1.7959	2.0122	2.2522	2.5182	2.8127	3.1384	3.8960	4.8179	5.3503	5.9360	7.2876	8.9161	13.215	19.343	27.983	40.037
13	1.1381	1.2936	1.4685	1.6651	1.8856	2.1329	2.4098	2.7196	3.0658	3.4523	4.3635	5.4924	6.1258	6.8858	8.5994	10.699	16.386	24.759	36.937	54.451
14	1.1495	1.3195	1.5126	1.7317	1.9799	2.2609	2.5785	2.9372	3.3417	3.7975	4.8871	6.2613	7.0757	7.9875	10.147	12.839	20.319	31.691	48.757	74.053
15	1.1610	1.3459	1.5580	1.8009	2.0789	2.3966	2.7590	3.1722	3.6425	4.1772	5.4736	7.1379	8.1371	9.2655	11.974	15.407	25.196	40.565	64.359	100.71
16	1.1726	1.3728	1.6047	1.8730	2.1829	2.5404	2.9522	3.4259	3.9703	4.5950	6.1304	8.1372	9.3576	10.748	14.129	18.488	31.243	51.923	84.954	136.97
17	1.1843	1.4002	1.6528	1.9479	2.2920	2.6928	3.1588	3.7000	4.3276	5.0545	6.8660	9.2765	10.761	12.468	16.672	22.186	38.741	66.461	112.14	186.28
18	1.1961	1.4282	1.7024	2.0258	2.4066	2.8543	3.3799	3.9960	4.7171	5.5599	7.6900	10.575	12.375	14.463	19.673	26.623	48.039	86.071	148.02	253.34
19	1.2081	1.4568	1.7535	2.1068	2.5270	3.0256	3.6165	4.3157	5.1417	6.1159	8.6128	12.056	14.232	16.777	23.214	31.948	59.568	108.89	195.39	344.54
20	1.2202	1.4859	1.8061	2.1911	2.6533	3.2071	3.8697	4.6610	5.6044	6.7275	9.6463	13.743	16.367	19.461	27.393	38.338	73.864	139.38	257.92	468.57
21	1.2324	1.5157	1.8603	2.2788	2.7860	3.3996	4.1406	5.0338	6.1088	7.4002	10.804	15.668	18.822	22.574	32.324	46.005	91.592	178.41	340.45	637.26
22	1.2447	1.5460	1.9161	2.3699	2.9253	3.6035	4.4304	5.4365	6.6586	8.1403	12.100	17.861	21.645	26.186	38.142	55.206	113.57	228.36	449.39	866.67
23	1.2572	1.5769	1.9736	2.4647	3.0715	3.8197	4.7405	5.8715	7.2579	8.9543	13.552	20.362	24.891	30.376	45.008	66.247	140.83	292.30	593.20	1178.7
24	1.2697	1.6084	2.0328	2.5633	3.2251	4.0489	5.0724	6.3412	7.9111	9.8497	15.179	23.212	28.625	35.236	53.109	79.497	174.63	374.14	783.02	1603.0
25	1.2824	1.6406	2.0938	2.6658	3.3864	4.2919	5.4274	6.8485	8.6231	10.835	17.000	26.462	32.919	40.874	62.669	95.396	216.54	478.90	1033.6	2180.1
26	1.2953	1.6734	2.1566	2.7725	3.5557	4.5494	5.8076	7.3964	9.3992	11.918	19.040	30.167	37.857	47.414	73.949	114.48	268.51	613.00	1364.3	2964.9
27	1.3082	1.7069	2.2213	2.8834	3.7335	4.8223	6.2139	7.9881	10.245	13.110	21.325	34.390	43.535	55.000	87.260	137.37	332.95	784.64	1800.9	4032.3
28	1.3213	1.7410	2.2879	2.9987	3.9201	5.1117	6.6488	8.6271	11.167	14.421	23.884	39.204	50.066	63.800	102.97	164.85	412.86	1004.3	2377.2	5483.9
29	1.3345	1.7758	2.3566	3.1187	4.1161	5.4184	7.1143	9.3173	12.172	15.863	26.750	44.693	57.575	74.009	121.50	197.81	511.95	1285.6	3137.9	7458.1
30	1.3478	1.8114	2.4273	3.2434	4.3219	5.7435	7.6123	10.063	1.327	17.449	29.960	50.950	66.212	85.850	143.37	237.38	634.82	1645.5	4142.1	10143
40	1.4889	2.2080	3.2620	4.8010	7.0400	10.286	14.794	21.725	31.408	45.259	93.051	188.88	267.86	378.72	750.38	1469.8	5455.9	19427	66521	*
50	1.6446	2.6916	4.3839	7.1067	11.467	18.420	29.457	46.902	74.358	117.39	289.00	700.23	1083.7	1670.7	3927.4	9100.4	46890	*	*	*
60	1.8167	3.2810	5.8916	10.520	18.679	32.998	57.946	101.26	176.03	304.48	897.60	2595.9	4384.0	7370.2	20555	56348	*	*	*	*

附表 B：复利现值系数表 （P/F, i, n）

n	1%	2%	3%	4%	5%	6%	7%	8%	9%	10%	12%	14%	15%	16%	18%	20%	24%	28%	32%	36%
1	0.9901	0.9804	0.9709	0.9615	0.9524	0.9434	0.9346	0.9259	0.9174	0.9091	0.8929	0.8772	0.8696	0.8621	0.8475	0.8333	0.8065	0.7813	0.7576	0.7353
2	0.9803	0.9712	0.9426	0.9246	0.9070	0.8900	0.8734	0.8573	0.8417	0.8264	0.7972	0.7695	0.7561	0.7432	0.0718	0.6944	0.6504	0.6104	0.5739	0.5070
3	0.9706	0.9423	0.9151	0.8890	0.8638	0.8396	0.8163	0.7938	0.7722	0.7513	0.7118	0.6750	0.6575	0.6407	0.6086	0.5787	0.5245	0.4768	0.4348	0.3975
4	0.9610	0.9238	0.8885	0.8548	0.8227	0.7921	0.7629	0.7350	0.7084	0.6830	0.6355	0.5921	0.5718	0.5523	0.5158	0.4823	0.4230	0.3725	0.3294	0.2923
5	0.9515	0.9057	0.8626	0.8219	0.7835	0.7473	0.7130	0.6806	0.6499	0.6209	0.5674	0.5194	0.4972	0.4762	0.4371	0.4019	0.3411	0.2910	0.2495	0.2149
6	0.9420	0.8800	0.8375	0.7903	0.7462	0.7050	0.6663	0.6302	0.5963	0.5645	0.5066	0.4556	0.4323	0.4104	0.3704	0.3349	0.2751	0.2274	0.1890	0.1580
7	0.9327	0.8606	0.8131	0.7599	0.7107	0.6651	0.6227	0.5835	0.5470	0.5132	0.4523	0.3996	0.3759	0.3538	0.3139	0.2791	0.2218	0.1776	0.1432	0.1162
8	0.9235	0.8535	0.7874	0.7307	0.6768	0.6274	0.5820	0.5403	0.5019	0.4665	0.4039	0.3506	0.3269	0.3050	0.2660	0.2326	0.1789	0.1388	0.1085	0.0854
9	0.9143	0.8368	0.7664	0.7026	0.6446	0.5919	0.5439	0.5002	0.4604	0.4241	0.3606	0.3075	0.2843	0.0263	0.2255	0.1938	0.1443	0.1084	0.0822	0.0628
10	0.9053	0.8203	0.7441	0.6756	0.6139	0.5584	0.5083	0.4632	0.4224	0.3855	0.3220	0.2697	0.2472	0.2267	0.1911	0.1615	0.1164	0.0847	0.0623	0.0462
11	0.8963	0.8043	0.7224	0.6496	0.5847	0.5268	0.4751	0.4289	0.3875	0.3505	0.2875	0.2366	0.2149	0.1954	0.1619	0.1346	0.0938	0.0662	0.0472	0.0340
12	0.8874	0.7885	0.7014	0.6246	0.5568	0.4970	0.4440	0.3971	0.3555	0.3186	0.2567	0.2076	0.1869	0.1685	0.1373	0.1122	0.0757	0.0517	0.0357	0.0250
13	0.8787	0.7730	0.6810	0.6006	0.5303	0.4688	0.4150	0.3677	0.3262	0.2897	0.2292	0.1821	0.1625	0.1452	0.1163	0.0935	0.0610	0.0404	0.0271	0.0184
14	0.8700	0.7579	0.6611	0.5775	0.5051	0.4423	0.3878	0.3405	0.2992	0.2633	0.2046	0.1597	0.1413	0.1252	0.0985	0.0779	0.0492	0.0316	0.0205	0.0135
15	0.8613	0.7430	0.6419	0.5553	0.4810	0.4173	0.3624	0.3152	0.2745	0.2394	0.1827	0.1401	0.1229	0.1079	0.0835	0.0649	0.0397	0.0247	0.0155	0.0099
16	0.8528	0.7284	0.6232	0.5339	0.4581	0.3936	0.3387	0.2919	0.2519	0.2176	0.1631	0.1229	0.1069	0.0980	0.0709	0.0541	0.0320	0.0193	0.0118	0.0073
17	0.8444	0.7142	0.6050	0.5134	0.4363	0.3714	0.3166	0.2703	0.2311	0.1978	0.1456	0.1078	0.9290	0.0802	0.0600	0.0451	0.0259	0.0150	0.0089	0.0054
18	0.8360	0.7002	0.5874	0.4936	0.4155	0.3503	0.2959	0.2502	0.2120	0.1799	0.1300	0.0946	0.8080	0.0691	0.0508	0.0376	0.0208	0.0118	0.0068	0.0039
19	0.8277	0.6864	0.5703	0.4746	0.3957	0.3305	0.2765	0.2317	0.1945	0.1635	0.1161	0.0083	0.0703	0.0596	0.0431	0.0313	0.0168	0.0092	0.0051	0.0029
20	0.8195	0.6730	0.5537	0.4564	0.3769	0.3118	0.2584	0.2145	0.1784	0.1486	0.1037	0.0728	0.0611	0.0514	0.0365	0.0261	0.0135	0.0072	0.0039	0.0021
21	0.8114	0.6598	0.5375	0.4388	0.3589	0.2942	0.2415	0.1987	0.1637	0.1351	0.0926	0.0638	0.0531	0.0443	0.0309	0.0217	0.0109	0.0056	0.0029	0.0016
22	0.8034	0.6468	0.5219	0.4220	0.3418	0.2775	0.2257	0.1839	0.1502	0.1228	0.0826	0.0560	0.0462	0.0382	0.0262	0.0181	0.0088	0.0044	0.0022	0.0012
23	0.7954	0.6342	0.5067	0.4057	0.3256	0.2618	0.2109	0.1703	0.1378	0.1117	0.0738	0.0491	0.0402	0.0329	0.0222	0.0151	0.0071	0.0034	0.0017	0.0008
24	0.7876	0.6217	0.4919	0.3901	0.3101	0.2470	0.1971	0.1577	0.1264	0.1015	0.0659	0.0431	0.0349	0.0284	0.0188	0.0126	0.0057	0.0027	0.0013	0.0006
25	0.7798	0.6095	0.4776	0.3751	0.2953	0.2330	0.1842	0.1460	0.1160	0.0923	0.0588	0.0378	0.0304	0.0245	0.0160	0.0105	0.0046	0.0021	0.0010	0.0005
26	0.7720	0.5976	0.4637	0.3604	0.2812	0.2198	0.1722	0.1352	0.1064	0.0839	0.0525	0.0331	0.0264	0.0211	0.0135	0.0087	0.0037	0.0016	0.0007	0.0003
27	0.7644	0.5859	0.4502	0.3468	0.2678	0.2074	0.1609	0.1252	0.0976	0.0763	0.0469	0.0291	0.0230	0.0182	0.0115	0.0073	0.0030	0.0013	0.0006	0.0002
28	0.7568	0.5744	0.4371	0.3350	0.2551	0.1956	0.1504	0.1159	0.0895	0.0693	0.0419	0.0255	0.0200	0.0157	0.0097	0.0061	0.0024	0.0010	0.0004	0.0002
29	0.7493	0.5631	0.4243	0.3207	0.2429	0.1846	0.1406	0.1073	0.0822	0.0630	0.0374	0.0224	0.0174	0.0135	0.0082	0.0051	0.0020	0.0008	0.0003	0.0001
30	0.7419	0.5521	0.4120	0.3083	0.2314	0.1741	0.1314	0.0994	0.0754	0.0573	0.0334	0.0196	0.0151	0.0116	0.0070	0.0042	0.0016	0.0006	0.0002	0.0001
35	0.7059	0.5000	0.3554	0.2534	0.1813	0.1301	0.0937	0.0676	0.0490	0.0356	0.0189	0.0102	0.0075	0.0055	0.0030	0.0017	0.0005	0.0002	0.0001	*
40	0.6717	0.4529	0.3066	0.2083	0.1420	0.0972	0.6680	0.0460	0.0318	0.0221	0.0107	0.0053	0.0037	0.0026	0.0013	0.0007	0.0002	0.0001	*	*
45	0.6391	0.4102	0.2644	0.1712	0.1113	0.0727	0.0476	0.0313	0.0207	0.0137	0.0061	0.0027	0.0019	0.0013	0.0006	0.0003	0.0001	*	*	*
50	0.6080	0.3715	0.2281	0.1407	0.0872	0.0543	0.0339	0.0213	0.0134	0.0085	0.0035	0.0014	0.0009	0.0006	0.0003	0.0001	*	*	*	*
55	0.5785	0.3365	0.1968	0.1157	0.0683	0.0406	0.0242	0.0145	0.0087	0.0053	0.0020	0.0007	0.0005	0.0003	0.0001	*	*	*	*	*

附表C：年金终值系数表 （F/A, i, n）

n	1%	2%	3%	4%	5%	6%	7%	8%	9%	10%	12%	14%	15%	16%	18%	20%	24%	28%	32%	36%
1	1.0000	1.0000	1.0000	1.0000	1.0000	1.0000	1.0000	1.0000	1.0000	1.0000	1.0000	1.0000	1.0000	1.0000	1.0000	1.0000	1.0000	1.0000	1.0000	1.0000
2	2.0100	2.0200	2.0300	2.0400	2.0500	2.0600	2.0700	2.0800	2.0900	2.1000	2.1200	2.1400	2.1500	2.1600	2.1800	2.2000	2.2400	2.2800	2.3200	2.3600
3	3.0301	3.0604	3.0909	3.1216	3.1525	3.1836	2.2149	3.2464	3.2781	3.3100	3.3744	3.4396	3.4725	3.5056	3.5724	3.6400	3.7776	3.9184	3.0624	3.2096
4	4.0604	4.1216	4.1836	4.2465	4.3101	4.3746	4.4399	4.5061	4.5731	4.6410	4.7793	4.9211	4.9934	5.0665	5.2154	5.3680	5.6842	6.0156	6.3624	6.7251
5	5.1010	5.2040	5.3091	5.4163	5.5256	5.6371	5.7507	5.8666	5.9847	6.1051	6.3528	6.6101	6.7424	6.8771	7.1542	7.4416	8.0484	8.6999	9.3983	10.146
6	6.1520	6.3081	6.4684	6.6330	6.8019	6.9753	7.1533	7.3359	7.5233	7.7156	8.1152	8.5355	8.7537	8.9775	9.4420	9.9299	10.980	12.136	13.406	14.799
7	7.2135	7.4343	7.6625	7.8983	8.1420	8.3938	8.6540	8.9228	9.2004	9.4872	10.089	10.730	11.067	11.414	12.142	12.916	14.615	16.534	18.696	21.126
8	8.2857	8.5830	8.8923	9.2142	9.5491	9.8975	10.260	10.637	11.028	11.436	12.300	13.233	13.727	14.240	15.327	16.499	19.123	22.163	25.678	29.732
9	9.3685	9.7546	10.159	10.583	11.027	11.491	11.978	12.488	13.021	13.579	14.776	16.085	16.786	17.519	19.086	20.799	24.712	29.369	34.895	41.435
10	10.462	10.950	11.464	12.006	12.578	13.181	13.816	14.487	15.193	15.937	17.549	19.337	20.304	21.321	23.521	25.959	31.643	38.593	47.062	57.352
11	11.567	12.169	12.808	13.486	14.207	14.972	15.784	16.645	17.560	18.531	20.655	23.045	24.349	25.733	28.755	32.150	40.238	50.398	63.122	78.998
12	12.683	13.412	14.192	15.026	16.917	16.870	17.888	18.977	20.141	21.384	24.133	27.271	29.002	30.850	34.931	39.581	50.895	65.510	84.32	108.44
13	13.809	14.680	15.618	16.627	17.713	18.882	20.141	21.495	22.953	24.523	28.029	32.089	34.352	36.786	42.219	48.497	64.110	84.853	112.30	148.47
14	14.947	15.974	17.086	18.292	19.599	21.015	22.550	24.215	26.019	27.975	32.393	37.581	40.505	43.672	50.818	54.196	80.496	109.61	149.24	202.93
15	16.097	17.293	18.599	20.024	21.579	23.276	25.129	27.152	29.361	31.772	37.280	43.842	47.580	51.660	60.965	72.035	100.82	141.30	198.00	276.98
16	17.258	18.639	20.157	21.825	23.657	25.673	27.888	30.324	33.003	35.950	42.753	50.980	55.717	60.925	72.939	87.442	126.01	181.87	262.36	377.69
17	18.430	20.012	21.762	23.698	25.84	28.213	30.840	33.750	36.974	40.545	48.884	59.118	65.075	71.673	87.068	105.93	157.25	233.79	347.31	514.66
18	19.615	21.412	23.414	25.645	28.132	30.906	33.999	37.450	41.301	45.599	55.750	68.394	75.836	84.141	103.74	128.12	195.99	300.25	459.45	770.94
19	20.811	22.841	25.117	27.671	30.539	33.760	37.379	41.446	46.018	51.159	63.440	79.969	88.212	98.603	123.41	154.74	244.03	385.32	607.47	954.28
20	22.019	24.297	26.870	29.778	33.066	36.786	40.995	45.762	51.160	57.275	72.052	91.025	120.44	115.38	146.63	186.69	303.60	494.21	802.86	1298.8
21	23.239	25.783	28.676	31.969	35.719	39.993	44.865	50.423	56.765	64.002	81.70	104.77	118.81	134.84	174.02	225.03	377.46	633.59	1060.8	1767.4
22	24.472	27.299	30.537	34.248	38.505	43.392	49.006	55.457	62.873	71.403	92.50	120.44	137.63	157.41	206.34	271.03	469.06	812.00	1401.2	2404.7
23	25.716	28.845	32.453	36.618	41.430	46.996	53.436	60.883	69.532	79.543	104.60	138.30	159.28	183.60	244.49	326.24	582.63	1040.4	1850.6	3271.3
24	26.973	30.422	34.426	39.083	44.502	50.816	58.177	66.765	76.790	88.497	118.16	152.66	184.17	213.98	289.49	392.48	723.46	1332.7	2443.8	4450.0
25	28.243	32.030	36.459	41.646	47.727	54.863	63.294	73.106	84.701	98.347	133.33	181.87	212.79	249.21	342.60	471.98	898.09	1706.8	3226.8	6053.0
26	29.526	33.671	38.553	44.312	51.113	59.156	68.676	79.954	93.324	121.10	150.33	208.33	245.71	290.09	405.27	567.38	1114.6	2185.7	4260.4	8233.1
27	30.821	35.344	40.710	47.084	54.669	63.701	74.484	87.351	102.72	134.21	169.37	238.50	283.57	337.50	479.22	681.85	1383.1	2798.7	5624.8	11198.0
28	32.129	37.051	42.923	49.968	58.403	68.528	80.698	95.339	112.97	148.63	190.70	272.89	327.10	392.50	566.48	819.22	1716.1	3583.3	7425.7	15230.3
29	33.450	38.792	45.219	52.966	62.323	73.460	87.347	103.97	124.14	164.49	214.58	312.09	377.17	456.30	669.45	984.07	2129.0	4587.7	9802.9	20714.2
30	34.785	40.568	47.575	56.085	66.439	79.058	94.461	113.28	136.31	164.49	241.33	356.79	434.75	530.31	790.95	1181.9	2640.9	5873.2	12941.0	28172.3
40	48.886	60.402	75.401	95.026	120.80	154.76	199.64	259.06	337.89	442.59	767.09	1342.0	1779.1	2360.8	4163.21	7343.2	27290	69377	*	*
50	64.463	84.579	112.80	152.67	209.35	290.34	406.53	573.77	815.08	1163.9	2400.0	4994.5	7217.7	10436	21813	45497	*	*	*	*
60	81.670	114.05	163.05	237.99	353.58	533.13	813.52	1253.2	1944.8	3034.8	7471.6	18535	29220	46058	*	*	*	*	*	*

附表 D：年金现值系数表 ($P/A, i, n$)

n	1%	2%	3%	4%	5%	6%	7%	8%	9%	10%	12%	14%	15%	16%	18%	20%	24%	28%	32%
1	0.9901	0.9084	0.9709	0.9615	0.9524	0.9434	0.9346	0.9259	0.9174	0.9091	0.8929	0.8772	0.8696	0.8621	0.8475	0.8333	0.8065	0.7813	0.7576
2	1.9704	1.9416	1.9135	1.8861	1.8594	1.8334	1.8080	1.7833	1.7591	1.7355	1.6901	1.6467	1.6257	1.6052	1.5656	1.5278	1.4568	1.3916	1.3315
3	2.9410	2.8839	2.8286	2.7751	2.7232	2.6730	2.6243	2.5771	2.5313	2.4869	2.4018	2.3216	2.2832	2.2459	2.1743	2.1065	1.9813	1.8684	1.7663
4	3.9020	3.8077	3.7171	3.6299	3.5460	3.4651	3.3872	3.3121	3.2397	3.1699	3.0373	2.9137	2.8550	2.7982	2.6901	2.5887	2.4043	2.2410	2.0957
5	4.8534	4.7135	4.5797	4.4518	4.3295	4.2124	4.1002	3.9927	3.8897	3.7908	3.6048	3.4331	3.3522	3.2743	3.1272	2.9906	2.7454	2.5320	2.3452
6	5.7955	5.6014	5.4172	5.2421	5.0757	4.9173	4.7665	4.6229	4.4859	4.3553	4.1114	3.8887	3.7845	3.6847	3.4976	3.3255	3.0205	2.7594	2.5342
7	6.7282	6.4720	6.2303	6.0021	5.7864	5.5824	5.3893	5.2064	5.0330	4.8684	4.5638	4.2883	4.1604	4.0386	3.8115	3.6046	3.2423	2.9370	2.6775
8	7.6517	7.3255	7.0197	6.7327	6.4632	6.2098	5.9713	5.7466	5.5348	5.3349	4.9676	4.6389	4.4873	4.3436	4.0776	3.8372	3.4212	3.0758	2.7860
9	8.5660	8.1622	7.7861	7.4353	7.1078	6.8107	6.5152	6.2469	5.9952	5.7590	5.3282	4.9464	4.7716	4.6065	4.3030	4.0310	3.5655	3.1842	2.8681
10	9.4713	8.9826	8.5302	8.1109	7.7217	7.3601	7.0236	6.7101	6.4177	6.1446	5.6502	5.2161	5.0188	4.8332	4.4941	4.1925	3.6819	3.2689	2.9304
11	10.3676	9.7868	9.2526	8.7605	8.3064	7.8869	7.4987	7.1390	6.8052	6.4951	5.9377	5.4527	5.2337	5.0286	4.6560	4.3271	3.7757	3.3351	2.9776
12	11.2551	10.5753	9.9540	9.3851	8.8633	8.3838	7.9427	7.5361	7.1607	6.8137	6.1944	5.6603	5.4206	5.1971	4.7932	4.4392	3.8514	3.3868	3.0133
13	12.1337	11.3484	10.6350	9.9856	9.3936	8.8527	8.3577	7.9038	7.4869	7.1034	6.4235	5.8424	5.5831	5.3423	4.9095	4.5327	3.9124	3.4272	3.0404
14	13.0037	12.1062	11.2961	10.5631	9.8986	9.2950	8.7455	8.2442	7.7862	7.3667	6.6282	6.0021	5.7245	5.4675	5.0081	4.6106	3.9616	3.4587	3.0609
15	13.8651	12.8493	11.9379	11.1184	10.3797	9.7122	9.1079	8.5595	8.0607	7.6061	6.8109	6.1422	5.8474	5.5755	5.0916	4.6755	4.0013	3.4834	3.0764
16	14.7179	13.5777	12.5611	11.6523	10.8378	10.1059	9.4466	8.8514	8.3126	7.8237	6.9740	6.2651	5.9542	5.6685	5.1624	4.7296	4.0333	3.5026	3.0882
17	15.5623	14.2919	13.1661	12.1657	11.2741	10.4773	9.7632	9.1216	8.5436	8.0216	7.1196	6.3729	6.0472	5.7487	5.2223	4.7746	4.0591	3.5177	3.0971
18	16.3983	14.9920	13.7535	12.6896	11.6896	10.8276	10.0591	9.3719	8.7556	8.2014	7.2497	6.4674	6.1280	5.8178	5.2732	4.8122	4.0799	3.5294	3.1039
19	17.2260	15.6785	14.3238	13.1339	12.0853	11.1581	10.3356	9.6036	8.9501	8.3649	7.3658	6.5504	6.1982	5.8775	5.3162	4.8435	4.0967	0.5386	3.1090
20	18.0456	16.3514	14.8775	13.5903	12.4622	11.4699	10.5940	9.8181	9.1285	8.5136	7.4694	6.6231	6.2593	5.9288	5.3527	4.8696	4.1103	3.5458	3.1129
21	18.8570	17.0112	15.4150	14.0292	12.8212	11.7641	10.8355	10.0168	9.2922	8.6487	7.5620	6.6870	6.3125	5.9731	5.3837	4.8913	4.1212	3.5514	3.1158
22	19.6604	17.6580	15.9369	14.4511	13.1630	12.0416	11.0612	10.2007	9.4424	8.7715	7.6446	6.7429	6.3587	6.0113	5.4099	4.9094	4.1300	3.5558	3.1180
23	20.4558	18.2922	16.4436	14.8568	13.4886	12.3034	11.2722	10.3711	9.5802	8.8832	7.7184	6.7921	6.3988	6.0442	5.4321	4.9245	4.1371	3.5592	3.1197
24	21.2434	18.9139	16.9355	15.2470	13.7986	12.5504	11.4693	10.5288	9.7066	8.9847	7.7843	6.8351	6.4338	6.0726	5.4509	4.9371	4.1428	3.5619	3.1210
25	22.0232	19.5235	17.4131	15.6221	14.0939	12.7834	11.6536	10.6748	9.8226	9.0770	7.8431	6.8729	5.4641	6.0971	5.4669	4.9476	4.1474	3.5604	3.1220
26	22.7952	20.1210	17.8768	15.9828	14.3752	13.0032	11.8258	10.8100	9.9290	9.1609	7.8957	6.9061	6.4906	6.1182	5.4804	4.9563	4.1511	3.5656	3.1227
27	23.5596	20.7059	18.3270	16.3296	14.6430	13.2105	11.9867	10.9352	10.0266	9.2372	7.9426	6.9352	6.5135	6.1364	5.4919	4.9636	4.1542	3.5669	3.1233
28	24.3164	21.2813	18.7641	16.6631	14.8981	13.4062	12.1371	11.0511	10.1161	9.3066	7.9844	6.9607	6.5335	6.1520	5.5016	4.9697	4.1566	3.5679	3.1237
29	25.0658	21.8444	19.1885	16.9837	15.1411	13.5907	12.2777	11.1584	10.1983	9.3696	8.0218	6.9830	6.5509	6.1656	5.5098	4.9747	4.1585	3.5687	3.1240
30	25.8077	22.3965	19.6004	17.2920	15.3725	13.7648	12.4090	11.2578	10.2737	9.4269	8.0552	7.0027	6.5560	6.1772	5.5168	4.9789	4.1601	3.5693	3.1242
35	29.4086	24.9986	21.4872	18.6646	16.3742	14.4982	12.9477	11.6546	10.5668	9.6442	8.1755	7.0700	6.6166	6.2153	5.5386	4.9915	4.1644	3.5708	3.1248
40	32.8347	27.3555	23.1148	19.7928	17.1591	15.0463	13.3317	11.9246	10.7574	9.7791	8.2438	7.1050	6.6418	6.2335	5.5482	4.9966	4.1659	3.5712	3.1250
45	36.0945	29.4902	24.5187	20.7200	17.7741	15.4558	13.6055	12.1084	10.8812	9.8269	8.2825	7.1232	6.6543	6.2421	5.5523	4.9986	4.1664	3.5714	3.1250
50	39.1961	31.4236	25.7298	21.4822	18.2559	15.7619	13.8007	12.2335	10.9617	9.9148	8.3045	7.1327	6.6605	6.2463	5.5541	4.9995	4.1666	3.5714	3.1250
55	42.1472	33.1748	26.7744	22.1086	18.6335	15.9905	13.9399	12.3186	11.0140	9.9471	8.3170	7.1376	6.6636	6.2482	5.5549	4.9998	4.1666	3.5714	3.1250

参 考 文 献

[1] 张玉英. 财务管理[M]. 北京：高等教育出版社，2008
[2] 邵天营，陈复昌. 财务管理学[M]. 上海：立信会计出版社，2005
[3] 马元兴. 企业财务管理[M]. 北京：高等教育出版社，2011
[4] 荆新，王化成，刘俊彦. 财务管理学教学辅导书[M]. 北京：中国人民大学出版社，2006
[5] 刘智宏. 财务管理实务[M]. 北京：中国物资出版社，2011
[6] 黄佑军. 财务管理项目实训[M]. 北京：经济科学出版社，2010
[7] 财政部会计资格评价中心. 财务管理[M]. 北京：中国财政经济出版社，2016
[8] 中国注册会计师协会. 财务成本管理[M]. 北京：中国财政经济出版社，2016
[9] 田钊平. 企业财务管理[M]. 北京：中国人民大学出版社，2010
[10] 刘云丽. 财务管理[M]. 北京：机械工业出版社，2010
[11] 刘桂英，邱丽娟. 财务管理案例实验教程[M]. 北京：科学经济出版社，2005
[12] 王化成，汤谷良. 财务案例[M]. 杭州：浙江人民出版社，2003
[13] 上海立信会计学院. 财务管理[M]. 北京：高等教育出版社，2004
[14] 孔德兰. 财务管理实务[M]. 北京：高等教育出版社，2015
[15] 张雪梅等. 财务管理[M]. 北京：经济科学出版社，2010
[16] 吴宗奎. 财务管理[M]. 北京：中国人民大学出版社，2009
[17] 会计仿真实训平台项目组. 财务管理实训[M]. 北京：清华大学出版社，2018

反侵权盗版声明

电子工业出版社依法对本作品享有专有出版权。任何未经权利人书面许可，复制、销售或通过信息网络传播本作品的行为；歪曲、篡改、剽窃本作品的行为，均违反《中华人民共和国著作权法》，其行为人应承担相应的民事责任和行政责任，构成犯罪的，将被依法追究刑事责任。

为了维护市场秩序，保护权利人的合法权益，我社将依法查处和打击侵权盗版的单位和个人。欢迎社会各界人士积极举报侵权盗版行为，本社将奖励举报有功人员，并保证举报人的信息不被泄露。

举报电话：（010）88254396；（010）88258888

传　　真：（010）88254397

E-mail：dbqq@phei.com.cn

通信地址：北京市万寿路南口金家村288号华信大厦

　　　　　电子工业出版社总编办公室

邮　　编：100036